金融科技系列

基于Python的
金融分析与风险管理

畅享版·基础卷

斯文 ◎ 著

**Python for Financial
Analysis and Risk Management**

人民邮电出版社
北京

图书在版编目（CIP）数据

基于Python的金融分析与风险管理：畅享版.基础卷 / 斯文著. -- 北京：人民邮电出版社，2024.10
（金融科技系列）
ISBN 978-7-115-63934-9

Ⅰ.①基… Ⅱ.①斯… Ⅲ.①金融－分析－应用软件 ②金融管理－风险管理－应用软件 Ⅳ.①F83-33

中国国家版本馆CIP数据核字(2024)第053771号

内 容 提 要

Python 是一门以简洁和可读性著称的编程语言，它的易学性使其成为新手和专业人士的首选。Python 提供了丰富的库和框架，广泛应用于数据科学、人工智能、Web 开发等领域。无论你是初学者还是资深开发者，Python 都能满足你的需求。

本书内容共 7 章，立足金融场景讲解 Python 的基础知识和编程应用，不仅讲解了 Python 基础语法，而且介绍了 NumPy、pandas、Matplotlib、SciPy、statsmodels、arch 和 datetime 等模块的编程应用。此外，本书还讲解了金融领域的深度学习和强化学习应用，并通过 PyTorch 模块和 Gymnasium 模块演示了具体的编程实践。

本书由资深的金融从业者编写，旨在引导读者掌握金融领域的 Python 编程技巧，适合金融领域和金融科技领域的从业者和高校师生参考学习，也适合对 Python 的金融应用感兴趣的读者阅读。

◆ 著　　　斯　文
责任编辑　胡俊英
责任印制　王　郁　焦志炜

◆ 人民邮电出版社出版发行　北京市丰台区成寿寺路 11 号
邮编　100164　电子邮件　315@ptpress.com.cn
网址　https://www.ptpress.com.cn
涿州市京南印刷厂印刷

◆ 开本：787×1092　1/16
印张：22.25　　　　　　　　2024 年 10 月第 1 版
字数：547 千字　　　　　　 2024 年 10 月河北第 1 次印刷

定价：89.80 元

读者服务热线：(010)81055410　印装质量热线：(010)81055316
反盗版热线：(010)81055315
广告经营许可证：京东市监广登字 20170147 号

总序

《基于 Python 的金融分析与风险管理（第 2 版）》自 2021 年 10 月问世以来，得到了广大读者的肯定与好评，但我个人依然认为第 2 版尚有一些值得提升的空间。比如，以深度学习、强化学习为代表的人工智能迅猛发展，与金融领域的结合日趋紧密，但第 2 版未涉及这方面的相关内容。再如，2022 年 4 月第十三届全国人民代表大会常务委员会第三十四次会议通过了《中华人民共和国期货和衍生品法》，这部法律于当年 8 月 1 日正式实施，自此，我国衍生品市场掀开了崭新的一页，因此需要对第 2 版涉及衍生品尤其是涉及期权的知识点进行扩增。为此，我在第 2 版的基础上与时俱进地增加了一些新的内容，最终形成了畅享版。

一、畅享版新在何处

畅享版涉及 "基础卷"（共 7 章）、"应用卷"（共 6 章）及 "拓展卷"（共 6 章），并且每卷独立成书。畅享版新增的主要内容归纳如下。

一是新增 Python 类的内容。Python 是一门面向对象的编程语言，类（class）是实现面向对象功能的核心。基础卷的第 1 章通过新增一定的篇幅，具体讨论类的功能、如何构建类对象等，并且结合金融场景进行编程演示。

二是新增三维图的绘制。三维图能够更好地展示两个解释变量作用于被解释变量的联动机理，因此越来越受金融领域从业者的欢迎。基础卷的第 4 章新增对绘制三维图的编程技巧的介绍，在拓展卷第 3 章新增的波动率曲面就是三维图在金融场景下的一个典型应用。

三是新增深度学习的编程。深度学习被认为人工智能领域最前沿的课题之一，它在金融领域的应用前景也值得期待。PyTorch 是目前深度学习最流行的 Python 第三方模块之一，因此基础卷的第 6 章用整整一章的篇幅全面讲解该模块的相关功能，并且结合金融场景演示全连接神经网络、循环神经网络以及长短期记忆网络等深度学习领域常用模型的建模技巧。

四是增添强化学习的编程。强化学习是人工智能领域一个发展迅猛且前景广阔的学科，并且开始被运用于各种金融场景。为此，基础卷的第 7 章聚焦如何结合金融场景开展强化学习编程，包括运用 Gymnasium 模块构建股票投资的强化学习环境，演示 Q 学习、深度 Q 网络等被广泛运用且很实用的强化学习算法。

五是扩展股票的内容。第一，增加套利定价理论的相关内容，该理论是股票投资的经典理论之一；第二，增加定投策略、事件驱动策略、多空头策略以及跨市场套利策略等常用股票投资策略的相关内容；第三，增加投资业绩的归因分析的相关内容；第四，增加以股票或股票指数作为基础资产的权益互换的相关内容。这些新的内容分布在应用卷的第 3 章、第 4 章和第 5 章。

六是添加奇异期权。奇异期权可以说是衍生品市场最迷人的一类期权合约，目前国内的场外期权市场也推出了比较丰富的奇异期权品种，因此在拓展卷的第 4 章用一章的篇幅探讨缺口期权、选择人期权、回望期权、亚式期权、障碍期权、永续美式期权等奇异期权合约。

七是补充预期损失。相比传统的风险价值（Value at Risk，VaR），预期损失（Expected Shortfall，ES）能够更有效地捕捉投资组合的尾部风险，巴塞尔银行监管委员会就要求运用预期损失作为测度尾部风险的工具，拓展卷的第 6 章会补充关于预期损失的讨论。

此外，与第 2 版相比，畅享版涉及的金融数据更新至 2022 年；使用的 Python 以及第三方模块的版本采用了写作时的最新版本（详见表 0-1），并且对部分代码做了优化；针对金融市场与金融产品的相关表述，也根据监管要求和市场发展形势做了调整。

表 0-1　畅享版与第 2 版使用的 Python 以及第三方模块版本信息的对比

名称	畅享版使用的版本号	第 2 版使用的版本号
Python	3.9.12	3.8.3
IPython	8.2.0	7.16.0
NumPy	1.21.5	1.18.5
numpy-financial	1.0.0	1.0.0
pandas	1.4.2	1.0.5
Matplotlib	3.5.1	3.2.2
mplfinance	0.12.9b7	0.12.7a0
SciPy	1.7.3	1.5.0
statsmodels	0.13.2	0.11.1
arch	5.3.1	4.15
PyTorch	1.12.1	未使用
Gymnasium	0.26.3	未使用
Pygame	2.1.0	未使用

二、畅享版的整体结构安排

基础卷结合金融场景介绍 Python 的编程入门知识，主要包括对 Python 以及 NumPy、pandas、Matplotlib、SciPy、statsmodels、PyTorch、Gymnasium 等常用第三方模块的编程技术的介绍。

应用卷借助 Python 编程依次探讨利率、汇率，以及债券、股票、互换、期货等金融产品的定价、策略及风险等内容。

拓展卷借助 Python 编程逐一讨论普通期权的定价、风险与交易策略，剖析奇异期权与期权的延伸性运用，探讨投资组合风险价值建模等内容。

为了便于读者对畅享版有全局性的了解，表 0-2 梳理出畅享版的结构与每章内容概要。

表 0-2 畅享版的结构与每章内容概要

卷	章	内容概要
基础卷	第 1 章	在简要介绍 Python 的基础上,结合金融场景演示 Python 的变量赋值、数据类型、数据结构、运算符号、内置函数、自定义函数、类、句型及 math 模块等编程内容
	第 2 章	结合金融场景,剖析 NumPy 模块的 N 维数组,演示数组索引、切片、排序和合并,数组运算与矩阵运算,随机抽样以及构建现金流模型等编程内容
	第 3 章	结合金融场景,分析 pandas 模块的序列和数据框的结构,演示金融时间序列的数据可视化、数据框内部的操作、多个数据框之间的合并及统计功能等编程内容
	第 4 章	结合金融场景,演示 Matplotlib 模块绘制曲线图、直方图、条形图(含双轴图)、散点图、饼图、雷达图、K 线图及三维图等可视化编程内容
	第 5 章	结合金融场景,介绍 SciPy 模块的积分运算、插值运算、方程组运算、最优化运算和统计运算,statsmodels 模块的线性回归建模,arch 模块的 ARCH 模型和 GARCH 模型构建,以及 datetime 模块的日期时间对象等
	第 6 章	结合金融场景,讲解 PyTorch 模块的环境部署、张量的结构与运算,剖析神经元的运行机制,构建全连接神经网络、循环神经网络及长短期记忆网络等模型
	第 7 章	结合金融场景,讲解强化学习的相关入门知识,讨论运用 Gymnasium 模块创建全新的环境,演示如何创建并运行股票投资的强化学习环境,剖析 Q 学习、深度 Q 网络等核心算法
应用卷	第 1 章	结合 Python 编程,探讨利率的计量、远期利率的测算与远期利率协议的定价,分析汇率的兑换、汇率套利策略、远期汇率的测算及远期汇率协议的定价
	第 2 章	结合 Python 编程,讨论债券定价、债券到期收益率、测量债券利率风险的指标(久期与凸性)及衡量债券信用风险的违约概率
	第 3 章	结合 Python 编程,讲解股利贴现模型,模拟股价随机过程,构建最优投资组合,建立资本资产定价模型及套利定价模型
	第 4 章	结合 Python 编程,论述定投策略、事件驱动策略、多空头策略及跨市场套利策略等常见的股票投资策略,并对投资组合开展绩效评估与归因分析
	第 5 章	结合 Python 编程,剖析利率互换、货币互换、信用违约互换及权益互换等常见的互换合约,重点分析合约的运作机理、期间现金流及定价
	第 6 章	结合 Python 编程,探讨期货价格与现货价格的关系,运用股票指数期货分析套期保值类型、追加保证金风险、基差风险、最优套期保值和滚动套期保值,运用国债期货探讨转换因子、最廉价交割及基于久期的套期保值
拓展卷	第 1 章	结合 Python 编程,讨论期权到期盈亏与看跌-看涨平价关系式,欧式期权定价的布莱克-斯科尔斯-默顿模型和二叉树模型,美式期权定价的二叉树模型
	第 2 章	结合 Python 编程,讲解欧式期权和美式期权的 Delta、Gamma、Theta、Vega 和 Rho 等希腊字母,分析基于 Delta 的动态对冲及隐含波动率
	第 3 章	结合 Python 编程,论述保本票据的合成策略、由单一期权与单一基础资产构成的交易策略、期权价差策略及期权组合策略等常见的期权交易策略
	第 4 章	结合 Python 编程,剖析缺口期权、选择人期权、回望期权、亚式期权、障碍期权、永续美式期权等比较常见的奇异期权合约,重点关注定价问题
	第 5 章	结合 Python 编程,分析计量信用风险的默顿模型、可转换债券的定价、期货期权的定价及利率期权的定价
	第 6 章	结合 Python 编程,探讨测度市场风险价值的 3 种常用方法、压力风险价值建模、预期损失建模及信用风险价值模型,其中也涉及风险价值的回溯检验

此外,每章的开篇都设计了导读部分,便于读者在较短的时间内对整章的内容有概括性了解。在每章的结尾部分,不仅对全章的内容进行总结,而且提供了拓展阅读的资料,便于读者通过这些资料对相关章节的内容有更加全面和深入的理解。

三、致谢

从 2018 年开始动笔写第 1 版到目前顺利完成畅享版的写作，转眼之间已经过去 5 年多，写书的过程中虽然有艰辛的付出，但同时更有快乐的相伴。在这里想借此机会表达我的感激之情。

这里不得不提及两本书：一本是约翰·赫尔教授的著作《期权、期货及其他衍生产品》，此书被誉为"华尔街的圣经"，是我学习金融知识尤其是金融衍生产品知识的"引路人"；另一本是伊恩·古德费洛等 3 位学者撰写的《深度学习》，此书在我心中就是"硅谷的圣经"，它为我开启了迈入人工智能的大门。这两本书都是激发我持续创作的精神动力与智慧源泉！

感谢我曾经的领导石蕾女士。石女士不仅是我在风险管理工作中的良师，也是我在学习 Python 道路上的益友。同时，石女士经常鼓励我将学习和运用 Python 过程中积累的金融案例、编程代码、走过的弯路与收获的经验进行归纳与总结，从而帮助其他的学习者节省更多的时间成本。

在第 1 版和第 2 版推出之后，许多读者通过邮件或者微信的方式对书中的内容提出了诸多宝贵意见和建议，他们是蔡万造、陈集伟、陈侃、杜炜星、党亮亮、丁涛、董振磊、高海英、高天波、顾洪晟、胡坤、金珉杰、姜禄彬、康苏茂、蓝森华、李晨乐、李炜、李一繁、李志、廖是深、林巍巍、林小冲、刘长郄、刘东利、刘辉辉、刘裕彬、陆朝阳、罗德斌、景涛、么峥、宁静、欧晨、秦方敏、屈金磊、邰叶萍、谭晟宇、陶格、王婧婧、王清、魏超、吴雷、星晴、徐李敏、夏宏波、熊逸飞、徐迎、颜波、尹丽斌、袁霄、詹卫康、张国栋、张墨华、赵明杨、志昊等，在此向这些读者表达诚挚的谢意。

在撰写畅享版的过程中，针对部分金融实务问题，我咨询了相关业界人士的意见，他们是中信银行国际（中国）有限公司副行长徐其瑞先生，苏黎世财产保险（中国）有限公司总经理助理、首席风险官唐虞先生，光大期货有限公司首席风险官沈长征先生，天风（上海）证券资产管理有限公司财务总监、首席风险官、董事会秘书钱守中先生，金信基金管理有限公司督察长王几高先生，东方证券股份有限公司首席投资官吴泽智先生，上海触锐信息技术有限公司产品经理张元昊先生，等等，在此对他们表示深深的谢意。

感谢中国工商银行莫文扬先生、复旦大学张宗新教授、中国人民大学胡德宝副教授与贺学强老师、浙江大学俞洁芳副教授与唐吉平副教授、上海财经大学陈选娟教授与曹啸教授、中南财经政法大学宋清华教授、华东政法大学高汉教授与贾彩彦教授、上海大学倪中新教授、上海师范大学张震副教授与傅毅教授，他们提供的难得机会，让我能够通过讲座或课程方式分享 Python 在金融领域的实战，从而让更多的人有机会领略 Python 出众的便捷性、非凡的实用性及卓越的功能性。

感谢人民邮电出版社以最高的标准、最严的要求审核本书，感谢编辑胡俊英女士的热心、用心与尽心。

由于我本人的能力所限，书中的内容难免存在考虑不够周全、处理有欠妥当的地方，诚恳地希望得到广大读者的批评与指正，欢迎将意见或建议发送至电子邮箱

python_winner@126.com。

最后,需要做一点风险提示,由于金融市场充满着不确定性、充满着风险,因此书中描述的交易策略和投资策略无法保证一定会带来盈利。

斯文
于上海陆家嘴

前言

自 2015 年开始学习并使用 Python 至今，我越来越深刻地认识到："在金融领域，虽然 Python 不是万能的，但没有 Python 却是万万不能的！"本书的定位是 Python 编程的基础与入门，主要结合金融场景讲解并演示 Python，以及 NumPy、pandas、Matplotlib、SciPy、statsmodels、PyTorch、Gymnasuim 等常用第三方模块的编程技术。

一、本书的主要内容

本书由 7 章内容组成，下面针对每一章的主要内容进行梳理与归纳。

第 1 章围绕着 Python 基础编程展开，结合金融场景和 62 个示例，探讨 Python 的金融变量赋值、数据类型、数据结构、运算符号、内置函数、自定义函数、类、句型及 math 模块等编程内容。

第 2 章聚焦 NumPy 模块编程，结合金融场景和 47 个示例，剖析数组这一用途广泛的数据结构，并且演示数组索引、切片、排序和合并，数组运算与矩阵运算，基于统计分布的随机抽样及构建现金流模型等编程内容。

第 3 章关注 pandas 模块编程，结合金融时间序列和 31 个示例，分析序列与数据框这两个重要的数据结构，演示金融时间序列的数据可视化、数据框内部的操作、多个数据框之间的合并及统计功能等编程内容。

第 4 章讲解 Matplotlib 模块的可视化编程，结合金融场景和 13 个示例，探讨绘制曲线图、直方图、条形图（含双轴图）、散点图、饼图、雷达图、K 线图及三维图等不同图形的编程技巧。

第 5 章涉及 4 个模块的编程，结合金融场景和 18 个示例，依次讨论 SciPy 模块的积分运算、插值运算、方程组运算、最优化运算与统计运算，statsmodels 模块的线性回归建模，arch 模块的 ARCH 和 GARCH 建模，以及 datetime 模块的日期时间对象等内容。

第 6 章重点讨论深度学习 PyTorch 模块编程，结合金融场景和 20 个示例，讲解张量的结构与运算，剖析神经元的运行机制，构建全连接神经网络、循环神经网络及长短期记忆网络等主流的深度学习模型。

第 7 章侧重探讨强化学习编程，结合金融场景和 16 个示例，讲解强化学习的相关入门知识，讨论运用 Gymnasium 模块创建全新的环境，演示如何创建并运行股票投资的强化学习环境，剖析 Q 学习、深度 Q 网络等核心算法。

二、本书的约定

一是 Python 代码的排版。Python 作为一门计算机编程语言，它的呈现方式是代码（code），因此 Python 代码也是本书的重要组成部分。本书所涉及的 Python 代码基于 Python3.9 编写，为了将代码与书中的其他内容相区分，凡是涉及代码输入与输出的部分均用灰色标明；同时，为了提升阅读体验，在不改变内容的前提下，优化了部分代码输出结果的排版格式。通过以下代码举例：

```
In [7]: share=80000         #持股数量

In [8]: type(share)         #显示数据类型
Out[8]: int
```

二是专用的编程术语。本书会涉及包括函数（function）、方法（method）、属性（attribute）、特性（property）等 Python 编程的专用术语，如果没有特别的说明，书中涉及的这些名词就是特指 Python 编程的术语而非其他。

三是关于数学的运用。本书在讨论统计分布、深度学习、强化学习等的知识点时，会运用数学符号和表达式。为确保本书的可读性，我遵循"简洁、易懂、实用"的原则处理相关数学的表述，读者仅需要拥有微积分、线性代数和数理统计的基础知识，就可以无障碍地阅读和理解本书。

三、本书提供的资料

为了使学习效果最优、阅读体验最佳，本书有以下 3 类资料可供读者免费下载。

一是 20 张 Excel 数据表格。这些 Excel 数据表格包含本书部分示例的基础数据，这些数据来源于上海证券交易所、深圳证券交易所，以及 Wind、同花顺 iFinD 等金融数据终端，均是市场的公开数据。

二是 47 张用 Python 绘制的彩图。为了分析的可视化，本书的部分示例会运用 Python 生成彩图（共计 47 张），由于纸质图书黑白印刷所限，为了给读者带来最佳的阅读体验，全部彩图可供下载。

三是代码运行的演示视频。为了使读者更容易地熟悉 Python 代码运行的过程，主要围绕本书第 4 章例 4-1 相关代码的运行，录制了时长为 2 分 25 秒的 MP4 格式的视频。选择该示例是考虑到与其相关的代码内容比较丰富且编程难易程度适中。

以上资料均已上传至人民邮电出版社异步社区，读者可以到异步社区的本书页面下载。

四、掌握 Python 的技巧

许多读者都会遇到一个共同的问题："如何才能高效地掌握 Python 呢？"对此，我结合个人的学习经历，将掌握 Python 的技巧归纳为以下的"三多法则"。

一是多动手。针对类似于 Python 等计算机编程语言的学习，除了看书，在计算机上的操作练习是必要的更是必需的。针对 Python 零基础的读者，建议将上机练习分为 3 个步骤：第 1 步是简单模仿，也就是将书中的代码逐一在计算机的相关程序中输入并运行；第 2 步是创新设计，根据本书的示例，自己设计新的 Python 代码，查看能否得到相同的结果；第3步是向外拓展，寻找本书以外的金融数据与案例，并且撰写代码，查看能否通过Python实现。

二是多搜索。随着互联网日益普及，众多学习者已经将互联网作为一个重要的学习平台。针对Python的学习，无论是国内还是国外均有一些优质的免费互联网资源可以作为学习的辅助工具，比如国内的CSDN博客、知乎，以及国外的谷歌Python课程（Google's Python Class）等。

三是多总结。一名高效的学习者应该是善于总结的能手。因此，在学习Python的过程中一定要学会多总结、多归纳。下面将笔者总结的Python编码注意事项作为示例：

（1）正确运用括号，要区分圆括号、方括号、花括号的运用，并且括号内也可能会嵌套括号；

（2）要区分英文的大小写，比如DataFrame、Series等就会涉及大写的字母；

（3）在涉及句型、自定义函数、自定义类等的编程中，要正确运用缩进；

（4）正确使用引号、逗号、冒号等标点符号等。

下面，就正式开启阅读与学习之旅吧！

资源与支持

资源获取

本书提供如下资源:
- Excel 数据表格;
- 配套彩图文件;
- 本书思维导图;
- 异步社区 7 天 VIP 会员。

要获得以上资源,您可以扫描下方二维码,根据指引领取。

提交错误信息

作者和编辑尽最大努力来确保书中内容的准确性,但难免会存在疏漏。欢迎您将发现的问题反馈给我们,帮助我们提升图书的质量。

当您发现错误时,请登录异步社区(https://www.epubit.com),按书名搜索,进入本书页面,单击"发表勘误",输入错误信息,单击"提交勘误"按钮即可(见下图)。本书的作者和编辑会对您提交的错误信息进行审核,确认并接受后,您将获赠异步社区的 100 积分。积分可用于在异步社区兑换优惠券、样书或奖品。

与我们联系

我们的联系邮箱是 contact@epubit.com.cn。

如果您对本书有任何疑问或建议，请您发邮件给我们，并请在邮件标题中注明本书书名，以便我们更高效地做出反馈。

如果您有兴趣出版图书、录制教学视频，或者参与图书翻译、技术审校等工作，可以发邮件给我们。

如果您所在的学校、培训机构或企业，想批量购买本书或异步社区出版的其他图书，也可以发邮件给我们。

如果您在网上发现有针对异步社区出品图书的各种形式的盗版行为，包括对图书全部或部分内容的非授权传播，请您将怀疑有侵权行为的链接通过邮件发送给我们。您的这一举动是对作者权益的保护，也是我们持续为您提供有价值的内容的动力之源。

关于异步社区和异步图书

"异步社区"是由人民邮电出版社创办的IT专业图书社区，于2015年8月上线运营，致力于优质内容的出版和分享，为读者提供高品质的学习内容，为作译者提供专业的出版服务，实现作译者与读者在线交流互动，以及传统出版与数字出版的融合发展。

"异步图书"是异步社区策划出版的精品IT图书的品牌，依托于人民邮电出版社在计算机图书领域的发展与积淀。异步图书面向IT行业以及各行业使用IT的用户。

目录

第 1 章　结合金融场景演示 Python 基础编程 ························· 1
　　1.1　Python 简介 ··· 1
　　1.2　Python 的金融变量赋值与数据类型 ································ 6
　　1.3　Python 的数据结构 ··· 12
　　1.4　Python 的运算符号 ··· 22
　　1.5　Python 的内置函数与自定义函数 ··································· 28
　　1.6　Python 的类 ·· 33
　　1.7　Python 的句型 ··· 37
　　1.8　模块导入与 math 模块 ·· 42
　　1.9　本章小结 ·· 45
　　1.10　拓展阅读 ·· 46

第 2 章　结合金融场景演示 NumPy 模块编程 ··························· 47
　　2.1　从一个投资案例讲起 ·· 47
　　2.2　N 维数组 ·· 49
　　2.3　数组的相关功能 ·· 54
　　2.4　数组的相关运算 ·· 58
　　2.5　基于统计分布的随机抽样 ·· 69
　　2.6　现金流模型 ··· 80
　　2.7　本章小结 ·· 88
　　2.8　拓展阅读 ·· 89

第 3 章　结合金融时间序列演示 pandas 模块编程 ······················ 90
　　3.1　pandas 的数据结构 ··· 90
　　3.2　时间索引 ·· 96
　　3.3　金融时间序列的数据可视化 ··· 100
　　3.4　数据框内部的操作 ··· 104
　　3.5　数据框之间的合并 ··· 114
　　3.6　统计功能 ·· 118
　　3.7　本章小结 ·· 127
　　3.8　拓展阅读 ·· 127

第 4 章 结合金融可视化演示 Matplotlib 模块编程 ······128

- 4.1 基本函数及参数的介绍 ······128
- 4.2 曲线图 ······133
- 4.3 直方图 ······138
- 4.4 条形图 ······143
- 4.5 散点图 ······148
- 4.6 饼图与雷达图 ······150
- 4.7 K 线图 ······154
- 4.8 三维图 ······158
- 4.9 本章小结 ······163
- 4.10 拓展阅读 ······164

第 5 章 结合金融场景演示 SciPy 等模块编程 ······165

- 5.1 SciPy 模块 ······165
- 5.2 statsmodels 模块 ······184
- 5.3 波动率模型与 arch 模块 ······191
- 5.4 datetime 模块 ······198
- 5.5 本章小结 ······203
- 5.6 拓展阅读 ······204

第 6 章 结合金融场景演示深度学习 PyTorch 模块编程 ······205

- 6.1 PyTorch 环境部署 ······205
- 6.2 张量 ······208
- 6.3 神经元与激活函数 ······226
- 6.4 构建线性模型 ······232
- 6.5 全连接神经网络 ······240
- 6.6 循环神经网络 ······252
- 6.7 长短期记忆网络 ······263
- 6.8 本章小结 ······273
- 6.9 拓展阅读 ······274

第 7 章 结合金融场景的强化学习编程 ······275

- 7.1 强化学习入门 ······275
- 7.2 强化学习的编程技术框架——Gymnasium 模块 ······286
- 7.3 创建并运行股票投资的强化学习环境 ······293
- 7.4 Q 学习 ······303
- 7.5 深度 Q 网络 ······320
- 7.6 本章小结 ······338
- 7.7 拓展阅读 ······339

第 1 章 结合金融场景演示 Python 基础编程

本章导读

1946年2月，人类第一台计算机诞生于美国宾夕法尼亚大学，计算机不仅能显著提升金融运行的效率，而且能持续推进金融活动的普及，两者之前有着紧密的联系。随着"金融数智化"时代的来临，计算机编程已经成为金融职场人必备的技能。在众多计算机编程语言中，Python 凭借简洁、高效、开源、灵活以及可扩展性强等优势成为全球最流行的编程语言。作为本书的开篇，本章将结合读者熟悉的金融场景全面演示 Python 的基础编程知识。

本章的内容涵盖以下主题。
- ✓ 介绍 Python 的定义、优势、版本迭代、环境部署，以及 Spyder 的操作界面。
- ✓ 讨论如何通过 Python 给金融变量赋值，并且介绍整型、浮点型、复数、字符串及布尔值等常用的数据类型。
- ✓ 探讨 Python 的数据结构，并侧重于分析元组、列表、集合、字典等数据结构。
- ✓ 讲解 Python 的运算符号，包括用于算术运算、关系运算、赋值运算和成员运算等的符号。
- ✓ 分析 Python 的主要内置函数，重点聚焦于金融领域中比较常用的一些函数。
- ✓ 剖析 Python 自定义函数的技巧，主要运用 def 语句和 lambda 函数构建自定义函数。
- ✓ 讨论 Python 的类，包括类对象的创建、实例化操作以及继承等。
- ✓ 讨论 Python 的句型，包括条件语句、循环语句，以及两者的结合。
- ✓ 梳理模块导入的不同方式以及 math 模块中金融领域常用的函数。

1.1 Python 简介

1.1.1 何为 Python

Python 是一种解释型、交互式、面向对象的编程语言，包含模块、异常、动态类型、高层级动态数据类型以及类等特性，除了面向对象编程，还支持过程式编程、函数式编程等多种编程范式。

不具有计算机专业背景并且是 Python 初学者的读者,想必会对以上的这段描述感到费解,但不必为此感到沮丧,学习完本书以后,你会对上述 Python 定义有较为深刻的理解;退一步而言,即使届时你依然无法明白 Python 的定义,也丝毫不会影响你学习与使用 Python,正如许多人每天都在使用 Windows、macOS 或 HarmonyOS(鸿蒙操作系统)等操作系统,却极少有人真正关心并知晓它们的定义。图 1-1 所示为 Python 官网首页。

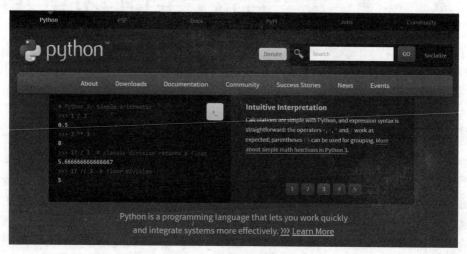

图 1-1 Python 官网首页

目前,Python 成为全球最流行的计算机编程语言。表 1-1 显示了截至 2023 年 12 月全球排名前 10 位的计算机编程语言,并且对比了它们在 2022 年 12 月的排名。

表 1-1 计算机编程语言的全球排名

编程语言	2023 年 12 月排名	2022 年 12 月排名
Python	1	1
C	2	2
C++	3	3
Java	4	4
C#	5	5
JavaScript	6	7
PHP	7	10
Visual Basic	8	6
SQL	9	8
Assembly language	10	9

数据来源:TIOBE 榜单。

1.1.2 Python 的优势

结合 Python 官网的对外宣传以及广大用户的亲身体验,相比 C 语言、Java 语言等其他的主流编程语言,Python 具有以下 4 个方面的优势。

一是极简的代码规则。奥卡姆剃刀定律(Occam's razor law)指出:"如果有多个理论能解释同一件事,则可取的总是最简单、假设最少的那一个理论。"同样,为了完成编程任务,在众多可行的编程语言中，用户往往考虑使用最简单的编程语言去实现。Python 有相对较少的关键字，语法结构简洁、直接，这不仅能让使用者更加便捷地编程，也能让阅读者更加容易理解代码。Python 的设计完全符合奥卡姆剃刀定律。

二是完全免费与开源。 Python 是在开放源代码促进会（Open Source Initiative）批准的开源许可下开发的。Python 的许可证由 Python 软件基金会（Python Software Foundation）负责管理，使 Python 可以自由使用和分发，并且能进行商业化运用。

三是强大的外部模块。 截至 2024 年 3 月，在 Python Package Index（PyPI）上注册的 Python 第三方模块数量已经超过 50 万，构建起庞大并且完整的 Python 语言生态系统。目前，无论是统计分析、数据处理以及图形可视化等常用的分析功能，还是机器学习、深度学习、强化学习、联盟学习等人工智能算法，都大量运用 Python。

四是与金融深度结合。 在信息技术领域，有一个著名的梅特卡夫定律（Metcalfe's law），该定律指出一个网络的价值同其用户数量的平方成正比，这个定律同样适用于编程语言，也适用于 Python 在金融领域的运用。2015 年以来，无论是海外顶尖的跨国金融机构还是国内金融行业的头部企业，正在越来越多地运用 Python 开发涉及产品定价、投资策略以及风险管理等的量化模型，Python 在金融领域的价值迅速提升。

表 1-2 所示为 Python 与其他在金融领域中常用数据分析工具（包括 Excel、MATLAB、R、SAS、SPSS）的比较，除了免费，无论是在代码撰写的便利性还是在场景运用的广泛性方面，Python 都具备无可比拟的优越性。

表 1-2　Python 与其他在金融领域中常用数据分析工具的比较

名称	费用情况	编程难度	运用场景	版本更新	处理逻辑
Python	免费	低	广	快	内存计算
Excel	收费	中	窄	中等	内存计算
MATLAB	收费	高	中等	中等	内存计算
R	免费	中	中等	快	内存计算
SAS	收费	高	窄	慢	非内存计算
SPSS	收费	中	窄	中等	内存计算

1.1.3　Python 的版本迭代

Python 从 1991 年对外正式发布首个版本至今仅有 30 余年的时光，却经过了十余次的版本更新和迭代。截至 2023 年年末，Python 最新的版本是 3.12 版本。表 1-3 梳理了 Python 版本的迭代历程。

表 1-3　Python 版本的迭代历程

版本号	首次发布日期
0.1.0（第 1 版）	1991 年
0.9.5	1992 年 1 月
1.0	1994 年 1 月
2.0	2000 年 10 月

续表

版本号	首次发布日期
2.7	2010 年 7 月
3.0	2008 年 12 月
3.6	2016 年 12 月
3.7	2018 年 6 月
3.8	2019 年 10 月
3.9	2020 年 10 月
3.10	2021 年 10 月
3.11	2022 年 10 月
3.12	2023 年 10 月

数据来源：Python 官网。

在讲解将 Python 运用于金融领域的最新图书中，往往运用 Python 3.7 及以上版本，虽然不同版本在功能上略有差异，但是这些版本的 Python 代码基本可以通用。值得注意的是，本书采用相对成熟并且稳定的 Python 3.9（具体是 Python 3.9.12）撰写并运行代码。

1.1.4　Python 的环境部署

由于目前多数的计算机操作系统没有自带 Python，因此需要用户自行安装。安装方式有两种：一种是单独安装，另一种是集成安装。

1. 单独安装

用户可以直接登录 Python 官网的下载专区，下载 Python 安装包，然后进行安装。在安装过程中需要注意以下两点。

一是匹配相应的操作系统。用户需要根据自己的计算机操作系统（如 Windows、Linux/UNIX、macOS 等），选择对应的 Python 安装包。比如，计算机操作系统是 Windows 系统，则需要对应下载能够在 Windows 系统运行的 Python 安装包，否则会导致安装失败。

二是区分计算机 CPU（Central Processing Unit，中央处理器）位数。目前，计算机 CPU 位数分为 32 位和 64 位，32 位的 CPU 只能安装适用于 32 位的 Python 安装包，但是 64 位的 CPU 可以兼容适用于 32 位和 64 位的 Python 安装包。

单独安装的优势是灵活性高且硬盘占用容量小。但是，针对需要的 Python 第三方模块，用户必须自行下载并安装，这样做往往费时费力，而且难免会有遗漏。

2. 集成安装

集成安装是下载并安装一个集成 Python 及常用第三方模块的程序，目前最流行的这类程序之一就是 Anaconda。集成安装最大的优势是一劳永逸；当然集成安装也有缺点，即集成的第三方模块通常会非常多，对于普通用户而言，大量第三方模块并非都能用到，那些不被使用的第三方模块白白占用了计算机的空间，造成资源的闲置与浪费。

虽然集成安装有一定的缺陷，但从便利性的角度来看，依然建议用户，尤其是初学者选择以集成安装的方式安装 Python 以及相关的第三方模块。本书通过下载并安装 Anaconda 来实现对 Python 的调用。

3. 安装 Anaconda

Anaconda 是全球最流行的 Python 和 R 语言的数据科学软件集成平台之一，拥有超过 2000 万用户。集成 Python 的 Anaconda 软件包含 430 个数据科学相关的工具包（第三方模块），比如实现科学数据分析的 NumPy、pandas、Numba、Dask 等，实现数据可视化的 Matplotlib、Bokeh 等，开发与训练机器学习模型的 scikit-learn 等，基本满足了金融领域对 Python 的使用需要。此外，PyTorch、TensorFlow 等常用的深度学习工具包也可以通过 Anaconda 实现快速安装。

个人用户可以登录 Anaconda 官网免费下载安装包。注意，下载页面提供了分别匹配 Windows、macOS 以及 Linux 等不同操作系统的 Anaconda 安装包。下载时还需要考虑计算机 CPU 位数是 32 位还是 64 位（见图 1-2）。本书运用的 Anaconda 是 2022 年 5 月版本，对应的操作系统是 Windows 10。

图 1-2　Anaconda 官网下载页面

1.1.5　Spyder 及其操作界面

Spyder 是一个免费、开源和交互式的 Python 语言开发环境，它提供了代码编辑、分析、调试等强大功能。本书的 Python 代码撰写与运行就是通过 Spyder 5.1.5 完成的。

Anaconda 包含 Spyder 这个开发环境。安装完 Anaconda 以后，在 Windows 操作系统的"开始"菜单中找到 Spyder 并单击将其打开（见图 1-3）。这里简单说明，图 1-3 中的 Anaconda Prompt 可以执行包括安装第三方模块在内的相关功能，在本书第 2.6 节、第 4.7 节、第 5.3.4 节、第 6.1 节和第 7.2 节将会有具体应用。

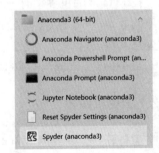

Spyder 的界面类似于 MATLAB 的界面，由若干窗口构成，用户可以根据个人的偏好调整窗口的布局。图 1-4 展示了笔者日常使用的两栏式的 Spyder 操作界面。

图 1-3　通过 Windows 操作系统的"开始"菜单快速打开 Spyder

在图 1-4 中，左栏是撰写 Python 代码的代码编辑窗口，拥有对代码的错误提示功能，通过单击上方菜单栏中的 File，在打开的菜单中选择 New File 可以创建用于撰写代码的新文件，单击 Save 或 Save as 图标可以保存相应的代码文件，单击 Open 图标可以打开已保存的代码文件。

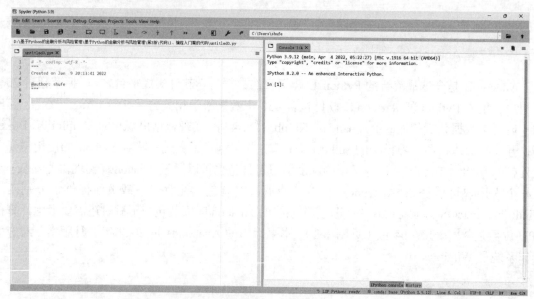

图 1-4 两栏式的 Spyder 操作界面

右栏是 IPython console/History 窗口，其中，IPython console 是控制台，用于运行相关代码，在代码编辑窗口（见图 1-4 的左栏）用鼠标选择需要运行的代码并且单击上方工具栏中的图标 ▶ 或者按快捷键 F9，就可以在 IPython console 中运行相应的代码；如果需要运行整个代码文件则直接单击工具栏中的图标 ▶ 或者按快捷键 F5。History 用于记录在 IPython console 中运行过的代码。

需要注意的是，如果退出 Spyder，则在 IPython console 中运行的未保存的代码将被清空。

关于 Python 的基本情况就介绍到这里，从下一节开始将具体讲解并演示 Python 的基础编程。

1.2 Python 的金融变量赋值与数据类型

在 Python 的世界中有一句名言——一切皆为对象（Everything is object），在金融领域也有类似的名言——一切皆为变量（Everything is variable），所以本节将首先探讨如何通过 Python 对金融变量进行赋值。此外，还有一句金融名言——金融就是数据，数据就是金融（Finance is data, and data is finance），因此本节也会对 Python 的数据类型进行详细讲解。

1.2.1 变量赋值

当打开一个财经类 App 时，第一眼看到的通常是金融市场各种指数或金融资产价格与涨跌幅信息。比如，2022 年 4 月 29 日上证指数涨跌幅为 2.41%，这条信息转换成 Python 的语言就是一个典型的赋值语句，其中，用变量代表上证指数涨跌幅，为该变量赋予的数值就是 0.0241。

1. 赋值的相关要求

在 Python 中，每个变量在使用前都必须赋值，否则变量无法被创建。需要运用等号（=）给变量赋值，这里的等号也称为赋值符号。赋值符号左边是一个变量名，右边是存储在该变量中的值，代码格式如下：

```
变量名 = 值
```

赋值符号右边的值的类型可以是本节后面讨论的数据类型，也可以是下一节讨论的数据结构。

Python 的变量名可以由英文字母、数字和下画线构成，编程者必须牢记以下 4 个注意事项。

一是字母和下画线可单独使用。可以单独使用英文字母或者下画线作为变量名，使用英文字母时需要注意区分大小写。

二是数字不能单独使用。单纯的数字是不能用于表示变量的，比如 3 就不能作为变量名。

三是不能以数字开头。比如，1a 不可以作为变量名，而 a1 却可以作为变量名。

四是名称应简洁易懂。对金融变量的命名尽可能运用变量对应的英文的全称、缩写。

下面通过一个简单的示例演示如何对金融变量进行赋值。

2. 示例

【例 1-1】假定某银行 1 年期定期存款利率是 1.4%，需要在 Python 中创建相应的变量并赋值。相关的代码如下：

```
In [1]: rate=0.014        #利率等于1.4%

In [2]: r=0.014           #变量命名更简洁
```

这里需要注意，在一行代码中，从井号（#）开始输入的内容是不会被 Python 读取的，因此，编程者会用这种方式写注释，以便于阅读者理解代码的含义。

同时，1.4%在 Python 中输入时必须用 0.014 表示，因为"%"符号在 Python 中有着特殊的用途，具体知识将在第 1.4.1 节进行介绍。

此外，在变量赋值过程中，需要关注下面两种情形。

情形 1：同一变量多次赋值。如果针对同一个变量进行了多次不同的赋值，则每一次新的赋值都会覆盖前一次的赋值，最终在 Python 中该变量保存的是最后一次赋值的结果。以例 1-1 作为示例，针对利率变量 rate，用户此后又赋值两次，这两个值分别是 1.5%和 1.6%，查看最终变量赋值的结果，相关代码如下：

```
In [3]: rate=0.015        #利率等于1.5%（第2次赋值）

In [4]: rate              #输出赋值结果
Out[4]: 0.015

In [5]: rate=0.016        #利率等于1.6%（第3次赋值）

In [6]: rate              #输出赋值结果
Out[6]: 0.016
```

从以上的输出结果不难看出，每一次新的赋值均覆盖了前一次的赋值，最终保存在 rate 变量中的值是最后一次赋值的结果 0.016（即 1.6%）。

情形 2：重新登录 Python。完成变量赋值之后，在退出 Python 系统之前，可以反复调用该变量；一旦用户退出 Python，运行的代码将会被清空，重新登录 Python 以后，用户需要对变量重新进行赋值后才可以调用该变量。

1.2.2 整型、浮点型与复数

在前面讨论金融变量赋值时，许多人本能地想到所赋的值就是数字，其实 Python 中通常包括整型、浮点型、复数等不同的数据类型。

1. 整型

整型（integer，也称**整数**）是 Python 的基础数据类型之一，在 Python 中显示为 int（整型对应的英文单词的缩写），类似于−100、0、9、368 这样的数的类型为整型。在数学中，整数可细分为正整数、0 和负整数，这一规则同样适用于 Python 的整型。整型也是金融领域经常使用的数据类型，比如上市公司的数量、投资者人数、股票数量、债券面值、交易日天数等都需要用到整型数据。

【例 1-2】假定投资者持有一家上市公司的 8 万股股票，通过 Python 创建变量并赋值，此外运用 type 函数判断数据类型，具体的代码如下：

```
In [7]: share=80000         #持股数量

In [8]: type(share)         #显示数据类型
Out[8]: int
```

注意，在 Python 中，整型数据有以下两个特征：一是必须为数字，二是不能出现小数点。如果出现小数点，则对应接下来要讨论的浮点型。

2. 浮点型

当 Python 运用于金融场景时，**浮点型**（float，也称**浮点数**）可以说是最常用的一种数据类型，比如利率、汇率、股价、收益率、波动率等变量的数据都是浮点型数据。浮点数是由整数、小数点和小数（非必需）构成的数字。在第 1.2.1 节讨论利率的示例（例 1-1）中就使用了浮点型数据，可以通过以下的代码进行验证：

```
In [9]: type(rate)
Out[9]: float
```

需要注意的是，在 Python 中，如果数字后面带有小数点，无论其实质上是否为整数，Python 均会将其视作浮点数。

【例 1-3】运用例 1-2 中的相关信息，在 Python 中输入数据时，用户在整数 80000 后面增加了一个小数点，则该数据的数据类型就变成了浮点型，具体的代码如下：

```
In [10]: share1=80000.      #增加一个小数点

In [11]: type(share1)
Out[11]: float
```

此外，80000 可以使用科学记数法表示为 8×10^4，在 Python 中可以通过如下的代码输入：

```
In [12]: share2=8e4         #使用科学记数法
```

```
In [13]: type(share2)
Out[13]: float
```

根据以上的代码,可以用 $a \times 10^n$ 表示的数字在 Python 中的代码格式是 aen,比如,4×10^6 转换为 Python 的输入代码是 4e6;7.86×10^9 的输入代码是 7.86e9;10^7 的输入代码则是 1e7,注意开头的 1 必须输入。此外,用科学记数法表示的数据的类型是浮点型。

3. 复数

在数学中,当 a、b 均为实数,$z=a+bi$ 的数就称为**复数**(complex number),其中 a 称为**实部**,b 称为**虚部**,i 称为**虚数单位**。复数由意大利米兰学者吉罗拉莫·卡尔达诺(Jerome Cardan)在 16 世纪首次引入。复数在金融领域的运用相对较少,主要运用于金融的时间序列分析、美式期权定价涉及的傅里叶变换等。注意,在 Python 代码中,虚数单位用小写的英文字母 j 表示。

【例 1-4】将一个变量 x 赋值为复数 3+5i,输入 Python 并执行,判断数据类型,具体的代码如下:

```
In [14]: x=3+5j          #一个虚数

In [15]: type(x)
Out[15]: complex
```

1.2.3 字符串

在金融领域,经常遇到公司名称、金融产品要素等非数字的文本信息,对此在 Python 编程中就需要用到**字符串**(string)这一数据类型。字符串有四大特征:引号标识、可索引性、可截取性以及可替换性。下面就依次展开讨论并演示。

特征之一:引号标识。在 Python 编程中,用英文的单引号('')、双引号("")或三引号(""""")标识字符串,其中,三引号往往用于标识多行文本。此外,引号内的中文、英文、符号、数字和空格均被视为字符串;字符串的类型用 str(字符串对应的英文单词的缩写)表示。

【例 1-5】在 Python 中,以字符串类型依次输入 finance、risk management、金融风险管理、666、2+2,具体的代码如下:

```
In [16]: a='finance'           #输入英文单词并用单引号进行标识
    ...: type(a)
Out[16]: str

In [17]: b="risk management"   #输入英文单词并用双引号进行标识
    ...: type(b)
Out[17]: str
#注意,risk 与 management 之间的空格也要占据一个字符

In [18]: c='金融风险管理'        #输入中文
    ...: type(c)
Out[18]: str

In [19]: d='666'               #输入数字
    ...: type(d)
Out[19]: str
```

```
In [20]: e='2+2'                    #输入式子
    ...: type(e)
Out[20]: str
```

特征之二：可索引性。字符串是可以被索引的。如果针对字符串的索引是从左往右的，默认从 0 开始，这就是 **0 索引**（zero-indexed）的规则，并且需要用到方括号；如果是从右往左的索引，则默认从 –1 开始。以上的索引规则也适用于 Python 数据结构的索引，具体将在第 1.3 节讨论。

【例 1-6】运用例 1-5 中输入的字符串 finance，依次索引 finance 这个单词的首字母 f、第 4 个字母 a 以及最后一个字母 e，具体的代码如下：

```
In [21]: a[0]                       #索引首字母
Out[21]: 'f'

In [22]: a[3]                       #索引第 4 个字母
Out[22]: 'a'

In [23]: a[-1]                      #索引最后一个字母
Out[23]: 'e'
```

需要注意的是，针对字符串索引得到的结果依然是一个字符串。

特征之三：可截取性。假如用户要从字符串 I hate risk 中选取子字符串 risk，就需要运用字符串的截取功能。**截取**也称为**切片**（slice），其作用是从一个字符串中获取子字符串，需要使用方括号、起始索引值（start）、终止索引值（end）以及可选的步长（step）进行定义。在 Python 中，截取字符串的输入格式如下：

```
字符串[start: end: step]
```

【例 1-7】假定用户在 Python 中输入字符串 I hate risk，并且在该字符串中截取子字符串 hate，具体的代码如下：

```
In [24]: f='I hate risk'

In [25]: f[2:6]                     #截取子字符串 hate
Out[25]: 'hate'
```

在例 1-7 中，字符串和索引位置之间的对应关系如下：

    字符串   I hate risk
    索引位置 012345678910

需要注意两点：一是截取的操作中，截取的子字符串的索引值截至输入的终止索引值的前一位；二是不输入步长的参数时，默认的步长是 1（也就是逐个选取）。

如果仅输入起始索引值而不输入终止索引值，则表示截取从起始索引值对应的字符一直到字符串末尾的子字符串。

【例 1-8】沿用例 1-7 的信息，假定用户希望从 I hate risk 字符串中截取 risk，具体的代码如下：

```
In [26]: f[7:]                      #从第 8 位开始截取到末位
Out[26]: 'risk'
```

不输入起始索引值但输入终止索引值,表示截取从字符串的首位一直到终止索引值对应字符的前一位的子字符串。

【例1-9】依然沿用例1-7的信息,假定用户希望从 I hate risk 字符串中截取 I hate,具体的代码如下:

```
In [27]: f[:6]              #从首位开始截取到第6位
Out[27]: 'I hate'
```

前面3个示例讨论的是截取步长为1的情形,下面给出截取步长大于1的一个示例。

【例1-10】假定用户在 Python 中输入字符串 I love risk management,并且希望从该字符串中截取从第3位至第20位并且步长为5(也就是跳4格选取)的子字符串,具体的代码如下:

```
In [28]: g='I love risk management'

In [29]: g[2:20:5]          #截取从第3位至第20位并且步长为5的子字符串
Out[29]: 'lrme'
```

特征之四:可替换性。如果用户发现在 Python 输入的字符串中部分子字符串出现错误,可以运用 replace 实现修正和替换。

【例1-11】假定用户在事后检查中发现,原本希望在 Python 中输入 I hate risk,但是误输入了 I love risk,因此需要进行修改,具体的代码如下:

```
In [30]: h='I love risk'     #错误的输入

In [31]: h=h.replace('love','hate')  #进行更正
    ...: h                   #输出更正后的结果
Out[31]: 'I hate risk'
```

注意,在 replace 中,第1个引号内需输入原有的内容,第2个引号内需输入修正后的内容;此外,这里 replace 的性质就是在第1.3.1节提到的方法(method)。

1.2.4 布尔值

Python 的编程有时也会遇到**布尔值**(boolean value)。布尔值得名于英国数学家乔治·布尔(George Boole),它是一种逻辑值。在 Python 编程中,布尔值只有两个取值,一个是 True(表示真),另一个是 False(表示假),注意这两个英文单词的首字母必须大写。

【例1-12】在 Python 中,一个变量赋值为布尔值的 True,另一个变量赋值为布尔值的 False,相关的代码如下:

```
In [32]: I=True              #赋值为 True 的布尔值
    ...: I                   #查看结果
Out[32]: True

In [33]: J=False             #赋值为 False 的布尔值
    ...: J
Out[33]: False

In [34]: type(I)             #查询数据类型
Out[34]: bool
```

```
In [35]: type(J)
Out[35]: bool
```

通常,在 Python 或第三方模块的函数中输入参数时会用到布尔值;此外,代码运行的结果有时也会直接给出布尔值。

1.3 Python 的数据结构

在讨论了数据类型以后,接下来聚焦于**数据结构**(data structure),它是计算机存储数据和组织数据的方式,不同的数据结构能够带来不同的运算效率和存储效率。

1.3.1 数据结构概述

Python 的数据结构包括元组、列表、集合、字典、数组、序列、数据框以及张量共八大类,表 1-4 给出了不同数据结构的对比。

表 1-4 不同数据结构的对比

数据结构	简介和特征	特征性标识	在金融领域中的运用情况
元组(tuple)	一种高级的数据结构,可索引,但不可修改	用圆括号"()"标识	较少运用
列表(list)	与元组类似,除了可索引,更重要的是可修改,是元组的升级版	用方括号"[ ]"标识	经常运用
集合(set)	类似于数学的集合,每个集合中的元素具有无序性、无重复性	用花括号"{ }"标识	很少运用
字典(dict)	与日常生活中的字典用法类似,通过"名称(键)→内容(值)"来构建	用花括号"{ }"标识	较少运用
数组(array)	科学计算和代数运算常用的数据结构,类似于线性代数的向量和矩阵	用 array、圆括号、方括号共同标识	经常运用
序列(series)	类似于一维数组的数据结构,由标签(label)或者索引(index)以及对应数值等部分构成	用 Series、圆括号、方括号共同标识	较少运用
数据框(dataframe)	数据分析常用的数据结构,带有索引和列名(column),类似于 Excel 的工作表	用 DataFrame、圆括号、方括号共同标识	经常运用
张量(tensor)	深度学习、强化学习领域最重要的数据结构之一,与数组有些类似	用 tensor、圆括号、方括号共同标识	经常运用

本节主要讨论元组、列表、集合以及字典这 4 种数据结构,第 2 章讨论 NumPy 模块时会重点讲解数组,第 3 章探讨 pandas 模块时将详细介绍序列和数据框,第 6 章分析 PyTorch 模块时则会全面解析张量。

在这里需要提醒读者的是,在 Python 编程中存在着容易被混淆的 4 个编程术语,它们分别是**函数**(function)、**方法**(method)、**属性**(attribute)以及**特性**(property)。

1. 函数的格式

在 1.2 节中用于查看数据类型的 type 就是一个典型的函数，但请读者注意：这里提及的"函数"并不是数学意义上的函数，它仅是 Python 编程的一个术语。函数的代码输入格式如下：

函数名称(变量名称，参数)

如果相关的函数是在某一个模块下，则函数的代码输入格式调整如下：

模块名称.函数名称(变量名称，参数)

圆括号内的参数将根据编程的实际需要而定，可以输入一个或多个，有时也可以不输入；此外，变量时常会作为参数的一部分输入函数中。在本书的每一章几乎都会见到函数的编程。

2. 方法的格式

在 Python 编程中，方法通常是针对表 1-4 中的各种数据结构而展开的，方法的代码输入格式如下：

数据结构.方法名称(参数)

当然，圆括号内的参数也将根据编程的实际需要而定，可以输入一个或多个，有时也可以不输入。在本书的后面会涉及大量关于方法的编程。

3. 属性的格式

在 Python 编程中，属性往往是嵌入各种数据结构中的，属性的代码输入格式如下：

数据结构.属性名称

需要注意的是，属性名称后面是不带圆括号的，这一点是属性与方法的最大区别。在本书的后面会涉及较多关于属性的编程。

4. 特性的格式

在 Python 编程中，特性通常针对序列与数据框这两种数据结构，相关的代码输入格式如下：

序列.特性名称[参数]
数据框.特性名称[参数]

需要注意的是，在特性名称后面的是方括号而不是圆括号，这是特性与方法之间的主要区别，同样方括号内的参数也将根据编程的实际需要而定。特性的编程主要集中在第 3 章。

1.3.2 元组

元组是一种高级的 Python 数据结构，但它在金融场景中的运用比较有限，通常在 Python 或第三方模块的函数中输入参数时会用到元组，因此本节主要讨论元组的创建与访问。

1. 元组的创建

元组的创建方式比较简单，具体代码格式如下：

变量名 = (元素1, 元素2, 元素3, …)

【例1-13】在Python中创建一个空元组，具体的代码如下：

```
In [36]: tup1=( )                    #创建一个空元组

In [37]: type(tup1)
Out[37]: tuple
```

需要注意的是，如果元组中只包含一个元素，需要在该元素后面添加一个逗号，否则无法构成一个元组。

【例1-14】在Python中，创建仅包含一个元素9的元组，具体的代码如下：

```
In [38]: tup2=(9,)                   #在元素后面添加一个逗号
   ...: type(tup2)
Out[38]: tuple

In [39]: tup3=(9)                    #如果不在元素后面添加逗号
   ...: type(tup3)
Out[39]: int
```

以上的代码显示，当元素9后面缺少了逗号时，变量tup3就是一个整型变量而不是元组。

【例1-15】在Python中创建一个元组，该元组包含4个元素，这4个元素具体是finance、证券分析、2023、12.21，相关的代码如下：

```
In [40]: tup4=('finance', '证券分析', 2023, 12.21)

In [41]: type(tup4)
Out[41]: tuple
```

2. 元组的访问

元组一旦被创建，其中的元素便无法被修改，只能进行访问。元素的访问方式与第1.2.3节介绍的字符串索引与截取是相似的。

【例1-16】沿用例1-15的信息，分别访问元组tup4的第1个元素、最后一个元素，并同时访问其第2个和第3个元素，相关的代码如下：

```
In [42]: tup4[0]                     #访问元组的第1个元素
Out[42]: 'finance'

In [43]: tup4[-1]                    #访问元组的最后一个元素
Out[43]: 12.21

In [44]: tup4[1:3]                   #同时访问元组的第2个和第3个元素
Out[44]: ('证券分析', 2023)
```

1.3.3 列表

列表是金融领域最常用的Python数据结构之一，因此，本节用较多的篇幅讨论列表的创建、访问、索引、修改、排序以及列表中元素的计数等内容。表1-5梳理了元组与列表之间的不同点和相同点。

表 1-5 元组与列表之间的不同点和相同点

数据结构	不同点	相同点
元组	其中的每个元素是不可修改的,用圆括号标识	可以容纳 Python 的任何对象; 它们之中的元素是有序的,即每个元素都有一个索引值
列表	其中的每个元素是可修改的,用方括号标识	

1. 列表的创建

列表的创建方式与元组比较相似,只不过它是运用方括号进行标识的,具体如下:

```
变量名 = [元素1, 元素2, 元素3, …]
```

【例 1-17】通过 Python 创建一个空列表,相关的代码如下:

```
In [45]: list1=[ ]              #创建一个空列表

In [46]: type(list1)
Out[46]: list
```

需要注意的是,在金融建模中经常会创建一个空列表,这个空列表用于存放后续程序运行所得到的结果。

【例 1-18】通过 Python 创建一个列表,列表的元素包括 finance、risk management、证券分析、2023、6.66,具体的代码如下:

```
In [47]: list2=['finance','risk management','证券分析',2023,6.66]
    ...: type(list2)
Out[47]: list
```

2. 列表的访问与索引

访问列表的方式与访问元组的方式类似,而查询列表中元素的索引值需要运用 index 方法。

【例 1-19】对例 1-18 创建的列表 list2 进行访问,分别访问列表的第 1 个元素、最后一个元素,以及同时访问其第 3 个和第 4 个元素,相关的代码如下:

```
In [48]: list2[0]               #访问列表的第 1 个元素
Out[48]: 'finance'

In [49]: list2[-1]              #访问列表的最后一个元素
Out[49]: 6.66

In [50]: list2[2:4]             #同时访问列表的第 3 个和第 4 个元素
Out[50]: ['证券分析', 2023]
```

【例 1-20】对于例 1-18 中创建的列表 list2,查找元素 2023 在列表中的索引值,具体的代码如下:

```
In [51]: list2.index(2023)      #查找元素 2023 在列表中的索引值
Out[51]: 3
```

注意，前面已经提到过，索引值等于 3 代表的是第 4 个元素，因为索引值等于 0 代表的是第 1 个元素。

3. 列表的修改——添加元素

在已有列表中添加元素有两种不同的方式：一种是运用 append 方法将新元素直接添加在列表的末尾；另一种是运用 insert 方法在列表的指定位置插入新元素（insert 方法需要输入两个参数：第 1 个参数是位置参数，也就是索引值；第 2 个参数是需要插入的元素）。注意，以上两种方式每次仅能添加一个元素。

【例 1-21】在例 1-17 创建的空列表 list1 中依次添加新的元素，这些元素具体是 2022 年 4 月 25 日至 29 日这一个交易周 A 股市场上证指数（指数代码 000001）每日的涨跌幅，分别是 −5.1316%、−1.4371%、2.4895%、0.5815%和 2.4056%。相关的代码如下：

```
In [52]: list1.append(-0.051316)      #输入2022年4月25日上证指数的涨跌幅

In [53]: list1.append(-0.014371)      #输入2022年4月26日上证指数的涨跌幅

In [54]: list1.append(0.024895)       #输入2022年4月27日上证指数的涨跌幅

In [55]: list1.append(0.005815)       #输入2022年4月28日上证指数的涨跌幅

In [56]: list1.append(0.024056)       #输入2022年4月29日上证指数的涨跌幅

In [57]: list1                        #输出列表的结果
Out[57]: [-0.051316, -0.014371, 0.024895, 0.005815, 0.024056]
```

【例 1-22】针对例 1-21 的列表 list1，在列表第 1 个元素的位置插入 2022 年 4 月 22 日上证指数的涨跌幅 0.2309%，具体的代码如下：

```
In [58]: list1.insert(0,0.002309)     #在列表第1个元素的位置插入新元素

In [59]: list1
Out[59]: [0.002309, -0.051316, -0.014371, 0.024895, 0.005815, 0.024056]
```

4. 列表的修改——删除元素

删除列表中的元素可以分为两种情况：一种是删除列表中指定的元素，需要运用 remove 方法；另一种是删除列表中的全部元素，也就是清空列表，需要运用 clear 方法。

【例 1-23】对例 1-22 的列表 list1，删除列表中 2022 年 4 月 27 日上证指数的涨跌幅数据（即第 4 个元素 0.024895），具体的代码如下：

```
In [60]: list1.remove(0.024895)       #删除列表的第4个元素

In [61]: list1                        #输出删除元素后的列表
Out[61]: [0.002309, -0.051316, -0.014371, 0.005815, 0.024056]
```

需要注意的是，如果在一个列表中有多个值相同（均为 x）的元素，则 remove(x)表示删除列表中值为 x 的第 1 个元素，而非全部值为 x 的元素，具体可参见如下示例。

【例 1-24】针对包括 3、5、7、9、3、2、1、3 元素的列表，删除列表中值为 3 的第 1 个元素，具体的代码如下：

```
In [62]: list3=[3,5,7,9,3,2,1,3]          #创建一个存在相同元素的列表

In [63]: list3.remove(3)                   #删除列表中值为3的第1个元素

In [64]: list3                             #输出删除元素后的列表
Out[64]: [5, 7, 9, 3, 2, 1, 3]
```

【例1-25】针对例1-24创建的列表list3，将其全部元素进行清空处理并返回一个空列表，具体的代码如下：

```
In [65]: list3.clear()                     #清空列表的全部元素

In [66]: list3
Out[66]: []
```

5. 列表的排序

证券交易所在每个交易日都会公布证券的涨跌幅排行榜，投资者会定期对过往投资的单只证券和证券投资组合的盈亏情况进行分析，因此涉及排序问题。针对数字的排序，分为由小到大、由大到小这两种排序规则，可以运用sort方法并且通过参数reverse控制排序，输入参数reverse=False或不输入参数（默认情况）均表示由小到大排序，输入参数reverse=True则表示由大到小排序，注意这里的False和True就是第1.2.4节介绍的布尔值。

【例1-26】针对例1-23的列表list1，分别按照由小到大、由大到小的排序规则进行排序，具体的代码如下：

```
In [67]: list1.sort(reverse=False)         #由小到大排序
   ...: list1
Out[67]: [-0.051316, -0.014371, 0.002309, 0.005815, 0.024056]

In [68]: list1.sort(reverse=True)          #由大到小排序
   ...: list1
Out[68]: [0.024056, 0.005815, 0.002309, -0.014371, -0.051316]
```

6. 列表中元素的计数

比如，在一个证券投资组合中，往往会出现某只证券被反复交易（买入、卖出）的情况，因此需要计算该证券的交易次数。同样，在一个列表中，假定某个元素多次出现，如果需要计算该元素出现的次数，就需要用到count方法。

【例1-27】假定创建了一个包含四大国有银行简称的列表['工行','建行','中行','农行','中行','工行','农行','工行','中行','工行','建行']，需要计算该列表中元素"工行"和"中行"出现的次数，具体的代码如下：

```
In [69]: list4=['工行','建行','中行','农行','中行','工行','农行','工行','中行','工行','建行']  #创建列表

In [70]: list4.count('工行')               #元素"工行"出现的次数
Out[70]: 4

In [71]: list4.count('中行')               #元素"中行"出现的次数
Out[71]: 3
```

以上的输出结果表明,在列表中元素"工行"出现了 4 次,元素"中行"则出现了 3 次。

1.3.4 集合

在 Python 中,**集合**的概念比较接近数学上的集合。假定将发行 A 股的上市公司看成一个集合,将发行 H 股的上市公司(即在香港交易所上市的公司)看成另一个集合,这两个集合的交集就是既发行 A 股又发行 H 股的上市公司,并集是发行 A 股或发行 H 股的上市公司,差集是只发行 A 股(或者只发行 H 股)的上市公司。

集合中的元素是无序且不重复的,因此可以通过集合判断数据的从属关系,有时还可以通过集合过滤数据结构中重复的元素。集合的创建方式与元组、列表的创建方式是比较相似的,只不过它是运用花括号进行标识的,具体如下:

```
变量 = {元素1, 元素2, 元素3, …}
```

需要注意的是,集合不可以被截取,也不能被索引,只能进行求并集、求差集、求交集等集合运算,同时,集合可以添加新的元素以及删除已有的元素。

下面,通过构建包括全球主要股票指数的两个集合具体演示集合的运用。

1. 集合的创建

【例 1-28】分别创建两个集合,一个集合包含上证指数、恒生指数、日经 225 指数、道琼斯指数、富时 100 指数以及巴黎 CAC40 指数等 6 个元素,另一个集合则包含深证成指、台湾加权指数、标普 500 指数、道琼斯指数、富时 100 指数以及法兰克福 DAX 指数等 6 个元素,具体的代码如下:

```
In [72]: set1={'上证指数','恒生指数','日经225指数','道琼斯指数','富时100指数','巴黎CAC40指数'}
#创建第1个集合
    ...: type(set1)
Out[72]: set

In [73]: set2={'深证成指','台湾加权指数','标普500指数','道琼斯指数','富时100指数','法兰克福DAX指数'}    #创建第2个集合
    ...: type(set2)
Out[73]: set
```

2. 集合的并集运算

针对集合求并集时,需要运用符号"|",并且不同的集合需放置于符号"|"的两侧。

【例 1-29】针对例 1-28 中创建的两个集合,求这两个集合的并集,具体的代码如下:

```
In [74]: set1|set2                    #两个集合的并集
Out[74]:
{'上证指数',
 '台湾加权指数',
 '富时100指数',
 '巴黎CAC40指数',
 '恒生指数',
 '日经225指数',
 '标普500指数',
```

```
 '法兰克福 DAX 指数',
 '深证成指',
 '道琼斯指数'}
```

3. 集合的交集运算

针对集合求交集时,可以使用两种方式:一是运用符号"&",适用于对两个及以上的集合求交集;二是运用 intersection 方法,只适用于求两个集合的交集。

【例 1-30】针对例 1-28 中创建的两个集合,使用两种方式求这两个集合的交集,具体的代码如下:

```
In [75]: set1&set2                    #两个集合的交集
Out[75]: {'富时 100 指数', '道琼斯指数'}

In [76]: set1.intersection(set2)      #两个集合的交集
Out[76]: {'富时 100 指数', '道琼斯指数'}
```

4. 集合的差集运算

针对集合求差集时,需要运用到减号"-"。值得注意的是,集合在减号两侧的位置不同会得到不同的结果。

【例 1-31】针对例 1-28 中创建的两个集合,分别求 set1 对 set2 的差集、set2 对 set1 的差集,具体的代码如下:

```
In [77]: set1-set2                    #set1 对 set2 的差集
Out[77]: {'上证指数', '巴黎 CAC40 指数', '恒生指数', '日经 225 指数'}

In [78]: set2-set1                    #set2 对 set1 的差集
Out[78]: {'台湾加权指数', '标普 500 指数', '法兰克福 DAX 指数', '深证成指'}
```

5. 集合的元素添加

用户可以在已经创建的集合中添加新的元素,具体应使用 add 方法,并且输出的结果在元素排序上可能有变化。

【例 1-32】针对例 1-28 中创建的集合 set1,在集合中添加元素"台湾加权指数",具体的代码如下:

```
In [79]: set1.add('台湾加权指数')     #在集合中添加一个元素
   ...: set1
Out[79]: {'上证指数', '台湾加权指数', '富时 100 指数', '巴黎 CAC40 指数', '恒生指数', '日经 225 指数', '道琼斯指数'}
```

6. 集合的元素删除

删除集合元素时,可以运用 discard 方法,输出的结果在元素排序上也可能会发生变化。

【例 1-33】针对例 1-28 中创建的集合 set2,删除集合中的元素"道琼斯指数",具体的代码如下:

```
In [80]: set2.discard('道琼斯指数')   #删除集合中的一个元素
```

```
   ...: set2
Out[80]: {'台湾加权指数', '富时100指数', '标普500指数', '法兰克福DAX指数', '深证成指'}
```

1.3.5 字典

假定需要将表1-6中沪深300指数的信息输入Python中,就可以运用**字典**这种数据结构。另外,表示字典的dict是英文单词dictionary的缩写。

表1-6 沪深300指数的信息

指数名称	证券代码	交易日	涨跌幅
沪深300	000300	2022-05-05	−0.1502%

字典的输入格式如下:

```
变量名 = {键1:值1, 键2:值2, 键3:值3, …}
```

需要注意的是,字典有4个特征:一是字典中的元素必须以**键**(key)和**值**(value)的形式成对出现,也就是让键-值并行存储,这一特征也可以从上述的字典输入格式看出;二是键不可以重复,但是值可以重复;三是键不可修改,但是值可以修改;四是键通常为字符串,而值可以是任意的数据类型。

1. 字典的创建

字典的创建可以采用3种不同的方式:一是直接法,就是一次性输入全部的键与值;二是间接法,也就是先创建一个空字典,然后逐对输入键与值;三是运用dict函数,输入的每一对键与值之间用赋值符号(=)连接。

【例1-34】将表1-6中的信息以字典的结构输入Python,并且分别运用直接法、间接法以及dict函数创建字典,具体的代码如下:

```
In [81]: dict1={'指数名称':'沪深 300','证券代码':'000300','交易日':'2022-05-05','涨跌幅':-0.001502}    #运用直接法创建字典

In [82]: dict1
Out[82]: {'指数名称': '沪深 300', '证券代码': '000300', '交易日': '2022-05-05', '涨跌幅': -0.001502}

In [83]: type(dict1)
Out[83]: dict

In [84]: dict2={}                              #运用间接法创建字典

In [85]: dict2['指数名称']='沪深 300'
   ...: dict2['证券代码']='000300'
   ...: dict2['交易日']='2022-05-05'
   ...: dict2['涨跌幅']=-0.001502

In [86]: dict2
Out[86]: {'指数名称': '沪深 300', '证券代码': '000300', '交易日': '2022-05-05', '涨跌幅': -0.001502}
```

```
In [87]: dict3=dict(指数名称='沪深 300',证券代码='000300',交易日='2022-05-05',
   ...:            涨跌幅=-0.001502)    #运用dict函数创建字典

In [88]: dict3
Out[88]: {'指数名称': '沪深 300', '证券代码': '000300', '交易日': '2022-05-05', '涨跌幅': -0.001502}
```

2. 字典的访问

针对已创建的字典，运用 keys 方法可以访问并输出字典中的全部键，运用 values 方法能够访问并输出字典中的全部值。

【例 1-35】针对例 1-34 创建的字典 dict1，访问并输出字典中的全部键和值，具体的代码如下：

```
In [89]: dict1.keys()                    #输出字典中的全部键
Out[89]: dict_keys(['指数名称', '证券代码', '交易日', '涨跌幅'])

In [90]: dict1.values()                  #输出字典中的全部值
Out[90]: dict_values(['沪深 300', '000300', '2022-05-05', -0.001502])
```

此外，可以通过 items 方法遍历字典的全部元素，也就是将字典中的每对键与值组成单个元组并放在列表中输出。

【例 1-36】针对例 1-34 创建的字典 dict1，遍历字典的全部元素，具体的代码如下：

```
In [91]: dict1.items()                   #遍历字典的全部元素
Out[91]: dict_items([('指数名称', '沪深 300'), ('证券代码', '000300'), ('交易日', '2022-05-05'), ('涨跌幅', -0.001502)])
```

如果用户需要查询某个键所对应的值，可以直接通过在方括号内输入键的方式完成。

【例 1-37】针对例 1-34 创建的字典 dict1，查询并输出交易日对应的具体日期，相关的代码如下：

```
In [92]: dict1['交易日']                 #注意是方括号
Out[92]: '2022-05-05'
```

3. 字典的修改

【例 1-38】针对例 1-34 创建的字典 dict1，用户希望将字典中交易日对应的日期修改为 2022 年 5 月 6 日，涨跌幅调整为-2.5284%，具体的代码如下：

```
In [93]: dict1['交易日']='2022-05-06'    #修改交易日
   ...: dict1['涨跌幅']=-0.025284        #调整涨跌幅

In [94]: dict1                           #输出修改后的字典
Out[94]: {'指数名称': '沪深 300', '证券代码': '000300', '交易日': '2022-05-06', '涨跌幅': -0.025284}
```

如果用户需要在已经创建的字典中增加键与值，可以运用 update 方法。

【例 1-39】针对例 1-38 的字典 dict1，增加当日（2022 年 5 月 6 日）的收盘价 3908.8150 以及成交额 2148.25 亿元的信息，具体的代码如下：

```
In [95]: dict1.update({'收盘价':3908.8150,'成交额（亿元）':2148.25})    #注意，外面是圆括号，里面是花括号
```

```
In [96]: dict1                          #查看修改后的字典
Out[96]:
{'指数名称': '沪深 300',
 '证券代码': '000300',
 '交易日': '2022-05-06',
 '涨跌幅': -0.025284,
 '收盘价': 3908.815,
 '成交额（亿元）': 2148.25}
```

如果用户希望在已经创建的字典中删除相应的键与值，需要运用 del 命令。

【例 1-40】针对例 1-39 的字典 dict1，删除字典中的涨跌幅，具体的代码如下：

```
In [97]: del dict1['涨跌幅']             #删除字典中的涨跌幅

In [98]: dict1                          #查看修改后的字典
Out[98]:
{'指数名称': '沪深 300',
 '证券代码': '000300',
 '交易日': '2022-05-06',
 '收盘价': 3908.815,
 '成交额（亿元）': 2148.25}
```

对元组、列表、集合以及字典这 4 种数据结构的介绍到此结束，那么如何运用 Python 展开运算呢？这将在下一节进行讨论。

1.4　Python 的运算符号

在 Python 中可以开展算术运算、关系运算、赋值运算、成员运算等不同功能的运算，这些运算在金融场景中也经常使用。既然是运算就需要有对应的运算符号，下面逐一对其进行介绍与演示。

1.4.1　基本算术运算符号

本节从加、减、乘、除、幂、模、整除等基础的算术运算讲起，这些也是金融领域中最基本的运算。表 1-7 介绍了 Python 中的算术运算符号。

表 1-7　Python 中的算术运算符号

运算符号	描述	举例	在金融领域中的使用情况
+	加法	1+1→2	经常使用
−	减法	1−1→0	
*	乘法	1*2→2	
/	除法	1/2→0.5	
**	幂运算	2**3→8	
%	模运算（取余数）	3%2→1	较少使用
//	整除（取商的整数部分）	9//4→2	

需要注意的是，在加、减、乘、幂、整除运算中，存在以下 3 个规律：一是整数与整数之间的运算，得到的结果是整数；二是整数与浮点数之间的运算，得到的结果是浮点数；三是浮点数与浮点数之间的运算，得到的结果依然是浮点数。

1. 加法运算

【例 1-41】在 Python 中依次输入整数 3 和 7，浮点数 1.、2.8 以及 5.95，并且进行相应的加法运算，具体的代码如下：

```
In [99]: a=3           #整数

In [100]: b=7          #整数

In [101]: c=1.         #浮点数

In [102]: d=2.8        #浮点数

In [103]: e=5.95       #浮点数

In [104]: a+b          #整数与整数相加
Out[104]: 10

In [105]: a+c          #整数与浮点数相加
Out[105]: 4.0

In [106]: d+e          #浮点数与浮点数相加
Out[106]: 8.75
```

2. 减法运算

【例 1-42】对例 1-41 输入的整数和浮点数开展相应的减法运算，具体的代码如下：

```
In [107]: a-b          #整数与整数相减
Out[107]: -4

In [108]: a-c          #整数与浮点数相减
Out[108]: 2.0

In [109]: a-e          #整数与浮点数相减
Out[109]: -2.95

In [110]: d-e          #浮点数与浮点数相减
Out[110]: -3.1500000000000004
```

注意，输出−3.1500000000000004 的结果是因为浮点数在计算机内存中是以二进制形式表示的，这通常不会影响计算。

此外，如果需要控制输出结果所显示的小数位数，可以运用 round 函数，该函数中的第 1 个参数代表需要输出的结果，第 2 个参数代表输出结果显示的小数位数。

【例 1-43】针对例 1-42 中 d-e 的输出结果，在显示时保留小数点后两位，具体的代码如下：

```
In [111]: round(d-e,2)    #输出结果在显示时保留小数点后两位
```

```
Out[111]: -3.15
```

3. 乘法运算

【例1-44】对例1-41输入的整数和浮点数开展相应的乘法运算,具体的代码如下:

```
In [112]: a*b          #整数与整数相乘
Out[112]: 21

In [113]: a*c          #整数与浮点数相乘
Out[113]: 3.0

In [114]: d*e          #浮点数与浮点数相乘
Out[114]: 16.66
```

4. 除法运算

需要注意的是,对于除法运算而言,无论除数和被除数是否为整数,运算的结果始终是浮点数。

【例1-45】对例1-41输入的整数和浮点数开展相应的除法运算,具体的代码如下:

```
In [115]: f=6          #输入一个新的整数

In [116]: f/a          #整数与整数相除
Out[116]: 2.0

In [117]: b/a          #整数与整数相除
Out[117]: 2.3333333333333335

In [118]: a/c          #整数与浮点数相除
Out[118]: 3.0

In [119]: e/d          #浮点数与浮点数相除
Out[119]: 2.125
```

5. 幂运算

【例1-46】对例1-41输入的整数和浮点数开展相应的幂运算,具体的代码如下:

```
In [120]: a**b         #整数与整数的幂运算
Out[120]: 2187

In [121]: b**a         #整数与整数的幂运算
Out[121]: 343

In [122]: a**c         #整数与浮点数的幂运算
Out[122]: 3.0

In [123]: d**e         #浮点数与浮点数的幂运算
Out[123]: 457.7098793635291
```

6. 模运算

模运算用于计算余数，在 Python 中用符号"%"表示，因此这里再次强调对百分比的输入切记要转换为具有小数位的浮点数，否则会失之毫厘，谬以千里。

【例1-47】对例1-41、例1-45输入的整数和浮点数开展相应的模运算，具体的代码如下：

```
In [124]: f%a          #整数与整数的模运算
Out[124]: 0

In [125]: b%a          #整数与整数的模运算
Out[125]: 1

In [126]: a%d          #浮点数与整数的模运算
Out[126]: 0.20000000000000018

In [127]: e%d          #浮点数与浮点数的模运算
Out[127]: 0.35000000000000053
```

7. 整除运算

整除运算只输出商的整数部分，并且输出的是向下取整（或者在数轴上向左取整）之后的结果，比如，11÷4=2.75，而 11 与 4 进行整除运算得到的结果则是 2，因此，整除不适用"四舍五入"的运算法则。

【例1-48】对例1-41输入的整数和浮点数开展相应的整除运算，具体的代码如下：

```
In [128]: b//a         #整数与整数的整除
Out[128]: 2

In [129]: b//d         #整数与浮点数的整除
Out[129]: 2.0

In [130]: e//a         #浮点数与整数的整除
Out[130]: 1.0

In [131]: e//d         #浮点数与浮点数的整除
Out[131]: 2.0
```

1.4.2 关系运算符号

在公募基金等资产管理业务中，投资经理需要根据投资者的风险偏好和投资策略配置相应的金融资产，例如要求基金配置的股票必须是盈利的上市公司的股票、单只股票的总市值不低于 100 亿元、最近 1 个月股票换手率不超过 100%等，这就涉及数学中的关系运算，具体包括等于、不等于、大于、大于或等于、小于、小于或等于这六大类关系运算，它们也是金融领域最主要的关系运算。Python 中的关系运算符号如表 1-8 所示。

需要注意的是，数学中等于的概念在 Python 中是用两个等号"=="表示的，而一个等号"="则表示赋值，切记这两个符号不能混淆。

表 1-8　Python 中的关系运算符号

运算符号	描述	Python 代码示例	在金融领域中的使用情况
==	等于	In [132]: 5==5 Out[132]: True In [133]: 5==9 Out[133]: False	经常使用
!=	不等于	In [134]: 5!=9 Out[134]: True In [135]: 5!=5 Out[135]: False	
>	大于	In [136]: 9>5 Out[136]: True In [137]: 5>9 Out[137]: False	
>=	大于或等于	In [138]: 9>=5 Out[138]: True In [139]: 5>=9 Out[139]: False	
<	小于	In [140]: 5<9 Out[140]: True In [141]: 5<3 Out[141]: False	
<=	小于或等于	In [142]: 5<=9 Out[142]: True In [143]: 5<=3 Out[143]: False	

注：表 1-8 中的输出结果 True 表示正确，False 表示错误，并且二者均是布尔值。

1.4.3　高级赋值运算符号

第 1.2.1 节已经介绍了 Python 最基础的赋值方法，也就是使用赋值符号"="进行赋值。此外，Python 中还有将不同的基本算术运算符号与赋值符号组合在一起而形成的高级赋值运算符号，具体见表 1-9。

表 1-9　Python 中的高级赋值运算符号

运算符号	举例	描述	Python 代码示例	在金融领域的使用情况
+=	y+=x	加法赋值运算符号，该示例等价于 y = y + x 注：相当于对赋值符号左边的变量 y 进行重新赋值（下同）	In [144]: x1=2 ...: y1=5 ...: y1+=x1 In [145]: y1 Out[145]: 7	经常使用
-=	y-=x	减法赋值运算符号，该示例等价于 y = y - x	In [146]: x2=3 ...: y2=7 ...: y2-=x2 In [147]: y2 Out[147]: 4	

续表

运算符号	举例	描述	Python 代码示例	在金融领域的使用情况

*=	y*=x	乘法赋值运算符号，该示例等价于 y = y * x	In [148]: x3=5
			   ...: y3=8
			   ...: y3*=x3
			In [149]: y3
			Out[149]: 40
				有时使用

/=	y/=x	除法赋值运算符号，该示例等价于 y = y / x	In [150]: x4=9
			   ...: y4=27
			   ...: y4/=x4
			In [151]: y4
			Out[151]: 3.0	

**=	y**=x	幂赋值运算符号，该示例等价于 y=y**x	In [152]: x5=4
			   ...: y5=7
			   ...: y5**=x5
			In [153]: y5
			Out[153]: 2401	

%=	y%=x	模赋值运算符号，该示例等价于 y = y%x	In [154]: x6=11
			   ...: y6=26
			   ...: y6%=x6
			In [155]: y6
			Out[155]: 4
				较少使用

//=	y//=x	整除赋值运算符号，该示例等价于 y = y//x	In [156]: x7=13
			   ...: y7=49
			   ...: y7//=x7
			In [157]: y7
			Out[157]: 3	

1.4.4 成员运算符号

假定需要从全部 A 股股票中挑选出若干只符合一定投资标准（比如市值、市盈率、换手率等）的股票，并且运用 Python 编写相应的程序，此时就需要使用成员运算符号。比如，成员运算符号可以用于判断一个元素是否在某一个列表中，并且经常与第 1.7 节讲解的条件语句、循环语句结合使用。表 1-10 归纳了 Python 中的成员运算符号。

表 1-10　Python 中的成员运算符号

运算符号	描述
in	如果一个变量在指定的另一个变量（列表、元组、字符串等）中找到相应的值，则返回 True，否则返回 False
not in	如果一个变量在指定的另一个变量中没有找到相应的值，则返回 True，否则返回 False

【例 1-49】2022 年 4 月 25 日至 29 日这个交易周，深证成指（深圳证券交易所成份股价指数）的日开盘价依次为 10840.3605、10401.9941、10090.9838、10607.7929 以及 10719.4524，通过 Python 判断 10090.9838 和 10608.7619 这两个数字是否属于以上 5 个交易日的开盘价。相关的代码如下：

```
In [158]: index_list=[10840.3605,10401.9941,10090.9838,10607.7929,10719.4524]  #创建 2022 年 4 月 25 日至 29 日深证成指日开盘价列表
```

```
In [159]: index1=10090.9838          #第1个数字
     ...: index2=10608.7619          #第2个数字

In [160]: index1 in index_list       #判断数据是否在列表中
Out[160]: True

In [161]: index2 in index_list       #判断数据是否在列表中
Out[161]: False
```

1.5 Python 的内置函数与自定义函数

在金融场景中，为了能够提升 Python 编程的运行效率，不仅会直接运用 Python 的一些内置函数，同时用户可以根据实际需要自定义不同的函数，本节就讨论 Python 的内置函数以及自定义函数这两部分内容。

1.5.1 内置函数

Python 内置函数就是 Python 自带的函数，在不需要任何模块导入的情况下就能直接调用，关于模块导入的内容会在第 1.8 节详细介绍。Python 的内置函数有许多，可以运行代码 dir(__builtins__)（注意，圆括号内的__是由两条下画线_并排组成的）查看这些内置函数，具体的代码输入和输出结果如下：

```
In [162]: dir(__builtins__)
Out[162]: ['ArithmeticError', 'AssertionError', 'AttributeError', 'BaseException', 'BlockingIOError',
'BrokenPipeError', 'BufferError', 'BytesWarning', 'ChildProcessError', 'ConnectionAbortedError',
'ConnectionError', 'ConnectionRefusedError', 'ConnectionResetError', 'DeprecationWarning',
'EOFError', 'Ellipsis', 'EnvironmentError', 'Exception', 'False', 'FileExistsError',
'FileNotFoundError','FloatingPointError', 'FutureWarning', 'GeneratorExit', 'IOError',
'ImportError', 'ImportWarning','IndentationError', 'IndexError', 'InterruptedError',
'IsADirectoryError', 'KeyError','KeyboardInterrupt', 'LookupError', 'MemoryError',
'ModuleNotFoundError', 'NameError','None', 'NotADirectoryError','NotImplemented',
'NotImplementedError', 'OSError', 'OverflowError', 'PendingDeprecationWarning', 'PermissionError',
'ProcessLookupError', 'RecursionError', 'ReferenceError', 'ResourceWarning', 'RuntimeError',
'RuntimeWarning', 'StopAsyncIteration', 'StopIteration', 'SyntaxError', 'SyntaxWarning',
'SystemError', 'SystemExit','TabError', 'TimeoutError', 'True', 'TypeError', 'UnboundLocalError',
'UnicodeDecodeError','UnicodeEncodeError', 'UnicodeError', 'UnicodeTranslateError',
'UnicodeWarning', 'UserWarning', 'ValueError', 'Warning', 'WindowsError', 'ZeroDivisionError',
'__IPYTHON__', '__build_class__','__debug__', '__doc__', '__import__', '__loader__', '__name__',
'__package__', '__pybind11_internals_v4_msvc__', '__spec__', 'abs', 'all', 'any', 'ascii',
'bin', 'bool', 'breakpoint', 'bytearray', 'bytes', 'callable', 'cell_count', 'chr',
'classmethod', 'compile', 'complex', 'copyright','credits', 'debugcell', 'debugfile',
'delattr', 'dict', 'dir', 'display', 'divmod', 'enumerate', 'eval','exec', 'execfile',
'filter', 'float', 'format', 'frozenset', 'get_ipython', 'getattr', 'globals', 'hasattr',
'hash', 'help', 'hex', 'id', 'input', 'int', 'isinstance', 'issubclass', 'iter', 'len',
'license', 'list', 'locals', 'map', 'max', 'memoryview', 'min', 'next', 'object', 'oct',
'open', 'ord', 'pow', 'print', 'property', 'range', 'repr', 'reversed', 'round', 'runcell',
'runfile', 'set', 'setattr', 'slice', 'sorted', 'staticmethod','str', 'sum', 'super',
'tuple', 'type', 'vars', 'zip']
```

在以上的输出结果中，Python 的内置函数具体是从 abs 开始一直到 zip 结束的函数，共计

79个。表1-11梳理了在金融领域中常用的Python内置函数及其功能，需要注意的是在本章前面已经提及的一些内置函数未纳入表1-11。

表1-11 在金融领域中常用的Python内置函数及其功能

序号	函数名称	功能	Python代码示例

1	abs	求绝对值（abs是绝对值对应的英文单词absolute的缩写）	`In [163]: a=-6.6`
			`   ...: abs(a)`
			`Out[163]: 6.6`

2	enumerate	将对象（如列表、元组或字符串）组合为一个带有索引的序列	`In [164]: stock=['A股','B股','H股','N股']`
			`   ...: list(enumerate(stock,start=1))`
			`Out[164]: [(1, 'A股'), (2, 'B股'), (3, 'H股'), (4, 'N股')]`
			显示输出结果需要使用list函数，参数start=1代表索引起始值为1，用户可以任意设定索引起始值，默认以0作为索引起始值，下面针对默认情形举例。
			`In [165]: list(enumerate(stock))`
			`Out[165]: [(0, 'A股'), (1, 'B股'), (2, 'H股'), (3, 'N股')]`

3	float	将整数或字符串转换为浮点数	将整数转换为浮点数的示例。
			`In [166]: b=8`
			`   ...: float(b)`
			`Out[166]: 8.0`
			将字符串转换为浮点数的示例。
			`In [167]: c='18'`
			`   ...: float(c)`
			`Out[167]: 18.0`

4	int	将浮点数或字符串转换为整数，并且取整方法为向下取整	将浮点数转换为整数的示例。
			`In [168]: d=3.9`
			`   ...: int(d)`
			`Out[168]: 3`
			将字符串转换为整数的示例。
			`In [169]: e='10'`
			`   ...: int(e)`
			`Out[169]: 10`

5	len	输出对象（包括字符串、列表、元组等）长度或元素个数（len是长度对应的英文单词length的缩写）	输出字符串长度的示例。
			`In [170]: f='finance'`
			`   ...: len(f)`
			`Out[170]: 7`
			`In [171]: g='风险管理'`
			`   ...: len(g)`
			`Out[171]: 4`
			输出列表中元素个数的示例。
			`In [172]: list1=['finance','stock','风险管理', 2023]`
			`   ...: len(list1)`
			`Out[172]: 4`

续表

序号	函数名称	功能	Python 代码示例

6	max	求最大值（max 是最大值对应的英文单词 maximun 的缩写）	以输出 2022 年 4 月上证指数周涨跌幅的最大值作为示例。
			`In [173]: list2=[0.0219,-0.0094,-0.0125,-0.0387,-0.0129]`
			`   ...: max(list2)`
			`Out[173]: 0.0219`

7	min	求最小值（min 是最小值对应的英文单词 minimun 的缩写）	以输出 2022 年 4 月上证指数周涨跌幅的最小值作为示例。
			`In [174]: min(list2)`
			`Out[174]: -0.0387`

8	pow	幂函数（pow 是幂对应的英文单词 power 的缩写）	pow(x,y)的作用是输出 x^y 的值，也就是输出 x 的 y 次方的运算结果。
			`In [175]: pow(3,4)`
			`Out[175]: 81`
			`In [176]: pow(4,3)`
			`Out[176]: 64`

9	print	输出字符串、变量等	`In [177]: print('2022年4月上证指数周涨跌幅：',list2)`
			`2022年4月上证指数周涨跌幅：[0.0219, -0.0094, -0.0125, -0.0387, -0.0129]`
			圆括号中的字符串与变量之间需要用逗号隔开

10	range	通常用于输出一个整数数列，常用于 for 循环语句	函数语法结构：range(x, y, z)。
			参数 x：计数的起始值，默认（不填）从 0 开始；
			参数 y：计数的终止值，数列结尾为 y−1；
			参数 z：步长，默认（不填）为 1。
			`In [178]: list(range(1,7))`
			`Out[178]: [1, 2, 3, 4, 5, 6]`
			`In [179]: list(range(8))`
			`Out[179]: [0, 1, 2, 3, 4, 5, 6, 7]`
			`In [180]: list(range(2,21,3))`
			`Out[180]: [2, 5, 8, 11, 14, 17, 20]`
			`In [181]: list(range(3,29,5))`
			`Out[181]: [3, 8, 13, 18, 23, 28]`

11	reversed	输出一个倒序排列的数列（比如列表等）	`In [182]: list2`
			`Out[182]: [0.0219, -0.0094, -0.0125, -0.0387, -0.0129]`
			`In [183]: list2_reversed=reversed(list2)`
			`   ...: list(list2_reversed)`
			`Out[183]: [-0.0129, -0.0387, -0.0125, -0.0094, 0.0219]`
			新列表的元素排序恰好与原列表的元素排序相反

12	sorted	输出符合特定排序规则的数列，输入参数 reverse=False（或不输入）表示元素由小到大排序，reverse=True 表示元素由大到小排序	`In [184]: list2_sorted=sorted(list2,reverse=True)`
			`   ...: list(list2_sorted)`
			`Out[184]: [0.0219, -0.0094, -0.0125, -0.0129, -0.0387]`
			需要指出的是，sorted 函数与第 1.3.3 节介绍的 sort 方法在功能上是比较类似的

续表

序号	函数名称	功能	Python 代码示例

13	sum	求和	`In [185]: sum(list2)`
			`Out[185]: -0.0516`
			输出结果表明 2022 年 4 月上证指数周涨跌幅的合计数为 −5.16%

14	zip	将对象中对应的元素打包成一个个元组，并返回由这些元组组成的列表	以科创板上市公司的股票作为示例。
			`In [186]: code=['688001','688002','688003','688004']`
			`    ...: stock=['华兴源创','睿创微纳','天准科技','博汇科技']`
			`In [187]: list(zip(code,stock))`
			`Out[187]:`
			`[('688001', '华兴源创'),`
			` ('688002', '睿创微纳'),`
			` ('688003', '天准科技'),`
			` ('688004', '博汇科技')]`

此外，可以通过 help 函数查询各函数的具体用法。help 函数的使用非常便捷，输入的格式如下：

```
help(查询的函数名称)
```

下面，以查询 hash 函数的用法作为示例进行演示，具体的代码如下：

```
In [188]: help(hash)        #查询 hash 函数的用法
Help on built-in function hash in module builtins:

hash(obj, /)
    Return the hash value for the given object.
    
    Two objects that compare equal must also have the same hash value, but the
    reverse is not necessarily true.
```

以上的输出代码表明，hash 函数用于输出一个对象的哈希值（hash value）。

1.5.2 自定义函数

以上的 Python 内置函数显然无法满足金融场景的需求，为此用户可以通过 Python 自定义函数。自定义函数有两种不同的方式：一种是运用 def 语句构建（def 是英文单词 define 的缩写）；另一种是运用 lambda 函数构建。下面就对这两种方式依次进行讨论。

1. 运用 def 语句

运用 def 语句时，自定义函数的基本代码框架如下：

```
def 函数名称(参数):
    '''函数说明文档'''
    函数主体
    return 返回对象
```

函数名称以及参数的命名规则与第 1.2.1 节讨论的变量名称命名规则相同，参数的数量不限，当有多个参数时，不同参数之间需要用逗号隔开。函数说明文档是为了让代码阅读者了解该自定义函数的用途以及参数的含义。此外还要注意缩进，具体而言，就是在函数主体以及 return 的前面要缩进。缩进是运用 Tab 键实现的，在 Spyder 平台开展 Python 编程时该平台会自动完成缩进。

下面将通过 def 语句自定义计算平均收益率的函数作为示例。需要注意的是，平均收益率分为**算术平均**（arithmetic mean）**收益率**与**几何平均**（geometric mean）**收益率**，本节介绍的是计算算术平均收益率的自定义函数，计算几何平均收益率的自定义函数安排在第 1.7.2 节结合 for 循环语句进行讲解。

为了便于编程，通常会给出自定义函数的数学表达式。算术平均收益率的数学表达式如下：

$$\bar{R} = \frac{\sum_{i=1}^{n} R_i}{n} \qquad (式1\text{-}1)$$

其中，$\bar{R}$ 表示算术平均收益率，R_i 表示观察到的第 i 个收益率，i 是取值从 1 到 n 的自然数。

【例 1-50】通过 Python 自定义一个计算算术平均收益率的函数，具体的代码如下：

```
In [189]: def Arithmetic_mean(r):
     ...:     '''自定义一个计算算术平均收益率的函数。
     ...:     r: 代表包含每期收益率的一个列表'''
     ...:     total=sum(r)           #每期收益率合计数
     ...:     n=len(r)               #列表中元素的个数
     ...:     mean=total/n           #计算算术平均值
     ...:     return mean            #输出结果
```

以上代码在 Python 中定义了 Arithmetic_mean 函数，后续可以直接调用该函数开展算术平均收益率的运算。

【例 1-51】表 1-12 列出了 2022 年 4 月 20 日至 22 日、25 日至 29 日上证指数每日涨跌幅（收益率）的数据。

表 1-12 2022 年 4 月 20 日至 22 日、25 日至 29 日上证指数每日涨跌幅的数据

日期	上证指数每日涨跌幅
2022-04-20	−1.3456%
2022-04-21	−2.2609%
2022-04-22	0.2309%
2022-04-25	−5.1316%
2022-04-26	−1.4371%
2022-04-27	2.4895%
2022-04-28	0.5815%
2022-04-29	2.4056%

数据来源：上海证券交易所。

需要运用在例 1-50 中自定义的函数 Arithmetic_mean，计算该期间每日涨跌幅的算术平均值，具体的代码如下：

```
In [190]: index_SH=[-0.013456,-0.022609,0.002309,-0.051316,-0.014371,
     ...:           0.024895,0.005815,0.024056]      #创建上证指数每日涨跌幅的列表

In [191]: mean1=Arithmetic_mean(r=index_SH)          #运用自定义函数计算算术平均值
     ...: print('上证指数平均日收益率（算术平均值）', round(mean1,6))   #保留至小数点后 6 位
上证指数平均日收益率（算术平均值） -0.005585
```

通过以上的计算得到 2022 年 4 月 20 日至 22 日、25 日至 29 日期间上证指数的算术平均收益率是−0.5585%。

2. 运用 lambda 函数

在 Python 中，lambda 函数又称为**匿名函数**（anonymous function），具体的函数基本格式如下：

```
函数名称 = lambda 参数:表达式
```

运用 lambda 自定义的函数通常控制在一行以内，可以用 lambda 写相对简单的自定义函数，或者用 lambda 写作为复杂自定义函数的一个组成部分的函数。

【例 1-52】 用 lambda 定义计算算术平均收益率的函数，并且用新定义的函数求解 2022 年 4 月 20 日至 22 日、25 日至 29 日上证指数每日涨跌幅的算术平均值，具体的代码如下：

```
In [192]: lambda_mean=lambda x: sum(x)/len(x)         #用 lambda 自定义一个函数

In [193]: mean2=lambda_mean(x=index_SH)               #用 lambda 自定义函数计算算术平均值
   ...: print('上证指数平均日收益率（算术平均值）', round(mean2,6))
上证指数平均日收益率（算术平均值） -0.005585
```

对比例 1-51 与例 1-52 可以发现，运用不同方式设定的自定义函数，最终计算得出的算术平均收益率的结果是完全相同的。

讨论完 Python 的内置函数以及自定义函数之后，下面就开始探讨与自定义函数有几分相似但功能更为强大、编程更加复杂的类。

1.6 Python 的类

类（class）的作用是将数据与功能绑定在一起，属于面向对象编程（Object-Oriented Programming，OOP）的范畴。在 Python 中，每次创建一个**类对象**（class object），就意味着允许这个类对象做出**新的实例**（new instance），这个操作称为**实例化操作**（instantiation operation）。对于编程的初学者而言，这些概念确实比较难以理解，在本节的后面将会结合具体示例进行展开讲解。

1.6.1 类对象的创建与实例化操作

类对象的创建，也称为定义类对象，需要用到 class 语句，创建方法与前面提到的自定义函数的方法有些类似。创建类对象的代码格式如下：

```
class 类对象的名称：
    代码语句 1
    代码语句 2
    ...
    代码语句 N
```

需要注意的是，相比运用 def 语句自定义一个函数的代码，创建类对象的代码不需要用到 return。此外，创建类对象的代码也会涉及代码的缩进，这与运用 def 语句自定义一个函数的代码是相似的。为了便于读者理解，下面结合一个金融场景的示例进行讲解与演示。

【例 1-53】 沿用例 1-51 的信息，针对 2022 年 4 月 20 日至 22 日、25 日至 29 日期间上证指数每日涨跌幅的数据，通过创建一个类对象，输出累积涨跌幅（求和）、最大涨跌幅、最小涨跌幅以及算术平均涨跌幅。具体编程分为以下 3 个步骤。

第 1 步：结合前面提到的创建类对象的代码格式，创建一个名称是 calculate 的类对象。相关的代码如下：

```
In [194]: class calculate:
     ...:     '''创建一个名称是calculate的类对象'''
     ...:     Sum=sum(index_SH)                    #求和
     ...:     Max=max(index_SH)                    #求最大值
     ...:     Min=min(index_SH)                    #求最小值
     ...:     Mean=sum(index_SH)/len(index_SH)     #求算术平均值
```

通过以上的代码，我们已经创建了一个类对象。这时新的问题又来了：如何运用这个类对象呢？问题的答案就是进行类对象的实例化运用（实例化操作），相应的代码格式如下：

```
实例名称 = 类对象名称( )
```

需要注意的是，由于第 1 步创建的类对象中，没有涉及具体的参数，因此，在以上代码格式的圆括号中不需要输入参数，本节后面会讲解带参数的类对象。

第 2 步：进行类对象 calculate 的实例化运用。相关的代码如下：

```
In [195]: X=calculate()                  #类对象的实例化运用

In [196]: type(X)                        #通过type函数查看
Out[196]: __main__.calculate
```

以上代码完成了类对象的实例化操作，后续可以通过实例 X 调取类对象的各类属性，有效的属性名称是类对象在被创建时确定的相关名称（比如第 1 步代码中的 Sum、Max 等），查看类对象的属性可以通过以下的代码格式实现：

```
实例名称.属性名称
```

第 3 步：输出上证指数的累积涨跌幅、最大涨跌幅、最小涨跌幅以及算术平均涨跌幅的数值结果。相关代码如下：

```
In [197]: index_sum=X.Sum                #求和的结果（累积涨跌幅）
     ...: index_sum
Out[197]: -0.044677

In [198]: index_max=X.Max                #求最大值的结果（最大涨跌幅）
     ...: index_max
Out[198]: 0.024895

In [199]: index_min=X.Min                #求最大值的结果（最小涨跌幅）
     ...: index_min
Out[199]: -0.051316

In [200]: index_mean=X.Mean              #求算术平均值的结果（算术平均涨跌幅）
     ...: index_mean
Out[200]: -0.005584625
```

使用上面创建的类对象 calculate，虽然能够完成预先规定的编程要求，但存在明显的不足，具体就是这个类对象没有设定参数，因而是一个无参数的类对象，这必然限制类对象的扩展运用。接下来讨论如何创建带参数的类对象。

1.6.2 带参数的类对象

通过 class 语句和 def 语句的结合就能构建出功能强大的带参数的类对象。这时需要定义一个构造函数，具体的代码格式如下：

```
def __init__(self, 参数1, 参数2, …, 参数N)
```

请注意，init 的每一侧均是两条下画线，这与第 1.5.1 节查询 Python 内置函数的代码 dir(__builtins__)针对下画线的输入规则是完全相同的。在该函数中，第 1 个参数被约定为关键字 self，表示实例对象本身，因此可以把类对象的各种属性直接绑定至 self。同时，还可以通过输入其他的参数以实现更强的灵活性。下面就通过一个示例进行具体演示。

【例 1-54】继续沿用例 1-51 的信息，针对 2022 年 4 月 20 日至 22 日、25 日至 29 日上证指数每日涨跌幅的数据，通过创建一个带参数的类对象，求出累积涨跌幅、最大涨跌幅、最小涨跌幅以及算术平均涨跌幅。具体编程分为以下两个步骤。

第 1 步：创建一个名称为 calculate_new 的类对象，需要将 class 语句与 def 语句结合使用。相关的代码如下：

```
In [201]: class calculate_new:
    ...:     '''创建一个名称为 calculate_new 的类对象'''
    ...:     def __init__(self,data):
    ...:         '''定义一个构造函数。
    ...:         self: 代表参数就是实例对象本身。
    ...:         data: 代表需要输入的数据'''
    ...:         self.sum=sum(data)              #求和
    ...:         self.max=max(data)              #求最大值
    ...:         self.min=min(data)              #求最小值
    ...:         self.mean=sum(data)/len(data)   #求算术平均值
```

在以上的代码中，通过"self.属性名称"的方式将类对象的各种属性与参数 self 进行捆绑。由于创建的类对象设定了参数，因此在实例化运用中，相应的代码格式将调整为：

```
实例名称 = 类对象名称(参数)
```

需要注意的是，在以上代码格式的圆括号中，输入的参数与构造函数__init__设定的参数保持一致，但是不包括参数 self，本示例中需要输入的参数是 data。

第 2 步：进行类对象 calculate_new 的实例化运用，并且依次输出类对象的属性。相关的代码如下：

```
In [202]: Y=calculate_new(data=index_SH)    #类对象的实例化运用并输入上证指数每日涨跌幅的数据

In [203]: Y.sum                              #上证指数累积涨跌幅
Out[203]: -0.044677

In [204]: Y.max                              #上证指数最大涨跌幅
Out[204]: 0.024895
```

```
In [205]: Y.min                          #上证指数最小涨跌幅
Out[205]: -0.051316

In [206]: Y.mean                         #上证指数算术平均涨跌幅
Out[206]: -0.005584625
```

以上代码的输出结果与例1-53中第3步的结果是完全一致的。此外,类对象calculate_new的参数data可以输入其他的金融变量样本数据,也可以输入不同期间的样本数据,从而开展更多的实例化运用。

1.6.3 类对象的继承

类对象还有一个很重要的作用机制——**继承**(inheritance),这也是类对象在编程过程中可重复性优势的完美体现。在类对象的继承机制中将涉及两方:一方是已经创建完成的类对象,称为**基类**(base class,也称**父类**),比如例1-52创建的类对象calculate或例1-53创建的类对象calculate_new;另一方是需要通过继承机制创建的类对象,称为**派生类**(derived class,也称**子类**)。

派生类通常也是运用class语句和def语句相结合的方式创建的,代码格式通常如下:

```
class 派生类的名称(基类的名称):
    def 函数名(self):
    代码语句1
    代码语句2
    ...
    代码语句N
```

需要注意的是,以上的代码格式中需要运用参数self,这是因为派生类需要继承基类的构造函数__init__的定义。与基类一样,派生类也可以进行实例化运用。下面就通过一个具体的示例进行演示。

【**例1-55**】沿用例1-54的信息,针对2022年4月20日至22日、25日至29日上证指数每日涨跌幅的数据,通过继承机制创建一个类对象,用于计算最大涨跌幅与最小涨跌幅之间的差额。具体编程分为以下两个步骤。

第1步:将已创建的类对象calculate_new作为基类,创建一个名为calculate_new1的类对象作为派生类。相关的代码如下:

```
In [207]: class calculate_new1(calculate_new):
     ...:     '''将已创建的类对象calculate_new作为基类,创建一个派生类对象'''
     ...:     def f(self):
     ...:         '''自定义一个函数,用于继承基类中构造函数的相关定义'''
     ...:         max_min=self.max-self.min        #最大涨跌幅减去最小涨跌幅
     ...:         return max_min
```

通过以上的代码,就完成了基于继承机制创建一个类对象calculate_new1。

第2步:将新的类对象calculate_new1进行实例化运用并得出最终的结果。相关代码如下:

```
In [208]: Z=calculate_new1(data=index_SH)   #类对象的实例化运用并输入上证指数每日涨跌幅的数据
In [209]: Z.f()                             #计算最大涨跌幅与最小涨跌幅之间的差额
Out[209]: 0.076211
```

针对以上的代码需要解释的是，代码 Z.f() 的作用是调用类对象 calculate_new1 中自定义的函数 f，从而得到最终的数值结果。

此外，在本书后面的章节中，也会涉及类的使用，尤其是在第 6 章和第 7 章中，将具体讲解如何运用类对象构造深度学习领域的各种神经网络模型及强化学习的相关算法。

1.7　Python 的句型

Python 的句型可以分为条件语句和循环语句两大类，这两类句型可以单独运用，也可以结合在一起使用，下面依次展开讲解。

1.7.1　条件语句

条件语句是由判断语句（判断条件）与执行语句组成的，并且语句之间运用关键字 if、elif 和 else 进行串联，代码的逻辑是通过一条或多条判断语句的运行结果（True 或 False）决定需要运行的执行语句。基本的语法框架分为以下 3 种类型。

第 1 种类型是仅有一个判断条件，基本的语法框架如下：

```
if 判断语句：
    执行语句 1
else：
    执行语句 2
```

第 2 种类型是有两个判断条件，基本的语法框架如下：

```
if 判断语句 1：
    执行语句 1
elif 判断语句 2：
    执行语句 2
else：
    执行语句 3
```

第 3 种类型是有 3 个或者 3 个以上的判断条件，基本的语法框架如下：

```
if 判断语句 1：
    执行语句 1
elif 判断语句 2：
    执行语句 2
elif 判断语句 3：
    执行语句 3
…
elif 判断语句 n-1：
    执行语句 n-1
else：
    执行语句 n
```

需要注意的是，在执行语句前面需要缩进。下面结合两个金融示例进行演示。

【例 1-56】2022 年 5 月 9 日，深证成指下跌了 0.4094%，需要通过 Python 的条件语句设定一个判断条件，用于判断是否为负收益，具体的代码如下：

```
In [210]: r1=-0.004094                    #输入2022年5月9日深证成指的涨跌幅

In [211]: if r1<0:                        #当涨跌幅为负数
     ...:     print('负收益: ', r1)
     ...: else:                            #当涨跌幅不是负数
     ...:     print('不是负收益: ', r1)
负收益:  -0.004094
```

【例1-57】2022年5月10日,深证成指上涨了1.3665%,需要设定两个判断条件,用于区分是正收益、零收益或负收益,具体的代码如下:

```
In [212]: r2=0.013665                     #输入2022年5月10日深证成指的涨跌幅

In [213]: if r2>0:                        #正收益
     ...:     print('正收益: ', r2)
     ...: elif r2==0:                     #零收益
     ...:     print('零收益: ', r2)
     ...: else:                           #负收益
     ...:     print('负收益: ', r2)
正收益:  0.013665
```

1.7.2 循环语句

要重复多次运行某些特定的代码,可以通过循环语句实现。在Python中,循环语句分为for循环语句与while循环语句,在金融场景中,运用较多的是for循环语句。

1. for循环语句

for循环语句通过引入迭代变量来逐次访问字符串的每个字符或者元组、列表等数据结构中的每个元素。for循环语句的语法结构如下:

```
for 迭代变量 in 字符串或数据结构(元组、列表等):
    执行语句
```

迭代变量通常采用小写字母 i、t、n 等,并且在执行语句前面需要缩进。下面,通过讨论几何平均收益率演示 for 循环语句。

为了编程的便利性,给出几何平均收益率的数学表达式:

$$\overline{R} = \sqrt[n]{\prod_{i=1}^{n}(1+R_i)} - 1 \qquad \text{(式 1-2)}$$

其中,$\overline{R}$ 表示几何平均收益率,R_i 表示观察到的第 i 个收益率,$i=1,\cdots,n, i \in \mathbf{N}$。

【例1-58】通过Python自定义一个计算几何平均收益率的函数,具体的代码如下:

```
In [214]: def Geometric_mean(r):
     ...:     '''定义一个计算几何平均收益率的函数。
     ...:     r: 代表包括收益率的一个列表'''
     ...:     product=1                    #设置一个初始值
     ...:     n=len(r)                     #列表中元素的个数
     ...:     for i in r:                  #迭代变量i逐次访问列表中的每个收益率
     ...:         product=product*(1+i)    #将(1+收益率)逐个相乘
     ...:     mean=pow(product,1/n)-1      #计算几何平均值
     ...:     return mean
```

通过以上的代码将 Geometric_mean 函数在 Python 中做了定义，后续可以直接调用该函数计算几何平均收益率。

【例 1-59】沿用例 1-51 关于上证指数每日涨跌幅的数据，同时运用例 1-58 自定义的函数 Geometric_mean 计算上证指数的几何平均收益率，具体的代码如下：

```
In [215]: mean3=Geometric_mean(r=index_SH)      #运用自定义函数计算几何平均收益率
     ...: print('上证指数平均日收益率（几何平均值）',round(mean3,6))
上证指数平均日收益率（几何平均值） -0.005871
```

通过以上的代码得到几何平均收益率是−0.5871%，该结果略低于例 1-51 计算得到的算术平均收益率−0.5585%。

2. while 循环语句

while 循环语句用于在某个设定的条件下，循环执行某些程序以处理需要重复开展的相同任务。基本的语法结构如下：

```
while 判断条件：
执行语句
```

在执行语句前面依然需要缩进，这与 for 循环语句的结构是一致的。

【例 1-60】假定需要依次输出从 2 到 10 的正整数，并且运用 while 循环语句编写程序。具体的代码如下：

```
In [216]: m=2                    #输入初始值并且初始值等于2

In [217]: while m<=10:           #控制最大值等于10
     ...:     print('输出数字是: ', m)
     ...:     m+=1               #每次循环均加上1
     ...: print('结束')
输出数字是: 2
输出数字是: 3
输出数字是: 4
输出数字是: 5
输出数字是: 6
输出数字是: 7
输出数字是: 8
输出数字是: 9
输出数字是: 10
结束
```

【例 1-61】在 1.5.1 节的表 1-11 中提到，运用 range 函数能够创建以列表存放的整数数列，也可以通过 while 循环语句创建同样的整数数列。下面通过 while 循环语句创建从 2 到 10 的整数数列并将其存放于列表。具体的代码如下：

```
In [218]: n=2                           #数列的起始值

In [219]: list_range=[]                 #创建一个空列表

In [220]: while n<=10:                  #运用while循环语句
```

```
   ...:     list_range.append(n)      #每次循环都在列表末尾增加一个数字
   ...:     n+=1                      #每次循环均加上1
   ...: print(list_range)             #输出最终结果
[2, 3, 4, 5, 6, 7, 8, 9, 10]
```

3. 循环控制命令

在代码的重复循环运行过程中，有时也需要一些命令对其进行控制，这些命令就称为**循环控制命令**。在 Python 中，循环控制命令包括 break、continue 和 pass，表 1-13 梳理了相关命令及其功能。

表 1-13　Python 的循环控制命令及其功能

命令名称	具体功能
break	终止循环
continue	终止当次循环，并在跳出该次循环后直接执行下一次循环
pass	不执行任何操作，一般用于占据一个位置

通常而言，循环控制命令是嵌入条件语句和循环语句相结合的代码中的。下面通过一个示例具体讲解如何将条件语句、循环语句以及循环控制命令结合在一起使用。

1.7.3　条件语句与循环语句的结合

【例 1-62】表 1-14 列出了 2022 年 4 月 20 日至 22 日、25 日至 29 日深证成指每日涨跌幅的数据。对此，需要分别完成 4 项不同的编程任务。

表 1-14　2022 年 4 月 20 日至 22 日、25 日至 29 日深证成指每日涨跌幅的数据

日期	深证成指每日涨跌幅
2022-04-20	−2.0725%
2022-04-21	−2.7031%
2022-04-22	−0.2940%
2022-04-25	−6.0843%
2022-04-26	−1.6634%
2022-04-27	4.3723%
2022-04-28	−0.2251%
2022-04-29	3.6929%

数据来源：深圳证券交易所。

【任务 1】在依次访问表 1-14 中的每日涨跌幅数据时，一旦首次访问到超过 5%的跌幅，就终止整个程序，并且输出已经访问的数据。需要运用 for、if 和 break 搭配的语句，具体的代码如下：

```
In [221]: index_SZ=[-0.020725,-0.027031,-0.00294,-0.060843,-0.016634,0.043723,
     ...:          -0.002251,0.036929]      #输入深证成指每日涨跌幅的数据

In [222]: for j in index_SZ:                #运用 for 循环语句
     ...:     if j<-0.05:                   #运用 if 条件语句
     ...:         break                     #终止并跳出整个循环
```

```
   ...:     print('涨跌幅数据: ',j)
涨跌幅数据: -0.020725
涨跌幅数据: -0.027031
涨跌幅数据: -0.00294
```

【任务2】将任务1稍做修改，具体的任务是在依次访问表1-14中的每日涨跌幅数据时，一旦首次访问到超过5%的跌幅，就终止整个程序，并且输出跌幅超过5%的这个数据。依旧运用for、if和break搭配的语句，具体的代码如下：

```
In [223]: for j in index_SZ:        #运用for循环语句
   ...:     if j<-0.05:             #运用if条件语句
   ...:         break               #终止并跳出整个循环
   ...: print('涨跌幅数据: ',j)
涨跌幅数据: -0.060843
```

仔细对比任务1和任务2的代码，它们唯一的区别就在于函数print的开头是否需要缩进，即任务1做了缩进，任务2没有做缩进。因此，代码的细微差别很可能会导致输出结果的天壤之别，而"魔鬼"恰恰就隐藏在代码的细节之处。

【任务3】在依次访问表1-14中的每日涨跌幅数据时，一旦访问到的涨跌幅数据为正数（表示上涨），就跳过这些数据，并且输出全部为负数（表示下跌）的数据。可以使用以下两种不同结构的代码。

第1种，运用for、if和continue搭配的语句结构。具体的代码如下：

```
In [224]: for j in index_SZ:        #运用for循环语句
   ...:     if j>0:                 #当访问的数据为正数时
   ...:         continue            #终止并跳出当次循环转而执行下一次循环
   ...:     print('下跌数据: ',j)
下跌数据: -0.020725
下跌数据: -0.027031
下跌数据: -0.00294
下跌数据: -0.060843
下跌数据: -0.016634
下跌数据: -0.002251
```

第2种，运用for、if、pass和else搭配的语句结构。具体的代码如下：

```
In [225]: for j in index_SZ:        #运用for循环语句
   ...:     if j>0:                 #当访问的数据为正数时
   ...:         pass                #不执行任何操作
   ...:     else:                   #当访问的数据为负数或0时
   ...:         print('下跌数据: ',j)
下跌数据: -0.020725
下跌数据: -0.027031
下跌数据: -0.00294
下跌数据: -0.060843
下跌数据: -0.016634
下跌数据: -0.002251
```

显然使用以上两种结构的代码得到的结果是相同的，这也意味着在编程中经常会出现"殊途同归"的情况。

【任务4】在依次访问表1-14中的数据时，有3类筛选标准：①涨幅超过2%；②跌幅超过

2%；③涨跌幅处于[-2%,2%]区间。按照这 3 类筛选标准依次筛选出相应的数据并且以列表的结构输出。需要运用 for、if、elif 和 else 搭配的语句结构。具体的代码如下：

```
In [226]: r_list1=[]              #创建用于存放涨幅超过2%的数据的初始空列表
     ...: r_list2=[]              #创建用于存放跌幅超过2%的数据的初始空列表
     ...: r_list3=[]              #创建用于存放涨跌幅处于[-2%,2%]区间的数据的初始空列表

In [227]: for j in index_SZ:      #运用 for 语句
     ...:     if j>0.02:          #涨幅超过 2%时
     ...:         r_list1.append(j)  #在列表末尾增加一个元素
     ...:     elif j<-0.02:       #跌幅超过-2%时
     ...:         r_list2.append(j)
     ...:     else:               #涨跌幅处于[-2%,2%]区间时
     ...:         r_list3.append(j)

In [228]: print('涨幅超过2%的数据列表: \n', r_list1)
     ...: print('跌幅超过2%的数据列表: \n', r_list2)
     ...: print('涨跌幅处于[-2%, 2%]区间的数据列表: \n', r_list3)
涨幅超过 2%的数据列表:
 [0.043723, 0.036929]
跌幅超过 2%的数据列表:
 [-0.020725, -0.027031, -0.060843]
涨跌幅处于[-2%, 2%]区间的数据列表:
 [-0.00294, -0.016634, -0.002251]
```

需要强调的是，在 print 函数中输入的\n 是换行符，使用它能够实现换行输出。

1.8 模块导入与 math 模块

将 Python 运用于金融场景时，会涉及不同复杂程度的数学运算、统计分析以及可视化等方面的编程，这时就需要调用某些模块才能有效完成。**模块**（module）在 Python 中扮演着十分重要的角色，可以理解为 Python 的扩展工具。

模块分为内置模块和外部模块。当单独安装 Python 时一些模块也会同步默认安装，这些模块称为**内置模块**，对于用户而言，内置模块无须另行安装，比如第 1.8.2 节讨论的 math 模块、第 5.4 节的 datetime 模块就属于内置模块。用户需要自行安装以后才能使用的模块则是外部模块，也称为第三方模块，比如 NumPy、pandas、Matplotlib、SciPy 等模块就是典型的外部模块。当运用 Anaconda 时，大量的常用外部模块就已经集成并安装完毕了，这一点已经在第 1.1.4 节讨论过。

1.8.1 模块导入的方式

在每次启动 Python 以后，无论是内置模块还是第三方模块均不能直接调用，而是需要导入相关的模块以后才能调用该模块。根据用户的习惯以及编程的需要，模块的导入可以使用若干种不同的方式，具体如表 1-15 所示。

表 1-15 模块导入的不同方式

序号	Python 的代码格式	具体说明与示例

方式 1	import 模块名称	直接导入整个模块,这种导入方式比较占用内存。示例如下:
		`In [229]: import math    #导入math模块`
		`In [230]: type(math)    #查询属性`
		`Out[230]: module`

方式 2	import 模块名称 as 名称缩写	导入整个模块的同时给该模块取一个别名(常为名称缩写),往往用于模块名字比较长的情况下,这样能提升调用该模块时的代码书写效率。示例如下: `In [231]: import numpy as np    #导入NumPy模块并缩写为np`
方式 3	import 模块名称.子模块名称 as 名称缩写	导入某个模块的子模块,并且给子模块取一个别名,此时会占用较小的内存。示例如下: `In [232]: import numpy.linalg as npl    #导入NumPy的子模块linalg并缩写为npl`

方式 4	from 模块名称 import 函数名称	从特定模块中导入一个或者多个函数,不同函数之间用逗号隔开,这时不仅占用的内存比较小,而且这些函数可以直接以函数名称的方式调用。示例如下:
		`In [233]: from math import exp,log,sqrt    #从math模块导入函数exp、log和sqrt`
		`In [234]: log(10)    #直接用函数log运算`
		`Out[234]: 2.302585092994046`
		`In [235]: exp(3)    #直接用函数exp运算`
		`Out[235]: 20.085536923187668`

方式 5	from 模块名称.子模块名称 import 函数名称	与方式 4 很相似,只不过是从特定模块的子模块导入一个或者多个函数。示例如下: `In [236]: from numpy.linalg import det,inv    #从NumPy的子模块linalg导入函数det和inv`

1.8.2 math 模块

针对求解三角函数、对数等一些特定的数学运算,可以调用 Python 的内置数学运算模块 math 以实现高效编程。首先通过 dir 函数查看 math 模块包含的函数和数学符号等信息,具体的代码如下:

```
In [237]: dir(math)    #查看math模块包含的函数和数学符号等信息
Out[237]:
['__doc__', '__loader__', '__name__', '__package__', '__spec__', 'acos', 'acosh', 'asin',
'asinh','atan', 'atan2', 'atanh', 'ceil', 'comb', 'copysign', 'cos', 'cosh', 'degrees',
'dist', 'e', 'erf', 'erfc', 'exp', 'expm1', 'fabs', 'factorial', 'floor', 'fmod', 'frexp',
'fsum', 'gamma', 'gcd', 'hypot', 'inf', 'isclose', 'isfinite', 'isinf', 'isnan', 'isqrt',
'lcm', 'ldexp', 'lgamma', 'log', 'log10', 'log1p', 'log2', 'modf', 'nan', 'nextafter',
'perm', 'pi', 'pow', 'prod', 'radians', 'remainder', 'sin', 'sinh', 'sqrt', 'tan', 'tanh',
'tau', 'trunc', 'ulp']
```

从 acos 开始直到 ulp 共计 58 个函数和数学符号。表 1-16 梳理了 math 模块中金融领域常用的函数。

表1-16 math模块中金融领域常用的函数及数学符号

序号	函数或数学符号	功能	Python代码演示
1	ceil	取大于或等于变量 x 的最小整数值，如果变量 x 是一个整数，则直接输出 x	```In [238]: x1=4.4 ...: math.ceil(x1) Out[238]: 5```
2	cos	求变量 x 的余弦（cosine），注意 x 必须是弧度	```In [239]: x2=75 ...: math.cos(x2) Out[239]: 0.9217512697247493```
3	e	表示一个数学常量 e，它是自然对数的底数，是一个无限不循环小数，具体等于 2.71828…	```In [240]: math.e Out[240]: 2.718281828459045```

4	exp	表示变量 x 的 e^x 运算结果	```In [241]: x3=5
			     ...: math.exp(x3)
			Out[241]: 148.4131591025766```
			可以用Python的内置函数pow得出相同的结果：
			``In [242]: pow(math.e,x3)
			Out[242]: 148.41315910257657```

5	fabs	取变量 x 的绝对值，该函数的功能与Python的内置函数 abs 的功能相同	```In [243]: x4=-5.6 ...: math.fabs(x4) Out[243]: 5.6```

6	factorial	求变量 x 的阶乘，也就是计算 $x! = x(x-1)(x-2)\cdots 1$ 输入的变量 x 必须是正整数或0	```In [244]: x5=6
			     ...: math.factorial(x5)
			Out[244]: 720
			In [245]: x6=0
			     ...: math.factorial(x6)
			Out[245]: 1```
			注意，0的阶乘等于1

7	floor	取小于或等于变量 x 的最大整数值，如果 x 是一个整数则直接输出 x；该数的功能与 ceil 函数的功能正好相反	```In [246]: x7=4.8 ...: math.floor(x7) Out[246]: 4```
8	fsum	求和，该函数的功能与Python的内置函数 sum 的功能相同	将例1-62的深证成指每日涨跌幅作为示例： ```In [247]: math.fsum(index_SZ) Out[247]: -0.049772000000000004```
9	log	函数形式是 log(x,y)，表示计算以变量 y 为底数的变量 x 的对数，即 $\log_y x$；如果不输入 y，则输出 x 的自然对数，即 $\ln x$	```In [248]: x=9 ...: y=3 In [249]: math.log(x,y) Out[249]: 2.0 In [250]: math.log(x) Out[250]: 2.1972245773362196```
10	log10	计算以10为底数的对数，即 $\log_{10} x$	```In [251]: x8=10000 ...: math.log10(x8) Out[251]: 4.0```
11	log1p	计算 $1+x$ 的自然对数，即 $\ln(1+x)$	```In [252]: x9=0.3 ...: math.log1p(x9) Out[252]: 0.262364264467491 In [253]: math.log(1+x9) #用log函数验证 Out[253]: 0.26236426446749106```

续表

序号	函数或数学符号	功能	Python 代码演示
12	log2	计算以 2 为底数的对数,即 $\log_2 x$	In [254]: x10=32 　　...: math.log2(x10) Out[254]: 5.0
13	modf	返回变量 x 的小数部分和整数部分,并且输出结果存放于元组	In [255]: x11=21.12 　　...: math.modf(x11) Out[255]: (0.1200000000000001, 21.0) 在输出的元组中,第 1 个元素代表小数部分,第 2 个元素代表整数部分
14	pi	表示圆周率 π	In [256]: math.pi Out[256]: 3.141592653589793
15	pow	函数的形式是 pow(x,y),其作用是得到 x 的 y 次方(即 x^y),等价于 Python 的内置函数 pow	In [257]: x=4 　　...: y=3 In [258]: math.pow(x,y) Out[258]: 64.0
16	prod	求乘积;如果 x 是某个数据结构,则计算该数据结构中每个元素相乘的乘积	将例 1-62 的深证成指每日涨跌幅作为示例: In [259]: math.prod(index_SZ) Out[259]: 6.058488592817904e-15 注意,e-15 表示 10^{-15}
17	sin	求变量 x 的正弦值,注意 x 必须是弧度	In [260]: x12=9 　　...: math.sin(x12) Out[260]: 0.4121184852417566
18	sqrt	求变量 x 的平方根	In [261]: x13=121 　　...: math.sqrt(x13) Out[261]: 11.0
19	tan	求变量 x 的正切值,注意 x 必须是弧度	In [262]: x14=37 　　...: math.tan(x14) Out[262]: -0.8407712554027598
20	trunc	取变量 x 的整数部分,该函数的功能与 floor 函数的功能比较类似 (trunc 是英文单词 truncate 的缩写)	In [263]: x15=13.5 　　...: math.trunc(x15) Out[263]: 13

注:如无特别说明,函数中的变量统一用 x 代表。

到这里,关于 Python 的基础编程就讨论完毕了。从第 2 章开始将展开对 Python 第三方模块的讨论,主要选取在金融领域常用的 NumPy、pandas、Matplotlib、SciPy、PyTorch、Gymnasium 等模块,并且同样会结合金融场景演示编程代码。

1.9 本章小结

Python 作为全球运用最广泛的计算机编程语言,所涉及的内容可谓浩如烟海,无论哪一本书都无法囊括这些内容。本章结合 62 个示例讲解了金融场景中常用的 Python 基础编程技术,具体可以归纳为以下几个方面。

（1）**变量赋值**。将 Python 运用于金融场景，需要迈出的第一步就是对金融变量赋值，变量命名可以用对应的英文单词或英文缩写，赋值需要运用等号。

（2）**数据类型**。在金融场景中常用的数据类型包括整数、浮点数、字符串及布尔值等，不同的数据类型有其自身的特征，比如，整数与浮点数的重要区别就在于是否有小数点，字符串需要运用引号标识，布尔值则只有 True 和 False。

（3）**数据结构**。元组、列表、集合、字典等不同的数据结构有各自的结构性特征，并且运用不同类型的括号进行标识，元组用圆括号进行标识，列表用方括号进行标识，集合与字典均用花括号进行标识。

（4）**运算符号**。Python 开展算术运算、关系运算、赋值运算以及成员运算都有相应的运算符号，这些符号通常对应数学中的相关运算符号或者由两个相关运算符号组合而成。

（5）**内置函数**。Python 的内置函数共计 79 个，金融场景中常用的内置函数通常是其中的一小部分，需要理解内置函数的功能与用法。

（6）**自定义函数**。构建自定义函数可以通过运用 def 语句或者运用 lambda 函数实现，def 语句适用于自定义运算较复杂的函数，lambda 函数常用于自定义相对简单的函数。

（7）**类对象**。Python 能够成为一门面向对象的编程语言，类发挥了关键性的作用。类对象的创建需要用到 class 语句，类对象创建完成以后就可以开展实例化操作，基类通过继承机制可以创建派生类。

（8）**常用句型**。Python 的常用句型包括条件语句与循环语句，条件语句通常在针对条件做出判断时使用，循环语句往往用于重复性的运算，这两种语句的结合可以有效满足金融场景的需求。

（9）**math 模块**。math 模块是 Python 内置的一个数学运算模块，需要导入模块以后才能调用该模块的各种函数。

1.10 拓展阅读

本章的内容参考了以下资料，建议感兴趣的读者拓展学习。

[1] Python 的官网提供了丰富的说明文档，这些文档既有英文版也有中文版。

[2]《Python 金融大数据分析（第 2 版）》[作者是伊夫·希尔皮斯科（Yves Hilpisch）]，该书讨论了 Python 在金融数据分析领域的应用，是一部很有影响力的著作，其内容比较全面，层次比较清晰，同时也较多地涉及了 Python 中的技术性内容。

[3]《Python 金融实战》（作者是严玉星），该书是一部具有代表性的介绍 Python 金融实战的教程，内容深入浅出，主题比较侧重于金融投资。

第 2 章 结合金融场景演示 NumPy 模块编程

本章导读

金融领域需要涉及大量的多维数据以及矩阵运算，但是第 1 章介绍的 Python 列表在这方面的处理能力显得不足。与此同时，金融变量在统计上往往假设是服从某类分布的，这样，在金融量化分析与风险管理过程中，就会涉及基于某类分布的随机抽样。此外，测算现金流终值、现值、内含报酬率等的现金流模型也是金融不可分割的组成部分。NumPy（Numerical Python）是 Python 的一种开源的数值计算扩展模块，可以用来存储多维数据、处理大型矩阵、开展随机抽样等。因此，本章结合金融场景有的放矢地对 NumPy 模块的编程进行讲解和演示。

本章的内容将涵盖以下几个主题。
- 引出一个常见的金融投资案例，该案例将串联起本章前 4 节的内容。
- 分析 NumPy 的核心数据结构——N 维数组，剖析创建数组的不同方法以及一些特殊的常用数组。
- 探讨数组的索引、切片、排序以及多个数组之间的合并等不同功能。
- 讲解数组的运算，包括数组内部元素间的运算、数组之间的运算以及矩阵的计算。
- 讨论金融领域常用的统计分布以及基于不同分布开展的随机抽样。
- 介绍脱胎于 NumPy 的 numpy-financial 模块，运用该模块构建计算终值、现值、净现值、内含报酬率以及等额本息还款等的现金流模型。

2.1 从一个投资案例讲起

【例 2-1】 假定某投资者拥有一个投资组合，该组合的初始投资金额是 1 亿元，组合配置了在上海证券交易所上市的 4 只股票，分别是长江电力、三一重工、浦发银行以及中信证券，为它们配置的权重分别是 10%、25%、30% 以及 35%，并且保持不变。与此同时，表 2-1 整理了 2022 年 5 月 9 日至 13 日每个交易日相关股票的涨跌幅情况，投资者希望通过 Python 快速计算这 5 个交易日整体投资组合的收益率。

表 2-1 2022 年 5 月 9 日至 13 日每个交易日相关股票的涨跌幅情况

证券简称	2022-05-09	2022-05-10	2022-05-11	2022-05-12	2022-05-13	权重
长江电力	−1.6725%	2.2381%	−1.2697%	−1.0643%	4.1237%	10%
三一重工	−1.6656%	1.6311%	0.0000%	−1.7901%	0.5657%	25%
浦发银行	−0.3822%	0.3836%	0.1274%	0.1272%	2.2872%	30%
中信证券	−0.3723%	1.4949%	0.6312%	−0.2091%	1.0477%	35%

数据来源（不包含权重）：上海证券交易所。

对此，投资者可以运用第 1.3.3 节介绍的列表进行计算，下面就以计算 2022 年 5 月 9 日投资组合收益率作为示例，具体的代码如下：

```
In [1]: R_May9=[-0.016725,-0.016656,-0.003822,-0.003723]  #2022 年 5 月 9 日 4 只股票的涨跌幅情况
   ...: W_list=[0.10,0.25,0.30,0.35]                      #4 只股票的权重
   ...: n=len(W_list)                                     #股票数量

In [2]: R_W=[]                                            #创建存放每只股票涨跌幅与权重数乘积的空列表

In [3]: for i in range(n):                                #运用 for 循环语句
   ...:     R_W.append(R_May9[i]*W_list[i])               #计算结果并将其存放列表末尾

In [4]: Rp_May9=sum(R_W)                                  #计算 2022 年 5 月 9 日投资组合的收益率
   ...: print('2022 年 5 月 9 日投资组合的收益率',round(Rp_May9,6))
2022 年 5 月 9 日投资组合的收益率 -0.008286
```

通过以上的多行代码，也仅计算出了一个交易日投资组合的收益率，如果需要计算更多交易日的投资组合收益率，则运用列表的运算效率明显偏低，假定能够运用线性代数中的向量和矩阵进行计算，将显著提升运算效率。基于这样的考虑，开发人员设计出了可以有效进行向量和矩阵运算的 NumPy 模块。

NumPy 的前身是 Numeric，它由吉姆·胡古宁（Jim Hugunin）与其他协作者于 1995 年共同开发。2005 年，特拉维斯·奥利芬特（Travis Oliphant）在 Numeric 中结合了另一个同性质的程序库 Numarray 的特色，并加入了其他扩展程序而开发了 NumPy。NumPy 开放源代码并且由许多协作者共同进行持续开发与维护。

NumPy 是运用 Python 进行科学计算的第三方模块，它的功能包括：①可以创建强大的 N 维数组对象，以此作为通用数据的高效多维容器（multi-dimensional container），具体将在第 2.2 节讨论；②独特的广播（broadcasting）机制，比如，针对形状相同的两个数组之间的运算，可以实现不同数组对应位置元素之间的运算，从而弥补列表计算的不足，具体见第 2.4.2 节；③实用的线性代数运算、随机抽样等功能，具体会在第 2.4 节和第 2.5 节展开详细讨论。

此外，由于 NumPy 是 Python 的外部模块，因此调用前需要导入模块，并且应该查看相应的版本信息，具体代码如下：

```
In [5]: import numpy as np        #导入 NumPy 模块并缩写为 np

In [6]: np.__version__            #查看 NumPy 的相应的版本信息
Out[6]: '1.21.5'
```

注意，由于本书在写作过程中导入 NumPy 模块时，以 np 对该模块进行了命名，因此后续

使用该模块相关功能（比如调用该模块的函数）时使用的就是 np 而不是 numpy。此外，本书运用的 NumPy 版本是 1.21.5 版本，不同版本之间的代码会存在细微的差异。

2.2 N 维数组

NumPy 最显著的特征在于它的数据结构运用了数组。**数组**（array）与第 1.3.3 节介绍的列表有相似之处，但是数组可以定义不同的维度，因此数组的全称是 **N 维数组**（ndarray）。数组适合开展线性代数运算。

2.2.1 数组的创建

在 NumPy 中，可以通过 array 函数创建数组。下面以一维数组、二维数组为例，给出创建数组的代码：

| 一维数组 | np.array(一个列表) |
| 二维数组 | np.array([列表1,列表2,…,列表m]) |

通过以上的描述可以看到，圆括号中的列表可以是一个由 n 个元素构成的列表，也就是创建的一维数组，对应于线性代数中包含 n 个元素的向量；圆括号中也可以是由 m 个列表作为元素组成的列表，也就是创建的二维数组，对应于线性代数中的 $m \times n$ 的矩阵，因此数组可以理解为列表的升级版。

当然，可以有三维甚至是更高维度的数组，通常涉及三维或更多维的数据时会运用张量进行运算。关于张量的内容将在第 6.2 节进行讨论，本节涉及的数组维度不会超过二维。下面，以本章开头的例 2-1 作为示例，通过多种不同的方式创建数组。

1. 直接输入法

【例 2-2】沿用例 2-1 中的信息，通过 Python 将 4 只股票的配置权重数据存放在一维数组中，具体的代码如下：

```
In [7]: W_array1=np.array([0.10,0.25,0.30,0.35])      #股票配置权重数据存放于一维数组

In [8]: W_array1                                       #查看结果
Out[8]: array([0.1 , 0.25, 0.3 , 0.35])

In [9]: type(W_array1)                                 #查看数据结构的类型
Out[9]: numpy.ndarray

In [10]: W_array1.shape                                #查看数组的形状
Out[10]: (4,)
```

通过 shape 属性可以查看数组的形状并且输出的结果是包含一个元素 4 的元组，这表明 W_array1 数组是由 4 个元素组成的一维数组，相当于线性代数中包含 4 个元素的向量。程序中关于属性的内容，可以参见第 1.3.1 节。

【例 2-3】沿用例 2-1 中的信息，通过 Python 将 4 只股票的涨跌幅数据存放在二维数组中，具体的代码如下：

```
In [11]: R_array1=np.array([[-0.016725,0.022381,-0.012697,-0.010643,0.041237],
   ...:                     [-0.016656,0.016311,0.000000,-0.017901,0.005657],
   ...:                     [-0.003822,0.003836,0.001274,0.001272,0.022872],
   ...:                     [-0.003723,0.014949,0.006312,-0.002091,0.010477]])    #将4只股票的涨跌
幅数据存放在二维数组中

In [12]: R_array1                                               #查看数组
Out[12]:
array([[-0.016725,  0.022381, -0.012697, -0.010643,  0.041237],
       [-0.016656,  0.016311,  0.      , -0.017901,  0.005657],
       [-0.003822,  0.003836,  0.001274,  0.001272,  0.022872],
       [-0.003723,  0.014949,  0.006312, -0.002091,  0.010477]])

In [13]: R_array1.shape                                         #查看数组的形状
Out[13]: (4, 5)
```

通过 shape 属性输出包含两个元素的元组，第 1 个元素 4 代表数组的行数是 4，第 2 个元素 5 代表数组的列数为 5，这意味着 R_array1 是一个 4×5 的二维数组，相当于线性代数中的 4×5（4 行 5 列）矩阵。

2. 将列表转换为数组

本节的开头在讨论数组的结构时就提到过数组其实是由一个或若干个列表构造而成的，因此，列表可以很方便地转换为数组。

【例 2-4】 针对例 2-1 已经创建的存放 4 只股票权重数据的列表，用 array 函数将该列表转换为一维数组，具体的代码如下：

```
In [14]: W_array2=np.array(W_list)                              #将列表转换为一维数组

In [15]: W_array2                                               #查看结果
Out[15]: array([0.1 , 0.25, 0.3 , 0.35])
```

【例 2-5】 沿用例 2-1 中的信息，先将这 4 只股票的涨跌幅数据存放在列表中，然后用 array 函数和 reshape 方法将列表转换为二维数组，具体的代码如下：

```
In [16]: R_list=[-0.016725,0.022381,-0.012697,-0.010643,0.041237,-0.016656,
   ...:         0.016311,0.000000,-0.017901,0.005657,-0.003822,0.003836,
   ...:         0.001274,0.001272,0.022872,-0.003723,0.014949,0.006312,
   ...:         -0.002091,0.010477]                             #将4只股票的涨跌幅数据存放在列表中

In [17]: R_array2=np.array(R_list)                              #先将列表转换为一维数组
   ...: R_array2=R_array2.reshape(4,5)                          #将一维数组转换为4行5列的二维数组

In [18]: R_array2                                               #查看结果
Out[18]:
array([[-0.016725,  0.022381, -0.012697, -0.010643,  0.041237],
       [-0.016656,  0.016311,  0.      , -0.017901,  0.005657],
       [-0.003822,  0.003836,  0.001274,  0.001272,  0.022872],
       [-0.003723,  0.014949,  0.006312, -0.002091,  0.010477]])
```

以上的输出结果表明，二维数组 R_array2 与例 2-3 创建的二维数组 R_array1 是完全一致

的。此外，可以用 ravel 方法将多维数组降维至一维数组。

【例 2-6】将例 2-5 创建的二维数组 R_array2 降维至一维数组，具体的代码如下：

```
In [19]: R_array3=R_array2.ravel()      #降维至一维数组
    ...: R_array3                        #查看结果
Out[19]:
array([-0.016725,  0.022381, -0.012697, -0.010643,  0.041237, -0.016656,
        0.016311,  0.       , -0.017901,  0.005657, -0.003822,  0.003836,
        0.001274,  0.001272,  0.022872, -0.003723,  0.014949,  0.006312,
       -0.002091,  0.010477])
```

程序中关于方法的内容，也可以参见第 1.3.1 节。

3. 查看数组的属性

数组的**属性**（attribute）包含形状、维度、元素数量等，查看数组的不同属性需要运用到不同的属性名称，相关的代码格式如下：

数组名称.属性名称

除了在本节开头所介绍的 shape 属性，表 2-2 梳理了其他常用的属性以及相应的功能。

表 2-2　其他常用的属性以及相应的功能

属性名称	相应的功能	Python 的代码演示与说明

ndim	查看数组的维度	`In [20]: W_array1.ndim`
		`Out[20]: 1`
		`In [21]: R_array1.ndim`
		`Out[21]: 2`
		以上输出的数字 1 代表一维数组，数字 2 代表二维数组，以此类推

size	查看数组中的元素数量	`In [22]: W_array1.size`
		`Out[22]: 4`
		`In [23]: R_array1.size`
		`Out[23]: 20`
		以上输出的数字 4 表示数组中有 4 个元素，数字 20 表明数组由 20 个元素组成

dtype	查看数组中元素的数据类型	`In [24]: W_array1.dtype`
		`Out[24]: dtype('float64')`
		`In [25]: R_array1.dtype`
		`Out[25]: dtype('float64')`
		输出的结果表明元素的数据类型是占用 64 位的浮点型

注：以例 2-2、例 2-3 创建的数组作为示例。

2.2.2　特殊的数组

在运用 NumPy 模块编程时，为了提升编程的效率或者满足特殊编程的需求，常常会涉及整数数列、等差数列、元素全部为 0、元素全部为 1、单位矩阵等特殊数组，下面就依次进行讨论与演示。

1. 整数数列的数组

在 NumPy 中，存在与 Python 内置函数 range（参见第 1.5 节的表 1-11）功能相似的 arange 函数，两者在参数设置方面比较相似，区别在于 range 函数输出的是列表，而 arange 函数输出的是数组。

【例 2-7】 快速创建从 0 到 12 的整数数列，以及从 2 到 20 且步长为 3 的整数数列，这两个数列均存放于数组中，具体的代码如下：

```
In [26]: a=np.arange(13)              #创建从 0 到 12 的整数数列并存放于数组中
   ...: a                              #查看结果
Out[26]: array([ 0,  1,  2,  3,  4,  5,  6,  7,  8,  9, 10, 11, 12])

In [27]: b=np.arange(2,21,3)          #创建从 2 到 20 且步长为 3 的整数数列并存放于数组中
   ...: b                              #查看结果
Out[27]: array([ 2,  5,  8, 11, 14, 17, 20])
```

2. 等差数列的数组

在 NumPy 模块中，存在一个高效创建等差数列的 linspace 函数，该函数在金融领域的模拟分析中经常被运用，函数通常有 3 个参数需要输入：第 1 个参数是数列的起始值，第 2 个参数是数列的终止值，第 3 个参数是数组中元素的个数。此外，参数 endpoint 用于确定前面的第 2 个参数是否作为数列的最后一个值：输入 endpoint=True 代表是（默认情况），输入 endpoint=False 则代表否。

【例 2-8】 创建从 0 到 80 的等差数列并且存放于数组中，其中，第 1 个等差数列的最后一个数值是 80，第 2 个等差数列的最后一个数值不是 80。具体的代码如下：

```
In [28]: c1=np.linspace(0,80,41)      #创建等差数列的数组（最后一个数值是 80）
   ...: c1                             #查看结果
Out[28]:
array([ 0.,  2.,  4.,  6.,  8., 10., 12., 14., 16., 18., 20., 22., 24.,
       26., 28., 30., 32., 34., 36., 38., 40., 42., 44., 46., 48., 50.,
       52., 54., 56., 58., 60., 62., 64., 66., 68., 70., 72., 74., 76.,
       78., 80.])

In [29]: c2=np.linspace(0,80,40,endpoint=False)   #创建等差数列的数组（最后一个数值不是 80）
   ...: c2                             #查看结果
Out[29]:
array([ 0.,  2.,  4.,  6.,  8., 10., 12., 14., 16., 18., 20., 22., 24.,
       26., 28., 30., 32., 34., 36., 38., 40., 42., 44., 46., 48., 50.,
       52., 54., 56., 58., 60., 62., 64., 66., 68., 70., 72., 74., 76.,
       78.])
```

3. 元素全部为 0 的数组

通过 Python 进行金融建模时，经常会设定一些初始的数组，比如元素为 0 或者为 1 的数组，便于存放后续的运算结果。

在创建元素全部为 0 的数组（简称"零数组"）时，需要运用 zeros 函数，并且也要输入形

状参数。如果创建元素个数为 n 的一维零数组,则形状参数输入 n 即可;如果创建一个形状为 $m×n$ 的二维零数组,就需要输入两个形状参数,第 1 个参数代表的数量 m,第 2 个参数代表列的数量 n,并且这两个参数存放在一个元组中。具体见如下两个示例。

【例 2-9】创建元素个数为 10 的一维零数组,同时创建形状是 4×6 的二维零数组,具体的代码如下:

```
In [30]: d=np.zeros(10)              #创建元素个数为 10 的一维零数组
    ...: d
Out[30]: array([0., 0., 0., 0., 0., 0., 0., 0., 0., 0.])

In [31]: e=np.zeros((4,6))           #创建形状是 4×6 的二维零数组
    ...: e                            #查看结果
Out[31]:
array([[0., 0., 0., 0., 0., 0.],
       [0., 0., 0., 0., 0., 0.],
       [0., 0., 0., 0., 0., 0.],
       [0., 0., 0., 0., 0., 0.]])
```

此外,如果已经有一个或若干个数组,希望创建与已有数组形状相同的零数组,则可以运用 zeros_like 函数。

【例 2-10】依次创建与例 2-2 的数组 W_array1、例 2-3 的数组 R_array1 形状相同的零数组,具体的代码如下:

```
In [32]: W_zero=np.zeros_like(W_array1)    #创建与 W_array1 形状相同的零数组
    ...: W_zero                             #查看结果
Out[32]: array([0., 0., 0., 0.])

In [33]: R_zero=np.zeros_like(R_array1)    #创建与 R_array1 形状相同的零数组
    ...: R_zero                             #查看结果
Out[33]:
array([[0., 0., 0., 0., 0.],
       [0., 0., 0., 0., 0.],
       [0., 0., 0., 0., 0.],
       [0., 0., 0., 0., 0.]])
```

4. 元素全部为 1 的数组

创建元素全部为 1 的数组时,需要用到 ones、ones_like 函数,具体的输入格式与前面讲解的 zeros、zeros_like 函数相似。

【例 2-11】依次创建与例 2-2 的数组 W_array1、例 2-3 的数组 R_array1 形状相同并且元素全部为 1 的数组,具体的代码如下:

```
In [34]: W_one=np.ones_like(W_array1)     #创建与 W_array1 形状相同并且元素全部为 1 的数组
    ...: W_one                             #查看结果
Out[34]: array([1., 1., 1., 1.])

In [35]: R_one=np.ones_like(R_array1)     #创建与 R_array1 形状相同并且元素全部为 1 的数组
    ...: R_one                             #查看结果
Out[35]:
array([[1., 1., 1., 1., 1.],
```

```
        [1., 1., 1., 1., 1.],
        [1., 1., 1., 1., 1.],
        [1., 1., 1., 1., 1.]])
```

5. 单位矩阵的数组

NumPy 的一个很重要的运用方向就是矩阵运算，金融场景下的矩阵运算有时也会涉及**单位矩阵**（identity matrix）。单位矩阵是指对角线上的元素等于 1、其他元素等于 0 的 $m×m$ 矩阵（也称**方阵**）。在 NumPy 中可以运用 eye 函数创建单位矩阵，并且仅需输入一个形状参数。

【例 2-12】需要快速创建一个形状为 5×5 的单位矩阵并且存放于数组中，具体的代码如下：

```
In [36]: f=np.eye(5)              #创建一个形状为 5×5 的单位矩阵并且存放于数组中
    ...: f                          #查看结果
Out[36]:
array([[1., 0., 0., 0., 0.],
       [0., 1., 0., 0., 0.],
       [0., 0., 1., 0., 0.],
       [0., 0., 0., 1., 0.],
       [0., 0., 0., 0., 1.]])
```

2.3 数组的相关功能

依然运用本章开头提到的例 2-1，如果投资者希望了解投资组合中某只股票在某个交易日的涨跌幅情况，就会用到数组的索引功能；如果希望查找某只股票在若干个交易日，或者若干只股票在某个交易日，抑或若干只股票在若干个交易日的涨跌幅情况，就需要用到数组的切片功能；如果希望将股票涨跌幅数据由小到大排序，可以运用数组的排序功能；此外，当需要增加新的交易日数据或增加新的股票数据时，可以运用数组的合并功能。本节就具体讨论和演示这些功能。

2.3.1 索引

【例 2-13】沿用例 2-1、例 2-3 的信息，投资者希望找到浦发银行在 2022 年 5 月 12 日的涨跌幅数据，对应于数组 R_array1 第 3 行第 4 列的元素，具体的代码如下：

```
In [37]: R_array1[2,3]            #索引数组 R_array1 第 3 行第 4 列的元素
Out[37]: 0.001272
```

注意，在方括号内第 1 个参数代表的是第几行，第 2 个参数代表第几列，并且依然是从 0 开始的。

如果用户希望按照一定的规则找到在数组中的索引值，则需要运用 where 函数。

【例 2-14】沿用例 2-1、例 2-3 的信息，投资者希望找出跌幅超过 1.6%的数据在数组 R_array1 中的索引值，具体的代码如下：

```
In [38]: np.where(R_array1<-0.016)      #跌幅超过 1.6%的元素索引值
Out[38]: (array([0, 1, 1], dtype=int64), array([0, 0, 3], dtype=int64))
```

这里需要具体说明一下：由于数组 R_array1 是一个二维数组，对应的索引值必然是两个数

值,一个代表第几行,另一个代表第几列,因此,在输出结果中,第1个数组代表行的索引值,第2个数组代表列的索引值。比如,在输出的结果中,第1个数组中的第1个元素是0,第2个数组中的第1个元素也是0,这就表明跌幅超过1.6%的第1个数值在第1行、第1列;再如,第1个数组中的第3个元素是1,第2个数组中的第3个元素是3,这就表明跌幅超过1.6%的第3个数值在第2行、第4列。

2.3.2 切片

【例2-15】沿用例2-1、例2-3的信息,投资者希望提取三一重工、浦发银行在2022年5月10日至12日的涨跌幅数据,也就是提取数组R_array1第2、3行中的第2至4列元素,具体的代码如下:

```
In [39]: R_array1[1:3,1:4]              #提取数组R_array1第2、3行中的第2至4列数据
Out[39]:
array([[ 0.016311,  0.      , -0.017901],
       [ 0.003836,  0.001274,  0.001272]])
```

注意,在方括号中,输入的冒号代表范围的选择。比如本示例的代码中,1∶3代表选择第2、3行,1∶4表示选择第2至4列。如果冒号的两侧均不带数字,就默认为全部选择。

【例2-16】沿用例2-1、例2-3的信息,投资者希望分别提取第3行的全部数据(即浦发银行的涨跌幅),以及第4列的全部数据(即2022年5月12日4只股票的涨跌幅),相关的代码如下:

```
In [40]: R_array1[2]                    #提取第3行的全部数据(方法1)
Out[40]: array([-0.003822,  0.003836,  0.001274,  0.001272,  0.022872])

In [41]: R_array1[2,:]                  #提取第3行的全部数据(方法2)
Out[41]: array([-0.003822,  0.003836,  0.001274,  0.001272,  0.022872])

In [42]: R_array1[:,3]                  #提取第4列的全部数据
Out[42]: array([-0.010643, -0.017901,  0.001272, -0.002091])
```

通过以上的代码可以看到,针对二维数组的切片,如果方括号中仅输入一个数字,就表示提取该数组某一行的全部元素。

2.3.3 排序

NumPy模块提供的sort函数可以用于将数组的元素按照由小到大的顺序进行排序,并且有参数axis=0或者axis=1可以输入。其中,axis=0代表按列对元素进行排序(也称按照纵轴排序),axis=1代表按行对元素进行排序(也称按照横轴排序),如果不输入参数则默认按行对元素进行排序。

【例2-17】沿用例2-1、例2-3的信息,投资者希望针对股票按照涨跌幅由小到大进行排序,具体的代码如下:

```
In [43]: np.sort(R_array1,axis=0)       #按列对元素进行由小到大的排序
Out[43]:
array([[-0.016725,  0.003836, -0.012697, -0.017901,  0.005657],
```

```
            [-0.016656,  0.014949,  0.      , -0.010643,  0.010477],
            [-0.003822,  0.016311,  0.001274, -0.002091,  0.022872],
            [-0.003723,  0.022381,  0.006312,  0.001272,  0.041237]])

In [44]: np.sort(R_array1,axis=1)            #按行对元素进行由小到大的排序
Out[44]:
array([[-0.016725, -0.012697, -0.010643,  0.022381,  0.041237],
       [-0.017901, -0.016656,  0.      ,  0.005657,  0.016311],
       [-0.003822,  0.001272,  0.001274,  0.003836,  0.022872],
       [-0.003723, -0.002091,  0.006312,  0.010477,  0.014949]])

In [45]: np.sort(R_array1)                   #按行对元素进行由小到大的排序（默认情况）
Out[45]:
array([[-0.016725, -0.012697, -0.010643,  0.022381,  0.041237],
       [-0.017901, -0.016656,  0.      ,  0.005657,  0.016311],
       [-0.003822,  0.001272,  0.001274,  0.003836,  0.022872],
       [-0.003723, -0.002091,  0.006312,  0.010477,  0.014949]])
```

2.3.4 合并

在 NumPy 中，要将若干个数组合并或者将它们拼接成一个新的数组，常见的方法是运用 append 或 concatenate 函数，当然这两个函数在运用时会存在差异，下面就结合示例进行讨论。

1. append 函数

在 NumPy 中，运用 append 函数可以将两个数组进行合并，但是如果希望一次能将 3 个或更多个数组进行合并，则无法直接运用 append 函数。此外，该函数有参数 axis=0 或者 axis=1 可以输入。其中，axis=0 代表按列对数组进行合并，axis=1 代表按行对数组进行合并，不输入参数则合并后的数组将是一维数组。

【例 2-18】 沿用例 2-1 中的信息，投资者希望用两个数组分别存放 2022 年 5 月 9 日至 13 日期间浦发银行、中信证券这两只股票的涨跌幅数据，然后将两个数组进行合并，具体的代码如下：

```
In [46]: R_spdb=np.array([-0.003822,0.003836,0.001274,0.001272,0.022872])   #浦发银行股票涨跌幅数据
    ...: R_citic=np.array([-0.003723,0.014949,0.006312,-0.002091,0.010477]) #中信证券股票涨跌幅数据

In [47]: R1_2stock=np.append([R_spdb],[R_citic],axis=0)      #按列合并
    ...: R1_2stock                                           #查看结果
Out[47]:
array([[-0.003822,  0.003836,  0.001274,  0.001272,  0.022872],
       [-0.003723,  0.014949,  0.006312, -0.002091,  0.010477]])

In [48]: R2_2stock=np.append([R_spdb],[R_citic],axis=1)      #按行合并
    ...: R2_2stock                                           #查看结果
Out[48]:
array([[-0.003822,  0.003836,  0.001274,  0.001272,  0.022872, -0.003723,
         0.014949,  0.006312, -0.002091,  0.010477]])
```

```
In [49]: R3_2stock=np.append([R_spdb],[R_citic])          #不输入参数
    ...: R3_2stock                                         #查看结果
Out[49]:
array([-0.003822,  0.003836,  0.001274,  0.001272,  0.022872, -0.003723,
        0.014949,  0.006312, -0.002091,  0.010477])
```

需要注意的是，运用 append 函数时，应当将合并的两个数组均放在方括号内，即存放在列表中。此外，按列合并时，两个数组的列数必须相同；按行合并时，两个数组的行数必须相同。

2. concatenate 函数

在 NumPy 中，concatenate 函数可以有效克服 append 函数只能合并两个数组的局限性，该函数也有参数 axis=0 或者 axis=1 可以输入。其中，axis=0 代表按列对数组进行合并，axis=1 代表按行对数组进行合并，如果不输入参数则默认为按列对数组进行合并。

【例 2-19】沿用例 2-1 中的信息，创建两个数组，它们分别用于存放 2022 年 5 月 9 日至 13 日期间长江电力、三一重工这两只股票的涨跌幅数据，并结合例 2-18 已经创建的存放了浦发银行、中信证券这两只股票涨跌幅数据的数组，将 4 个数组一次性合并为一个新数组，具体的代码如下：

```
In [50]: R_cypc=np.array([-0.016725,0.022381,-0.012697,-0.010643,0.041237])   #长江电力股票涨跌幅数据
    ...: R_sany=np.array([-0.016656,0.016311,0.000000,-0.017901,0.005657])    #三一重工股票涨跌幅数据

In [51]: R1_4stock=np.concatenate(([R_cypc],[R_sany],[R_spdb],[R_citic]),axis=0)  #按列合并
    ...: R1_4stock                                                                 #查看结果
Out[51]:
array([[-0.016725,  0.022381, -0.012697, -0.010643,  0.041237],
       [-0.016656,  0.016311,  0.      , -0.017901,  0.005657],
       [-0.003822,  0.003836,  0.001274,  0.001272,  0.022872],
       [-0.003723,  0.014949,  0.006312, -0.002091,  0.010477]])

In [52]: R2_4stock=np.concatenate(([R_cypc],[R_sany],[R_spdb],[R_citic]),axis=1)  #按行合并
    ...: R2_4stock                                                                 #查看结果
Out[52]:
array([[-0.016725,  0.022381, -0.012697, -0.010643,  0.041237, -0.016656,
         0.016311,  0.      , -0.017901,  0.005657, -0.003822,  0.003836,
         0.001274,  0.001272,  0.022872, -0.003723,  0.014949,  0.006312,
        -0.002091,  0.010477]])

In [53]: R3_4stock=np.concatenate(([R_cypc],[R_sany],[R_spdb],[R_citic]))   #不输入参数
    ...: R3_4stock                                                            #查看结果
Out[53]:
array([[-0.016725,  0.022381, -0.012697, -0.010643,  0.041237],
       [-0.016656,  0.016311,  0.      , -0.017901,  0.005657],
       [-0.003822,  0.003836,  0.001274,  0.001272,  0.022872],
       [-0.003723,  0.014949,  0.006312, -0.002091,  0.010477]])
```

需要注意的是，在运用 concatenate 函数进行数组合并时，每个数组也均应当存放在列表中，这一点与运用 append 函数时需要注意的是相同的。

2.4 数组的相关运算

数组的运算可以分为数组内部不同元素之间的运算、不同数组之间的运算以及矩阵的运算，下面依然以本章开头的例 2-1 作为示例依次进行讲解。

2.4.1 数组内的运算

假定投资者希望计算某一期间内股票的平均涨跌幅、累积涨跌幅、最大或者最小涨跌幅等指标，就会涉及数组内部元素之间的运算。在本节中，将会大量运用方法。在 NumPy 中，方法的代码格式如下：

```
数组名称.方法名称(参数)
```

当然，圆括号中的参数有时也可以不输入。第 2.2.1 节的例 2-6 运用的 ravel 就是方法。

1. 求和

针对数组内部元素的求和，可以运用 sum 方法，并且有参数 axis=0 或者 axis=1 可以输入。其中，axis=0 代表按列求和，axis=1 代表按行求和，如果不输入参数则默认对全部元素求和。

【例 2-20】沿用例 2-1、例 2-3 的信息，针对已创建的数组 R_array1，依次计算数组每列元素之和、每行元素之和以及全部元素之和，具体的代码如下：

```
In [54]: R_array1.sum(axis=0)                        #每列元素之和
Out[54]: array([-0.040926,  0.057477, -0.005111, -0.029363,  0.080243])

In [55]: R_array1.sum(axis=1)                        #每行元素之和
Out[55]: array([ 0.023553, -0.012589,  0.025432,  0.025924])

In [56]: R_array1.sum()                              #全部元素之和
Out[56]: 0.06231999999999999
```

2. 求乘积

针对数组内部元素求乘积，可以运用 prod 方法，prod 是乘积对应的英文单词 product 的缩写。同时，输入参数 axis=0 代表按列求乘积，axis=1 代表按行求乘积，如果不输入参数则默认将所有元素相乘求积。

【例 2-21】针对已创建的数组 R_array1，依次计算数组每列元素之积、每行元素之积以及全部元素之积，具体的代码如下：

```
In [57]: R_array1.prod(axis=0)                       #每列元素之积
Out[57]:
array([ 3.96388054e-09,  2.09339323e-08, -0.00000000e+00, -5.06736863e-10,
        5.59003243e-08])

In [58]: R_array1.prod(axis=1)                       #每行元素之积
Out[58]: array([-2.08592101e-09,  0.00000000e+00, -5.43412924e-13,  7.69596608e-12])
```

```
In [59]: R_array1.prod()                                    #全部元素之积
Out[59]: 0.0
```

注意，输出结果中的 e-08 代表 10^{-8}，e-09 代表 10^{-9}，以此类推。

3. 求最值

如果针对数组内部元素求最值，可以运用 max 方法求最大值，运用 min 方法求最小值。同时，输入参数 axis=0 代表按列求最值，axis=1 代表按行求最值，如果不输入参数则默认对所有元素求最值。

【例 2-22】针对已创建的数组 R_array1，依次对数组每列元素、每行元素以及全部元素求最大值和最小值，具体的代码如下：

```
In [60]: R_array1.max(axis=0)                               #求每列元素的最大值
Out[60]: array([-0.003723,  0.022381,  0.006312,  0.001272,  0.041237])

In [61]: R_array1.max(axis=1)                               #求每行元素的最大值
Out[61]: array([0.041237, 0.016311, 0.022872, 0.014949])

In [62]: R_array1.max()                                     #求全部元素的最大值
Out[62]: 0.041237

In [63]: R_array1.min(axis=0)                               #求每列元素的最小值
Out[63]: array([-0.016725,  0.003836, -0.012697, -0.017901,  0.005657])

In [64]: R_array1.min(axis=1)                               #求每行元素的最小值
Out[64]: array([-0.016725, -0.017901, -0.003822, -0.003723])

In [65]: R_array1.min()                                     #求全部元素的最小值
Out[65]: -0.017901
```

此外，如果用户希望找出最值在数组中的具体位置，可以分别运用 argmax 和 argmin 函数找出最大值、最小值的具体位置。同时，输入参数 axis=0 表示输出每列中最值的索引，axis=1 表示输出每行中最值的索引。如果不输入参数则情况略有些复杂，需要分两种情形：第 1 种情形是针对一维数组，直接给出最值的索引；第 2 种情形涉及多维数组，会将其先降维成一维数组再给出最值的索引。同时，如果数组包含多个相同的最值（比如有 2 个相同的最大值），则仅给出第 1 个最值所在的位置，不会给出其他最值的位置。

【例 2-23】针对已创建的数组 R_array1，依次找出数组每列最大值对应的索引值，每行最小值对应的索引值，以及全部元素的最大值和最小值对应的索引值，具体的代码如下：

```
In [66]: np.argmax(R_array1,axis=0)                         #每列最大值对应的索引值
Out[66]: array([3, 0, 3, 2, 0], dtype=int64)
```

以上输出的数组中，第 1 个元素 3 代表了第 1 列中的最大值是第 4 行的元素，第 2 个元素 0 代表了第 2 列中的最大值是第 1 行的元素，以此类推。

```
In [67]: np.argmin(R_array1,axis=1)                         #每行最小值对应的索引值
Out[67]: array([0, 3, 0, 0], dtype=int64)
```

以上输出的数组中，第 1 个元素 0 代表了第 1 行中的最小值是第 1 列的元素，第 2 个元素

3代表了第2行中的最小值是第4列的元素，以此类推。

```
In [68]: np.argmax(R_array1)                    #全部元素的最大值对应的索引值
Out[68]: 4

In [69]: np.argmin(R_array1)                    #全部元素的最小值对应的索引值
Out[69]: 8
```

以上输出的4代表了全部元素的最大值所在位置是二维数组 R_array1 降维成一维数组后的第5个元素，对应于二维数组 R_array1 的第1行第5列的元素；同样，输出的8代表了最小值所在的位置是降维后一维数组中的第9个元素，对应于二维数组 R_array1 的第2行第4列的元素。

4. 求平均值

对数组内部元素求算术平均值，需要运用 mean 方法。同时，输入参数 axis=0 代表按列求平均值，axis=1 代表按行求平均值，如果不输入参数则默认对所有元素求平均值。

【例2-24】针对已创建的数组 R_array1，依次对该数组每列元素、每行元素以及全部元素求算术平均值，具体的代码如下：

```
In [70]: R_array1.mean(axis=0)                  #求每列元素的平均值
Out[70]: array([-0.0102315 ,  0.01436925, -0.00127775, -0.00734075,  0.02006075])

In [71]: R_array1.mean(axis=1)                  #求每行元素的平均值
Out[71]: array([ 0.0047106, -0.0025178,  0.0050864,  0.0051848])

In [72]: R_array1.mean()                        #求全部元素的平均值
Out[72]: 0.003116
```

5. 求方差和标准差

对数组内部元素求方差和标准差，可以分别运用 var、std 方法。其中，var 是方差对应的英文单词 variance 的缩写，std 是标准差对应的英文 standard deviation 的缩写。同时，输入参数 axis=0 代表按列求方差或标准差，axis=1 代表按行求方差或标准差，如果不输入参数则默认对所有元素求方差或标准差。

【例2-25】针对已创建的数组 R_array1，依次对数组每列元素、每行元素以及全部元素求方差和标准差，具体的代码如下：

```
In [73]: R_array1.var(axis=0)                   #求每列元素的方差
Out[73]:
array([4.17205013e-05, 4.48109992e-05, 4.90369122e-05, 5.60407682e-05,
       1.88913242e-04])

In [74]: R_array1.var(axis=1)                   #求每行元素的方差
Out[74]: array([5.28932690e-04, 1.72844385e-04, 8.52669398e-05, 5.13807458e-05])

In [75]: R_array1.var()                         #求全部元素的方差
Out[75]: 0.0002202174054

In [76]: R_array1.std(axis=0)                   #求每列元素的标准差
Out[76]: array([0.00645914, 0.0066941 , 0.00700264, 0.00748604, 0.01374457])
```

```
In [77]: R_array1.std(axis=1)                    #求每行元素的标准差
Out[77]: array([0.02299854, 0.01314703, 0.00923401, 0.00716804])

In [78]: R_array1.std()                          #求全部元素的标准差
Out[78]: 0.014839723899048796
```

6. 幂运算

对数组内的每个元素进行开方、平方以及以 e 为底数的指数次方运算，需要分别运用函数 sqrt、square 和 exp。

【例 2-26】针对已创建的数组 R_array1，依次对数组中的每个元素进行开方、平方以及以 e 为底数的指数次方运算，具体的代码如下：

```
In [79]: np.sqrt(R_array1)                       #对每个元素进行开方运算
Out[79]:
array([[      nan, 0.14960281,        nan,        nan, 0.20306895],
       [      nan, 0.12771453, 0.        ,        nan, 0.07521303],
       [      nan, 0.06193545, 0.03569314, 0.03566511, 0.15123492],
       [      nan, 0.1222661 , 0.0794481 ,        nan, 0.10235722]])
```

注意，由于开方仅适用于非负数，因此，对负数的开方结果在代码输出中显示为 nan，它表示无解。

```
In [80]: np.square(R_array1)                     #对每个元素进行平方运算
Out[80]:
array([[2.79725625e-04, 5.00909161e-04, 1.61213809e-04, 1.13273449e-04,
        1.70049017e-03],
       [2.77422336e-04, 2.66048721e-04, 0.00000000e+00, 3.20445801e-04,
        3.20016490e-05],
       [1.46076840e-05, 1.47148960e-05, 1.62307600e-06, 1.61798400e-06,
        5.23128384e-04],
       [1.38607290e-05, 2.23472601e-04, 3.98413440e-05, 4.37228100e-06,
        1.09767529e-04]])

In [81]: np.exp(R_array1)                        #对每个元素进行以 e 为底数的指数次方运算
Out[81]:
array([[0.98341409, 1.02263333, 0.98738327, 0.98941344, 1.04209905],
       [0.98348194, 1.01644475, 1.        , 0.98225827, 1.005567303],
       [0.99618529, 1.00384337, 1.00127481, 1.00127281, 1.02313557],
       [0.99628392, 1.0150613 , 1.00633196, 0.99791118, 1.01053208]])
```

7. 对数运算

对数组内的每个元素计算自然对数、底数为 2 的对数、底数为 10 的对数，以及每个元素加上 1 后的自然对数，可以分别运用函数 log、log2、log10 和 log1p 实现。

【例 2-27】针对已创建的数组 R_array1，依次计算数组中每个元素的自然对数、底数为 2 的对数、底数为 10 的对数，以及每个元素加上 1 后的自然对数，具体的代码如下：

```
In [82]: np.log(R_array1)                        #计算每个元素的自然对数
Out[82]:
```

```
array([[       nan, -3.79954289,        nan,        nan, -3.18841937],
       [       nan, -4.11591555,       -inf,        nan, -5.17486156],
       [       nan, -5.56332512, -6.66559372, -6.66716481, -3.77784182],
       [       nan, -4.20311087, -5.0653027 ,        nan, -4.5585729 ]])

In [83]: np.log2(R_array1)                           #计算每个元素的底数为 2 的对数
Out[83]:
array([[       nan, -5.48158169,        nan,        nan, -4.59991681],
       [       nan, -5.93801096,       -inf,        nan, -7.46574711],
       [       nan, -8.02618156, -9.61641901, -9.61868561, -5.45027366],
       [       nan, -6.06380721, -7.30768708,        nan, -6.57663052]])

In [84]: np.log10(R_array1)                          #计算每个元素的底数为 10 的对数
Out[84]:
array([[       nan, -1.65012051,        nan,        nan, -1.38471294],
       [       nan, -1.78751941,       -inf,        nan, -2.24741382],
       [       nan, -2.4161214 , -2.89483057, -2.89551289, -1.64069586],
       [       nan, -1.82538786, -2.19983301,        nan, -1.97976306]])
```

注意，由于对数运算仅适用于正数，因此，负数的对数在输出代码中显示为 nan，表示无解；0 的对数在输出代码中显示为 -inf，表示负的无穷大，也就意味着超出了计算机可以表示的浮点数的最小范围，inf 是无穷大对应的英文单词 infinity 的缩写。

```
In [85]: np.log1p(R_array1)                          #计算(1+每个元素)的自然对数
Out[85]:
array([[-0.01686644,  0.02213422, -0.0127783 , -0.01070004,  0.04040943],
       [-0.01679627,  0.0161794 ,  0.        , -0.01806316,  0.00564106],
       [-0.00382932,  0.00382866,  0.00127319,  0.00127119,  0.02261436],
       [-0.00372995,  0.01483836,  0.00629216, -0.00209319,  0.0104225 ]])
```

2.4.2 数组之间的运算

1. 运算规则

数组间的运算需要运用第 2.1 节提到的广播机制，涉及加（+）、减（-）、乘（*）、除（/）、幂（**或 pow 函数）等运算，并且是针对数组内的全部元素进行运算。需要注意的是，数组间的运算（广播机制）应当遵循以下两个规则。

第一，针对相同维度数组之间的运算，不同数组的形状应当相同。比如，若干个一维数组之间的运算，这些一维数组应当具有相同的元素数量；若干个二维数组之间的运算，每个二维数组需要有相同的行数与相同的列数。

第二，二维数组与一维数组之间的运算，一维数组的元素个数应当等于二维数组的列数。

【例 2-28】针对例 2-3 创建的数组 R_array1 和例 2-11 创建的元素全部为 1 的数组 R_one，进行数组间的加法、减法运算，然后在两个新的二维数组之间开展乘法、除法和幂运算；此外，开展二维数组与一维数组之间的加法运算。具体的代码如下：

```
In [86]: new_array1=R_array1+R_one                   #两个二维数组相加
   ...: new_array1                                   #查看结果
Out[86]:
array([[0.983275, 1.022381, 0.987303, 0.989357, 1.041237],
```

```
          [0.983344, 1.016311, 1.      , 0.982099, 1.005657],
          [0.996178, 1.003836, 1.001274, 1.001272, 1.022872],
          [0.996277, 1.014949, 1.006312, 0.997909, 1.010477]])

In [87]: new_array2=R_array1-R_one                    #两个二维数组相减
    ...: new_array2                                   #查看结果
Out[87]:
array([[-1.016725, -0.977619, -1.012697, -1.010643, -0.958763],
       [-1.016656, -0.983689, -1.      , -1.017901, -0.994343],
       [-1.003822, -0.996164, -0.998726, -0.998728, -0.977128],
       [-1.003723, -0.985051, -0.993688, -1.002091, -0.989523]])

In [88]: new_array3=new_array1*new_array2             #两个新的二维数组相乘
    ...: new_array3                                   #查看结果
Out[88]:
array([[-0.99972027, -0.99949909, -0.99983879, -0.99988673, -0.99829951],
       [-0.99972258, -0.99973395, -1.        , -0.99967955, -0.999968  ],
       [-0.99998539, -0.99998529, -0.99999838, -0.99999838, -0.99947687],
       [-0.99998614, -0.99977653, -0.99996016, -0.99999563, -0.99989023]])

In [89]: new_array4=new_array1/new_array2             #两个新的二维数组相除
    ...: new_array4                                   #查看结果
Out[89]:
array([[-0.96710025, -1.04578675, -0.97492439, -0.97893816, -1.08602126],
       [-0.96723375, -1.03316292, -1.        , -0.96482762, -1.01137837],
       [-0.9923851 , -1.00770154, -1.00255125, -1.00254724, -1.04681475],
       [-0.99258162, -1.03035173, -1.01270419, -0.99582673, -1.02117586]])

In [90]: new_array5=new_array1**new_array2            #两个新的二维数组进行幂运算
    ...: new_array5                                   #查看结果
Out[90]:
array([[1.01729641, 0.97859361, 1.01302463, 1.0108726 , 0.96199785],
       [1.01722266, 0.98421048, 1.        , 1.01855658, 0.99440655],
       [1.00385136, 0.99619329, 0.99872924, 0.99873123, 0.97814523],
       [1.00375085, 0.98548976, 0.99376706, 1.00209977, 0.9897397 ]])

In [91]: new_array6=pow(new_array1,new_array2)        #两个数组之间进行幂运算并运用pow函数实现
    ...: new_array6                                   #查看结果
Out[91]:
array([[1.01729641, 0.97859361, 1.01302463, 1.0108726 , 0.96199785],
       [1.01722266, 0.98421048, 1.        , 1.01855658, 0.99440655],
       [1.00385136, 0.99619329, 0.99872924, 0.99873123, 0.97814523],
       [1.00375085, 0.98548976, 0.99376706, 1.00209977, 0.9897397 ]])

In [92]: new_array7=new_array6+np.array([1,2,3,4,5])  #二维数组与一维数组相加
    ...: new_array7                                   #查看结果
Out[92]:
array([[2.01729641, 2.97859361, 4.01302463, 5.0108726 , 5.96199785],
       [2.01722266, 2.98421048, 4.        , 5.01855658, 5.99440655],
       [2.00385136, 2.99619329, 3.99872924, 4.99873123, 5.97814523],
       [2.00375085, 2.98548976, 3.99376706, 5.00209977, 5.9897397 ]])
```

从以上的输出结果可以看到,当二维数组与一维数组相加时,一维数组的第1个元素均与

二维数组的第 1 列元素相加，一维数组的第 2 个元素均与二维数组的第 2 列元素相加，依次类推。这样的运算规则也适用于二维数组与一维数组之间的其他运算。

2. 数组与标量的运算

数组可以与一个**标量**（scalar，也就是一个单独的数）进行运算，运算规则是该标量与数组中的每个元素进行运算，并且运算结果依然是数组。

【例 2-29】针对例 2-3 创建的数组 R_array1，将该数组的每个元素依次加上 0.2、减去 0.3、乘 1.5、除以 0.5 以及进行平方运算，具体的代码如下：

```
In [93]: new_array8=R_array1+0.2          #数组的每个元素均加上0.2
    ...: new_array8                       #查看结果
Out[93]:
array([[0.183275, 0.222381, 0.187303, 0.189357, 0.241237],
       [0.183344, 0.216311, 0.2     , 0.182099, 0.205657],
       [0.196178, 0.203836, 0.201274, 0.201272, 0.222872],
       [0.196277, 0.214949, 0.206312, 0.197909, 0.210477]])

In [94]: new_array9=R_array1-0.3          #数组的每个元素均减去0.3
    ...: new_array9                       #查看结果
Out[94]:
array([[-0.316725, -0.277619, -0.312697, -0.310643, -0.258763],
       [-0.316656, -0.283689, -0.3     , -0.317901, -0.294343],
       [-0.303822, -0.296164, -0.298726, -0.298728, -0.277128],
       [-0.303723, -0.285051, -0.293688, -0.302091, -0.289523]])

In [95]: new_array10=R_array1*1.5         #数组的每个元素均乘1.5
    ...: new_array10                      #查看结果
Out[95]:
array([[-0.0250875,  0.0335715, -0.0190455, -0.0159645,  0.0618555],
       [-0.024984 ,  0.0244665,  0.       , -0.0268515,  0.0084855],
       [-0.005733 ,  0.005754 ,  0.001911 ,  0.001908 ,  0.034308 ],
       [-0.0055845,  0.0224235,  0.009468 , -0.0031365,  0.0157155]])

In [96]: new_array11=R_array1/0.5         #数组的每个元素均除以0.5
    ...: new_array11                      #查看结果
Out[96]:
array([[-0.03345 ,  0.044762, -0.025394, -0.021286,  0.082474],
       [-0.033312,  0.032622,  0.      , -0.035802,  0.011314],
       [-0.007644,  0.007672,  0.002548,  0.002544,  0.045744],
       [-0.007446,  0.029898,  0.012624, -0.004182,  0.020954]])

In [97]: new_array12=R_array1**2          #数组的每个元素均进行平方运算
    ...: new_array12                      #查看结果
Out[97]:
array([[2.79725625e-04, 5.00909161e-04, 1.61213809e-04, 1.13273449e-04,
        1.70049017e-03],
       [2.77422336e-04, 2.66048721e-04, 0.00000000e+00, 3.20445801e-04,
        3.20016490e-05],
       [1.46076840e-05, 1.47148960e-05, 1.62307600e-06, 1.61798400e-06,
        5.23128384e-04],
       [1.38607290e-05, 2.23472601e-05, 3.98413440e-05, 4.37228100e-06,
```

```
                    1.09767529e-04]])

In [98]: new_array13=pow(R_array1,2)          #数组的每个元素均进行平方运算并运用pow函数实现
    ...: new_array13                           #查看结果
Out[98]:
array([[2.79725625e-04, 5.00909161e-04, 1.61213809e-04, 1.13273449e-04,
        1.70049017e-03],
       [2.77422336e-04, 2.66048721e-04, 0.00000000e+00, 3.20445801e-04,
        3.20016490e-05],
       [1.46076840e-05, 1.47148960e-05, 1.62307600e-06, 1.61798400e-06,
        5.23128384e-04],
       [1.38607290e-05, 2.23472601e-04, 3.98413440e-05, 4.37228100e-06,
        1.09767529e-04]])
```

3. 创建包含最值元素的数组

在金融分析（例如期权的到期收益分析）中，经常会要求比较两个或者更多个形状相同的数组中，对应位置元素的大小，并且由此创建包含最大值元素或者最小值元素的新数组，这时就需要运用 maximum、minimum 函数。

【例 2-30】针对例 2-3 创建的数组 R_array1 以及例 2-10 创建的零元素数组 R_zero，依次创建由这两个数组之间对应元素的最大值、最小值作为元素的两个新数组，具体的代码如下：

```
In [99]: R_max=np.maximum(R_array1,R_zero)    #创建新数组，其元素为两个数组之间对应元素的最大值
    ...: R_max                                 #查看结果
Out[99]:
array([[0.      , 0.022381, 0.      , 0.      , 0.041237],
       [0.      , 0.016311, 0.      , 0.      , 0.005657],
       [0.      , 0.003836, 0.001274, 0.001272, 0.022872],
       [0.      , 0.014949, 0.006312, 0.      , 0.010477]])

In [100]: R_min=np.minimum(R_array1,R_zero)   #创建新数组，其元素为两个数组之间对应元素的最小值
     ...: R_min                                #查看结果
Out[100]:
array([[-0.016725, 0.      , -0.012697, -0.010643, 0.       ],
       [-0.016656, 0.      , 0.       , -0.017901, 0.       ],
       [-0.003822, 0.      , 0.       , 0.       , 0.       ],
       [-0.003723, 0.      , 0.       , -0.002091, 0.       ]])
```

从以上的输出结果可以看到，新数组 R_max 中每个元素均是大于或等于 0 的元素，新数组 R_min 中每个元素则是小于或等于 0 的元素。

2.4.3 数组的矩阵运算

为了提升海量金融数据的分析和处理效率，金融领域需要运用矩阵的各类运算，而 NumPy 的一个强大功能就是将数组看作矩阵进行运算，这也是 NumPy 广泛运用于金融场景的重要原因。

1. 协方差矩阵与相关系数矩阵

在金融分析中，经常需要考察不同金融资产收益率之间是否存在相关性，这就会涉及**协方**

差（covariance）和**相关系数**（correlation coefficient）这两个重要的统计指标。在 NumPy 中，可以运用 cov、corrcoef 函数分别计算得到协方差矩阵和相关系数矩阵。

【例 2-31】针对例 2-3 创建的数组 R_array1，分别计算 4 只股票涨跌幅的协方差矩阵以及相关系数矩阵，具体的代码如下：

```
In [101]: R_cov=np.cov(R_array1)              #计算协方差矩阵
    ...: R_cov                                #查看结果
Out[101]:
array([[6.61165863e-04, 2.81681972e-04, 2.35858819e-04, 1.62218562e-04],
       [2.81681972e-04, 2.16055481e-04, 7.42194374e-05, 1.16953564e-04],
       [2.35858819e-04, 7.42194374e-05, 1.06583675e-04, 4.61813791e-05],
       [1.62218562e-04, 1.16953564e-04, 4.61813791e-05, 6.42259322e-05]])

In [102]: R_corr=np.corrcoef(R_array1)        #计算相关系数矩阵
    ...: R_corr                               #查看结果
Out[102]:
array([[1.        , 0.74528297, 0.88848799, 0.78720914],
       [0.74528297, 1.        , 0.489091  , 0.99283164],
       [0.88848799, 0.489091  , 1.        , 0.55816981],
       [0.78720914, 0.99283164, 0.55816981, 1.        ]])
```

通过观察以上的输出结果可以发现，相比协方差矩阵，相关系数矩阵能够给出更有价值的信息。相关系数越接近于 1，说明两只股票涨跌幅的相关性越高；相关系数越接近于 0，表明相关性越低。

2. 矩阵的转置

在矩阵的运算中，经常会遇到矩阵的**转置**（transpose），也就是将一个矩阵的行与列进行对调，比如，将一个 $m×n$ 的矩阵转置以后便得到一个 $n×m$ 的矩阵。在 NumPy 中，可以通过 transpose 函数或者 T 属性实现转置。

【例 2-32】针对例 2-3 创建的数组 R_array1，通过两种不同的方式实现转置，具体的代码如下：

```
In [103]: np.transpose(R_array1)              #将矩阵进行转置（方式1：通过transpose函数实现）
Out[103]:
array([[-0.016725, -0.016656, -0.003822, -0.003723],
       [ 0.022381,  0.016311,  0.003836,  0.014949],
       [-0.012697,  0.      ,  0.001274,  0.006312],
       [-0.010643, -0.017901,  0.001272, -0.002091],
       [ 0.041237,  0.005657,  0.022872,  0.010477]])

In [104]: R_array1.T                          #将矩阵进行转置（方式2：通过T属性实现）
Out[104]:
array([[-0.016725, -0.016656, -0.003822, -0.003723],
       [ 0.022381,  0.016311,  0.003836,  0.014949],
       [-0.012697,  0.      ,  0.001274,  0.006312],
       [-0.010643, -0.017901,  0.001272, -0.002091],
       [ 0.041237,  0.005657,  0.022872,  0.010477]])
```

通过以上的代码输出可以看到，两种方式得到的矩阵转置结果相同。考虑到代码的简洁性，用户通常会更偏向于运用 T 属性实现转置（例 2-32 的方式 2）。

3. 矩阵的性质

在金融场景中，也会用到矩阵的对角线、迹、上三角以及下三角等性质。表 2-3 将例 2-31 求出的相关系数矩阵数组 R_corr 作为示例，探讨运用 NumPy 计算矩阵的部分性质。

表 2-3 运用 NumPy 计算矩阵的部分性质及示例

函数名称	函数功能	Python 的代码示例
diag	计算矩阵的对角线 （diag 为对角线对应的英文 diagonal 的缩写）	`In [105]: np.diag(R_corr)` `Out[105]: array([1., 1., 1., 1.])`
trace	计算矩阵的迹 （一个矩阵对角线上各元素的总和）	`In [106]: np.trace(R_corr)` `Out[106]: 4.0`

tril	计算矩阵的下三角
	（tril 可以理解为下三角对应的英文 lower triangular）
		`In [107]: np.tril(R_corr)`
		`Out[107]:`
		`array([[1.        , 0.        , 0.        , 0.        ],`
		`       [0.74528297, 1.        , 0.        , 0.        ],`
		`       [0.88848799, 0.489091  , 1.        , 0.        ],`
		`       [0.78720914, 0.99283164, 0.55816981, 1.        ]])`

triu	计算矩阵的上三角
	（triu 可以理解为上三角对应的英文 upper triangular）
		`In [108]: np.triu(R_corr)`
		`Out[108]:`
		`array([[1.        , 0.74528297, 0.88848799, 0.78720914],`
		`       [0.        , 1.        , 0.489091  , 0.99283164],`
		`       [0.        , 0.        , 1.        , 0.55816981],`
		`       [0.        , 0.        , 0.        , 1.        ]])`

4. 矩阵乘法

前面讨论的矩阵运算针对的是单一矩阵，如果是多个矩阵之间的矩阵运算则往往会涉及矩阵乘法，在金融场景中计算投资组合的收益状况正是一个很典型的矩阵乘法运算示例。在 NumPy 中，矩阵乘法的实现需运用 dot 函数，并且需要满足以下 4 个矩阵乘法规则。

第一，两个一维数组进行矩阵乘法运算，也就是求向量之间的**点积**（dot product）时，要求这两个一维数组的元素数量必须相同，计算的结果也称为**矩阵乘积**（matrix product），它是一个标量。

第二，一维数组与二维数组进行矩阵乘法运算时，一维数组的元素数量必须等于二维数组的行数，这里设一维数组的元素数量是 m，二维数组的形状是 $m×n$，矩阵乘积是元素数量为 n 的一维数组。

第三，二维数组与一维数组进行矩阵乘法运算时，二维数组的列数必须等于一维数组的元素数量，这里同样设二维数组的形状是 $m×n$，一维数组的元素数量是 n，矩阵乘积则是元素数量为 m 的一维数组。

第四，两个二维数组进行矩阵乘法运算时，第 1 个二维数组的列数必须等于第 2 个二维数组的行数，假定第 1 个二维数组的形状设为 $m×n$，第 2 个二维数组的形状是 $n×h$，矩阵乘积是一个形状为 $m×h$ 的二维数组。

以上的矩阵乘法规则也适用于第 6.2.3 节针对张量的矩阵乘法运算。

【例 2-33】沿用例 2-1 中的信息，按照每只股票在投资组合中的配置权重以及每日涨跌幅计算出投资组合每个交易日的收益率，这就相当于让例 2-2 创建的数组 W_array1 与例 2-3 创建的数组 R_array1 进行矩阵乘法运算，可以采用两种方式进行计算，具体的代码如下：

```
In [109]: R1_daily=np.dot(W_array1,R_array1)    #计算投资组合每日的收益率（方式1）
     ...: R1_daily                              #查看结果
Out[109]: array([-0.00828615,  0.0126988 ,  0.0013217 , -0.0058898 ,  0.0160665 ])

In [110]: R2_daily=np.dot(R_array1.T, W_array1) #计算投资组合每日的收益率（方式2）
     ...: R2_daily                              #查看结果
Out[110]: array([-0.00828615,  0.0126988 ,  0.0013217 , -0.0058898 ,  0.0160665 ])
```

通过以上的代码可以看到，方式 1 是一维数组与二维数组的矩阵乘法，方式 2 则是二维数组与一维数组的矩阵乘法。需要注意的是，在方式 2 中由于二维数组 R_array1 放在一维数组之前，因此 R_array1 需要进行转置才能满足矩阵乘法规则。此外，使用这两种方式得到的结果是完全相同的。

5. linalg 子模块

NumPy 拥有一个重要的子模块 linalg，这是一个专门用于包括矩阵运算在内的线性代数工具包。为了能够方便地调用该子模块的函数，直接导入该子模块，具体的代码如下：

```
In [24]: import numpy.linalg as npl    #导入NumPy的子模块linalg并缩写为npl
```

表 2-4 梳理了子模块 linalg 的主要函数并且以例 2-31 得到的相关系数矩阵数组 R_corr 作为示例讨论 linalg 子模块的主要函数。

表 2-4 linalg 子模块的主要函数及示例

函数名	函数功能	Python 的代码示例
det	计算矩阵的行列式（det 可以理解为行列式对应的英文 determinant）	`In [111]: npl.det(R_corr)` `Out[111]: 0.00046291366639437417`

inv	计算逆矩阵（inv 可以理解为逆矩阵对应的英文 inverse matrix）	`In [112]: npl.inv(R_corr)`
		`Out[112]:`
		`array([[  12.09640947,   -9.17408237,   -8.75801411,    4.4743742 ],`
		`       [  -9.17408237,  129.90354794,   18.26405081, -131.94487233],`
		`       [  -8.75801411,   18.26405081,    8.8920963 ,  -16.20203842],`
		`       [   4.4743742 , -131.94487233,  -16.20203842,  137.52026391]])`
		
		`In [113]: I=np.dot(npl.inv(R_corr),R_corr) #原矩阵与逆矩阵的矩阵乘法`
		
		`In [114]: I.round(0)                       #不显示小数点后的小数位数据`
		`Out[114]:`
		`array([[ 1.,  0.,  0.,  0.],`
		`       [ 0.,  1.,  0.,  0.],`
		`       [ 0.,  0.,  1.,  0.],`
		`       [-0.,  0., -0.,  1.]])`
		
		从以上输出结果可以看到，原矩阵与逆矩阵的矩阵乘积是一个单位矩阵

函数名	函数功能	Python 的代码示例
eig	计算特征值分解（eig 可以理解为特征值对应的英文 eigenvalue）	```
In [115]: npl.eig(R_corr)
Out[115]:
(array([3.24184273, 0.69964904, 0.05478274, 0.0037255]),
 array([[-0.52678914, -0.30723287, 0.79149222, 0.04051216],
        [-0.50266205, 0.50511814, -0.10296255, -0.69396343],
        [-0.4476726 , -0.68992483, -0.56091582, -0.09469115],
        [-0.51905039, 0.4176929 , -0.21980043, 0.71260586]]))
```
在以上的输出结果中，第 1 个数组代表特征值，第 2 个数组代表特征向量，需要注意的是只有方阵（即 $m \times m$ 矩阵）才可以实施特征值分解 |
| svd | 计算奇异值分解（svd 可以理解为奇异值分解对应的英文 singular value decomposition） | ```
In [116]: npl.svd(R_corr)        #矩阵的奇异值分解
Out[116]:
(array([[-0.52678914,  0.30723287,  0.79149222,  0.04051216],
        [-0.50266205, -0.50511814, -0.10296255, -0.69396343],
        [-0.4476726 ,  0.68992483, -0.56091582, -0.09469115],
        [-0.51905039, -0.4176929 , -0.21980043,  0.71260586]]),
 array([3.24184273, 0.69964904, 0.05478274, 0.0037255 ]),
 array([[-0.52678914, -0.50266205, -0.4476726 , -0.51905039],
        [ 0.30723287, -0.50511814,  0.68992483, -0.4176929 ],
        [ 0.79149222, -0.10296255, -0.56091582, -0.21980043],
        [ 0.04051216, -0.69396343, -0.09469115, 0.71260586]]))
```
在以上的输出结果中，第 1 个和第 3 个数组代表酉矩阵（unitary matrix），第 2 个数组代表奇异值 |

2.5 基于统计分布的随机抽样

在金融产品定价、风险管理建模等领域，需要大量运用模拟，而模拟的核心就是针对金融变量生成随机数，也就是随机抽样。一般而言，随机数并非真正随机获得，它来自某种统计分布。NumPy 提供了基于各种统计分布函数的随机数，使用它们可以很方便地根据需要开展随机抽样。因此，本节聚焦金融领域比较常用的统计分布并且演示随机抽样的编程。

2.5.1 常用的统计分布

在金融场景中，常用的统计分布包括二项分布、几何分布、超几何分布、泊松分布等离散型概率分布，以及均匀分布、正态分布、对数正态分布、卡方分布、学生 t 分布、F 分布、贝塔分布、伽马分布与指数分布等连续型概率分布。下面就概要性地介绍这些分布涉及的数学表达式。

1. 二项分布

二项分布（binomial distribution）表示重复 n 次的**伯努利试验**（bernoulli trials），如果用 X 表示随机试验的结果，事件发生的概率是 p，不发生的概率是 $1-p$，n 次独立重复试验中发生 k

次事件的概率表达如下：

$$P(X=k)=C_n^k p^k (1-p)^{n-k} \qquad （式2-1）$$

其中，$C_n^k = \dfrac{n!}{k!(n-k)!}$。这时称 X 服从二项分布，记作 $X \sim B(n,p)$。

二项分布的期望值 $E(X)=np$，方差 $D(X)=np(1-p)$。

二项分布在保险领域有广泛的运用，比如保险的赔付概率就可以假定是服从二项分布的。

2. 几何分布

几何分布（geometric distribution）是二项分布的一种延伸，表示在 n 次伯努利试验中，试验 k 次才取得第 1 次成功的概率，也就是之前的 $k-1$ 次试验均失败、到第 k 次试验才成功的概率。

假定开展的试验次数用 X 表示，并且在试验中，成功的概率是 p，失败的概率是 $1-p$，则 $X=k$ 的概率可以表示如下：

$$P(X=k) = (1-p)^{k-1} p \qquad （式2-2）$$

这时称 X 服从几何分布，记为 $X \sim GE(p)$。几何分布的期望值 $E(X) = (1-p)/p$，方差 $D(X) = (1-p)/p^2$。

在保险精算领域，几何分布有着广泛的应用，比如保险的索赔间隔时间就可以假设服从几何分布。

3. 超几何分布

超几何分布（hypergeometric distribution）源于产品抽样检查中遇到的一类实际问题。假定在拟检查的 N 件产品中，有 N_1 件不合格产品，则有 $N-N_1$ 件合格产品。同时假定在产品中随机抽取 n 件做检查，发现的不合格产品数量用 X 表示，不合格产品数量等于 k 的概率可以写成如下表达式：

$$P(X=k) = \dfrac{C_{N_1}^k C_{N-N_1}^{n-k}}{C_N^n} \qquad （式2-3）$$

这时称 X 服从超几何分布，记为 $X \sim H(n, N_1, N)$，决定超几何分布的参数是 n、N_1 和 N。

超几何分布的期望值 $E(X)=nN_1/N$，方差 $D(X)=nN_1(N-N_1)(N-n)/[N^2(N-1)]$。

此外，当 N 趋近于正无穷大（$N \to +\infty$）时，超几何分布就近似为二项分布。

4. 泊松分布

泊松分布（Poisson distribution）是一种常用的离散型概率分布，适用于描述单位时间内随机事件发生的次数，由法国数学家西梅翁·德尼·泊松（Siméon-Denis Poisson）在 1838 年提出，因此该分布就以这位数学家的名字命名。

假定随机事件发生的次数用 X 表示，则发生次数等于 k 的概率表达如下：

$$P(X=k) = \dfrac{\lambda^k}{k!} e^{-\lambda} \qquad （式2-4）$$

泊松分布的参数 λ 是单位时间内随机事件的平均发生次数。此外，泊松分布的期望和方差

均为 λ。

泊松分布在金融风险管理领域有着较多的用途，比如在测度金融机构的操作风险时，可以假定损失频率服从泊松分布。

5. 均匀分布

均匀分布（uniform distribution），也称为**矩形分布**，是一种对称概率分布，也就是说这种分布在相同长度间隔的分布概率是相等的。

假设变量 x 服从均匀分布，概率密度函数的表达式如下：

$$f(x)=\frac{1}{b-a} \quad a<x<b \qquad （式2-5）$$

需要注意，均匀分布由两个参数 a 和 b 定义，a 与 b 分别代表最小值与最大值。均匀分布的期望值 $E(x)=(a+b)/2$，方差 $D(x)=(b-a)^2/12$。

均匀分布在金融产品的定价领域发挥了重要的作用，比如在衍生产品定价、信用风险管理方面会涉及 copula 函数，该函数的边缘分布就服从 0 到 1 的均匀分布。

6. 正态分布

正态分布（normal distribution）是最常见的一种连续型概率分布，由于德国数学家约翰·卡尔·弗里德里希·高斯（Johann Carl Friedrich Gauss）对该分布做出了突出的贡献，因此该分布又名**高斯分布**（Gaussian distribution）。正态分布也是金融领域运用最广泛的一种分布，虽然长期备受争议，但至今依然是金融产品定价和风险管理建模的基准分布。

假设 x 服从正态分布，概率密度函数就有如下公式：

$$f(x)=\frac{1}{\sqrt{2\pi}\sigma}e^{-\frac{(x-\mu)^2}{2\sigma^2}} \qquad （式2-6）$$

其中，μ 是变量的期望值（也称平均值），σ 是变量的标准差，σ^2 是变量的方差，正态分布通常记为 $x \sim N(\mu,\sigma^2)$。

如果期望值 $\mu=0$ 并且方差 $\sigma^2=1$，此时的正态分布就称为**标准正态分布**（standard normal distribution），记为 $x \sim N(0,1)$。

7. 对数正态分布

对数正态分布（logarithmic normal distribution）与正态分布相关，当一个随机变量的自然对数服从正态分布时，该随机变量服从对数正态分布。

假设 x 服从对数正态分布，并且 x 的自然对数 $\ln x$ 服从期望值为 μ、方差为 σ^2 的正态分布，则对数正态分布的概率密度函数就有如下表达式：

$$f(x)=\begin{cases}\frac{1}{\sqrt{2\pi}x\sigma}e^{-\frac{(\ln x-\mu)^2}{2\sigma^2}} & x>0\\ 0 & x\leq 0\end{cases} \qquad （式2-7）$$

对数正态分布通常记为 $\ln x \sim N(\mu,\sigma^2)$。对数正态分布的期望值 $E(x)=e^{\mu+\sigma^2/2}$，方差 $D(x)=(e^{\sigma^2}-1)e^{2\mu+\sigma^2}$。

对数正态分布和正态分布一样，在金融领域运用非常广泛，比如，股票价格通常就假设服从对数正态分布。

8. 卡方分布

卡方分布（chi-square distribution）是指由 k 个独立的、服从标准正态分布的随机变量之和构造的分布。这里的 k 是卡方分布的自由度并且取正整数，同时 k 也是卡方分布唯一的参数。

假设 x 服从卡方分布，则概率密度函数就有以下表达式：

$$f(x) = \begin{cases} \dfrac{x^{\left(\frac{k}{2}-1\right)} e^{-x/2}}{2^{k/2}\Gamma\left(\dfrac{k}{2}\right)} & x > 0 \\ 0 & x \leq 0 \end{cases} \quad （式2-8）$$

注意，上式中的 $\Gamma\left(\dfrac{k}{2}\right)$ 代表一个**伽马函数**（也可写为 **Γ 函数**），该函数在接下来讲到的学生 t 分布、F 分布、贝塔分布以及伽马分布中也会用到，函数具体的表达式如下：

$$\Gamma(\alpha) = \int_{0}^{+\infty} x^{\alpha-1} e^{-x} dx \quad a > 0 \quad （式2-9）$$

卡方分布记为 $x \sim \chi^2(k)$。卡方分布在保险领域的应用也很广泛，比如保险公司的保单索赔金额通常假设服从卡方分布；并且，卡方分布也是下面将要讨论 F 分布的基础。

9. 学生氏分布

假设 Y 服从标准正态分布 $N(0,1)$，Z 服从自由度为 n 的卡方分布 $\chi^2(n)$，设定变量 x，它满足以下等式：

$$x = \dfrac{Y}{\sqrt{Z/n}} \quad （式2-10）$$

x 的分布称为服从自由度为 n 的**学生氏分布**（student t-distribution，简称 **t 分布**），并且记为 $x \sim t(n)$。

当 x 服从 t 分布时，概率密度函数有如下等式：

$$f(x) = \dfrac{\Gamma\left(\dfrac{n+1}{2}\right)}{\sqrt{n\pi}\,\Gamma\left(\dfrac{n}{2}\right)} \left(1 + \dfrac{x^2}{n}\right)^{-\frac{n+1}{2}} \quad （式2-11）$$

此外，随着自由度 n 逐渐增大，t 分布将逐渐接近标准正态分布。

t 分布有着非常广泛的应用，尤其是在置信区间估计、显著性检验等方面发挥着不可替代的作用；此外，在测度风险价值的蒙特卡罗模拟法中，t 分布也占有一席之地。

10. F 分布

假定两个随机变量 y_1 和 y_2 相互独立，并且分别服从自由度是 n_1 和 n_2 的卡方分布，即 $y_1 \sim \chi^2(n_1)$ 和 $y_2 \sim \chi^2(n_2)$。

同时，假定有变量 x 满足以下等式：

$$x = \frac{y_1/n_1}{y_2/n_2} \quad \text{（式 2-12）}$$

变量 x 就服从自由度为 n_1 和 n_2 的 **F 分布**（F-distribution），记为 $x \sim F(n_1, n_2)$。

当 x 服从 F 分布时，概率密度函数有如下表达式：

$$f(x) = \begin{cases} \dfrac{\Gamma\left(\dfrac{n_1+n_2}{2}\right)}{\Gamma\left(\dfrac{n_1}{2}\right)\Gamma\left(\dfrac{n_2}{2}\right)}\left(\dfrac{n_1}{n_2}\right)^{\frac{n_1}{2}} x^{\frac{n_1}{2}-1}\left(1+\dfrac{n_1}{n_2}x\right)^{-\frac{n_1+n_2}{2}} & x > 0 \\ 0 & x \leqslant 0 \end{cases} \quad \text{（式 2-13）}$$

F 分布也有着广泛的应用，比如在方差分析、回归方程的显著性检验中它就扮演了重要的角色。

11. 贝塔分布

贝塔分布（beta-distribution），也称 **B 分布**，是指一种定义在 $(0,1)$ 区间的连续型概率分布，有两个参数 $\alpha > 0, \beta > 0$。

假设 x 服从贝塔分布，概率密度函数的表达式如下：

$$f(x) = \frac{\Gamma(\alpha+\beta)}{\Gamma(\alpha)\Gamma(\beta)} x^{\alpha-1}(1-x)^{\beta-1} \quad \text{（式 2-14）}$$

注意，在（式 2-14）中，$0 < x < 1$。贝塔分布记作 $x \sim Be(\alpha, \beta)$。贝塔分布的期望值 $E(x) = \alpha/(\alpha+\beta)$，方差 $D(x) = \alpha\beta/[(\alpha+\beta)^2(\alpha+\beta+1)]$。

贝塔分布在风险管理中应用比较广泛，比如可以用于刻画银行贷款的违约回收率。

12. 伽马分布与指数分布

伽马分布（gamma distribution），也称 **Γ 分布**，是一种连续型概率函数，指数分布和卡方分布都是伽马分布的特例。伽马分布中有两个重要的参数，分别是 α 和 β，α 称为**形状参数**（shape parameter），β 称为**尺度参数**（scale parameter）。

假设 x 服从伽马分布，概率密度函数有以下表达式：

$$f(x) = \begin{cases} \dfrac{\beta^\alpha}{\Gamma(\alpha)} x^{\alpha-1} e^{-\beta x} & x > 0 \\ 0 & x \leqslant 0 \end{cases} \quad \text{（式 2-15）}$$

伽马分布的期望值 $E(x) = \alpha\beta^{-1}$，方差 $D(x) = \alpha\beta^{-2}$。

此外，当形状参数 $\alpha = 1$ 时，伽马分布就是**指数分布**（exponential distribution）。如果 x 服从指数分布，则概率密度函数的表达式如下：

$$f(x) = \begin{cases} \beta e^{-\beta x} & x > 0 \\ 0 & x \leqslant 0 \end{cases} \quad \text{（式 2-16）}$$

指数分布的期望值 $E(x) = \beta^{-1}$，方差 $D(x) = \beta^{-2}$。

伽马分布和指数分布在风险管理中也有应用，比如它们可以用于刻画银行贷款违约金额等。

2.5.2 主要函数与参数

NumPy 的 random 子模块是一个用于开展随机抽样的且功能强大的工具包,针对第 2.5.1 节探讨的统计分布,该子模块提供的分布函数以及参数如表 2-5 所示,并且使用这些函数的代码输出的结果是一个数组。

表 2-5 random 子模块提供的分布函数以及参数

序号	函数	抽取样本的分布类型	核心参数
1	beta	贝塔分布	a:表示贝塔分布的 α 参数。 b:表示贝塔分布的 β 参数。 size:表示随机抽样的次数
2	binomial	二项分布	n:表示二项分布中,重复的伯努利试验次数。 p:表示二项分布中,事件发生的概率。 size:表示随机抽样的次数
3	chisquare	卡方分布	df:表示卡方分布的自由度。 size:表示随机抽样的次数
4	exponential	指数分布	scale:表示指数分布的尺度参数 β。 size:表示随机抽样的次数
5	f	F 分布	dfnum:表示 F 分布的自由度 n_1。 dfden:表示 F 分布的自由度 n_2。 size:表示随机抽样的次数
6	gamma	伽马分布	shape:表示伽马分布的形状参数 α。 scale:表示伽马分布的尺度参数 β。 size:表示随机抽样的次数
7	geometric	几何分布	p:表示伯努利试验中,试验成功的概率。 size:表示随机抽样的次数
8	hypergeometric	超几何分布	ngood:表示拟检查的全部产品中合格产品的数量。 nbad:表示拟检查的全部产品中不合格产品的数量。 nsample:表示抽取 n 件做检查。 size:表示抽样的次数
9	lognormal	对数正态分布	mean:表示变量自然对数所服从的正态分布的期望值。 sigma:表示变量自然对数所服从的正态分布的标准差。 size:表示随机抽样的次数
10	normal	正态分布	loc:表示正态分布的期望值。 scale:表示正态分布的标准差。 size:表示随机抽样的次数
11	poisson	泊松分布	lam:表示泊松分布的参数 λ。 size:表示随机抽样的次数
12	standard_normal	标准正态分布	size:表示随机抽样的次数
13	standard_t	t 分布	df:表示 t 分布的自由度 n。 size:表示随机抽样的次数

续表

序号	函数	抽取样本的分布类型	核心参数
14	rand	标准均匀分布	d0, d1, ..., dn：表示输出的随机数组的形状，即输出一个形状为 d0×d1×…×dn 的数组
15	randint	均匀分布并且随机抽取整数	low：表示区间的下限值。 high：表示区间的上限值。 size：表示随机抽样的次数
16	randn	标准正态分布	d0, d1, ..., dn：表示输出的随机数组的形状，即输出一个形状为 d0×d1×…×dn 的数组，这一点与前面的 rand 函数相似
17	uniform	均匀分布	low：表示区间的下限值。 high：表示区间的上限值。 size：表示随机抽样的次数

注：① 针对 random 子模块的其他分布函数，可以通过 Python 的 dir 函数查询；此外，限于篇幅，表 2-5 无法列出每个函数的所有参数，可以运用 help 函数查看所有的参数信息。

② 仅针对第 2.5.1 节探讨的统计分布。

1. 随机抽样代码结果的重现

在这里需要强调的是，如果单纯运用表 2-5 的某个分布函数开展随机抽样，则每次运行代码之后所得到的随机抽样结果是不会完全相同的，这会导致随机抽样的结果无法被重现。可以运用 random 子模块的 seed 函数来解决这个问题。

seed 函数用于设定随机抽样的**随机数种子**（random seed），该函数仅需要输入一个整数作为参数值，参数值的取值范围是从 0 到 $2^{32}-1$。在运用表 2-5 的某个函数开展随机抽样时，运用 seed 函数会存在以下 3 种情形。

情形 1：每当 seed 函数输入某一个固定的参数值（比如 10），即给出一个确定的随机数种子时，每次运行代码之后所得到的随机抽样结果均是相同的，从而可以用于代码运行结果的重现。

情形 2：每当 seed 函数输入不同的参数值，即给出不同的随机数种子时，每次运行代码之后所得到的随机抽样结果会不同。

情形 3：每当 seed 函数不输入参数值，即不给定一个确定的随机数种子时，则每次运行代码之后所得到的随机抽样结果也会不同。

2. 分位数

在金融场景中，对于基于特定分布开展的随机抽样，有时也需要查看 1%、5%等百分比所对应的**分位数**（quantile），为了更好地帮助读者理解分位数的含义，下面举一个简单的例子加以说明。假定随机抽样得到了 100 个样本数据，将这 100 个样本数据从大到小进行排列，10%的分位数是排在第 90 位的样本数据，5%的分位数是排在第 95 位的样本数据，1%的分位数是排在第 99 位的样本数据，以此类推；相反，如果将这 100 个样本数据从小到大进行排列，1%的分位数则是排在第 2 位的样本数据，5%的分位数就是排在第 6 位的样本数据，10%的分位数是排在第 11 位的样本数据，以此类推。分位数在金融领域最典型的运用是风险价值（Value at Risk，VaR）。

在 NumPy 中，可以运用 percentile 函数计算分位数，该函数需要输入两个参数：第 1 个参数 a 代表包括全部样本值的数组；第 2 个参数 q 代表分位数对应的百分比参数，比如输入 q=5 就代表 5%。

下面就给出随机抽样的具体示例，同时为了让读者能够重现书中的随机抽样结果，示例中将对随机数种子进行设定。

2.5.3 随机抽样的演示

由于篇幅所限，本节通过 random 子模块仅演示基于泊松分布、正态分布、对数正态分布、卡方分布、t 分布、F 分布、贝塔分布以及伽马分布的随机抽样，基于其他分布的随机抽样请读者自行完成。

首先，需要导入 NumPy 中的 random 子模块，具体的代码如下：

```
In [1]: import numpy.random as npr    #导入 NumPy 的 random 子模块并缩写为 npr
```

1. 基于泊松分布的随机抽样

【例 2-34】假定从 $\lambda=6$ 的泊松分布中抽取随机数，同时设定抽样的次数为 100，具体的代码如下：

```
In [117]: Lambda=6                                  #参数 λ 等于 6
     ...: S1=100                                    #随机抽样的次数

In [118]: npr.seed(0)                               #设定随机数种子并设置参数值等于 0

In [119]: x_poisson=npr.poisson(lam=Lambda,size=S1) #基于泊松分布的随机抽样
     ...: x_poisson                                 #查看结果
Out[119]:
array([11,  4,  9,  7,  8,  5,  5,  5,  5,  7,  3,  5,  6,  4,  3, 10, 12,
        3,  6,  9,  7,  8,  5,  3,  5,  8,  6,  3,  4,  6,  4, 10,  5,  6,
        4,  5,  8,  1,  7, 12,  7,  4,  8,  3,  3,  7,  3,  6,  7,  4,  5,
        6, 11,  7, 11,  6,  5,  2,  3,  2,  7,  5,  7,  5,  9,  6,  6,
       11,  4,  9,  6,  5,  6,  5,  2,  4,  4,  4,  6,  6,  6, 10,  7,  5,
        3,  9,  5,  6,  6,  9,  6, 11,  5,  6,  7,  7,  3,  6,  5])

In [120]: print('基于泊松分布随机抽样的平均值',x_poisson.mean())
     ...: print('基于泊松分布随机抽样的标准差',x_poisson.std())
基于泊松分布随机抽样的平均值 5.96
基于泊松分布随机抽样的标准差 2.416278129686233
```

在第 2.5.1 节已经提到过，由于泊松分布的平均值和方差均等于参数 λ，因此以上随机抽样的样本平均值等于 5.96，这一结果与设定的 $\lambda=6$ 非常接近；样本的标准差约等于 2.4163（保留小数点后 4 位），该数值与 $\sqrt{\lambda}=\sqrt{6}$ 也比较接近。

2. 基于正态分布的随机抽样

【例 2-35】假定从平均值为 2.3、标准差为 1.6 的正态分布中抽取随机数，同时设定抽样次数为 10000；此外，针对全部的样本数据，依次取 5%的分位数与 1%的分位数。具体的代码如下：

```
In [121]: S2=10000                                    #随机抽样的次数
     ...: mean1=2.3                                   #平均值
     ...: std1=1.6                                    #标准差

In [122]: npr.seed(3)                                 #设定随机数种子并设置参数值等于 3

In [123]: x_norm=npr.normal(loc=mean1,scale=std1,size=S2)   #基于正态分布的随机抽样

In [124]: print('基于正态分布随机抽样的平均值',x_norm.mean())
     ...: print('基于正态分布随机抽样的标准差',x_norm.std())
基于正态分布随机抽样的平均值 2.2557464169715957
基于正态分布随机抽样的标准差 1.5934174361773827
```

通过以上的随机抽样结果可以看到，无论是随机抽样的平均值还是标准差，均与初始设定的参数值非常接近。

```
In [125]: quantile_5perc=np.percentile(a=x_norm,q=5)   #取 5%的分位数
     ...: quantile_1perc=np.percentile(a=x_norm,q=1)   #取 1%的分位数
     ...: print('基于正态分布随机抽样的5%分位数',quantile_5perc)
     ...: print('基于正态分布随机抽样的1%分位数',quantile_1perc)
基于正态分布随机抽样的 5%分位数 -0.37432314565655117
基于正态分布随机抽样的 1%分位数 -1.3810021995739779
```

此外，在全部 10000 次抽样的样本数据中，5%的分位数约为−0.3743，1%的分位数约为−1.3810。

【例 2-36】假定从标准正态分布中抽取随机数，抽样次数依然是 10000，根据表 2-5 有 3 个函数可供选择，分别是 randn、standard_normal 以及 normal 函数，具体的代码如下：

```
In [126]: npr.seed(5)                                 #设定随机数种子并设置参数值等于 5

In [127]: x_snorm1=npr.randn(S2)                      #运用 randn 函数

In [128]: npr.seed(9)                                 #设定随机数种子并设置参数值等于 9

In [129]: x_snorm2=npr.standard_normal(size=S2)       #运用 standard_normal 函数

In [130]: mean2=0                                     #平均值
     ...: std2=1                                      #标准差

In [131]: npr.seed(32)                                #设定随机数种子并设置参数值等于 32

In [132]: x_snorm3=npr.normal(loc=mean2,scale=std2,size=S2)   #运用 normal 函数

In [133]: print('运用 randn 函数基于标准正态随机抽样的平均值',x_snorm1.mean())
     ...: print('运用 standard_normal 函数基于标准正态随机抽样的平均值', x_snorm2.mean())
     ...: print('运用 normal 函数基于标准正态随机抽样的平均值',x_snorm3.mean())
运用 randn 函数基于标准正态随机抽样的平均值              -0.0002933053029901929
运用 standard_normal 函数基于标准正态随机抽样的平均值 -0.008540271041175544
运用 normal 函数基于标准正态随机抽样的平均值            0.00949607007939599

In [134]: print('运用 randn 函数基于标准正态随机抽样的标准差',x_snorm1.std())
     ...: print('运用 standard_normal 函数基于标准正态随机抽样的标准差', x_snorm2.std())
     ...: print('运用 normal 函数基于标准正态随机抽样的标准差',x_snorm3.std())
```

```
运用 randn 函数基于标准正态分布随机抽样的标准差        1.0008499791458088
运用 standard_normal 函数基于标准正态分布随机抽样的标准差  0.99736803664724
运用 normal 函数基于标准正态分布随机抽样的标准差        1.0038636278338589
```

从以上的输出结果不难发现，运用不同的函数从标准正态分布中抽取随机数，所得到的结果比较相似，即随机抽样的平均值在 0 附近，标准差则接近于 1。

3. 基于对数正态分布的随机抽样

【例 2-37】假定随机变量 x 的自然对数服从平均值为 0.9、标准差为 0.5 的正态分布，对变量 x 进行随机抽样，抽样次数依然是 10000，具体的代码如下：

```
In [135]: mean3=0.9                                #平均值
     ...: std3=0.5                                 #标准差

In [136]: npr.seed(135)                            #设定随机数种子并设置参数值等于135

In [137]: x_logn=npr.lognormal(mean=mean3,sigma=std3,size=S2)  #基于对数正态分布的随机抽样

In [138]: print('基于对数正态分布随机抽样的平均值', x_logn.mean())
     ...: print('基于对数正态分布随机抽样的标准差', x_logn.std())
基于对数正态分布随机抽样的平均值 2.7773501484111161
基于对数正态分布随机抽样的标准差 1.467624563743404
```

需要注意的是，针对平均值和标准差，输入与输出存在很大的差异性，出现这种情况的原因在于输入的参数是服从正态分布的平均值和标准差，但是输出的随机数的平均值和标准差则服从对数正态分布。

4. 基于卡方分布的随机抽样

【例 2-38】假定分别从自由度是 8 和 88 的卡方分布中抽取随机数，抽样次数依然是 10000，具体的代码如下：

```
In [139]: df1=8                                    #设定自由度为8
     ...: df2=88                                   #设定自由度为88

In [140]: npr.seed(234)                            #设定随机数种子并设置参数值等于234

In [141]: x_chi1=npr.chisquare(df=df1,size=S2)     #基于自由度为8的卡方分布进行随机抽样

In [142]: npr.seed(345)                            #设定随机数种子并设置参数值等于345

In [143]: x_chi2=npr.chisquare(df=df2,size=S2)     #基于自由度为88的卡方分布进行随机抽样

In [144]: print('基于自由度为8的卡方分布随机抽样的平均值',x_chi1.mean())
     ...: print('基于自由度为88的卡方分布随机抽样的平均值',x_chi2.mean())
     ...: print('基于自由度为8的卡方分布随机抽样的标准差',x_chi1.std())
     ...: print('基于自由度为88的卡方分布随机抽样的标准差',x_chi2.std())
基于自由度为8的卡方分布随机抽样的平均值  7.97244955469788
基于自由度为88的卡方分布随机抽样的平均值 88.06246096533475
基于自由度为8的卡方分布随机抽样的标准差  3.99069659967045
基于自由度为88的卡方分布随机抽样的标准差 13.227586610149961
```

根据以上的输出结果不难发现，随着自由度增大，抽取的随机数的平均值和标准差也会增大。

5. 基于学生 t 分布的随机抽样

【例 2-39】假定分别从自由度是 6 和 166 的学生 t 分布抽取随机数，抽样次数依然是 10000，具体的代码如下：

```
In [145]: df3=6                                  #设定自由度为6
     ...: df4=166                                #设定自由度为166

In [146]: npr.seed(1234)                         #设定随机数种子并设置参数值等于1234

In [147]: x_t1=npr.standard_t(df=df3,size=S2)    #基于自由度为6的学生t分布进行随机抽样

In [148]: npr.seed(1668)                         #设定随机数种子并设置参数值等于1668

In [149]: x_t2=npr.standard_t(df=df4,size=S2)    #基于自由度为166的学生t分布进行随机抽样

In [150]: print('基于自由度为6的t分布随机抽样的平均值',x_t1.mean())
     ...: print('基于自由度为166的t分布随机抽样的平均值',x_t2.mean())
     ...: print('基于自由度为6的t分布随机抽样的标准差',x_t1.std())
     ...: print('基于自由度为166的t分布随机抽样的标准差',x_t2.std())
基于自由度为6的t分布随机抽样的平均值    0.016260966350308104
基于自由度为166的t分布随机抽样的平均值  0.0004532651420013366
基于自由度为6的t分布随机抽样的标准差    1.2381404310871982
基于自由度为166的t分布随机抽样的标准差  1.0149549323332274
```

从以上的输出结果中可以发现，随着自由度增大，t 分布逐渐接近于标准正态分布。

6. 基于 F 分布的随机抽样

【例 2-40】假定从自由度 $n_1 = 7$ 和 $n_2 = 9$ 的 F 分布抽取随机数，抽样次数依然是 10000，具体的代码如下：

```
In [151]: df5=7                                  #设定自由度为7
     ...: df6=9                                  #设定自由度为9

In [152]: npr.seed(2356)                         #设定随机数种子并设置参数值等于2356

In [153]: x_f=npr.f(dfnum=df5,dfden=df6,size=S2) #基于F分布的随机抽样

In [154]: print('基于F分布随机抽样的平均值',x_f.mean())
     ...: print('基于F分布随机抽样的标准差',x_f.std())
基于F分布随机抽样的平均值 1.2759820769665362
基于F分布随机抽样的标准差 1.1189047129050524
```

7. 基于贝塔分布随机抽样

【例 2-41】假定从 $\alpha = 2$、$\beta = 5$ 的贝塔分布抽取随机数，抽样次数依然是 10000，具体的代码如下：

```
In [155]: a1=2                                    #贝塔分布的第1个参数
     ...: b1=5                                    #贝塔分布的第2个参数

In [156]: npr.seed(12345)                         #设定随机数种子并设置参数值等于12345

In [157]: x_beta=npr.beta(a=a1,b=b1,size=S2)      #基于贝塔分布的随机抽样

In [158]: print('基于贝塔分布随机抽样的平均值',x_beta.mean())
     ...: print('基于贝塔分布随机抽样的标准差',x_beta.std())
基于贝塔分布随机抽样的平均值 0.2855371036631913
基于贝塔分布随机抽样的标准差 0.16046433090550002
```

8. 基于伽马分布的随机抽样

【例 2-42】假定从 $\alpha = 4$、$\beta = 9$ 的伽马分布抽取随机数,抽样次数依然是 10000,具体的代码如下:

```
In [159]: a2=4                                    #设定形状参数为4
     ...: b2=9                                    #设定尺度参数为9

In [160]: npr.seed(2**32-1)                       #设定随机数种子并设置参数取值区间的上限值

In [161]: x_gamma=npr.gamma(shape=a2,scale=b2,size=S2)   #基于伽马分布的随机抽样

In [162]: print('基于伽马分布随机抽样的平均值',x_gamma.mean())
     ...: print('基于伽马分布随机抽样的标准差',x_gamma.std())
基于伽马分布随机抽样的平均值 36.14881099628719
基于伽马分布随机抽样的标准差 17.933159771178858
```

最后,需要再次提醒的是,在开展每一轮的随机抽样时,只有输入带有固定参数值的 seed 函数,才能保证抽样的结果被重现。

2.6 现金流模型

在金融理论中,针对金融产品的定价有 3 种不同的思路:一是基于未来现金流的贴现,二是基于风险中性的定价,三是基于无风险收益的无套利定价。其中,未来现金流的贴现方法叫作现金流贴现法,这种方法最容易理解,运用也非常广泛,因此,掌握现金流的计算是开展金融分析与风险管理的必备技能。

在 NumPy 的 1.20 版本以及更高版本中,计算现金流的相关函数已经被彻底删除,独立的第三方模块 numpy-financial 承接 NumPy 的现金流函数,从而更加便捷、高效地完成相应的运算,因此本节就运用 numpy-financial 模块开展现金流模型的分析。

目前 numpy-financial 模块并未集成在 Anaconda 中,需要用户自行安装。在已经安装 Anaconda 的前提下,用户可以单击操作系统"开始"菜单中的 Anaconda Prompt(参见第 1.1.5 节的图 1-3),进入 Anaconda Prompt 界面以后通过执行以下命令完成最新版本的 numpy-financial 模块的在线安装。

```
pip install numpy-financial
```

在本书写作时，numpy-financial 模块的最新版本是 1.0.0 版本。如果读者希望在线安装其他的版本，比如 0.2.0 版本，则可以执行以下命令。

```
pip install numpy-financial==0.2.0
```

同样，由于该模块是第三方模块，因此需要导入模块并且查看模块的版本信息，具体操作如下：

```
In [163]: import numpy_financial as npf      #导入numpy-financial模块并缩写为npf

In [164]: npf.__version__                    #查看版本信息
Out[164]: '1.0.0'
```

需要注意的是，导入 Python 时，模块名称需要写成 numpy_financial 而不能写成 numpy-financial。接下来，结合 numpy-financial 模块重点讲解计算现金流终值、现值、净现值、内含报酬率以及等额本息还款等方面的内容。此外，现金流模型的构建均围绕着一个简单且核心的原理：资金是存在**时间价值**（time value）的。

2.6.1 现金流终值

为了便于理解，借助一个示例讨论计算现金流终值的数学模型以及 Python 编程。

【例 2-43】 在 2023 年初，A 公司计划开展一项初始投资金额为 5000 万元、投资期限为 6 年的投资项目，在该项目存续期间，该公司在每年年末还需要追加投入 600 万元，年化投资回报率是 7%并且按年复利，需要计算该项目在到期日（即 2028 年年末）的终值。此外，为了进行对比分析，假定每年追加投入 600 万元的事件发生在每年年初，在其他条件不变的情况下，重新计算该项目的终值。

针对项目的终值，假定 FV 代表**终值**（future value），r 代表年化的投资回报率（按年复利），V_0 代表项目的期初投资，V_1 代表在项目存续期间该公司每年需要追加的固定金额投资，T 代表项目的投资期限（年），t 代表项目期初至每年固定金额投资发生时的期限（年）。

根据期间追加固定金额投资是发生在每年年初还是发生在年末的不同情景，计算项目终值有如下两类不同的表达式。

（1）期间追加固定金额投资发生在每年年初，相关公式如下：

$$FV = V_0(1+r)^T + \sum_{t=0}^{T-1} V_1(1+r)^{T-t} \qquad (式 2-17)$$

（2）期间追加固定金额投资发生在每年年末，相关公式如下：

$$FV = V_0(1+r)^T + \sum_{t=1}^{T} V_1(1+r)^{T-t} \qquad (式 2-18)$$

用 Python 计算项目终值金额时，可以运用 numpy-financial 模块的函数 fv，该函数的参数设置如下：

```
fv(rate, nper, pmt, pv, when)
```

函数 fv 中不同参数的含义及输入要求如表 2-6 所示。

表 2-6　函数 fv 中不同参数的含义及输入要求

参数	含义及输入要求
rate	投资的回报率
nper	投资的整体期限
pmt	投资期间发生的固定现金流，如果是现金流入（表示收到现金）则用正数表示；相反，如果是现金流出（表示支付现金）则用负数表示
pv	投资期初的现金流，如果是现金流入（表示收到现金）则用正数表示；相反，如果是现金流出（表示支付现金）则用负数表示
when	投资期间固定现金流的发生时点，如果在每期期初发生，输入 when='begin'或者 when=1；相反，如果在每期期末发生，则输入 when='end'或者 when=0

下面，运用函数 fv 计算例 2-43 的项目终值，具体的代码如下：

```
In [165]: V0=5e7                                    #初始投资金额
   ...: V1=6e6                                      #每年固定金额投资
   ...: T=6                                         #投资期限（年）
   ...: r=0.07                                      #年化投资回报率

In [166]: FV1=npf.fv(rate=r,nper=T,pmt=-V1,pv=-V0,when='end')   #计算项目终值
   ...: print('期间追加固定金额投资发生在每年年末的项目终值（元）',round(FV1,2))
期间追加固定金额投资发生在每年年末的项目终值（元） 117956262.04

In [167]: FV2=npf.fv(rate=r,nper=T,pmt=-V1,pv=-V0,when='begin') #计算项目终值
   ...: print('期间追加固定金额投资发生在每年年初的项目终值（元）',round(FV2,2))
期间追加固定金额投资发生在每年年初的项目终值（元） 120960644.15

In [168]: FV_diff=FV2-FV1                           #计算项目终值的差异
   ...: print('期间追加固定金额投资发生时点不同而导致的项目终值的差异额（元）',round(FV_diff,2))
期间追加固定金额投资发生时点不同而导致的项目终值的差异额（元） 3004382.11
```

从以上的输出结果中可以看到，期间追加固定金额投资发生的时点不同对于项目终值存在一定的影响。针对以上示例，相比发生在每年年末，期间追加固定金额投资发生在每年年初的项目终值将增加约 300.44 万元。

2.6.2　现金流现值

第 2.6.1 节介绍的终值是项目的现金流按照一定的收益率推算至投资期末时点而得到的金额；如果将现金流按照一定的收益率贴现至投资期初时点，得出的金额就称为**现值**（present value）。下面依然结合一个示例具体讨论计算现金流现值的数学模型以及 Python 编程。

【例 2-44】在 2023 年初，B 公司正考虑开展一项期限为 5 年的投资项目，在该项目存续期间，公司在每年年末均可以收回资金 500 万元，在项目的到期日（即 2027 年年末）还能额外一次性收回资金 4000 万元（不包括每年年末的 500 万元），投资回报率是年化 6%并且也按年复利，同时 B 公司需要在该项目期初（即 2023 年初）一次性投入 5200 万元，试问该项目是否值得投资？此外，为了进行对比，假定每年收回 500 万元资金的事件发生在每年年初，在其他条件不变的情况下，重新评估该项目投资的可行性。

本示例的实质是测算该项目未来现金流的现值，假定 PV 代表现值，V_T 代表项目到期日的

现金流（不包含每年固定金额的现金流），r、V_1、T以及t等参数的含义与第2.6.1节讨论的现金流终值模型中参数的含义保持一致。同样，根据期间固定金额现金流是发生在每年年初还是发生在年末的不同情景，计算项目现值有如下两个不同的表达式。

（1）期间固定金额现金流发生在每年年初，相关公式如下：

$$PV = \frac{V_T}{(1+r)^T} + \sum_{t=0}^{T-1} \frac{V_1}{(1+r)^t} \qquad (式 2\text{-}19)$$

（2）期间固定金额现金流发生在每年年末，相关公式如下：

$$PV = \frac{V_T}{(1+r)^T} + \sum_{t=1}^{T} \frac{V_1}{(1+r)^t} \qquad (式 2\text{-}20)$$

用Python计算项目现值金额时，可以采用numpy-financial模块的函数pv，该函数的参数设置如下：

```
pv(rate, nper, pmt, fv, when)
```

函数pv中不同参数的含义及输入要求如表2-7所示。

表2-7 函数pv中不同参数的含义及输入要求

参数	含义及输入要求
rate	投资的回报率
nper	投资的整体期限
pmt	投资期间发生的固定现金流，如果是现金流入（表示收到现金）则用正数表示；相反，如果是现金流出（表示支付现金）则用负数表示
fv	投资期末的现金流，如果是现金流入（表示收到现金）则用正数表示；相反，如果是现金流出（表示支付现金）则用负数表示
when	投资期间固定现金流的发生时点，如果在每期期初发生，输入when='begin'或者when=1；相反，如果在每期期末发生，则输入when='end'或者when=0

下面，针对例2-44并运用函数pv计算项目的现值，具体的代码如下：

```
In [169]: Vt=4e7                    #期末一次性现金流入
     ...: V1=5e6                    #期间每年产生的现金流入
     ...: T=5                       #投资期限（年）
     ...: r=0.06                    #投资回报率

In [170]: PV1=npf.pv(rate=r,nper=T,pmt=V1,fv=Vt,when=0)    #计算项目现值
     ...: print('期间固定金额现金流发生在每年年末的项目现值（元）',round(PV1,2))
期间固定金额现金流发生在每年年末的项目现值（元）  -50952145.84

In [171]: PV2=npf.pv(rate=r,nper=T,pmt=V1,fv=Vt,when=1)    #计算项目现值
     ...: print('期间固定金额现金流发生在每年年初的项目现值（元）',round(PV2,2))
期间固定金额现金流发生在每年年初的项目现值（元）  -52215854.98

In [172]: PV_diff=PV2-PV1         #计算期间固定金额现金流发生时点不同导致的项目现值的差异额
     ...: print('期间固定金额现金流发生时点不同而导致的项目现值的差异额（元）',round(PV_diff,2))
期间固定金额现金流发生时点不同而导致的项目现值的差异额（元）  -1263709.14
```

以上输出的现值结果为负数表示现金支付（即发生对外投资），并且从输出的结果可以做

出如下判断：当项目的期间固定现金流入发生在每年年末，项目的现值（取绝对值）低于5200万元时，显然不值得C公司期初花费5200万元进行投资；当项目的期间固定现金流入发生在每年年初时，项目的现值就高于5200万元，此时对于C公司而言期初支付5200万元就是一笔划算的投资。此外，期间固定金额现金流发生时点的不同导致的项目现值的差异额约126.37万元。

2.6.3 净现值与内含报酬率

第2.6.2节的例2-44已经引出了一个关键性问题：如何判断一个投资项目的可行性？净现值和内含报酬率就是评估项目可行性最常用也最便捷的量化指标，下面结合两个示例依次进行讲解。

1. 净现值

【例2-45】在2023年初，C公司正在决策是否应该投资如下项目：项目的初始投入为3000万元并且投资发生在期初，整个项目的期限为4年，在项目存续期间的每年年末均有现金净流入（具体见表2-8），同时该项目的投资回报率[①]是年化8%并且按年复利。此外，为了进行对比，假定该项目的投资回报率下降至年化7%并且也按年复利，在其他条件保持不变的情况下，重新评估该项目投资的可行性。

表2-8 C公司正在决策的项目期间现金流情况

现金流发生的时间点	现金流金额/万元	现金流方向
第1年初（2023年初）	−3000	现金净流出
第1年末（2023年末）	750	现金净流入
第2年末（2024年末）	850	
第3年末（2025年末）	1000	
第4年末（2026年末）	1000	

本示例的关键就是测算出该项目的净现值。假定NPV代表项目的**净现值**（net present value），NCF_0代表期初的净现金流（现金流入减去现金流出，下同）并且通常为负数，NCF_t代表在项目存续期间第t年末的净现金流，r、T和t等参数的含义与第2.6.1节讨论的现金流终值模型中参数的含义保持一致。项目净现值的数学表达式如下：

$$NPV = NCF_0 + \sum_{t=1}^{T} \frac{NCF_t}{(1+r)^t} \quad \text{（式2-21）}$$

净现值大于或等于0（$NPV \geq 0$），说明该项目具有财务上的可行性；相反，净现值小于0（$NPV < 0$），说明项目在财务上不具备可行性。

运用Python计算项目净现值时，可以运用numpy-financial模块的函数npv，该函数的参数设置如下：

```
npv(rate, values)
```

[①] 例2-45中涉及的投资回报率也称为**必要回报率**（required return，也译为**必要报酬率**），它可以理解为投资一个项目必须获得的最低回报率。

其中,参数 rate 代表项目的投资回报率或者贴现率;参数 values 是以数组结构输入的期初和项目存续期间每年年末的净现金流,其中,净流入用正数表示,净流出则用负数表示。

接下来,针对例 2-45,运用函数 npv 计算项目的净现值,具体的代码如下:

```
In [173]: R1=0.08                                              #投资回报率(贴现率)
     ...: cashflow=np.array([-3e7,7.5e6,8.5e6,1e7,1e7])         #项目的净现金流,存放于数组

In [174]: NPV1=npf.npv(rate=R1,values=cashflow)                #计算净现值
     ...: print('项目净现值(元)',round(NPV1,2))
项目净现值(元) -479554.64

In [175]: R2=0.07                                              #新的投资回报率(贴现率)

In [176]: NPV2=npf.npv(rate=R2,values=cashflow)                #计算新的净现值
     ...: print('项目新的净现值(元)',round(NPV2,2))
项目新的净现值(元) 225505.87
```

从以上的输出结果中不难发现,当贴现率为 8%时,该项目净现值为负数,因此 C 公司不应该投资该项目;当贴现率下降至 7%时,项目净现值转为正数,在这种情况下,投资该项目就具备了可行性。

2. 内含报酬率

在分析例 2-45 时,读者可能会有这样的疑问:当投资回报率(贴现率)为多少时,项目的净现值恰好等于 0?这个问题的答案就是**内含报酬率**(Internal Rate of Return,IRR)。

假定内含报酬率用 R 表示,其他参数的含义与(式 2-21)的相同,计算内含报酬率 R 就是求解如下数学等式的结果:

(式 2-22)

$$NCF_0 + \sum_{t=1}^{T} \frac{NCF_t}{(1+R)^t} = 0$$

当项目的内含报酬率大于或等于必要回报率($R \geqslant r$)时,就说明该项目在财务上具有可行性;相反,当项目的内含报酬率低于预期收益率时,则说明项目在财务上不具有可行性。

运用 Python 计算内含报酬率时,可以运用 numpy-financial 模块的函数 irr,该函数的参数仅有一个,具体如下:

```
irr(values)
```

参数 values 是以数组结构输入的期初和项目存续期间每年年末的净现金流,同样,正数代表净流入,负数代表净流出。

【**例 2-46**】沿用例 2-45 的项目信息和数据,计算该项目的内含报酬率,具体的代码如下:

```
In [177]: IRR=npf.irr(values=cashflow)                         #计算项目的内含报酬率
     ...: print('计算得到项目的内含报酬率',round(IRR,6))           #保留至小数点后 6 位
计算得到项目的内含报酬率 0.073158
```

根据以上的输出结果可以得出以下结论:当项目的必要回报率(贴现率)高于内含报酬率

（约 7.3158%）时，计算得到的净现值为负数，表明项目不可行，这就对应了例 2-45 中投资回报率为 8%的情形；相反，当项目的必要回报率（贴现率）小于或等于内含报酬率（约 7.3158%）时，计算得到的净现值为非负数，说明项目是值得投资的，这对应了例 2-45 中投资回报率为 7%的情形。

2.6.4 按揭贷款的等额本息还款

针对银行发放的住房按揭贷款，借款人通常会选择按照等额本息还款规则进行逐月还款，具体做法就是把住房按揭贷款的本金总额与利息总额相加，然后平均分摊至还款期间的每个月，每月的还款金额是固定的，但每月还款金额中的本金比重逐月递增、利息比重逐月递减。下面结合一个示例进行讲解。

【例 2-47】在 2023 年初，一位购房者向商业银行申请金额为 600 万元、期限为 5 年的住房按揭贷款[①]，并采用等额本息还款规则进行逐月还款，按揭贷款的利率是年化 4.8%，依次计算每月还款的金额、每月偿还的本金金额、每月偿还的利息金额。

假定按揭贷款本金总额用 X 表示，贷款年化利率为 R，贷款的月利率则为 $\frac{R}{12}$，贷款总期限为 T 年（即 $12T$ 个月），每月还款金额设为 Y，在第 i 个月末尚未偿还的贷款本金金额设为 X_i，其中 $i=1,2,\cdots,12T$。针对变量 X_i 有如下等式。

第 1 个月末：

$$X_1 = \left(1 + \frac{R}{12}\right) X - Y \qquad (\text{式 2-23})$$

第 2 个月末：

$$X_2 = \left(1 + \frac{R}{12}\right) X_1 - Y \qquad (\text{式 2-24})$$

第 3 个月末：

$$X_3 = \left(1 + \frac{R}{12}\right) X_2 - Y \qquad (\text{式 2-25})$$

$\vdots$

第 $12T$ 个月末（最后一个月末）：

$$X_{12T} = \left(1 + \frac{R}{12}\right) X_{12T-1} - Y \qquad (\text{式 2-26})$$

将（式 2-23）代入（式 2-24），然后将（式 2-24）代入（式 2-25），以此类推，最终代入（式 2-26）并经过整理后，可以得到每月还款金额 Y 满足如下等式：

$$Y = \frac{\frac{R}{12}\left(1 + \frac{R}{12}\right)^{12T}}{\left(1 + \frac{R}{12}\right)^{12T} - 1} X \qquad (\text{式 2-27})$$

运用 Python 计算等额本息还款金额时，可以运用 numpy-financial 模块的函数 pmt，该函数的参数设置如下：

```
pmt(rate, nper, pv, fv, when)
```

函数 pmt 中不同参数的含义及输入要求如表 2-9 所示。

[①] 国内的住房按揭贷款最长期限为 30 年，普通的购房者通常偏好于选择较长的贷款期限（比如不低于 20 年），本示例设定 5 年的贷款期限仅是为了将后续 Python 代码输出的结果控制在较短的篇幅内。

表 2-9 函数 pmt 中不同参数的含义及输入要求

参数	含义及输入要求
rate	住房按揭贷款月利率
nper	贷款的整体期限，单位是月
pv	按揭贷款的本金金额
fv	期末的现金流（通常为 0），默认值是 0
when	每月还款的发生时点，如果在每月期初发生，输入 when='begin'或者 when=1；相反，如果在每月期末发生，则输入 when='end'或者 when=0

此外，还可以运用 numpy-financial 模块的函数 ipmt 和函数 ppmt，分别计算在等额本息还款规则下按揭贷款每月还款金额中的利息部分与本金部分，这两个函数的参数设置如下：

```
ipmt(rate, per, nper, pv, fv, when)
ppmt(rate, per, nper, pv, fv, when)
```

在这两个函数中均需要输入一个参数 per，该参数表示逐次还款的期限长度并且用数组表示，其他参数与前面的函数 pmt 的参数相同。

接下来，就运用函数 pmt、ipmt 和 ppmt 计算例 2-47 中的每月偿还金额、每月偿还的利息金额、每月偿还的本金金额，具体的代码如下：

```
In [178]: par=6e6                              #住房按揭贷款本金
     ...: tenor=5*12                           #贷款期限（月）
     ...: r_m=0.048/12                         #贷款月利率

In [179]: pay=npf.pmt(rate=r_m,nper=tenor,pv=par,fv=0,when='end')   #贷款每月偿还金额
     ...: print('按揭贷款每月偿还金额（元）',round(pay,2))
按揭贷款每月偿还金额（元） -112678.45

In [180]: tenor_list=np.arange(tenor)+1        #创建包含每次还款期限长度的数组

In [181]: pay_interest=npf.ipmt(rate=r_m,per=tenor_list,nper=tenor,pv=par,fv=0,when='end')
#每月偿还的利息金额
     ...: pay_interest.round(2)                #查看结果（保留小数点后 2 位）
Out[181]:
array([-24000.  , -23645.29, -23289.15, -22931.6 , -22572.61, -22212.19,
       -21850.32, -21487.01, -21122.24, -20756.02, -20388.33, -20019.17,
       -19648.53, -19276.41, -18902.8 , -18527.7 , -18151.1 , -17772.99,
       -17393.37, -17012.22, -16629.56, -16245.36, -15859.63, -15472.36,
       -15083.53, -14693.15, -14301.21, -13907.7 , -13512.62, -13115.96,
       -12717.71, -12317.86, -11916.42, -11513.37, -11108.71, -10702.43,
       -10294.53,  -9884.99,  -9473.82,  -9061.  ,  -8646.53,  -8230.4 ,
        -7812.61,  -7393.15,  -6972.01,  -6549.18,  -6124.66,  -5698.45,
        -5270.53,  -4840.9 ,  -4409.55,  -3976.47,  -3541.66,  -3105.12,
        -2666.82,  -2226.78,  -1784.97,  -1341.4 ,   -896.05,   -448.92])

In [182]: pay_principle=npf.ppmt(rate=r_m,per=tenor_list,nper=tenor,pv=par,fv=0,when='end')
#每月偿还的本金金额
     ...: pay_principle.round(2)               #查看结果（保留小数点后 2 位）
Out[182]:
array([ -88678.45,  -89033.17,  -89389.3 ,  -89746.86,  -90105.84,
```

```
            -90466.27,  -90828.13,  -91191.44,  -91556.21,  -91922.43,
            -92290.12,  -92659.28,  -93029.92,  -93402.04,  -93775.65,
            -94150.75,  -94527.36,  -94905.46,  -95285.09,  -95666.23,
            -96048.89,  -96433.09,  -96818.82,  -97206.1 ,  -97594.92,
            -97985.3 ,  -98377.24,  -98770.75,  -99165.83,  -99562.5 ,
            -99960.75, -100360.59, -100762.03, -101165.08, -101569.74,
           -101976.02, -102383.92, -102793.46, -103204.63, -103617.45,
           -104031.92, -104448.05, -104865.84, -105285.3 , -105706.44,
           -106129.27, -106553.79, -106980.  , -107407.92, -107837.55,
           -108268.9 , -108701.98, -109136.79, -109573.34, -110011.63,
           -110451.68, -110893.48, -111337.06, -111782.4 , -112229.53])

In [183]: (pay_interest+pay_principle).round(2)     #验证是否与每月偿还金额保持一致并保留小数点后2位
Out[183]:
array([-112678.45, -112678.45, -112678.45, -112678.45, -112678.45,
       -112678.45, -112678.45, -112678.45, -112678.45, -112678.45,
       -112678.45, -112678.45, -112678.45, -112678.45, -112678.45,
       -112678.45, -112678.45, -112678.45, -112678.45, -112678.45,
       -112678.45, -112678.45, -112678.45, -112678.45, -112678.45,
       -112678.45, -112678.45, -112678.45, -112678.45, -112678.45,
       -112678.45, -112678.45, -112678.45, -112678.45, -112678.45,
       -112678.45, -112678.45, -112678.45, -112678.45, -112678.45,
       -112678.45, -112678.45, -112678.45, -112678.45, -112678.45,
       -112678.45, -112678.45, -112678.45, -112678.45, -112678.45])
```

从以上的输出结果中不难看出，该住房按揭贷款的每月偿还金额是 112678.45 元，同时，每月偿还的利息金额逐月递减，而每月偿还的本金金额逐月递增。

到这里，对 NumPy 模块的讲解与演示就全部结束了，下一章将进入对 pandas 模块的介绍。

2.7 本章小结

NumPy 模块是 Python 运用于金融领域的必备第三方模块，该模块在处理包括多维数据、矩阵运算、随机抽样以及现金流测算等方面有着其他模块无法替代的功能。为此，本章结合 47 个示例讲解了金融场景中比较常用的 NumPy 模块编程技术，具体可以归纳为以下几个方面。

（1）**数组的创建**。数组是列表的升级版，数组的维度可以自由设定；能快速创建整数数列、元素全部为 0 或 1 以及单位矩阵等的特殊数组。

（2）**数组的处理**。数组的索引及切片等操作与列表的非常类似，两个或两个以上的数组可以进行合并。

（3）**数组的内部运算**。针对一个数组的内部元素可以计算和、积、幂、对数、最值、平均值以及标准差等，输入参数 axis=0 表示按列运算，axis=1 表示按行运算，不输入（默认状态）往往表示对所有元素的运算。

（4）**广播机制（数组间的运算）**。不同数组可以通过广播机制进行加、减、乘、除等运算，但需要注意的是，并非任意两个数组都可以运用广播机制。

（5）**矩阵运算**。针对单个数组可以计算迹、行列式、协方差、相关系数、逆矩阵、各种分解以及转置等,针对两个及两个以上的数组可以开展矩阵乘积运算。

(6)**随机抽样**。调用 NumPy 子模块 random 的相关函数就能够开展基于不同分布的随机抽样,金融场景比较常用的分布包括二项分布、几何分布、泊松分布、正态分布、对数正态分布等 10 余种分布。

(7)**现金流模型**。通过 numpy-financial 模块可以测算现金流的终值、现值、净现值、内含报酬率以及住房按揭贷款等额本息还款等,这些现金流模型在金融领域中经常被用到。

此外,还要关注 NumPy 的函数、方法与属性之间的编程区别。

2.8 拓展阅读

本章的内容参考了以下资料,建议感兴趣的读者拓展学习。

[1] NumPy 的官网提供了关于 NumPy 的介绍、示例以及功能文档。

[2] numpy-financial 模块所在的网站提供了关于该模块的介绍、安装包、示例以及功能文档。

[3]《Python 数据分析基础教程:NumPy 学习指南(第 2 版)》[作者是伊万·伊德里斯(Ivan Idris)],这本书介绍了 NumPy 以及相关的 Python 科学计算库,书中也有一些涉及金融的示例。

[4]《公司理财(精要版·原书第 12 版)》由全球知名的金融学家斯蒂芬 A.罗斯(Stephen A.Ross)领衔编写,是公司金融领域经典的入门级教材。该书第 5 章和第 6 章针对计算终值、现值、年金、分期偿还贷款等的常见现金流模型进行了系统介绍。

第3章
结合金融时间序列演示 pandas 模块编程

本章导读

金融分析与风险管理中很重要的一项任务就是对金融时间序列进行分析,时间序列就是以时间作为索引的数据集合。然而,通过第2章的学习,读者会发现 NumPy 的数组无法满足时间序列的要求,因此,就需要能够高效处理时间序列的 Python 第三方模块,从而弥补 NumPy 模块的短板。巧合的是,AQR 资本管理(AQR Capital Management)公司于 2008 年 4 月着手开发并在 2009 年底发布了 pandas 模块,该模块开发的初衷便是能够用作金融数据分析工具,因此 pandas 天然包含金融时间序列的各种"基因"。pandas 的名称是面板数据(panel data)与数据分析(data analysis)的结合。本章就结合金融时间序列介绍并演示 pandas 模块的编程技术。

本章的内容将涵盖以下几个主题。
- ✓ 介绍序列和数据框这两类数据结构,包括与其相关的特征以及创建过程中的一些技巧。
- ✓ 分析序列和数据框特有的时间索引,包括用于创建时间索引的 date_range 函数以及不同时间数据类型之间的转换。
- ✓ 讨论数据框的可视化,包括绘图过程中如何显示中文字体的技巧以及 plot 方法的具体运用。
- ✓ 探讨数据框内部的操作,包括数据框的属性查询、定位、截取、排序和缺失值处理等内容。
- ✓ 讲解数据框之间的合并,主要涉及 concat 函数、merge 函数以及 join 方法的具体运用。
- ✓ 剖析数据框的主要统计功能,包括描述性统计、静态统计量以及基于移动窗口的动态统计量。

3.1 pandas 的数据结构

pandas 的数据结构可以分为两大类:一类是序列,另一类是数据框。这两类有相同之处也有不同之处。此外,大多数 NumPy 的函数可以直接应用于这两类数据结构的运算，本节就结合金融时间序列对 pandas 的数据结构展开介绍。由于 pandas 是 Python 的第三方模块，在调用前需要导入该模块，并且查询模块的版本信息，具体的代码如下：

```
In [1]: import pandas as pd          #导入 pandas 模块并且缩写为 pd

In [2]: pd.__version__               #查询 pandas 的版本信息
Out[2]: '1.4.2'
```

3.1.1 序列

序列是一维的数据结构，比较类似于一维数组。但是与一维数组不同的是，序列由两列构成，第 1 列是索引，也称**标签**，第 2 列是与索引相对应的数据，并且这两列的行数必须一致。

创建序列可以运用 Series 类，并且主要参数有两个：一是参数 data，它用于输入相关的数据，这些数据可以存放于列表、数组等数据结构；二是参数 index，它用于输入索引，索引同样也可以存放于列表或数组。关于类的内容可以参见第 1.6 节。

【例 3-1】沿用第 2.1 节例 2-1 的信息，表 3-1 描绘了 2022 年 5 月 9 日至 13 日每个交易日相关股票的涨跌幅情况。本示例演示如何创建一个序列，编程分为两个步骤。

表 3-1　2022 年 5 月 9 日至 13 日每个交易日相关股票的涨跌幅情况

证券简称	2022-05-09	2022-05-10	2022-05-11	2022-05-12	2022-05-13
长江电力	−1.6725%	2.2381%	−1.2697%	−1.0643%	4.1237%
三一重工	−1.6656%	1.6311%	0.0000%	−1.7901%	0.5657%
浦发银行	−0.3822%	0.3836%	0.1274%	0.1272%	2.2872%
中信证券	−0.3723%	1.4949%	0.6312%	−0.2091%	1.0477%

数据来源：上海证券交易所。
注：表 3-1 的内容与表 2-1 的相关内容一致。

第 1 步：针对表 3-1 中 2022 年 5 月 11 日的涨跌幅创建一个序列，其中，序列的索引是证券简称并存放于列表，涨跌幅数据也存放于列表。具体的代码如下：

```
In [3]: name=['长江电力','三一重工','浦发银行','中信证券']          #股票名称

In [4]: data_May11=[-0.012697,0.000000,0.001274,0.006312]       #2022 年 5 月 11 日涨跌幅数据

In [5]: series_Mar11=pd.Series(data=data_May11,index=name)      #创建序列

In [6]: series_Mar11                                            #查看结果
Out[6]:
长江电力   -0.012697
三一重工    0.000000
浦发银行    0.001274
中信证券    0.006312
dtype: float64

In [7]: type(series_Mar11)                                      #查看数据结构的类型
Out[7]: pandas.core.series.Series
```

第 2 步：针对浦发银行在 2022 年 5 月 9 日至 13 日期间的每日涨跌幅创建序列，其中，序

列的索引是日期并存放于数组，涨跌幅数据也存放于数组。具体的代码如下：

```
In [8]: import numpy as np                                          #导入NumPy模块

In [9]: date=np.array(['2022-05-09','2022-05-10','2022-05-11','2022-05-12','2022-05-13'])
                                                                    #交易日

In [10]: data_SPDB=np.array([-0.003822,0.003836,0.001274,0.001272,0.022872])  #涨跌幅数据
(一维数组)

In [11]: series_SPDB=pd.Series(data=data_SPDB,index=date)           #创建序列

In [12]: series_SPDB                                                #查看结果
Out[12]:
2022-05-09   -0.003822
2022-05-10    0.003836
2022-05-11    0.001274
2022-05-12    0.001272
2022-05-13    0.022872
dtype: float64
```

通过例 3-1 可以发现，序列除索引列之外，只能包含一个存放数据的列，如果用户希望有更多的列可以用于存放数据，就需要运用接下来讨论的数据框。

3.1.2 数据框

数据框是二维的数据结构，在结构上类似于 Excel 文件的工作表，其设计的初衷就是将序列从原先的一维推广至二维。数据框由 3 个部分构成：第 1 部分是索引，第 2 部分是列名，第 3 部分是与索引、列名相对应的数据。

同时，创建数据框可以运用 DataFrame 类，参数主要有 3 个：第 1 个参数 data 用于输入相关的数据，这些数据通常存放于数组；第 2 个参数 index 用于输入索引；第 3 个参数 columns 用于输入列名，无论是索引还是列名均可以存放于列表或数组中。

1. 数据框的创建

【例 3-2】沿用例 3-1 的信息和数据，创建与表 3-1 格式相似的股票涨跌幅数据框，需要将证券简称作为数据框的索引，将日期作为数据框的列名，具体的代码如下：

```
In [13]: R_array=np.array([[-0.016725,0.022381,-0.012697,-0.010643,0.041237],
   ...:                    [-0.016656,0.016311,0.000000,-0.017901,0.005657],
   ...:                    [-0.003822,0.003836,0.001274,0.001272,0.022872],
   ...:                    [-0.003723,0.014949,0.006312,-0.002091,0.010477]])  #涨跌幅数据

In [14]: R_DataFrame=pd.DataFrame(data=R_array,index=name,columns=date)  #创建数据框

In [15]: R_DataFrame                                                #查看结果
Out[15]:
          2022-05-09  2022-05-10  2022-05-11  2022-05-12  2022-05-13
长江电力    -0.016725    0.022381   -0.012697   -0.010643    0.041237
三一重工    -0.016656    0.016311    0.000000   -0.017901    0.005657
浦发银行    -0.003822    0.003836    0.001274    0.001272    0.022872
```

```
中信证券    -0.003723    0.014949    0.006312    -0.002091    0.010477

In [16]: type(R_DataFrame)                          #查看数据结构的类型
Out[16]: pandas.core.frame.DataFrame
```

以上创建的数据框 R_DataFrame 的格式与表 3-1 的格式非常接近。需要强调的是，针对金融时间序列，通常是将日期或时间作为索引，为此可以对数据框 R_DataFrame 进行转置处理，也就是将索引与列名进行对调，转置的代码格式是数据框名称.T，这与第 2.4.3 节讨论的矩阵的转置很相似。相关的代码如下：

```
In [17]: R_DataFrame=R_DataFrame.T                  #将数据框进行转置
    ...: R_DataFrame
Out[17]:
              长江电力       三一重工      浦发银行      中信证券
2022-05-09   -0.016725   -0.016656   -0.003822   -0.003723
2022-05-10    0.022381    0.016311    0.003836    0.014949
2022-05-11   -0.012697    0.000000    0.001274    0.006312
2022-05-12   -0.010643   -0.017901    0.001272   -0.002091
2022-05-13    0.041237    0.005657    0.022872    0.010477
```

转置以后，数据框 R_DataFrame 的索引变成了交易日期，列名则变成了证券简称。

2. 数据框的导出

用户可以将创建的数据框以 Excel、CSV（Comma-Separated Values，逗号分隔值）、TXT 等文件格式导出并存放于计算机的硬盘，具体需运用 to_excel 和 to_csv 方法，并且需要输入导出文件存放的路径和带格式的文件名。关于方法的代码输入格式，可以参见第 1.3.1 节。

【例 3-3】 针对例 3-2 创建的数据框 R_DataFrame，依次以 Excel、CSV 和 TXT 格式导出并存放在计算机的桌面上，具体的代码如下：

```
In [18]: R_DataFrame.to_excel('C:/Desktop/股票涨跌幅数据.xlsx')    #以 Excel 格式导出

In [19]: R_DataFrame.to_csv('C:/Desktop/股票涨跌幅数据.csv')       #以 CSV 格式导出

In [20]: R_DataFrame.to_csv('C:/Desktop/股票涨跌幅数据.txt')       #以 TXT 格式导出
```

图 3-1 所示就是例 3-3 中的数据框 R_DataFrame 以 Excel 格式导出后的 Excel 文件。

	A	B	C	D	E	F
1		长江电力	三一重工	浦发银行	中信证券	
2	2022-05-09	-0.016725	-0.016656	-0.003822	-0.003723	
3	2022-05-10	0.022381	0.016311	0.003836	0.014949	
4	2022-05-11	-0.012697	0	0.001274	0.006312	
5	2022-05-12	-0.010643	-0.017901	0.001272	-0.002091	
6	2022-05-13	0.041237	0.005657	0.022872	0.010477	
7						
8						

图 3-1 导出的 Excel 文件

3.1.3 外部数据的直接导入

由于金融的时间序列往往涉及比较多的数据，通常情况是不会直接手工输入的，而是通过外部数据直接导入的方式创建数据框,并且主要有两种途径:一是通过存放数据的外部文件导入 Python,二是借助外部金融数据终端(如 Wind、同花顺等)与 Python 的 API(Application Program Interface,应用程序接口)导入数据。

1. 通过外部文件导入数据

包括 Excel、CSV 和 TXT 等格式的文件均可以快速导入 Python,具体的函数及其核心参数如表 3-2 所示。

表 3-2 导入外部文件的函数及其核心参数

函数名和核心参数	函数功能	参数的具体说明
read_excel(io,sheetname,header, index_col)	导入 Excel 文件	io:代表导入文件的路径,即文件存放在计算机中的位置,路径信息需要以字符串类型输入。 sheetname:表示从 Excel 文件中导入的工作表名称,比如,sheetname='Sheet1'表示导入工作表 Sheet1。 header:指定某一行作为列名,比如,header=0 就表示指定工作表第 1 行作为数据框的列名。 index_col:指定某一列作为索引,比如,index_col=0 就表示指定工作表第 1 列作为索引
read_csv(filepath_or_buffer, sep, delimiter, header, index_col)	导入 CSV 文件	filepath_or_buffer:代表导入文件的路径或网址,并且路径或网址以字符串类型输入。 sep:指定分隔符,不输入(默认)则使用逗号分隔。 delimiter:表示定界符,是备选分隔符,注意如果指定该参数,则 sep 参数失效。 header:用法与 read_excel 函数的 header 参数的用法相同。 index_col:用法与 read_excel 函数的 index_col 参数的用法相同
read_table(filepath_or_buffer, sep , delimiter, header, index_col)	导入 CSV 或 TXT 文件	sep:指定分隔符,不输入(默认)则使用'\\t'分隔。 此外,filepath_or_buffer、delimiter、header 和 index_col 等参数的用法与 read_csv 函数的相关参数的用法相同

【例 3-4】一个 Excel 文件存放了 A 股市场上证指数(指数代码 000001)在 2022 年每个交易日的开盘价、最高价、最低价以及收盘价数据,在 Python 中导入该 Excel 文件并创建数据框。图 3-2 所示为拟导入的 Excel 文件。相关的代码如下:

	A	B	C	D	E
1	日期	开盘价	最高价	最低价	收盘价
2	2022-01-04	3,649.1510	3,651.8924	3,610.0922	3,632.3289
3	2022-01-05	3,628.2634	3,628.2634	3,583.4668	3,595.1761
4	2022-01-06	3,581.2184	3,594.4890	3,559.8803	3,586.0792
5	2022-01-07	3,588.9851	3,607.2316	3,577.0976	3,579.5427
6	2022-01-10	3,572.7434	3,593.5187	3,555.1255	3,593.5187
7	2022-01-11	3,589.9043	3,602.1454	3,562.7541	3,567.4409
8	2022-01-12	3,578.1629	3,599.4993	3,572.0965	3,597.4321

图 3-2 拟导入的 Excel 文件

```
In [21]: SH_Index=pd.read_excel(io='C:/Desktop/2022 年上证指数日交易价格数据.xlsx', sheet_name=
'Sheet1',header=0,index_col=0)              #导入外部数据

In [22]: SH_Index.head()                    #显示开头 5 行
```

```
Out[22]:
             开盘价       最高价       最低价       收盘价
日期
2022-01-04  3649.1510  3651.8924  3610.0922  3632.3289
2022-01-05  3628.2634  3628.2634  3583.4668  3595.1761
2022-01-06  3581.2184  3594.4890  3559.8803  3586.0792
2022-01-07  3588.9851  3607.2316  3577.0976  3579.5427
2022-01-10  3572.7434  3593.5187  3555.1255  3593.5187

In [23]: SH_Index.tail()              #显示末尾5行
Out[23]:
             开盘价       最高价       最低价       收盘价
日期
2022-12-26  3048.1963  3071.8363  3047.3491  3065.5626
2022-12-27  3077.7469  3098.0783  3074.3133  3095.5678
2022-12-28  3088.6174  3098.6496  3079.4338  3087.3997
2022-12-29  3076.7264  3086.0048  3064.4594  3073.7016
2022-12-30  3084.5226  3096.3135  3082.1964  3089.2579
```

以上代码中的 head、tail 均是方法，并且分别用于显示数据框的开头 5 行与末尾 5 行。

此外，需要提醒的是，本书后续内容凡涉及导入 Excel 文件的，文件均存放于计算机的桌面上，因此在代码中 Excel 文件导入的路径显示为'C:/Desktop/文件名称.xlsx'。当然，读者可以选择在个人习惯的位置存放 Excel 文件，只需输入正确的路径即可。

2. 借助外部数据库的 Python 接口导入数据

借助外部金融数据终端（如 Wind、同花顺等）与 Python 的 API 导入数据的前提是用户已经拥有相应的数据终端账号，这里仅以同花顺的 iFinD 终端作为示例。在用户拥有 iFinD 终端账号的情况下，选择登录终端并下载 Python 的数据 API（也就是第三方模块 iFinDPy）以及《同花顺数据接口用户手册-Windows-Python》，iFinDPy 模块的安装以及详细的使用方法可以参见该用户手册。

【例 3-5】使用同花顺 iFinDPy 模块演示如何通过 API 在 Python 中导入上证指数 2022 年每个交易日的开盘价、最高价、最低价以及收盘价数据，具体的代码如下：

```
In [24]: from iFinDPy import *            #导入 iFinDPy 模块的全部函数

In [25]: THS_iFinDLogin('siwen002','******')    #用户登录（需要输入用户名和密码）
Out[25]: 0

In [26]: SH_iFin=THS_HistoryQuotes('000001.SH','open,high,low,close','Interval:D,CPS:1,b
aseDate:1900-01-01,Currency:YSHB,fill:Omit','2022-01-01','2022-12-31',True)  #获取上证指数的日交
易价格数据

In [27]: SH_iFin=THS_Trans2DataFrame(SH_iFin)    #转换为数据框
    ...: SH_iFin                                 #查看结果
Out[27]:
       time        thscode      open       high       low        close
0   2022-01-04   000001.SH   3649.1510  3651.8924  3610.0922  3632.3289
1   2022-01-05   000001.SH   3628.2634  3628.2634  3583.4668  3595.1761
2   2022-01-06   000001.SH   3581.2184  3594.4890  3559.8803  3586.0792
```

```
3    2022-01-07   000001.SH   3588.9851   3607.2316   3577.0976   3579.5427
4    2022-01-10   000001.SH   3572.7434   3593.5187   3555.1255   3593.5187
..       ...         ...         ...         ...         ...         ...
237  2022-12-26   000001.SH   3048.1963   3071.8363   3047.3491   3065.5626
238  2022-12-27   000001.SH   3077.7469   3098.0783   3074.3133   3095.5678
239  2022-12-28   000001.SH   3088.6174   3098.6496   3079.4338   3087.3997
240  2022-12-29   000001.SH   3076.7264   3086.0048   3064.4594   3073.7016
241  2022-12-30   000001.SH   3084.5226   3096.3135   3082.1964   3089.2579

[242 rows x 6 columns]
```

3.2 时间索引

在金融场景中，会涉及针对变量的时间序列进行模拟，比如在 2022 年 12 月末股市收盘后，希望模拟 2023 年每个交易日的股价走势，此时首先需要创建时间索引。本节将讨论如何在 pandas 中创建时间索引以及如何进行不同时间数据类型之间的转换。

3.2.1 创建时间索引

pandas 可以通过 date_range 函数高效创建时间索引，该函数的主要参数如下：

（1）参数 start 代表时间索引的起始时间，并且以字符串的类型输入，比如以 2023 年 1 月 1 日作为起始时间，就输入 start='2023-01-01'；

（2）参数 end 表示时间索引的终止时间，输入的数据类型与起始时间的相同；

（3）参数 periods 代表时间索引包含的时间个数（期数），比如输入 periods=100 即代表 100 个不同的时间；

（4）参数 freq 表示时间的频次，表 3-3 列出了常用的时间频次类型参数及其说明，并且需要以字符串的类型输入，比如输入 fre='D'就表示以工作日作为频次。此外，如果不输入（默认情况）则以自然日作为频次。

表 3-3 常用的时间频次类型参数及其说明

参数	说明
D	以自然日为频次
B	以工作日为频次
W	以周为频次，并且以星期日作为观测时点
H	以时为频次
BH	以营业时间为频次（上午 9 点至下午 4 点）
T 或 min	以分为频次
S	以秒为频次
L 或 ms	以毫秒（millisecond）为频次
U	以微秒（microsecond）为频次
N	以奈秒（nanosecond）为频次
M	以月为频次，并且以每月最后一个自然日作为观测时点

续表

参数	说明
BM	以月为频次,并且以每月最后一个工作日作为观测时点
MS	以月为频次,并且以每月第一个自然日作为观测时点
BMS	以月为频次,并且以每月第一个工作日作为观测时点
Q	以季为频次,并且以每季度最后一个自然日作为观测时点
BQ	以季为频次,并且以每季度最后一个工作日作为观测时点
QS	以季为频次,并且以每季度第一个自然日作为观测时点
BQS	以季为频次,并且以每季度第一个工作日作为观测时点
A 或 Y	以年为频次,并且以每年最后一个自然日作为观测时点
BA 或 BY	以年为频次,并且以每年最后一个工作日作为观测时点
AS 或 YS	以年为频次,并且以每年第一个自然日作为观测时点
BAS 或 BYS	以年为频次,并且以每年第一个工作日作为观测时点

注:表中提到的工作日仅是剔除了双休日以后的自然日,与法律意义上的工作日是存在差异的,元旦(1月1日)、劳动节(5月1日)、国庆节(10月1日)等公众节日如果不处于双休日,则表中的工作日将会包含这些节日。

此外,针对参数 freq 进行输入时,也可以选择不输入参数 periods;参数 end 也可以选择不输入,而是通过其他参数对它进行控制。接下来,通过两个示例讲解如何运用 date_range 函数创建时间索引。

【例3-6】以2023年1月1日作为起始时间,运用 date_range 函数依次创建2023年至2024年期间工作日的时间索引、以周为频次的时间索引、以月为频次且以每月第一个工作日为观测时点的时间索引,具体的代码如下:

```
In [28]: T_day=pd.date_range(start='2023-01-01',end='2024-12-31',freq='B')    #创建2023年至2024年期间工作日的时间索引
   ...: T_day                                                                  #查看结果
Out[28]: 
DatetimeIndex(['2023-01-02', '2023-01-03', '2023-01-04', '2023-01-05',
               '2023-01-06', '2023-01-09', '2023-01-10', '2023-01-11',
               '2023-01-12', '2023-01-13',
               ...
               '2024-12-18', '2024-12-19', '2024-12-20', '2024-12-23',
               '2024-12-24', '2024-12-25', '2024-12-26', '2024-12-27',
               '2024-12-30', '2024-12-31'],
              dtype='datetime64[ns]', length=522, freq='B')

In [29]: T_week=pd.date_range(start='2023-01-01',end='2024-12-31',freq='W')   #创建2023年至2024年期间以周为频次的时间索引
   ...: T_week
Out[29]: 
DatetimeIndex(['2023-01-01', '2023-01-08', '2023-01-15', '2023-01-22',
               '2023-01-29', '2023-02-05', '2023-02-12', '2023-02-19',
               '2023-02-26', '2023-03-05',
               ...
               '2024-10-27', '2024-11-03', '2024-11-10', '2024-11-17',
               '2024-11-24', '2024-12-01', '2024-12-08', '2024-12-15',
```

```
                '2024-12-22', '2024-12-29'],
               dtype='datetime64[ns]', length=105, freq='W-SUN')

In [30]: T_month=pd.date_range(start='2023-01-01',end='2024-12-31',freq='BMS')    #创建2023
年至2024年期间以月为频次且以每月第一个工作日为观测时点的时间索引
    ...: T_month
Out[30]:
DatetimeIndex(['2023-01-02', '2023-02-01', '2023-03-01', '2023-04-03',
               '2023-05-01', '2023-06-01', '2023-07-03', '2023-08-01',
               '2023-09-01', '2023-10-02', '2023-11-01', '2023-12-01',
               '2024-01-01', '2024-02-01', '2024-03-01', '2024-04-01',
               '2024-05-01', '2024-06-03', '2024-07-01', '2024-08-01',
               '2024-09-02', '2024-10-01', '2024-11-01', '2024-12-02'],
               dtype='datetime64[ns]', freq='BMS')
```

从以上的输出结果可以看到，创建的时间索引是以时间戳索引（DatetimeIndex）形式进行存放的，并且属于 datetime64 的时间数据类型，length 代表时间的个数。

【例 3-7】在国内 A 股市场，每个交易日下午的交易时间是从 13 点至 15 点（不考虑大宗交易的时间）。需要运用 date_range 函数依次创建 2023 年 1 月 3 日这个交易日 13 点开始以分为频次并且包含 121 个元素的时间索引、以秒为频次并且包含 7201 个元素的时间索引，具体的代码如下：

```
In [31]: T_minute=pd.date_range(start='2023-01-03 13:00:00',periods=121,freq='T')    #创建2023年
1月3日13点开始以分为频次并且包含121个元素的时间索引
    ...: T_minute                                      #查看结果
Out[31]:
DatetimeIndex(['2023-01-03 13:00:00', '2023-01-03 13:01:00',
               '2023-01-03 13:02:00', '2023-01-03 13:03:00',
               '2023-01-03 13:04:00', '2023-01-03 13:05:00',
               '2023-01-03 13:06:00', '2023-01-03 13:07:00',
               '2023-01-03 13:08:00', '2023-01-03 13:09:00',
               ...
               '2023-01-03 14:51:00', '2023-01-03 14:52:00',
               '2023-01-03 14:53:00', '2023-01-03 14:54:00',
               '2023-01-03 14:55:00', '2023-01-03 14:56:00',
               '2023-01-03 14:57:00', '2023-01-03 14:58:00',
               '2023-01-03 14:59:00', '2023-01-03 15:00:00'],
               dtype='datetime64[ns]', length=121, freq='T')

In [32]: T_second=pd.date_range(start='2023-01-03 13:00:00',periods=7201,freq='S')    #创建2023
年1月3日13点开始以秒为频次并且包含7201个元素的时间索引
    ...: T_second
Out[32]:
DatetimeIndex(['2023-01-03 13:00:00', '2023-01-03 13:00:01',
               '2023-01-03 13:00:02', '2023-01-03 13:00:03',
               '2023-01-03 13:00:04', '2023-01-03 13:00:05',
               '2023-01-03 13:00:06', '2023-01-03 13:00:07',
               '2023-01-03 13:00:08', '2023-01-03 13:00:09',
               ...
               '2023-01-03 14:59:51', '2023-01-03 14:59:52',
               '2023-01-03 14:59:53', '2023-01-03 14:59:54',
               '2023-01-03 14:59:55', '2023-01-03 14:59:56',
```

```
              '2023-01-03 14:59:57', '2023-01-03 14:59:58',
              '2023-01-03 14:59:59', '2023-01-03 15:00:00'],
              dtype='datetime64[ns]', length=7201, freq='S')
```

需要注意的是，由于以上的时间索引中，除了年、月、日，还涉及时、分和秒，因此日与时之间存在一个空格。

3.2.2 不同时间数据类型之间的转换

pandas 的时间数据类型，除了在第 3.2.1 节提到的 datetime64，还会涉及字符串类型（object）。同时，当运用 Python 对金融时间序列进行可视化时，往往对时间数据类型有一定要求，时间数据类型不满足要求就会导致无法正确显示图形的情况发生。幸运的是，datetime64 类型与字符串类型之间可以相关转换。

1. datetime64 类型转换为字符串类型

可以通过 strftime 方法将时间数据的 datetime64 类型转换为字符串类型，该方法常用的代码格式如下：

```
时间索引.strftime('%Y-%m-%d %H:%M:%S')
```

注意，参数%Y 表示年，%m 表示月，%d 表示日，%H 表示时，%M 表示分，%S 表示秒；年、月、日之间用连字符相连，时、分和秒之间用冒号隔开。此外，用户可以根据自己的需要自行选取参数并且可以直接输入字符串，比如用户希望输出的时间是"年-月"形式，则输入字符串'%Y-%m'即可。

【例 3-8】针对例 3-6 创建的时间索引 T_month，将时间数据类型从 datetime64 转换为字符串类型，并且仅显示为"年-月"的形式。此外，针对例 3-7 创建的时间索引 T_minute，也将时间数据类型从 datetime64 转换为字符串类型，同时仅显示为"年-月-日 时:分"的形式。相关的代码如下：

```
In [33]: T1_month=T_month.strftime('%Y-%m')      #转换为字符串类型并且仅显示为"年-月"的形式
   ...: T1_month                                  #查看结果
Out[33]:
Index(['2023-01', '2023-02', '2023-03', '2023-04', '2023-05', '2023-06',
       '2023-07', '2023-08', '2023-09', '2023-10', '2023-11', '2023-12',
       '2024-01', '2024-02', '2024-03', '2024-04', '2024-05', '2024-06',
       '2024-07', '2024-08', '2024-09', '2024-10', '2024-11', '2024-12'],
      dtype='object')

In [34]: T1_minute=T_minute.strftime('%Y-%m-%d %H:%M')  #转换为字符串类型并且仅显示为"年-月-日 时:分"
的形式
   ...: T1_minute
Out[34]:
Index(['2023-01-03 13:00', '2023-01-03 13:01', '2023-01-03 13:02',
       '2023-01-03 13:03', '2023-01-03 13:04', '2023-01-03 13:05',
       '2023-01-03 13:06', '2023-01-03 13:07', '2023-01-03 13:08',
       '2023-01-03 13:09',
       ...
       '2023-01-03 14:51', '2023-01-03 14:52', '2023-01-03 14:53',
```

```
            '2023-01-03 14:54', '2023-01-03 14:55', '2023-01-03 14:56',
            '2023-01-03 14:57', '2023-01-03 14:58', '2023-01-03 14:59',
            '2023-01-03 15:00'],
           dtype='object', length=121)
```

2. 字符串类型转换为 datetime64 类型

运用 DatetimeIndex 函数可以方便地将时间数据的字符串类型转换为 datetime64 类型，同时该函数的核心参数是 data，它用于输入相应的时间索引。

【例 3-9】 针对例 3-8 创建的两个时间索引 T1_month 和 T1_minute，要求将时间数据的字符串类型转换为 datetime64 类型，相关代码如下：

```
In [35]: T2_month=pd.DatetimeIndex(data=T1_month)    #转换为 datetime64 类型
   ...: T2_month                                      #查看结果
Out[35]:
DatetimeIndex(['2023-01-01', '2023-02-01', '2023-03-01', '2023-04-01',
               '2023-05-01', '2023-06-01', '2023-07-01', '2023-08-01',
               '2023-09-01', '2023-10-01', '2023-11-01', '2023-12-01',
               '2024-01-01', '2024-02-01', '2024-03-01', '2024-04-01',
               '2024-05-01', '2024-06-01', '2024-07-01', '2024-08-01',
               '2024-09-01', '2024-10-01', '2024-11-01', '2024-12-01'],
              dtype='datetime64[ns]', freq=None)

In [36]: T2_minute=pd.DatetimeIndex(data=T1_minute)
   ...: T2_minute
Out[36]:
DatetimeIndex(['2023-01-03 13:00:00', '2023-01-03 13:01:00',
               '2023-01-03 13:02:00', '2023-01-03 13:03:00',
               '2023-01-03 13:04:00', '2023-01-03 13:05:00',
               '2023-01-03 13:06:00', '2023-01-03 13:07:00',
               '2023-01-03 13:08:00', '2023-01-03 13:09:00',
               ...
               '2023-01-03 14:51:00', '2023-01-03 14:52:00',
               '2023-01-03 14:53:00', '2023-01-03 14:54:00',
               '2023-01-03 14:55:00', '2023-01-03 14:56:00',
               '2023-01-03 14:57:00', '2023-01-03 14:58:00',
               '2023-01-03 14:59:00', '2023-01-03 15:00:00'],
              dtype='datetime64[ns]', length=121, freq=None)
```

3.3 金融时间序列的数据可视化

通常而言，金融时间序列的数据量会比较大，因此用户首先可以选择可视化的方式了解数据的大致情况，pandas 的 plot 方法就能够实现数据可视化功能。本节首先讨论可视化过程中如何正常显示中文字体，然后详细讨论 plot 方法以及相关参数。

3.3.1 中文字体的显示

在国内的金融领域，数据框的索引、列名都会用到中文字体，并且在可视化的图形中也存在显示中文字体的需求。对此，通过输入以下的代码让 Python 调出中文模块：

```
In [37]: from pylab import mpl                              #导入 pylab 的子模块 mpl
    ...: mpl.rcParams['font.sans-serif']=['FangSong']       #以仿宋字体显示中文
    ...: mpl.rcParams['axes.unicode_minus']=False           #在图像中正常显示负号
```

表 3-4 梳理了 Windows 操作系统的常用中文字体名称与 Python 对应的字体名称，用户可以根据需要自行切换中文字体的输出格式。为了保持图形显示的一致性，本书统一用仿宋字体显示图中的中文。

表 3-4　Windows 操作系统的常用中文字体名称与 Python 对应的字体名称

Windows 的中文字体名称	Python 对应的名称
黑体	SimHei
微软雅黑	Microsoft YaHei
微软正黑体	Microsoft JhengHei
新宋体	NSimSun
新细明体	PMingLiU
细明体	MingLiU
标楷体	DFKai-SB
仿宋	FangSong
楷体	KaiTi
仿宋_GB2312	FangSong_GB2312
楷体_GB2312	KaiTi_GB2312

需要注意的是，当每次重启 Python（本书是重新打开 Spyder）时，都需要将前面的 3 行代码重新输入，否则无法在可视化的图形中正常显示中文字体。

3.3.2　可视化的方法与参数

在 pandas 中，可以运用 plot 方法实现数据的可视化，相关的代码格式如下：

```
序列名称.plot(相关参数)
数据框名称.plot(相关参数)
```

针对 plot 方法的常用相关参数以及用法，具体梳理如下。
- ✓ 参数 kind：指需要生成的图形类型，表 3-5 整理的图形类型参数可供选择，并且图形类型参数需要以字符串的类型输入，比如输入 kind='bar'就表示生成垂直条形图；此外，不输入（默认情况）就表示生成折线图。

表 3-5　图形类型参数及说明

类型参数	说明
line	折线图（line plot）
bar	垂直条形图（vertical bar plot）
box	箱线图（boxplot）
barh	水平条形图（horizontal bar plot）

续表

类型参数	说明
hist	柱状图（histogram）
kde	核密度估计图（kernel density estimation plot）
density	核密度估计图，与 kde 相同
area	区域图（area plot）
pie	饼图（pie plot）
scatter	散点图（scatter plot），仅适用于数据框
hexbin	六边形箱图（hexagonal binning plot），仅适用于数据框

- ✓ 参数 subplots：用于判断图形是否存在子图，如果输入 subplots=True 就代表是，不输入（默认情况）就表示否。
- ✓ 参数 sharex：表示存在子图的情况下，判断子图是否共用 x 轴刻度及标签，如果输入 sharex=True，就代表是；不输入（默认情况）就表示否。
- ✓ 参数 sharey：表示存在子图的情况下，判断子图是否共用 y 轴刻度及标签，如果输入 sharey=True，就代表是；不输入（默认情况）就表示否。
- ✓ 参数 layout：表示存在子图的情况下子图的行列布局情况，并且需输入包含两个元素的元组，元组的第 1 个元素表示行数，第 2 个元素表示列数；比如，输入 layout=(2,1)就表示子图的布局占用 2 行、1 列，即使用的是 2×1 的子图模式。
- ✓ 参数 figsize：表示输出图形的尺寸大小，并且也需输入包含两个元素的元组，元组的第 1 个元素表示长度，第 2 个元素表示宽度；比如 figsize=(10,8)代表长 10 英寸（1 英寸=2.54 厘米）、宽 8 英寸。
- ✓ 参数 title：用于生成图标题，并且以字符串的类型输入。
- ✓ 参数 grid：表示图形中是否需要网格，如果输入 grid=True，就代表是；不输入（默认情况）就表示否。
- ✓ 参数 xlabel：用于生成 x 轴的标签，并且以字符串的类型输入。
- ✓ 参数 ylabel：用于生成 y 轴的标签，也以字符串的类型输入。
- ✓ 参数 fontsize：表示设置图形轴刻度的字体大小，比如输入 fontsize=13 表示刻度字体大小是 13 磅。

【例 3-10】针对例 3-4 已创建的数据框 SH_Index，运用 plot 方法对该数据框进行可视化（见图 3-3），具体的代码如下：

```
In [38]: SH_Index.plot(kind='line',subplots=True,sharex=True,sharey=True,layout=(2,2),
   ...:                figsize=(11,9),title='2022年上证指数每个交易日的价格走势图',
   ...:                grid=True,xlabel='日期',ylabel='价格',fontsize=12)   #可视化
Out[38]:
```

图 3-3 包含 4 个子图，同时子图的布局占用 2 行和 2 列，也就是每一行有 2 个子图，每一列也有 2 个子图。此外，需要注意的是，由于图标题、x 轴标签和 y 轴标签均以中文字体显示，因此在输入代码时，需要将中文以字符串的类型输入。

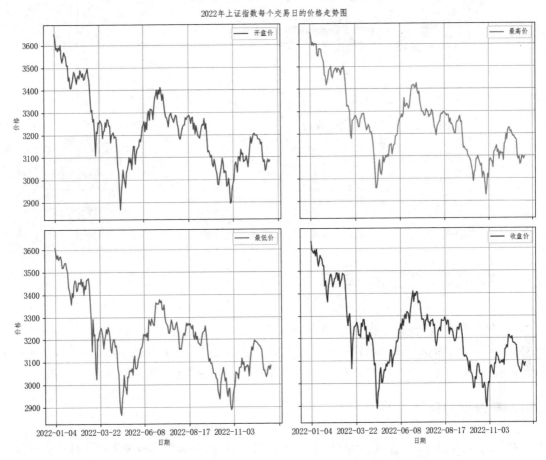

图 3-3 2022 年上证指数每个交易日价格的走势图

3.3.3 可视化的一些技巧

读者需要注意的是,在 Spyder 4.0 及以上的版本中,绘制的图形已经无法在代码运行界面中显示,对此可以通过如下设置实现绘制的图形以弹出窗口的方式显示。

第 1 步:单击 Spyder 界面最上方工具栏的 Tools(工具),并进入 Preferences(偏好设置)界面。

第 2 步:选择左边栏的 IPython console(IPython 控制台),单击右侧界面上方的 Graphics(绘图)。

第 3 步:在右侧界面中间位置的 Graphics backend(后台)栏中打开下拉列表,选择其中的 Automatic(自动)选项,然后单击 OK 按钮完成设置。

第 4 步:重启 Spyder 就可以实现前面设置的功能了。针对第 2 步和第 3 步的设置可以参考图 3-4。

此外,在生成图形的弹出窗口左上方,单击 ![icon] 图标并在新弹出窗口中单击 Tight layout(紧凑布局)选项就可以自动实现图形的优化布局;然后在显示出图形的弹出窗口左上方,单击 ![icon] 图标将图形保存至指定的文件夹,以便于后续的使用。

本书通过 Python 绘制的可视化图形就采用以上方式进行显示和保存。

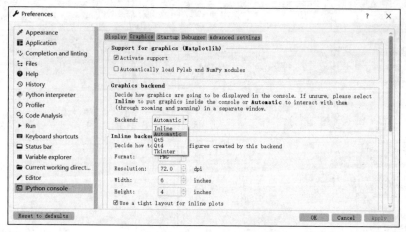

图 3-4 在 Spyder 4.0 及以上版本中进行设置，让绘制的图形在弹出窗口中显示

3.4 数据框内部的操作

可视化让用户对金融时间序列的数据有一个比较直观的了解，但这仅迈出了分析的第一步，接下来还会涉及数据框的属性查询以及数据定位、截取、排序和修改等操作，本节将对此展开讲解。此外，本节虽然是针对数据框展开讲解的，但许多编程操作同样适用于序列。

3.4.1 数据框的属性查询

与第 2.2.1 节讨论的查看数组属性类似，pandas 也可以查询数据框的不同属性，进而能让用户从不同视角观察数据框。相关的代码格式如下：

```
数据框名称.属性名称
```

1. index 与 columns 属性

如果希望迅速了解数据框的索引和列名，就可以运用 index 查看索引、运用 columns 查看列名。

【例 3-11】针对例 3-4 已创建的数据框 SH_Index，分别查看该数据框的索引和列名，相关的代码如下：

```
In [39]: SH_Index.index                              #查看数据框的索引
Out[39]:
Index(['2022-01-04', '2022-01-05', '2022-01-06', '2022-01-07', '2022-01-10',
       '2022-01-11', '2022-01-12', '2022-01-13', '2022-01-14', '2022-01-17',
       ...
       '2022-12-19', '2022-12-20', '2022-12-21', '2022-12-22', '2022-12-23',
       '2022-12-26', '2022-12-27', '2022-12-28', '2022-12-29', '2022-12-30'],
      dtype='object', name='日期', length=242)

In [40]: SH_Index.columns                            #查看数据框的列名
Out[40]: Index(['开盘价', '最高价', '最低价', '收盘价'], dtype='object')
```

2. shape 属性

如果用户希望知道一个数据框的形状，即该数据框由多少行、多少列构成，可以运用 shape 进行查询。

【例 3-12】针对例 3-4 已创建的数据框 SH_Index，查看该数据框的形状，相关的代码如下：

```
In [41]: SH_Index.shape                #查看数据框的形状（行数和列数）
Out[41]: (242, 4)
```

以上输出的结果是一个元组，元组的第 1 个元素代表数据框的行数（不包括列名共计 242 行），第 2 个元素代表数据框的列数（不包含索引共计 4 列）。此外，也可以通过对元组中的元素进行索引的方式来查看数据框的行数或列数。

```
In [42]: SH_Index.shape[0]             #查看数据框的行数（索引元组的第 1 个元素）
Out[42]: 242
```

```
In [43]: SH_Index.shape[-1]            #查看数据框的列数（索引元组的最后 1 个元素）
Out[43]: 4
```

3.4.2 数据框的定位与截取

在金融时间序列分析中，用户有时会要求精确定位到某个时刻的价格或收益数据，也可能会选取某个时间段的相关数据进行洞察，这便涉及数据框的定位和截取功能。

1. 定位

对于数据框而言，pandas 提供了数据定位的功能，并且是通过**特性**（property）来实现的，关于特性的介绍可以参见第 1.3.1 节。针对序列或数据框的特性，相关的代码格式如下：

```
序列名称或数据框名称.特性名称[参数]
```

需要注意的是，在特性名称后面的是方括号而不是圆括号，这是特性与方法之间的主要区别。

表 3-6 给出了具备数据定位功能的 loc 和 iloc 这两个特性的具体用法，并且以例 3-4 已创建的数据框 SH_Index 作为演示对象。

表 3-6 数据框的定位与示例

特性名称	功能	以数据框 SH_Index 作为演示对象
loc	通过输入索引的方式定位对应的数据。 注：loc 是定位对应的英文单词 locate 的缩写	In [44]: SH_Index.loc['2022-05-18'] #2022 年 5 月 18 日的数据 Out[44]: 开盘价 3095.8862 最高价 3105.8419 最低价 3071.3050 收盘价 3085.9768 Name: 2022-05-18, dtype: float64

续表

特性名称	功能	以数据框 SH_Index 作为演示对象
| iloc | 通过输入行号（即具体第几行）的方式来定位对应的数据，并且行号 0 代表第 1 行，行号 1 代表第 2 行，依次类推。<br>注：iloc 是索引定位对应的英文 index locate 的缩写 | ```
In [45]: SH_Index.iloc[24]        #第25行的数据
Out[45]:
开盘价    3451.8468
最高价    3457.2645
最低价    3415.4463
收盘价    3428.8821
Name: 2022-02-14, dtype: float64
```<br>以上的输出显示，该行数据是 2022 年 2 月 14 日的交易价格数据 |

2. 常规截取

针对金融时间序列，用户有时会希望能够截取某个时间区间内相关变量的数据，这个操作类似于 NumPy 的数组切片操作，并且也会用到 loc 和 iloc 这两个特性。

【例 3-13】针对例 3-4 已创建的数据框 SH_Index，依次截取该数据框前 3 行的数据，第 53 行至第 56 行与第 2、3 列的数据，2022 年 4 月 25 日至 28 日的数据，具体的代码如下：

```
In [46]: SH_Index[:3]                    #截取该数据框前3行的数据
Out[46]:
              开盘价        最高价        最低价        收盘价
日期
2022-01-04   3649.1510   3651.8924   3610.0922   3632.3289
2022-01-05   3628.2634   3628.2634   3583.4668   3595.1761
2022-01-06   3581.2184   3594.4890   3559.8803   3586.0792

In [47]: SH_Index.iloc[52:56,1:3]        #截取第53行至第56行与第2、3列的数据
Out[47]:
              最高价        最低价
日期
2022-03-24   3266.8866   3236.6592
2022-03-25   3257.1061   3211.6445
2022-03-28   3230.2153   3159.8348
2022-03-29   3229.1766   3196.4553

In [48]: SH_Index.loc['2022-04-25':'2022-04-28']    #截取2022年4月25日至28日的数据
Out[48]:
              开盘价        最高价        最低价        收盘价
日期
2022-04-25   3034.2667   3043.8156   2928.5096   2928.5118
2022-04-26   2930.4532   2957.6800   2878.2563   2886.4257
2022-04-27   2866.8161   2959.1781   2863.6497   2958.2820
2022-04-28   2945.8109   2991.5101   2936.7941   2975.4848
```

此外，用户也可以通过输入列名的方式截取相应的数据，但是每次只能输入一个列名，并且截取后的数据存放在序列中。

【例 3-14】针对例 3-4 已创建的数据框 SH_Index，一方面截取开盘价的全部数据，另一方面截取 2022 年 5 月 16 日至 20 日的开盘价数据。相关的代码如下：
```

```
In [49]: SH_Index['开盘价']                    #截取开盘价的全部数据
Out[49]:
日期
2022-01-04    3649.1510
2022-01-05    3628.2634
2022-01-06    3581.2184
2022-01-07    3588.9851
2022-01-10    3572.7434
                ...
2022-12-26    3048.1963
2022-12-27    3077.7469
2022-12-28    3088.6174
2022-12-29    3076.7264
2022-12-30    3084.5226
Name: 开盘价, Length: 242, dtype: float64

In [50]: type(SH_Index['开盘价'])              #查看数据结构的类型
Out[50]: pandas.core.series.Series

In [51]: SH_Index['开盘价'].loc['2022-05-16':'2022-05-20']    #截取2022年5月16日至20日的开盘价数据
Out[51]:
日期
2022-05-16    3100.5500
2022-05-17    3076.4982
2022-05-18    3095.8862
2022-05-19    3046.7104
2022-05-20    3107.0941
Name: 开盘价, dtype: float64
```

3. 条件截取

用户有时也希望设定某些条件来截取相应的数据，比如针对某个列名找出大于或小于某个数值的数据，注意，设定的选取条件应存放于方括号内。

【例3-15】针对例3-4已创建的数据框SH_Index，截取其中最高价高于或等于3600点的相关数据，具体的代码如下：

```
In [52]: SH_Index[SH_Index['最高价']>=3600]    #截取最高价高于或等于3600点的相关数据
Out[52]:
              开盘价        最高价        最低价        收盘价
日期
2022-01-04    3649.1510   3651.8924   3610.0922   3632.3289
2022-01-05    3628.2634   3628.2634   3583.4668   3595.1761
2022-01-07    3588.9851   3607.2316   3577.0976   3579.5427
2022-01-11    3589.9043   3602.1454   3562.7541   3567.4409
2022-01-13    3601.0265   3601.0725   3555.1576   3555.2585
```

以上的示例仅设置了唯一的选取条件，当然用户也可以同时设置多个选取条件。

【例3-16】针对例3-4已创建的数据框SH_Index，截取开盘价高于或等于3600但收盘价低于3630点的相关数据，具体的代码如下：

```
In [53]: SH_Index[(SH_Index['开盘价']>=3600)&(SH_Index['收盘价']<=3630)]   #截取开盘价高于或等于
3600点但收盘价低于3630的相关数据
Out[53]:
              开盘价       最高价       最低价       收盘价
日期
2022-01-05   3628.2634  3628.2634  3583.4668  3595.1761
2022-01-13   3601.0265  3601.0725  3555.1576  3555.2585
```

注意，不同的选取条件需要存放于圆括号内，并且不同条件之间还要用&符号连接。

3.4.3 数据框的排序

用户也会希望能够针对数据框的数据进行排序，从而寻找出数据相应的规律。数据框的数据排序可以分为两类：一类是按照索引进行排序，另一类是按照列名进行排序。

1. 按照索引进行排序

如果按照索引的大小排序，比如针对金融时间序列按照日期（索引）由近至远或由远至近进行排序，就可以运用 sort_index 方法，该方法需要输入一个重要参数 ascending，输入 ascending=True 表示由小到大排序，输入 ascending=False 则表示由大到小排序，不输入（默认情况）就表示由小到大排序。

【例3-17】针对例3-4已创建的数据框 SH_Index，分别输出按照交易日由远至近（由小到大）、由近至远（由大到小）排序的结果，具体的代码如下：

```
In [54]: SH_Index.sort_index(ascending=True)    #按照交易日由远至近（由小到大）排序
Out[54]:
              开盘价       最高价       最低价       收盘价
日期
2022-01-04   3649.1510  3651.8924  3610.0922  3632.3289
2022-01-05   3628.2634  3628.2634  3583.4668  3595.1761
2022-01-06   3581.2184  3594.4890  3559.8803  3586.0792
2022-01-07   3588.9851  3607.2316  3577.0976  3579.5427
2022-01-10   3572.7434  3593.5187  3555.1255  3593.5187
    ...          ...        ...        ...        ...
2022-12-26   3048.1963  3071.8363  3047.3491  3065.5626
2022-12-27   3077.7469  3098.0783  3074.3133  3095.5678
2022-12-28   3088.6174  3098.6496  3079.4338  3087.3997
2022-12-29   3076.7264  3086.0048  3064.4594  3073.7016
2022-12-30   3084.5226  3096.3135  3082.1964  3089.2579

[242 rows x 4 columns]

In [55]: SH_Index.sort_index(ascending=False)   #按照交易日由近至远（由大到小）排序
Out[55]:
              开盘价       最高价       最低价       收盘价
日期
2022-12-30   3084.5226  3096.3135  3082.1964  3089.2579
2022-12-29   3076.7264  3086.0048  3064.4594  3073.7016
2022-12-28   3088.6174  3098.6496  3079.4338  3087.3997
2022-12-27   3077.7469  3098.0783  3074.3133  3095.5678
2022-12-26   3048.1963  3071.8363  3047.3491  3065.5626
```

```
...              ...           ...           ...           ...
2022-01-10    3572.7434    3593.5187    3555.1255    3593.5187
2022-01-07    3588.9851    3607.2316    3577.0976    3579.5427
2022-01-06    3581.2184    3594.4890    3559.8803    3586.0792
2022-01-05    3628.2634    3628.2634    3583.4668    3595.1761
2022-01-04    3649.1510    3651.8924    3610.0922    3632.3289

[242 rows x 4 columns]
```

2. 按照列名进行排序

当然针对数据框也可以按照某个列名对应的数值大小进行排序，这时需要运用 sort_values 方法，并且重点运用参数 by='列名'以及 ascending=True（由小到大排序，默认情况）或者 ascending=False（由大到小排序）。

【例 3-18】针对例 3-4 已创建的数据框 SH_Index，分别输出按照最低价由小到大排序、按照最高价由大到小排序的结果，具体的代码如下：

```
In [56]: SH_Index.sort_values(by='最低价',ascending=True)    #按照最低价由小到大排序
Out[56]:
                开盘价         最高价         最低价         收盘价
日期
2022-04-27    2866.8161    2959.1781    2863.6497    2958.2820
2022-04-26    2930.4532    2957.6800    2878.2563    2886.4257
2022-10-31    2893.1962    2926.0150    2885.0894    2893.4829
2022-11-01    2899.4985    2969.1995    2896.7572    2969.1995
2022-10-28    2967.0221    2974.2360    2908.9831    2915.9257
...              ...           ...           ...           ...
2022-01-11    3589.9043    3602.1454    3562.7541    3567.4409
2022-01-12    3578.1629    3599.4993    3572.0965    3597.4321
2022-01-07    3588.9851    3607.2316    3577.0976    3579.5427
2022-01-05    3628.2634    3628.2634    3583.4668    3595.1761
2022-01-04    3649.1510    3651.8924    3610.0922    3632.3289

[242 rows x 4 columns]

In [57]: SH_Index.sort_values(by='最高价',ascending=False)   #按照最高价由大到小排序
Out[57]:
                开盘价         最高价         最低价         收盘价
日期
2022-01-04    3649.1510    3651.8924    3610.0922    3632.3289
2022-01-05    3628.2634    3628.2634    3583.4668    3595.1761
2022-01-07    3588.9851    3607.2316    3577.0976    3579.5427
2022-01-11    3589.9043    3602.1454    3562.7541    3567.4409
2022-01-13    3601.0265    3601.0725    3555.1576    3555.2585
...              ...           ...           ...           ...
2022-10-28    2967.0221    2974.2360    2908.9831    2915.9257
2022-11-01    2899.4985    2969.1995    2896.7572    2969.1995
2022-04-27    2866.8161    2959.1781    2863.6497    2958.2820
2022-04-26    2930.4532    2957.6800    2878.2563    2886.4257
2022-10-31    2893.1962    2926.0150    2885.0894    2893.4829
```

```
[242 rows x 4 columns]
```

3.4.4 数据框的修改

有时用户也会希望能够对数据框的内容做出一定的修改，比如修改索引、修改列名、数据缺失值的查找与处理等。

1. 修改索引与列名

修改索引与列名都需要运用 rename 方法，其中，针对索引的修改，需要输入参数 index={'原名称':'新名称'}；针对列名的修改，需要输入参数 columns={'原名称':'新名称'}。需要提醒的是，变更前后的名称实质上存放于字典这一数据结构中。

【例3-19】针对例3-4已创建的数据框 SH_Index，将索引中的日期"2022-01-04"修改为"2022年1月4日"，将列名"开盘价"修改为"开盘点位"，具体的代码如下：

```
In [58]: SH_Index_new=SH_Index.rename(index={'2022-01-04':'2022年1月4日'},
   ...:                                columns={'开盘价':'开盘点位'})   #修改索引与列名

In [59]: SH_Index_new.head()          #显示修改后数据框的前5行数据
Out[59]:
              开盘点位      最高价      最低价      收盘价
日期
2022年1月4日   3649.1510  3651.8924  3610.0922  3632.3289
2022-01-05  3628.2634  3628.2634  3583.4668  3595.1761
2022-01-06  3581.2184  3594.4890  3559.8803  3586.0792
2022-01-07  3588.9851  3607.2316  3577.0976  3579.5427
2022-01-10  3572.7434  3593.5187  3555.1255  3593.5187
```

2. 缺失值的查找

不同国家的资本市场由于公众节假日安排的差异性而存在不同的休市日，上市公司的股票往往存在某些特殊的原因（比如重大资产重组等）而出现停牌，因此在金融时间序列中可能存在缺失值。

在 pandas 中，可以运用 isnull 或者 isna 方法查找数据框是否存在缺失值，查找操作分为以下两步。

第1步：查找每一列是否存在缺失值。相关的代码格式如下：

```
数据框名称.isnull().any()
数据框名称.isna().any()
```

第2步：当存在缺失值时，就需要精准找出存在缺失值的行。相应的代码格式如下：

```
数据框名称[数据框名称.isnull().values==True]
数据框名称[数据框名称.isna().values==True]
```

【例3-20】导入存放2022年4月上证指数、道琼斯指数、富时100指数以及日经225指数这4只股票指数收盘价数据的 Excel 文件，并且创建数据框，需要查找该数据框是否存在缺失值。具体的代码如下：

```
In [60]: data_4index=pd.read_excel(io='C:/Desktop/4只股票指数2022年4月的收盘
价.xlsx', sheet_name='Sheet1',header=0,index_col=0)    #导入外部数据

In [61]: data_4index.isnull().any()         #使用 isnull 方法查找每一列是否存在缺失值
Out[61]:
上证指数          True
道琼斯指数         True
富时 100 指数     True
日经 225 指数     True
dtype: bool

In [62]: data_4index.isna().any()           #使用 isna 方法查找每一列是否存在缺失值
Out[62]:
上证指数          True
道琼斯指数         True
富时 100 指数     True
日经 225 指数     True
dtype: bool
```

以上输出结果 True 表示相关的列存在缺失值,这意味着 4 只股票指数均存在缺失值,并且输出结果(True)的数据类型均是布尔值。

```
In [63]: data_4index[data_4index.isnull().values==True]    #使用 isnull 方法查找存在缺失值的行
Out[63]:
              上证指数      道琼斯指数      富时 100 指数    日经 225 指数
日期
2022-04-04        NaN   34921.8789      7558.92      27736.47
2022-04-05        NaN   34641.1797      7613.72      27787.98
2022-04-15   3211.2448         NaN          NaN      27093.19
2022-04-15   3211.2448         NaN          NaN      27093.19
2022-04-18   3195.5240   34411.6914          NaN      26799.71
2022-04-29   3047.0624   32977.2109      7544.55          NaN

In [64]: data_4index[data_4index.isna().values==True]     #使用 isna 方法查找存在缺失值的行
Out[64]:
              上证指数      道琼斯指数      富时 100 指数    日经 225 指数
日期
2022-04-04        NaN   34921.8789      7558.92      27736.47
2022-04-05        NaN   34641.1797      7613.72      27787.98
2022-04-15   3211.2448         NaN          NaN      27093.19
2022-04-15   3211.2448         NaN          NaN      27093.19
2022-04-18   3195.5240   34411.6914          NaN      26799.71
2022-04-29   3047.0624   32977.2109      7544.55          NaN
```

在以上输出结果中,缺失值用 NaN 表示。需要注意的是,美国股市和英国股市均在 2022 年 4 月 15 日休市一天,这意味着该交易日道琼斯指数和富时 100 指数均存在缺失值,因此在输出的结果中重复输出了相同的一行。此外,纵观整个 4 月,上证指数、富时 100 指数均有 2 个缺失值,其他股票指数则各有 1 个缺失值。

3. 缺失值的处理

对于数据框存在的缺失值,可以运用以下 4 种办法进行处理:

一是**直接删除法**,具体是运用 dropna 方法直接将存在缺失值的整行数据进行删除;

二是**零值补齐法**,就是将缺失值赋为 0,可以运用 fillna 方法并输入参数 value=0 实现;

三是**前值补齐法**,也是运用 fillna 方法但需要输入参数 method='ffill',它表示用缺失值所在列的前一个非 NaN 值进行补齐,即**前值填充**(front fill);

四是**后值补齐法**,同样运用 fillna 方法但需要输入参数 method='bfill',它表示用缺失值所在列的后一个非 NaN 值进行补齐,即**后值填充**(back fill)。

【例 3-21】针对例 3-20 已创建的数据框 data_4index,依次运用直接删除法、零值补齐法、前值补齐法以及后值补齐法对涉及的缺失值进行处理,具体的代码如下:

```
In [65]: Index_dropna=data_4index.dropna()            #直接删除法
    ...: Index_dropna                                  #查看结果
Out[65]:
            上证指数      道琼斯指数    富时100指数   日经225指数
日期
2022-04-01  3282.7166   34818.2695   7537.90     27665.98
2022-04-06  3283.4261   34496.5117   7587.70     27350.30
2022-04-07  3236.6951   34583.5703   7551.81     26888.57
2022-04-08  3251.8502   34721.1211   7669.56     26985.80
2022-04-11  3167.1259   34308.0781   7618.31     26821.52
2022-04-12  3213.3295   34220.3594   7576.66     26334.98
2022-04-13  3186.8244   34564.5898   7580.80     26843.49
2022-04-14  3225.6412   34451.2305   7616.38     27172.00
2022-04-19  3194.0287   34911.1992   7601.28     26985.09
2022-04-20  3151.0498   35160.7891   7629.22     27217.85
2022-04-21  3079.8077   34792.7617   7627.95     27553.06
2022-04-22  3086.9193   33811.3984   7521.68     27105.26
2022-04-25  2928.5118   34049.4609   7380.54     26590.78
2022-04-26  2886.4257   33240.1797   7386.19     26700.11
2022-04-27  2958.2820   33301.9297   7425.61     26386.63
2022-04-28  2975.4848   33916.3906   7509.19     26847.90
```

通过观察以上的输出结果可以发现,在运用直接删除法之后,原先存在缺失值的 2022 年 4 月 4 日、5 日、15 日、18 日以及 29 日这 5 个交易日的整行数据均被删除。

```
In [66]: Index_fillzero=data_4index.fillna(value=0)    #零值补齐法
    ...: Index_fillzero
Out[66]:
            上证指数      道琼斯指数    富时100指数   日经225指数
日期
2022-04-01  3282.7166   34818.2695   7537.90     27665.98
2022-04-04     0.0000   34921.8789   7558.92     27736.47
2022-04-05     0.0000   34641.1797   7613.72     27787.98
2022-04-06  3283.4261   34496.5117   7587.70     27350.30
2022-04-07  3236.6951   34583.5703   7551.81     26888.57
2022-04-08  3251.8502   34721.1211   7669.56     26985.80
2022-04-11  3167.1259   34308.0781   7618.31     26821.52
2022-04-12  3213.3295   34220.3594   7576.66     26334.98
2022-04-13  3186.8244   34564.5898   7580.80     26843.49
2022-04-14  3225.6412   34451.2305   7616.38     27172.00
2022-04-15  3211.2448       0.0000      0.00     27093.19
2022-04-18  3195.5240   34411.6914      0.00     26799.71
```

```
2022-04-19   3194.0287   34911.1992   7601.28   26985.09
2022-04-20   3151.0498   35160.7891   7629.22   27217.85
2022-04-21   3079.8077   34792.7617   7627.95   27553.06
2022-04-22   3086.9193   33811.3984   7521.68   27105.26
2022-04-25   2928.5118   34049.4609   7380.54   26590.78
2022-04-26   2886.4257   33240.1797   7386.19   26700.11
2022-04-27   2958.2820   33301.9297   7425.61   26386.63
2022-04-28   2975.4848   33916.3906   7509.19   26847.90
2022-04-29   3047.0624   32977.2109   7544.55      0.00
```

可以看到，在运用零值补齐法之后，原先为缺失值的数据均显示为0，然而在金融场景中，零值补齐法运用得并不多。

```
In [67]: Index_ffill=data_4index.fillna(method='ffill')    #前值补齐法
    ...: Index_ffill
Out[67]:
             上证指数   道琼斯指数   富时100指数   日经225指数
日期
2022-04-01   3282.7166   34818.2695   7537.90   27665.98
2022-04-04   3282.7166   34921.8789   7558.92   27736.47
2022-04-05   3282.7166   34641.1797   7613.72   27787.98
2022-04-06   3283.4261   34496.5117   7587.70   27350.30
2022-04-07   3236.6951   34583.5703   7551.81   26888.57
2022-04-08   3251.8502   34721.1211   7669.56   26985.80
2022-04-11   3167.1259   34308.0781   7618.31   26821.52
2022-04-12   3213.3295   34220.3594   7576.66   26334.98
2022-04-13   3186.8244   34564.5898   7580.80   26843.49
2022-04-14   3225.6412   34451.2305   7616.38   27172.00
2022-04-15   3211.2448   34451.2305   7616.38   27093.19
2022-04-18   3195.5240   34411.6914   7616.38   26799.71
2022-04-19   3194.0287   34911.1992   7601.28   26985.09
2022-04-20   3151.0498   35160.7891   7629.22   27217.85
2022-04-21   3079.8077   34792.7617   7627.95   27553.06
2022-04-22   3086.9193   33811.3984   7521.68   27105.26
2022-04-25   2928.5118   34049.4609   7380.54   26590.78
2022-04-26   2886.4257   33240.1797   7386.19   26700.11
2022-04-27   2958.2820   33301.9297   7425.61   26386.63
2022-04-28   2975.4848   33916.3906   7509.19   26847.90
2022-04-29   3047.0624   32977.2109   7544.55   26847.90
```

可以看到，在运用了前值补齐法以后，原先为缺失值的数据就等于其所在列的前一个非缺失值，比如，上证指数4月4日的收盘价（缺失值）等于前一个交易日（4月1日）的收盘价，其他的缺失值也按照这样的逻辑补齐。在金融领域中，前值补齐法的运用最为常见。

```
In [68]: Index_bfill=data_4index.fillna(method='bfill')    #后值补齐法
    ...: Index_bfill
Out[68]:
             上证指数   道琼斯指数   富时100指数   日经225指数
日期
2022-04-01   3282.7166   34818.2695   7537.90   27665.98
2022-04-04   3283.4261   34921.8789   7558.92   27736.47
2022-04-05   3283.4261   34641.1797   7613.72   27787.98
2022-04-06   3283.4261   34496.5117   7587.70   27350.30
```

2022-04-07	3236.6951	34583.5703	7551.81	26888.57
2022-04-08	3251.8502	34721.1211	7669.56	26985.80
2022-04-11	3167.1259	34308.0781	7618.31	26821.52
2022-04-12	3213.3295	34220.3594	7576.66	26334.98
2022-04-13	3186.8244	34564.5898	7580.80	26843.49
2022-04-14	3225.6412	34451.2305	7616.38	27172.00
2022-04-15	3211.2448	34411.6914	7601.28	27093.19
2022-04-18	3195.5240	34411.6914	7601.28	26799.71
2022-04-19	3194.0287	34911.1992	7601.28	26985.09
2022-04-20	3151.0498	35160.7891	7629.22	27217.85
2022-04-21	3079.8077	34792.7617	7627.95	27553.06
2022-04-22	3086.9193	33811.3984	7521.68	27105.26
2022-04-25	2928.5118	34049.4609	7380.54	26590.78
2022-04-26	2886.4257	33240.1797	7386.19	26700.11
2022-04-27	2958.2820	33301.9297	7425.61	26386.63
2022-04-28	2975.4848	33916.3906	7509.19	26847.90
2022-04-29	3047.0624	32977.2109	7544.55	NaN

可以看到，在采用了后值补齐法以后，原先为缺失值的数据就等于其所在列的后一个非缺失值，比如，道琼斯指数 4 月 15 日的收盘价（缺失值）等于后一个交易日（4 月 18 日）的收盘价，其他的缺失值也按照这样的逻辑补齐。这里需要注意的是，如果最后一行的数据存在缺失值，运用后值补齐法就无法对缺失值数据进行补齐，本示例中日经 225 指数在 2022 年 4 月 29 日的缺失值就属于这种特殊的情形。

3.5 数据框之间的合并

对金融数据开展分析的时候往往会同时处理若干个数据框，为了便于分析，可以将不同的数据框进行合并（也称为拼接），合并分为以下两类。

一是**上下合并**。具体就是按照索引将不同的数据框进行合并，合并后数据框的索引包括合并前不同数据框的全部索引。比如，合并前有两个数据框，一个数据框的索引是 2021 年 1 月 1 日至 12 月 31 日，另一个数据框的索引是 2022 年 1 月 1 日至 12 月 31 日，则按索引合并以后的新数据框将拥有 2021 年 1 月 1 日至 2022 年 12 月 31 日的索引以及与索引对应的数据。

二是**左右合并**。具体就是按照列名将不同的数据框进行合并，合并后数据框的列名包含合并前不同数据框的全部列名。比如，合并前有两个数据框，一个数据框的列名仅包含开盘价、最低价，另一个数据框的列名只包含最高价、收盘价，则按列名合并以后的新数据框将拥有开盘价、最低价、最高价和收盘价等全部列名以及与列名对应的数据。

在 pandas 中，关于数据框的合并涉及 2 个函数和 1 个方法，它们分别是 concat 函数、merge 函数以及 join 方法。其中，使用 concat 函数既可以按照索引对数据框进行上下合并，又能按照列名对数据框进行左右合并；merge 函数与 join 方法则主要运用于按照列名对数据框进行左右合并。本节就依次对它们的运用进行介绍并演示，同时需要先创建两个用于合并的新数据框。

3.5.1 创建两个新数据框

【例 3-22】导入存放 2021 年上证指数日交易价格数据的 Excel 文件并且创建一个新的数据框，该数据框后续将用于按照索引进行上下合并，具体的代码如下：

```
In [69]: SH_Index_2021=pd.read_excel(io='C:/Desktop/2021年上证指数日交易价格数据.xlsx', sheet_name=
'Sheet1',header=0,index_col=0)    #导入数据

In [70]: SH_Index_2021.head()                                    #显示开头5行
Out[70]:
              开盘价        最高价        最低价        收盘价
日期
2021-01-04   3474.6793   3511.6554   3457.2061   3502.9584
2021-01-05   3492.1912   3528.6767   3484.7151   3528.6767
2021-01-06   3530.9072   3556.8022   3513.1262   3550.8767
2021-01-07   3552.9087   3576.2046   3526.6174   3576.2046
2021-01-08   3577.6923   3588.0625   3544.8912   3570.1082

In [71]: SH_Index_2021.tail()                                    #显示末尾5行
Out[71]:
              开盘价        最高价        最低价        收盘价
日期
2021-12-27   3613.0469   3632.1880   3601.9351   3615.9741
2021-12-28   3619.6419   3631.0766   3607.3643   3630.1115
2021-12-29   3630.9159   3630.9159   3596.3225   3597.0002
2021-12-30   3596.4921   3628.9177   3595.4957   3619.1886
2021-12-31   3626.2420   3642.8430   3624.9419   3639.7754
```

【例3-23】 导入存放2022年上证指数日成交金额与总市值数据的Excel文件，并且创建一个新的数据框，该数据框将用于按照列名进行左右合并，具体的代码如下：

```
In [72]: SH_Index_volume=pd.read_excel(io='C:/Desktop/2022年上证指数日成交金额与总市值数
据.xlsx',sheet_name='Sheet1',header=0,index_col=0)    #导入数据

In [73]: SH_Index_volume.head()                                  #显示开头5行
Out[73]:
              成交额（万亿元）   总市值（万亿元）
日期
2022-01-04      0.5103         54.3910
2022-01-05      0.5390         53.9352
2022-01-06      0.4743         53.8041
2022-01-07      0.5029         53.8087
2022-01-10      0.4434         54.0050

In [74]: SH_Index_volume.tail()                                  #显示末尾5行
Out[74]:
              成交额（万亿元）   总市值（万亿元）
日期
2022-12-26      0.2555         50.0134
2022-12-27      0.2679         50.5254
2022-12-28      0.2605         50.4371
2022-12-29      0.2539         50.2059
2022-12-30      0.2504         50.4803
```

3.5.2 concat函数的运用

首先介绍concat函数的具体用法，concat是英文单词concatenate的缩写。该函数的代码输入格式及关键参数如下：

```
concat([数据框1,数据框2,…,数据框n],axis)
```

针对以上的代码输入格式进行简单说明：不同的数据框需要放在列表中；如果输入参数 axis=0，就表示将不同的数据框按照索引进行上下合并；如果输入参数 axis=1，则表示将不同的数据框按照列名进行左右合并。

1. 按索引合并数据框

【例 3-24】 针对例 3-4 和例 3-22 依次创建的数据框 SH_Index 和 SH_Index_2021，运用 concat 函数将这两个数据框按照索引进行上下合并，从而得到 2021 年至 2022 年期间上证指数日交易价格的数据框，具体的代码如下：

```
In [75]: SH_Index_new1=pd.concat([SH_Index_2021,SH_Index],axis=0)    #按索引进行上下合并

In [76]: SH_Index_new1.head()                                        #显示开头5行
Out[76]:
              开盘价        最高价        最低价        收盘价
日期
2021-01-04   3474.6793   3511.6554   3457.2061   3502.9584
2021-01-05   3492.1912   3528.6767   3484.7151   3528.6767
2021-01-06   3530.9072   3556.8022   3513.1262   3550.8767
2021-01-07   3552.9087   3576.2046   3526.6174   3576.2046
2021-01-08   3577.6923   3588.0625   3544.8912   3570.1082

In [77]: SH_Index_new1.tail()                                        #显示末尾5行
Out[77]:
              开盘价        最高价        最低价        收盘价
日期
2022-12-26   3048.1963   3071.8363   3047.3491   3065.5626
2022-12-27   3077.7469   3098.0783   3074.3133   3095.5678
2022-12-28   3088.6174   3098.6496   3079.4338   3087.3997
2022-12-29   3076.7264   3086.0048   3064.4594   3073.7016
2022-12-30   3084.5226   3096.3135   3082.1964   3089.2579
```

2. 按列名合并数据框

【例 3-25】 针对例 3-4 和例 3-23 分别创建的数据框 SH_Index 和 SH_Index_volume，运用 concat 函数将这两个数据框按照列名进行左右合并，最终得到 2022 年期间包含上证指数日交易价格、成交额和总市值的一个数据框，具体的代码如下：

```
In [78]: SH_Index_new2=pd.concat([SH_Index,SH_Index_volume],axis=1)  #按列名进行左右合并

In [79]: SH_Index_new2.head()                                        #显示开头5行
Out[79]:
              开盘价        最高价        最低价        收盘价     成交额（万亿元）  总市值（万亿元）
日期
2022-01-04   3649.1510   3651.8924   3610.0922   3632.3289   0.5103      54.3910
2022-01-05   3628.2634   3628.2634   3583.4668   3595.1761   0.5390      53.9352
2022-01-06   3581.2184   3594.4890   3559.8803   3586.0792   0.4743      53.8041
2022-01-07   3588.9851   3607.2316   3577.0976   3579.5427   0.5029      53.8087
2022-01-10   3572.7434   3593.5187   3555.1255   3593.5187   0.4434      54.0050
```

```
In [80]: SH_Index_new2.tail()                              #显示末尾5行
Out[80]:
              开盘价       最高价       最低价       收盘价   成交额（万亿元） 总市值（万亿元）
日期
2022-12-26   3048.1963  3071.8363  3047.3491  3065.5626     0.2555       50.0134
2022-12-27   3077.7469  3098.0783  3074.3133  3095.5678     0.2679       50.5254
2022-12-28   3088.6174  3098.6496  3079.4338  3087.3997     0.2605       50.4371
2022-12-29   3076.7264  3086.0048  3064.4594  3073.7016     0.2539       50.2059
2022-12-30   3084.5226  3096.3135  3082.1964  3089.2579     0.2504       50.4803
```

3.5.3 merge 函数的运用

可以运用 merge 函数将不同数据框按照列名进行左右合并，该函数的代码输入格式及核心参数如下：

```
merge(left,right,on)
```

其中，参数 left 用于输入存放在合并结果中的左侧数据框；参数 right 用于输入存放在合并结果中的右侧数据框；参数 on 代表两个数据框共同的索引，也就是要求该索引同时存在于左侧数据框和右侧数据框中。

【例 3-26】针对例 3-4 和例 3-23 分别创建的数据框 SH_Index 和 SH_Index_volume，运用 merge 函数将这两个数据框按照列名进行左右合并，具体的代码如下：

```
In [81]: SH_Index_new3=pd.merge(left=SH_Index,right=SH_Index_volume,on='日期')  #左右合并

In [82]: SH_Index_new3.head()                              #显示开头5行
Out[82]:
              开盘价       最高价       最低价       收盘价   成交额（万亿元） 总市值（万亿元）
日期
2022-01-04   3649.1510  3651.8924  3610.0922  3632.3289     0.5103       54.3910
2022-01-05   3628.2634  3628.2634  3583.4668  3595.1761     0.5390       53.9352
2022-01-06   3581.2184  3594.4890  3559.8803  3586.0792     0.4743       53.8041
2022-01-07   3588.9851  3607.2316  3577.0976  3579.5427     0.5029       53.8087
2022-01-10   3572.7434  3593.5187  3555.1255  3593.5187     0.4434       54.0050

In [83]: SH_Index_new3.tail()                              #显示末尾5行
Out[83]:
              开盘价       最高价       最低价       收盘价   成交额（万亿元） 总市值（万亿元）
日期
2022-12-26   3048.1963  3071.8363  3047.3491  3065.5626     0.2555       50.0134
2022-12-27   3077.7469  3098.0783  3074.3133  3095.5678     0.2679       50.5254
2022-12-28   3088.6174  3098.6496  3079.4338  3087.3997     0.2605       50.4371
2022-12-29   3076.7264  3086.0048  3064.4594  3073.7016     0.2539       50.2059
2022-12-30   3084.5226  3096.3135  3082.1964  3089.2579     0.2504       50.4803
```

由于在本示例中，两个数据框的索引完全相同，因此通过输入参数 on='日期'就实现了两个数据框的左右合并。

3.5.4 join 方法的运用

当然，还可以用 join 方法将不同数据框按照列名进行左右合并，该函数的代码输入格式以及核心参数如下：

```
数据框名称.join(other, on)
```

其中，参数 other 用于输入需要进行合并的另一个数据框；参数 on 代表两个数据框共同的索引，并且用法与 merge 函数中参数 on 的用法一致。

【例 3-27】 针对例 3-4 和例 3-23 分别创建的数据框 SH_Index 和 SH_Index_volume，运用 join 方法将这两个数据框按照列名进行左右合并，具体的代码如下：

```
In [84]: SH_Index_new4=SH_Index.join(other=SH_Index_volume,on='日期')    #左右合并

In [85]: SH_Index_new4.head()                                #显示开头5行
Out[85]:
              开盘价       最高价       最低价       收盘价    成交额（万亿元）  总市值（万亿元）
日期
2022-01-04  3649.1510  3651.8924  3610.0922  3632.3289    0.5103      54.3910
2022-01-05  3628.2634  3628.2634  3583.4668  3595.1761    0.5390      53.9352
2022-01-06  3581.2184  3594.4890  3559.8803  3586.0792    0.4743      53.8041
2022-01-07  3588.9851  3607.2316  3577.0976  3579.5427    0.5029      53.8087
2022-01-10  3572.7434  3593.5187  3555.1255  3593.5187    0.4434      54.0050

In [86]: SH_Index_new4.tail()                                #显示末尾5行
Out[86]:
              开盘价       最高价       最低价       收盘价    成交额（万亿元）  总市值（万亿元）
日期
2022-12-26  3048.1963  3071.8363  3047.3491  3065.5626    0.2555      50.0134
2022-12-27  3077.7469  3098.0783  3074.3133  3095.5678    0.2679      50.5254
2022-12-28  3088.6174  3098.6496  3079.4338  3087.3997    0.2605      50.4371
2022-12-29  3076.7264  3086.0048  3064.4594  3073.7016    0.2539      50.2059
2022-12-30  3084.5226  3096.3135  3082.1964  3089.2579    0.2504      50.4803
```

在本示例中，也是通过输入参数 on='日期'实现了两个数据框的左右合并。

3.6 统计功能

分析金融时间序列很重要的一点就是掌握数据的统计特征。本节将运用若干个常用的方法帮助读者全面掌握数据框的统计特征，并且从描述性统计、静态统计量与动态统计量这几个方面进行讲解和演示。

3.6.1 描述性统计

对于金融时间序列，用户通常希望能够快速了解包括样本数量、平均值、标准差、最大值、最小值、分位数等描述性统计指标，这时可以使用 describe 方法高效获取这些统计信息。

【例 3-28】 针对例 3-4 已创建的数据框 SH_Index，查看其样本数量、平均值、标准差、最大值、最小值、分位数等描述性统计指标，相关代码如下：

```
In [87]: SH_Index.describe()                        #查看数据框的描述性统计指标
Out[87]:
              开盘价        最高价         最低价          收盘价
count     242.000000   242.000000   242.000000   242.000000
mean     3225.030542  3246.628680  3202.480431  3225.555760
```

```
std       162.654747   158.153040   161.790082   160.032268
min      2866.816100  2926.015000  2863.649700  2886.425700
25%      3096.776500  3113.788175  3074.240475  3090.406325
50%      3215.511150  3240.364450  3196.906550  3219.368050
75%      3296.133725  3319.579550  3276.019700  3293.279075
max      3649.151000  3651.892400  3610.092200  3632.328900
```

对于以上的输出结果进行简单说明：count 代表样本数量（本示例共有 242 个样本），mean 代表平均值，std 代表标准差，min 代表最小值，25%、50%、75%分别代表了 25%、50%和 75%的分位数，max 则代表最大值。

此外，需要注意的是，以上的输出结果也是一个数据框，该数据框的索引是相关统计指标，列名则与数据框 SH_Index 的列名一致。

3.6.2 静态统计量

以例 3-4 创建的数据框 SH_Index 为对象演示 pandas 中常用的方法（见表 3-7），其中最核心的参数是 axis，输入 axis=0 表示按列进行统计，输入 axis=1 则表示按行进行统计，不输入（默认情况）就表示按列统计。需要提醒的是，表 3-7 的测算结果是针对样本数据一次性计算的统计量，这些统计量也称为静态统计量或者不带移动窗口的统计量。

表 3-7 pandas 具有静态统计功能的方法及代码演示

序号	方法名称	相关功能	Python 的代码演示
1	min	最小值	In [88]: SH_Index.min() #查看每列数据的最小值 Out[88]: 开盘价 2866.8161 最高价 2926.0150 最低价 2863.6497 收盘价 2886.4257 dtype: float64 In [89]: type(SH_Index.min()) #查看数据结构的类型 Out[89]: pandas.core.series.Series 通过以上输出的结果可以看到，min 方法输出的结果是一个序列，这一规律也适用于本表中其他多数方法
2	idxmin	最小值的索引 注：idxmin 是索引最小值对应的英文 index minimum 的缩写	In [90]: SH_Index.idxmin() #查看每列最小值的索引 Out[90]: 开盘价 2022-04-27 最高价 2022-10-31 最低价 2022-04-27 收盘价 2022-04-26 dtype: object
3	max	最大值	In [91]: SH_Index.max() #查看每列数据的最大值 Out[91]: 开盘价 3649.1510 最高价 3651.8924 最低价 3610.0922 收盘价 3632.3289 dtype: float64

续表

序号	方法名称	相关功能	Python 的代码演示
4	idxmax	最大值的索引 注：idxmax 是索引最大值对应的英文 index maximum 的缩写	In [92]: SH_Index.idxmax()　　#查看每列最大值的索引 Out[92]: 开盘价　　2022-01-04 最高价　　2022-01-04 最低价　　2022-01-04 收盘价　　2022-01-04 dtype: object
5	median	中位数	In [93]: SH_Index.median()　　#查看每列数据的中位数 Out[93]: 开盘价　　3215.51115 最高价　　3240.36445 最低价　　3196.90655 收盘价　　3219.36805 dtype: float64
6	quantile	分位数 注：需要输入分位数所对应的百分比参数 q（以小数形式输入），不输入则默认 q=0.5，也就是计算 50%的分位数（即中位数）	In [94]: SH_Index.quantile(q=0.1)　　#计算每列数据10%的分位数 Out[94]: 开盘价　　3035.06962 最高价　　3065.00547 最低价　　3022.89599 收盘价　　3041.52191 Name: 0.1, dtype: float64 In [95]: SH_Index.quantile(q=0.5)　　#计算每列数据50%的分位数（中位数） Out[95]: 开盘价　　3215.51115 最高价　　3240.36445 最低价　　3196.90655 收盘价　　3219.36805 Name: 0.5, dtype: float64 注意，计算 50%分位数的输出结果与计算中位数的输出结果完全相同
7	mean	平均值 （一阶矩）	In [96]: SH_Index.mean()　　#计算每列数据的平均值 Out[96]: 开盘价　　3225.030542 最高价　　3246.628680 最低价　　3202.480431 收盘价　　3225.555760 dtype: float64
8	var	方差 （二阶矩）	In [97]: SH_Index.var()　　#计算每列数据的方差 Out[97]: 开盘价　　26456.566583 最高价　　25012.384036 最低价　　26176.030625 收盘价　　25610.326846 dtype: float64

续表

序号	方法名称	相关功能	Python 的代码演示
| 9 | std | 标准差<br>（方差的平方根） | ```
In [98]: SH_Index.std()      #计算每列数据的标准差
Out[98]:
开盘价    162.654747
最高价    158.153040
最低价    161.790082
收盘价    160.032268
dtype: float64
``` |
| 10 | skew | 偏度<br>（三阶矩）<br>注：skew 是偏度对应的英文单词 skewness 的缩写 | ```
In [99]: SH_Index.skew()      #计算每列数据的偏度
Out[99]:
开盘价    0.433645
最高价    0.479855
最低价    0.434283
收盘价    0.438317
dtype: float64
```<br>以上输出结果表明：偏度大于 0，表示上证指数价格数据的分布具有正偏态（也称右偏态）；如果偏度小于 0，则表示数据的分布具有负偏态（也称左偏态）；如果偏度等于 0，表示数据的分布是对称的，此时的分布被称为无偏态 |
| 11 | kurt | 峰度<br>（四阶矩）<br>注：kurt 是峰度对应的英文单词 kurtosis 的缩写 | ```
In [100]: SH_Index.kurt()     #计算每列数据的峰度
Out[100]:
开盘价   -0.276892
最高价   -0.356447
最低价   -0.281679
收盘价   -0.320109
dtype: float64
```<br>以上输出结果表明：峰度小于 0，表示相比正态分布，上证指数价格数据的分布更加扁平；如果峰度大于 0，则表示数据分布相比正态分布而言更加陡峭；如果峰度等于 0，意味着数据的分布与正态分布具有相同的峰值尖锐程度 |
| 12 | shift | 数据框移动<br>注：shift(1)表示数据框的每一行均向下移动一行，shift(2)表示数据框的每一行均向下移动两行，以此类推 | ```
In [101]: SH_Index_shift1=SH_Index.shift(1)   #每行均向下移动一行
    ...: SH_Index_shift1.head()              #查看前 5 行
Out[101]:
日期          开盘价       最高价       最低价       收盘价
2022-01-04    NaN       NaN       NaN       NaN
2022-01-05  3649.1510  3651.8924  3610.0922  3632.3289
2022-01-06  3628.2634  3628.2634  3583.4668  3595.1761
2022-01-07  3581.2184  3594.4890  3559.8803  3586.0792
2022-01-10  3588.9851  3607.2316  3577.0976  3579.5427
```<br>在以上输出的结果中，原数据框（SH_Index）2022 年 1 月 4 日的数据移至新数据框（SH_Index_shift1）2022 年 1 月 5 日这一行，原数据框 2022 年 1 月 5 日的数据移至新数据框 2022 年 1 月 6 日这一行，以此类推；同时，由于原数据框没有早于 2022 年 1 月 4 日的数据，因此在新数据框第 1 行显示为缺失值 NaN |

续表

序号	方法名称	相关功能	Python 的代码演示
| 13 | diff | 计算一阶差分<br>注：diff 是差分对应的英文单词 difference 的缩写 | ```
In [102]: SH_Index_diff=SH_Index.diff()    #计算每列数据的一阶差分
     ...: SH_Index_diff.head()              #查看前5行
Out[102]:
日期           开盘价      最高价      最低价      收盘价
2022-01-04    NaN      NaN      NaN      NaN
2022-01-05  -20.8876  -23.6290  -26.6254  -37.1528
2022-01-06  -47.0450  -33.7744  -23.5865   -9.0969
2022-01-07    7.7667   12.7426   17.2173   -6.5365
2022-01-10  -16.2417  -13.7129  -21.9721   13.9760
``` |
| 14 | pct_change | 百分比变化<br>注：pct_change 是百分比变化对应的英文 percentage change 的缩写 | ```
In [103]: SH_Index_perc=SH_Index.pct_change() #计算每列数据的百分比变化
     ...: SH_Index_perc.head()                 #查看前5行
Out[103]:
日期          开盘价       最高价       最低价       收盘价
2022-01-04    NaN       NaN       NaN       NaN
2022-01-05 -0.005724 -0.006470 -0.007375 -0.010228
2022-01-06 -0.012966 -0.009309 -0.006582 -0.002530
2022-01-07  0.002169  0.003545  0.004836 -0.001823
2022-01-10 -0.004525 -0.003802 -0.006142  0.003904
``` |
| 15 | sum | 求和 | ```
In [104]: SH_Index_perc=SH_Index_perc.dropna() #删除存在缺失值的行
     ...: SH_Index_perc.sum()                   #对数据框每列数据求和
Out[104]:
开盘价   -0.154321
最高价   -0.156004
最低价   -0.141387
收盘价   -0.146509
dtype: float64
``` |
| 16 | cumsum | 累积求和<br>注：cumsum 是累积求和对应的英文 cumulative sum 的缩写 | ```
In [105]: SH_Index_cumsum=SH_Index_perc.cumsum() #对数据框每列数据累积求和
     ...: SH_Index_cumsum.head()                  #查看前5行
Out[105]:
日期          开盘价       最高价       最低价       收盘价
2022-01-05 -0.005724 -0.006470 -0.007375 -0.010228
2022-01-06 -0.018690 -0.015779 -0.013957 -0.012759
2022-01-07 -0.016521 -0.012234 -0.009121 -0.014581
2022-01-10 -0.021047 -0.016036 -0.015263 -0.010677
2022-01-11 -0.016244 -0.013635 -0.013117 -0.017934
```<br>在以上的输出结果中，新数据框（SH_Index_cumsum）2022年1月5日的数据就是原数据框（SH_Index_perc）该交易日的数据，新数据框1月6日的数据则等于原数据框该交易日的数据加上该交易日之前的数据，依次类推。总的来说，通过 cumsum 方法就可以依次求出原数据框前 1,2,…,n 个数的和 |

序号	方法名称	相关功能	Python 的代码演示
| 17 | cumprod | 累积求积<br>注：cumprod 是累积求积对应的英文 cumulative product 的缩写 | ```
In [106]: SH_Index_chag=SH_Index_perc+1  #数据框每个元素均加 1
    ...: SH_Index_cumprod=SH_Index_chag.cumprod()  # 对数据框每列数据累积求积
    ...: SH_Index_cumprod.head()            #查看前 5 行
Out[106]:
日期          开盘价       最高价       最低价       收盘价
2022-01-05  0.994276  0.993530  0.992625  0.989772
2022-01-06  0.981384  0.984281  0.986091  0.987267
2022-01-07  0.983512  0.987771  0.990860  0.985468
2022-01-10  0.979062  0.984015  0.984774  0.989315
2022-01-11  0.983764  0.986378  0.986887  0.982136
```<br>cumprod 方法与刚才讨论的 cumsum 方法比较类似，它们的差异就在于 cumprod 方法用于依次给出前 $1,2,\cdots,n$ 个数的积 |
| 18 | cov | 协方差<br>注：cov 是协方差对应的英文单词 covariance 的缩写 | ```
In [107]: SH_Index_perc.cov()            #计算协方差
Out[107]:
          开盘价       最高价       最低价       收盘价
开盘价  0.000114  0.000069  0.000090  0.000023
最高价  0.000069  0.000075  0.000073  0.000059
最低价  0.000090  0.000073  0.000139  0.000079
收盘价  0.000023  0.000059  0.000079  0.000127
``` |
| 19 | corr | 相关系数<br>注：corr 是相关系数对应的英文 correlation coefficient 的缩写 | ```
In [108]: SH_Index_perc.corr()            #计算相关系数
Out[108]:
          开盘价       最高价       最低价       收盘价
开盘价  1.000000  0.745097  0.710916  0.189722
最高价  0.745097  1.000000  0.715078  0.604976
最低价  0.710916  0.715078  1.000000  0.594152
收盘价  0.189722  0.604976  0.594152  1.000000
```<br>从以上的输出结果不难发现，开盘价与最高价的相关性最强，相关系数接近 0.75；相比之下，开盘价与收盘价的相关性最弱，相关系数不足 0.19 |

注：以数据框 SH_Index 为对象。

此外，需要注意的是，以上的方法同样适用于序列，但是考虑到序列除索引以外仅有一个数据列，因此在运用上述方法的编程中不需要参数 axis。

3.6.3 移动窗口与动态统计量

在金融时间序列中，时点的数据往往波动较大，如果单纯对全部样本数据计算静态统计量，往往无法充分挖掘出数据的变化特性，于是需要设定某一时间区间并对其中的样本数据进行动
```

态统计。因此，引出一个新的概念——**移动窗口**，也称为**滑动窗口**或者**滚动窗口**（rolling window）。将某个时点的取值扩大到包含这个时点的区间取值，并且用时间区间进行判断，这个区间就称为**窗口**（window）。

在 pandas 中，可以运用 rolling 方法并结合表 3-7 的方法，方便地计算出带有移动窗口的动态统计量，具体的输入形式以及核心的参数如下：

```
数据框.rolling(window=窗口数, axis=0 或 1).方法名称(axis=0 或 1)
序列.rolling(window=窗口数).方法名称( )
```

注意，参数 axis=0 或 axis=1 的含义依然是：axis=0 表示按列统计（默认情况），axis=1 则表示按行统计。

下面就结合示例，主要介绍金融时间序列中最重要的 3 个动态统计量，它们分别是移动平均、移动标准差（移动波动率）、移动相关系数。

1. 移动平均

在针对股票的技术分析中，一个很重要的分析指标就是均线指标，比如股票指数或者股价的 5 日平均值（MA5）、10 日平均值（MA10）、20 日平均值（MA20）、30 日平均值（MA30）以及 60 日平均值（MA60）等，这是移动平均在股票分析中的典型应用。在 pandas 中，运用 rolling 方法可以方便地生成均线指标。

【**例 3-29**】将例 3-4 已创建的数据框 SH_Index 作为分析对象，计算得到收盘价的 10 日平均值，创建一个数据框，并且将每日收盘价与 10 日平均值进行可视化（见图 3-5），具体的代码如下：

```
In [109]: SH_Index_MA10=SH_Index['收盘价'].rolling(window=10).mean()   #创建10日平均收盘价的序列

In [110]: SH_Index_MA10=SH_Index_MA10.to_frame()                       #将序列转换为数据框

In [111]: SH_Index_MA10=SH_Index_MA10.rename(columns={'收盘价':'10日平均收盘价（MA10）'})   #修改数据框列名

In [112]: SH_Index_close=SH_Index['收盘价'].to_frame()                 #创建收盘价的数据框

In [113]: SH_Index_new5=pd.concat([SH_Index_close,SH_Index_MA10],axis=1)   #合并成一个数据框

In [114]: SH_Index_new5.plot(figsize=(9,6),title='2022年上证指数走势图',grid=True,
     ...:                    xlabel='日期',ylabel='价格',fontsize=11)      #可视化
Out[114]:
```

从图 3-5 可以明显看到，相比每日收盘价，10 日平均收盘价的走势曲线显得比较平滑。此外，通过 to_frame 方法可以便捷地将序列转换为数据框。

2. 移动标准差

在金融时间序列分析中，波动率是一个重要的指标，对应于变量样本值的标准差。动态的资产价格波动率（标准差）在衍生产品定价、风险管理等领域均具有重要的价值。

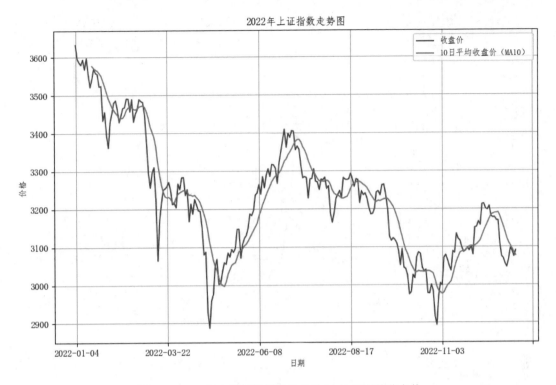

图 3-5　2022 年上证指数每日收盘价与 10 日平均收盘价

【例 3-30】 基于例 3-4 创建的数据框 SH_Index，计算上证指数收盘价 30 天时间窗口的移动波动率（移动标准差）并将其创建为一个数据框，同时进行可视化（见图 3-6），具体的代码如下：

```
In [115]: SH_Index_std=SH_Index['收盘价'].rolling(window=30).std()  #创建 30 日移动波动率的序列

In [116]: SH_Index_std=SH_Index_std.to_frame()                      #将序列转换为数据框

In [117]: SH_Index_std=SH_Index_std.rename(columns={'收盘价':'收盘价的 30 日移动波动率'})  #修改数据框列名

In [118]: SH_Index_std.plot(figsize=(9,6),title='2022年上证指数移动波动率走势图',grid=True,
     ...:                   xlabel='日期',ylabel='波动率',fontsize=11)  #可视化
Out[118]:
```

从图 3-6 中可以非常清楚地看到，上证指数的移动波动率本身存在较大的波动，最高波动率超过 120 点，最低波动率则不到 40 点。

3. 移动相关系数

变量之间的相关系数会随着时间的变化而变化，特别是在金融危机期间，许多原本相关性很低的变量呈现出较高的相关性，因此为了更加准确地捕捉相关系数的变化，需要计算不同变量之间的移动相关系数。

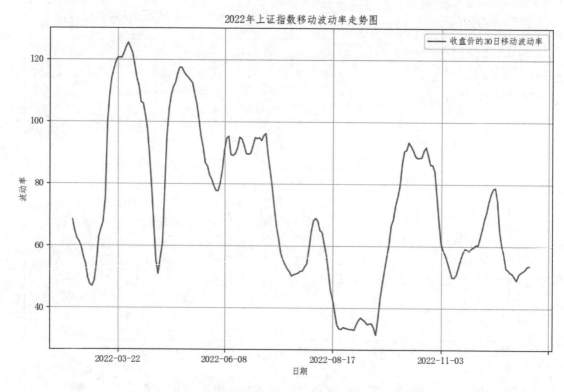

图 3-6 上证指数收盘价 30 天时间窗口的移动波动率

【例 3-31】基于例 3-4 创建的数据框 SH_Index，计算 60 天时间窗口的上证指数开盘价、最高价、最低价以及收盘价之间的移动相关系数，并且创建一个数据框，具体的代码如下：

```
In [119]: SH_Index_corr=SH_Index.rolling(window=60).corr()    #计算移动相关系数
     ...: SH_Index_corr=SH_Index_corr.dropna()                #删除缺失值

In [120]: SH_Index_corr.iloc[:4]                              #查看开头 4 行
Out[120]:
                      开盘价      最高价      最低价      收盘价
日期
2022-04-06 开盘价   1.000000  0.994339  0.978172  0.965655
           最高价   0.994339  1.000000  0.980951  0.980761
           最低价   0.978172  0.980951  1.000000  0.983494
           收盘价   0.965655  0.980761  0.983494  1.000000

In [121]: SH_Index_corr.iloc[-4:]                             #查看末尾 4 行
Out[121]:
                      开盘价      最高价      最低价      收盘价
日期
2022-12-30 开盘价   1.000000  0.973431  0.977756  0.933109
           最高价   0.973431  1.000000  0.973901  0.972975
           最低价   0.977756  0.973901  1.000000  0.969836
           收盘价   0.933109  0.972975  0.969836  1.000000
```

从以上的输出结果中不难看出，针对 60 天时间窗口的移动相关系数，该数据框是从 2022 年 4 月 6 日开始的。

到这里，本章的内容全部讲解完毕，下一章将讨论专门用于可视化的 Python 第三方模块 Matplotlib。

3.7 本章小结

时间序列在金融分析与风险管理中占据十分重要的地位，pandas 模块恰恰是为金融时间序列量身定制的。本章结合金融场景并通过 31 个示例，有针对性地讨论了 pandas 模块的以下编程技术。

（1）**数据结构**。序列和数据框是两个非常重要的数据结构，也是 pandas 模块所独有的。序列除了索引以外，仅有一个数据列并且无法设定列名；数据框却可以有效弥补序列的缺陷。

（2）**时间索引**。运用 date_range 函数能够高效创建时间索引，在时间索引中通常会涉及 datetime64 类型与字符串类型这两种不同的数据类型，不同的时间数据类型之间可以实现相互转换。

（3）**数据可视化**。无论是序列还是数据框，均可以运用 plot 方法实现数据的可视化，通过不同的参数设置可以满足特定的图形类型、字体大小、颜色种类等个性化的需求。

（4）**数据处理**。针对序列和数据框，都可以实现属性查询以及数据的定位、截取与排序等功能；针对缺失值有多种处理办法，包括直接删除法、零值补齐法、前值补齐法以及后值补齐法等。

（5）**合并功能**。多个数据框可以实现合并，有 concat、merge 以及 join 等多个函数或方法可供选择。通过不同的参数设定，可以实现按索引的上下合并，或者实现按列名的左右合并。

（6）**统计分析**。金融时间序列的统计分析可以分为静态与动态两大类，针对动态统计分析可以通过移动窗口（调用 rolling 方法）实现，而诸多用于统计编程的方法通常能够在静态统计分析与动态统计分析之间共享。

此外，也需要关注 pandas 的函数、方法、属性与特性之间的编程区别。

3.8 拓展阅读

本章的内容参考了以下资料，建议感兴趣的读者拓展学习。

[1] pandas 的官网提供了关于 pandas 的介绍以及完整的功能文档。

[2] *Personal Finance with Python: Using pandas, Requests, and Recurrent* [作者是马克斯·享伯（Max Humber）]。该书将消费金融场景与 pandas 模块的编程有机结合在一起，具有很强的可读性，内容也比较实用，目前尚未推出中文版。

第 4 章 结合金融可视化演示 Matplotlib 模块编程

本章导读

俗话说:"一图胜千言。"数据可视化是金融分析与风险管理的一项重要工作。在第 3 章讨论 pandas 模块时,我们可以通过 plot 方法实现序列和数据框的可视化,但是该方法仅限于特定的数据结构,无法扩展至诸如列表、数组等其他类型的数据结构。本章讨论如何应用十分广泛的 Python 可视化模块——Matplotlib,该模块是受到 MATLAB 软件的启发而创建的,并且是基于 Python 的开源项目,旨在为 Python 用户提供一个专业的数据绘图工具包,金融领域中常用的是该模块的 pyplot 子模块。

本章的内容将涵盖以下几个主题。
- ✓ 介绍 pyplot 子模块中的常用绘图函数及其参数,并介绍颜色、样式等的参数值。
- ✓ 讨论运用 plot 函数绘制单一曲线图,以及运用 subplot 函数进行多图绘制。
- ✓ 探讨运用 hist 函数绘制单一变量的直方图和多个变量的直方图。
- ✓ 比较直方图与条形图的差异,探究运用 bar 函数绘制垂直条形图、运用 barh 函数绘制水平条形图,以及绘制双轴图的技巧。
- ✓ 依次讲解运用 scatter 函数绘制散点图、运用 pie 函数绘制饼图,以及绘制雷达图的相关技巧。
- ✓ 借助原先是属于 Matplotlib 的一个子模块但目前已成为独立模块的 mplfinance,具体演示 K 线图(蜡烛图)的绘制技巧。
- ✓ 讨论如何绘制三维图,主要涉及 add_subplot 和 plot_surface 这两个核心方法,此外也会涉及其他的辅助性方法。

4.1 基本函数及参数的介绍

Matplotlib 是 Python 的第三方模块,因此在调用之前需要导入该模块。不同的 Matplotlib 版本在功能与代码上均存在差异,因此需要查看相关的版本信息。具体代码如下:

```
In [1]: import matplotlib                    #导入Matplotlib模块

In [2]: matplotlib.__version__               #查看版本信息
Out[2]: '3.5.1'
```

在这里要强调的是在金融场景中,针对 Matplotlib 运用最多的就是其 pyplot 子模块,因此为了后续编程的便利,直接导入 pyplot 子模块从而方便调用,具体代码如下:

```
In [3]: import matplotlib.pyplot as plt      #导入子模块 pyplot 并缩写为 plt
```

此外,在 Matplotlib 中,图形可视化是通过输入函数并在函数中设定参数的方式完成的。因此,本节将围绕 pyplot 子模块的函数及其参数展开。

4.1.1 基本的函数

表 4-1 中梳理了 pyplot 子模块在金融场景中比较常用的绘图函数及其主要参数的具体用法。

表 4-1　pyplot 子模块在金融场景中比较常用的绘图函数及其主要参数的具体用法

序号	函数	函数功能	主要参数及使用说明
1	figure	定义画面	figsize:设定画面的长和宽,单位是英寸,输入值需存放于元组。比如,输入 figsize=(9,6)代表长是 9 英寸、宽是 6 英寸。 facecolor:设定画面的背景颜色(颜色参数值详见表 4-2)。 edgecolor:设定画面的边框颜色。 frameon:用于确定是否显示画面的边框,输入 frameon=True 代表显示边框,frameon=False 代表不显示边框,不输入(默认情况)则显示边框
2	plot	曲线图	x:投射到 x 轴(横轴)的数据,通常是一维的数据结构且要求直接输入。 y:投射到 y 轴(纵轴)的数据,通常也是一维的数据结构且要求直接输入。 label:曲线的标签,要求输入字符串。 此外,通过颜色参数、样式参数(详见表 4-3)及宽度参数可以调整线条的格式。其中,宽度参数是 lw,比如输入 lw=2.0 表示线条的宽度是 2 磅
3	subplot	子图	nrows:整个画面布局子图的行数且要求直接输入数字,比如输入 2 表示子图将占用 2 行。 ncols:整个画面布局子图的列数且要求直接输入数字,比如输入 3 意味着子图将占用 3 列。 index:子图的序号且要求直接输入数字,起始的序号为 1,最大序号等于行数与列数的乘积。 sharex:共用 x 轴刻度及标签,输入需要共用的子图对象。 sharey:共用 y 轴刻度及标签,输入方式与 sharex 的相同
4	hist	直方图	x:每个矩形分布所对应的数据,并投射到 x 轴。 bins:图中的矩形数量,比如输入 bins=20 表示有 20 个矩形,默认情况下图中有 10 个矩形。 orientation:矩形的方向,分为垂直(vertical)与水平(horizontal)两种,输入 orientation='vertical'表示矩形是垂直的,即垂直于横轴,orientation='horizontal'表示矩形是水平的,即平行于横轴,默认情况下矩形是垂直的。 color:矩形的颜色。 label:矩形的标签。 stacked:是否以堆叠方式展示多个样本,输入 stacked=True 代表是,stacked=False 代表否,默认情况则视为否

续表

序号	函数	函数功能	主要参数及使用说明
5	bar	垂直条形图	x：投射到 x 轴的数据。 height：每个条形的高度，也就是投射到 y 轴的数据。 width：每个条形的宽度。 color：条形的颜色。 label：条形的标签
6	barh	水平条形图	y：投射到 y 轴的数据。 width：每个条形的宽度，也就是投射到 x 轴的数据。 height：每个条形的高度。 color：条形的颜色。 label：条形的标签
7	scatter	散点图	x：变量 x 的数据。 y：变量 y 的数据。 c：散点的颜色。 marker：散点的样式，默认情况下是圆点
8	pie	饼图	x：饼图中每个楔形（每块小饼）的面积大小。 labels：每个楔形的标签，通常要求输入以字符串为元素的一个列表。 autopct：自动显示每个楔形的权重数，通常输入 autopct='%1.2f%%'表示显示权重的百分比数据并保留小数点后 2 位。 counterclock：用于确定每个楔形是否按照逆时针排序，输入 counterclock=True 代表是，counterclock=False 则表示否，默认情况下视为是。 textprops：设置标签、权重数的文本格式，要求以字典的数据结构输入
9	fill	颜色填充	x：划定颜色填充区域的部分边界，即投射到 x 轴的数据，通常是一维的数据结构且要求直接输入。 y：划定颜色填充区域的另一部分边界，即投射到 y 轴的数据，通常也是一维的数据结构且要求直接输入。 color：填充的颜色。 alpha：颜色的透明度
10	fill_between	两条曲线之间的颜色填充	x：投射到 x 轴的数据。 y1：第 1 条曲线投射到 y 轴的数据。 y2：第 2 条曲线投射到 y 轴的数据，默认情况下 y2=0。 color：填充的颜色。 alpha：颜色的透明度
11	axis	坐标轴	xmin：设置 x 轴刻度的最小值。 xmax：设置 x 轴刻度的最大值。 ymin：设置 y 轴刻度的最小值。 ymax：设置 y 轴刻度的最大值。 此外，在不输入以上 4 个参数的情况下，可直接输入以下的字符串实现对坐标轴的控制。 'on'：显示坐标轴和标签。 'off'：不显示坐标轴和标签。 'equal'：改变坐标轴的极值以实现等刻度的轴线。 'scaled'：压缩绘图区域以实现等刻度的轴线。 'tight'：紧凑型的坐标轴。 'image'：其作用与'scaled'相似。 'square'：坐标轴呈现为正方形

续表

序号	函数	函数功能	主要参数及使用说明
12	xticks	x 轴的刻度	ticks：x 轴刻度的位置，要求输入一个列表，如果输入一个空列表则表示不显示刻度。 labels：x 轴刻度位置对应的标签
13	xlabel	x 轴的标签	通过输入字符串设定 x 轴的标签。 可通过输入 fontsize=数字，控制标签字体的大小，比如输入 fontsize=13 表示标签字体大小是 13 磅。 可通过输入 rotation=数字，控制标签的角度，比如输入 rotation=30 表示标签字体逆时针旋转 30°
14	xlim	x 轴刻度的极值	xmin：x 轴刻度的最小值。 xmax：x 轴刻度的最大值
15	yticks	y 轴的刻度	用法与 xticks 相同
16	ylabel	y 轴的坐标标签	用法与 xlabel 相同
17	ylim	y 轴刻度的极值	ymin：y 轴刻度的最小值。 ymax：y 轴刻度的最大值
18	title	图的标题	直接输入字符串用于设定图的标题；此外，可输入 fontsize=数字，控制标题字体的大小
19	legend	显示图例	通过输入 loc=数字，控制图例所在的位置，具体的数字可选范围及含义如下： 0 表示最佳，1 表示右上，2 表示左上，3 表示左下，4 表示右下，5 表示右，6 表示中左，7 表示中右，8 表示中下，9 表示中上，10 表示中，默认情况表示自动设置
20	annotate	添加注释	text：注释的内容，并输入字符串。 xy：标注的位置，输入 xy=(数字 1,数字 2)，数字 1 投射到 x 轴，数字 2 投射到 y 轴，数字 1 和数字 2 需存放在元组中。 xytext：文本的位置，输入 xytext=(数字 1,数字 2)，数字 1、数字 2 的含义与前面参数 xy 的一致。 arrowprops：设置箭头的大小，并且以字典的结构输入，参数包括 width（箭头的箭身宽度）、headlength（箭头的头部长度）、headwidth（箭头的头部宽度）及 shrink（箭头的收缩程度）等
21	grid	显示网格	通常无须添加参数，输入 grid()即可
22	show	显示最终图形	通常无须添加参数，输入 show()即可

注：由于篇幅所限，无法囊括每个函数的全部参数，如需了解更全面的参数信息，可以运用 help(plt.函数名)进行查询。

4.1.2 颜色参数值与样式参数值

在绘图的过程中经常需要选择不同的颜色，pyplot 子模块有一些常用的颜色参数值可供选择，并且它们需要以字符串类型输入，具体的参数值如表 4-2 所示。

表 4-2　pyplot 子模块的常用颜色参数值

序号	参数值	对应的颜色
1	b	蓝色
2	g	绿色
3	r	红色
4	c	青色
5	m	品红色（也称洋红色）
6	y	黄色
7	k	黑色
8	w	白色

同时，在 pyplot 子模块中，关于样式也有许多参数值可选择，具体如表 4-3 所示。

表 4-3　pyplot 子模块的样式参数值

序号	参数值	显示的样式
1	-	实线
2	--	短横线
3	-.	点实线
4	:	虚线
5	.	点
6	o	圆
7	v	向下三角
8	^	向上三角
9	<	向左三角
10	>	向右三角
11	1	向下箭头
12	2	向上箭头
13	3	向左箭头
14	4	向右箭头
15	8	八边形
16	s	正方形
17	p	五边形
18	*	星号
19	h	竖六边形
20	H	横六边形
21	+	加号
22	x	X 形
23	D	菱形
24	d	细菱形
25	|	垂直标记
26	-	水平记号

需要提醒的是，颜色参数值通常是与样式参数值放置在一起以字符串类型输入的。同时，如果要控制样式的大小，可以运用参数 markersize 实现。

此外，在第 3.2 节讨论 pandas 的可视化时，提到过如何在绘图时输出中文字体的技巧，如果 Matplotlib 生成的图形需要显示中文字体，依然需要输入以下 3 行代码：

```
In [4]: from pylab import mpl                              #从pylab导入子模块mpl
   ...: mpl.rcParams['font.sans-serif']=['FangSong']       #以仿宋字体显示中文
   ...: mpl.rcParams['axes.unicode_minus']=False           #在图像中正常显示负号
```

考虑到在本章中也需要调用第 2 章介绍的 NumPy 模块与第 3 章介绍的 pandas 模块，因此也需要导入这两个模块以便于本章后续的编程，相关的代码如下：

```
In [5]: import numpy as np                                 #导入NumPy模块
   ...: import pandas as pd                                #导入pandas模块
```

最后需要提醒的是，在较新版本的 pandas 模块中，还需要执行以下两行代码才能成功注册日期时间转换器（datetime converter）并将其用于 Matplotlib 的可视化编程，相关的代码如下：

```
In [6]: from pandas.plotting import register_matplotlib_converters    #导入注册日期时间转换器的函数
   ...: register_matplotlib_converters()                              #注册日期时间转换器
```

有了上述的这些准备工作，接下来结合示例针对如何绘制常用的金融可视化图形逐一展开讲解。

4.2 曲线图

在金融领域，最常用的图形应该是**曲线图**，证券价格、利率、汇率等主要金融市场变量的走势图都可以归属于曲线图的范畴，通过 pyplot 子模块可以轻松实现单图绘制与多图绘制（子图模式），下面就依次进行介绍。

4.2.1 单一曲线图

在第 2.6.4 节介绍过住房按揭贷款，根据等额本息的还款规则，可以计算得到每月还款的金额，以及每月还款金额中包含的本金与利息。为了能够形象地展示出本金金额与利息金额的变化，下面通过绘制曲线图进行可视化。

【例 4-1】某位购房者（借款人）向商业银行（贷款人）申请本金为 600 万元、期限为 30 年（360 个月）的住房按揭贷款，采用等额本息还款规则进行逐月还款，按揭贷款的利率是 4.6%/年，要求计算得到的每月还款金额、每月偿还本金金额，以及每月支付利息金额并在一张图中进行可视化。此外，将不同的贷款利率与每月还款金额之间的关系进行可视化。具体的编程分为以下 3 步。

第 1 步：导入 numpy-financial 模块，依次计算每月还款金额、每月偿还本金金额及每月支付利息金额，并将它们存放于数组。相关的代码如下：

```
In [7]: import numpy_financial as npf    #导入numpy-financial模块（该模块在第4.8.2节也会被使用）

In [8]: par=6e6                          #贷款的本金金额
   ...: r=0.046                          #贷款的年利率
```

```
   ...: n=30*12                              #贷款的期限(月)

In [9]: pay_month=npf.pmt(rate=r/12,nper=n,pv=par,fv=0,when='end')    #每月偿还贷款的金额
   ...: print('每月偿还贷款的金额(元)',round(pay_month,2))
每月偿还贷款的金额(元) -30758.66

In [10]: pay_list=pay_month*np.ones(n)       #创建每月还款金额的数组

In [11]: T_list=np.arange(n)+1               #创建包含每次还款期限长度的数组(以月为单位)

In [12]: par_list=npf.ppmt(rate=r/12,per=T_list,nper=n,pv=par,fv=0,when='end')  #每月偿还本金金额

In [13]: int_list=npf.ipmt(rate=r/12,per=T_list,nper=n,pv=par,fv=0,when='end')  #每月支付利息金额
```

第2步：将每月还款金额、每月偿还本金金额及每月支付利息金额进行可视化(见图4-1)。其中，每月还款金额用实线表示，每月偿还本金金额与每月支付利息金额则用虚线绘制。相关的代码如下：

```
In [14]: plt.figure(figsize=(9,6))                           #定义9英寸长和6英寸宽的一个画面
   ...: plt.plot(T_list,-pay_list,'r-',label='每月还款金额',lw=2.5)        #绘制一条实线
   ...: plt.plot(T_list,-par_list,'m--',label='每月偿还本金金额',lw=2.5)   #绘制一条虚线
   ...: plt.plot(T_list,-int_list,'b--',label='每月支付利息金额',lw=2.5)
   ...: plt.axis('tight')                                    #采用紧凑型的坐标轴
   ...: plt.xticks(fontsize=13)                              #设置字体大小为13磅的x轴刻度
   ...: plt.xlabel('逐笔偿还的期限(月)',fontsize=13)          #设置x轴的标签
   ...: plt.yticks(fontsize=13)                              #设置y轴的刻度
   ...: plt.ylabel('金额(元)',fontsize=13)                   #设置y轴的标签
   ...: plt.title('等额本息还款规则下每月还款的金额,以及包含的本金与利息',fontsize=13)  #设置图标题
   ...: plt.legend(loc=0,fontsize=13)                        #设置图例
   ...: plt.grid()                                           #显示网格
   ...: plt.show()                                           #显示完整的图形
```

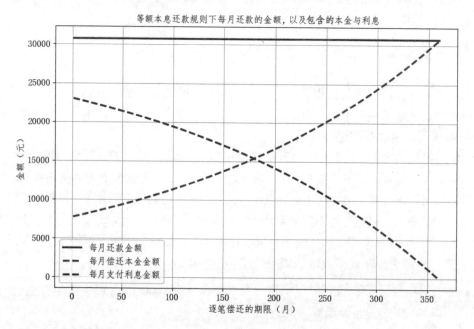

图4-1 住房按揭贷款在等额本息还款规则下每月的还款金额，以及包含的本金与利息

从图 4-1 中可以清晰地看出，在等额本息的还款规则下，借款人每月偿还的本金金额是逐月递增的，每月支付的利息金额则是逐月递减的。此外，通过目测可以发现，在贷款还款靠近第 180 个月（第 15 年）时，当月偿还的本金与支付的利息在金额上是最接近的。

第 3 步：模拟不同的贷款利率，也就是假定在区间[3%,6%]取等差数列，计算对应的每月还款金额并且将结果可视化（见图 4-2）。具体的代码如下：

```
In [15]: r_list=np.linspace(0.03,0.06,100)              #不同的贷款利率

In [16]: pay_list_new=npf.pmt(rate=r_list/12,nper=n,pv=par,fv=0,when='end')  #不同贷款利率的每月还款金额

In [17]: plt.figure(figsize=(9,6))
   ...: plt.plot(r_list,-pay_list_new,'c-',label='每月还款金额',lw=2.0)
   ...: plt.plot(r,-pay_month,'rD',label='贷款利率4.6%对应的每月偿还金额',markersize=6)  #显示菱形
   ...: plt.axis('tight')
   ...: plt.xticks(fontsize=13)
   ...: plt.xlabel('贷款利率',fontsize=13)
   ...: plt.yticks(fontsize=13)
   ...: plt.ylabel('金额（元）',fontsize=13)
   ...: plt.annotate(text='贷款利率4.6%',fontsize=14,xy=(0.046,30800),xytext=(0.044,33000),
   ...:              arrowprops=dict(width=5,headlength=9,headwidth=12,shrink=0.1))  #设置箭头
   ...: plt.title('不同贷款利率与每月还款金额之间的关系',fontsize=13)
   ...: plt.legend(loc=9,fontsize=13)                   #图例放置在中上位置
   ...: plt.grid()
   ...: plt.show()
```

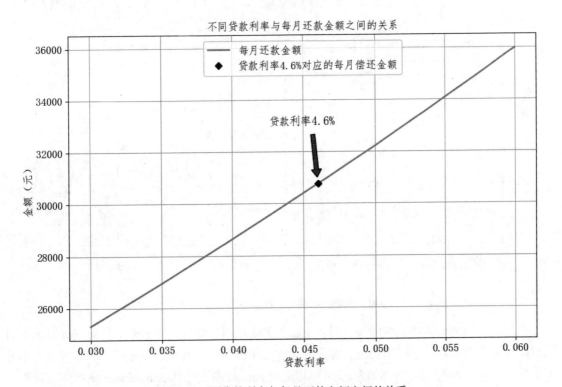

图 4-2　不同贷款利率与每月还款金额之间的关系

通过图 4-2 可以发现，贷款利率与每月还款金额之间是线性的递增关系。在贷款本金为 600 万元、期限为 30 年的情况下，贷款利率 6%对应每月偿还金额约 36000 元，贷款利率下降至 3%时，每月还款金额则会低于 26000 元。

4.2.2 多图绘制

如例 4-1 绘制的图 4-1 所示，将多条曲线放置在一张图中；但有时候，在涉及多个变量的情况下，为了清晰地展示不同变量的趋势特征，需要绘制多张图并将每张图以子图模式布局，这就需要运用 subplot 函数。下面，以深证成指作为示例进行演示。

【例 4-2】导入存放 2021 年至 2022 年期间深证成指（指数代码 399001）每日开盘价、最高价、最低价、收盘价数据的 Excel 文件并创建数据框，需要绘制出 2×2 子图模式（见图 4-3），也就是每一行排布 2 张子图，每一列也排布 2 张子图。

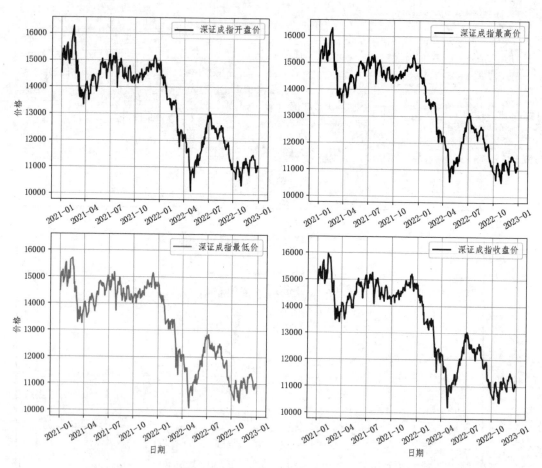

图 4-3 用 subplot 函数绘制深证成指走势图（2021 年至 2022 年）

在给出代码之前需要提醒的是，导入 Excel 文件并创建以日期作为索引的数据框时，索引的时间数据类型通常是字符串类型，为了使 pyplot 子模块的可视化效果最优，需要将字符串类型转换为 datetime64 类型（根据第 3.2.2 节可以通过 pandas 模块的 DatetimeIndex 函数实现转换）。下面就是具体的代码演示：

```
In [18]: SZ_Index=pd.read_excel(io='C:/Desktop/深证成指每日价格数据(2021-2022年).xlsx',sheet_
name='Sheet1',header=0,index_col=0)                    #导入数据
   ...: SZ_Index.index                                  #显示索引及其时间数据类型
Out[18]:
Index(['2021-01-04', '2021-01-05', '2021-01-06', '2021-01-07', '2021-01-08',
       '2021-01-11', '2021-01-12', '2021-01-13', '2021-01-14', '2021-01-15',
       ...
       '2022-12-19', '2022-12-20', '2022-12-21', '2022-12-22', '2022-12-23',
       '2022-12-26', '2022-12-27', '2022-12-28', '2022-12-29', '2022-12-30'],
      dtype='object', name='日期', length=485)

In [19]: SZ_Index.index=pd.DatetimeIndex(SZ_Index.index)  #时间数据类型转为datetime64类型
   ...: SZ_Index.index                                    #显示更新后的索引
Out[19]:
DatetimeIndex(['2021-01-04', '2021-01-05', '2021-01-06', '2021-01-07',
               '2021-01-08', '2021-01-11', '2021-01-12', '2021-01-13',
               '2021-01-14', '2021-01-15',
               ...
               '2022-12-19', '2022-12-20', '2022-12-21', '2022-12-22',
               '2022-12-23', '2022-12-26', '2022-12-27', '2022-12-28',
               '2022-12-29', '2022-12-30'],
              dtype='datetime64[ns]', name='日期', length=485, freq=None)
```

从以上的输出结果中可以看到，数据框索引的数据类型从最初的字符串类型转换成了 datetime64 类型。

```
In [20]: plt.figure(figsize=(11,9))
   ...: plt.subplot(2,2,1)                              #第1张子图
   ...: plt.plot(SZ_Index['开盘价'],'r-',label='深证成指开盘价',lw=2.0)
   ...: plt.xticks(fontsize=13,rotation=30)
   ...: plt.yticks(fontsize=13)
   ...: plt.ylabel('价格',fontsize=13)
   ...: plt.legend(loc=0, fontsize=13)
   ...: plt.grid()
   ...: plt.subplot(2,2,2,sharey=plt.subplot(2,2,1))    #第2张子图，该子图与第1张子图共用y轴
   ...: plt.plot(SZ_Index['最高价'],'b-',label='深证成指最高价',lw=2.0)
   ...: plt.xticks(fontsize=13,rotation=30)
   ...: plt.yticks(fontsize=13)
   ...: plt.legend(loc=0, fontsize=13)
   ...: plt.grid()
   ...: plt.subplot(2,2,3,sharey=plt.subplot(2,2,1))    #第3张子图，该子图与第1张子图共用y轴
   ...: plt.plot(SZ_Index['最低价'],'c-',label='深证成指最低价',lw=2.0)
   ...: plt.xticks(fontsize=13,rotation=30)
   ...: plt.xlabel('日期',fontsize=13)
   ...: plt.yticks(fontsize=13)
   ...: plt.ylabel('价格',fontsize=13)
   ...: plt.legend(loc=0, fontsize=13)
   ...: plt.grid()
   ...: plt.subplot(2,2,4,sharey=plt.subplot(2,2,1))    #第4张子图，该子图与第1张子图共用y轴
   ...: plt.plot(SZ_Index['收盘价'],'m-',label='深证成指收盘价',lw=2.0)
   ...: plt.xticks(fontsize=13,rotation=30)
   ...: plt.xlabel('日期',fontsize=13)
```

```
...: plt.yticks(fontsize=13)
...: plt.legend(loc=0, fontsize=13)
...: plt.grid()
...: plt.show()
```

针对以上可视化的代码需要强调的是，由于在 plot 函数中输入的是一个序列，而序列包含索引和数据列这两部分，因此索引中的日期投射到 x 轴、数据列的数据投射到 y 轴，最终就绘制成了一条曲线。此外，对比图 4-3 中的 4 张子图，不难发现深证成指的 4 种价格在走势上存在很强的同步性，仅凭借目测是较难辨别出其差异性的。

4.3　直方图

直方图（histogram），也称为**柱状图**，是变量的样本数据分布的图形展示，主要用于估计变量的概率分布，最早是由英国数学家、生物统计学家卡尔·皮尔逊（Karl Pearson）引入的。目前，直方图被广泛运用于金融统计和量化分析中。

在直方图的坐标轴中，横轴表示变量的样本数据，纵轴表示频数。构建直方图的第 1 步是将变量的全部样本数据按照不同的区间范围划分成若干个组，每一组都对应着一个矩形（柱子）。组的个数被称为**组数**，也就是矩形的个数；每一组两个端点的距离就是**组距**，也就是矩形的宽度，并且通常每个矩形的宽度相同；矩形的高度代表对应的频数；此外，矩形必须相邻排布。以上针对直方图的描述适用于矩形垂直于横轴的情况，这也是直方图最常见的情形；如果矩形平行于横轴，此时横轴表示频数，纵轴表示变量的样本数据。

本节将依次讨论单变量样本的直方图，以及同时涉及多变量样本的直方图，而绘制直方图将运用 hist 函数。

4.3.1　单变量样本的直方图

【**例 4-3**】运用第 2.5.2 节介绍的 NumPy 中的 random 子模块，基于不同统计分布类型所抽取的随机数作为绘制直方图的数据源，统计分布类型及参数依次选择如下：

第一，平均值等于 0.6，标准差等于 1.8 的正态分布；
第二，变量取自然对数以后的平均值为 0.5、标准差为 0.3 的对数正态分布；
第三，自由度等于 8 的卡方分布；
第四，$\alpha=3$ 与 $\beta=5$ 的贝塔分布。

基于每个分布的随机抽样次数均为 10000 次，最终以 2×2 子图的模式可视化呈现，其中第 1 行的 2 张子图要求矩形垂直于横轴，第 2 行的 2 张子图则要求矩形平行于横轴（见图 4-4）。此外，为了能够使随机抽样结果重现，依据第 2.5.2 节的做法对随机数种子进行设定。具体的代码如下：

```
In [21]: import numpy.random as npr          #导入 NumPy 的 random 子模块

In [22]: S=10000                              #随机抽样次数

In [23]: npr.seed(123)                        #设定随机数种子并设置参数值等于 123
    ...: x_norm=npr.normal(loc=0.6,scale=1.8,size=S)   #基于正态分布的随机抽样
```

```
In [24]: npr.seed(234)                                      #设定随机数种子并设置参数值等于234
   ...: x_logn=npr.lognormal(mean=0.5,sigma=0.3,size=S)    #基于对数正态分布的随机抽样

In [25]: npr.seed(345)                                      #设定随机数种子并设置参数值等于345
   ...: x_chi=npr.chisquare(df=8,size=S)                    #基于卡方分布的随机抽样

In [26]: npr.seed(456)                                      #设定随机数种子并设置参数值等于456
   ...: x_beta=npr.beta(a=3,b=5,size=S)                     #基于贝塔分布的随机抽样

In [27]: plt.figure(figsize=(11,10))
   ...: plt.subplot(2,2,1)                                  #第1个子图
   ...: plt.hist(x_norm,label='正态分布的抽样',bins=20,facecolor='b',edgecolor='k')
   ...: plt.xticks(fontsize=13)
   ...: plt.xlabel('样本值',fontsize=13)
   ...: plt.yticks(fontsize=13)
   ...: plt.ylabel('频数',fontsize=13)
   ...: plt.legend(loc=0,fontsize=13)
   ...: plt.grid()
   ...: plt.subplot(2,2,2)                                  #第2个子图
   ...: plt.hist(x_logn,label='对数正态分布的抽样',bins=20,facecolor='r',edgecolor='k')
   ...: plt.xticks(fontsize=13)
   ...: plt.xlabel('样本值',fontsize=13)
   ...: plt.yticks(fontsize=13)
   ...: plt.ylabel('频数',fontsize=13)
   ...: plt.legend(loc=0,fontsize=13)
   ...: plt.grid()
   ...: plt.subplot(2,2,3)                                  #第3个子图
   ...: plt.hist(x_chi,label='卡方分布的抽样',bins=20,facecolor='m',edgecolor='k',
   ...:          orientation='horizontal')                  #矩形平行于横轴
   ...: plt.xticks(fontsize=13)
   ...: plt.xlabel('频数',fontsize=13)
   ...: plt.yticks(fontsize=13)
   ...: plt.ylabel('样本值',fontsize=13)
   ...: plt.legend(loc=0,fontsize=13)
   ...: plt.grid()
   ...: plt.subplot(2,2,4)                                  #第4个子图
   ...: plt.hist(x_beta,label='贝塔分布的抽样',bins=20,facecolor='c',edgecolor='k',
   ...:          orientation='horizontal')                  #矩形平行于横轴
   ...: plt.xticks(fontsize=13)
   ...: plt.xlabel('频数',fontsize=13)
   ...: plt.yticks(fontsize=13)
   ...: plt.ylabel('样本值',fontsize=13)
   ...: plt.legend(loc=0,fontsize=13)
   ...: plt.grid()
   ...: plt.show()
```

这里需要再次强调的是，如果设定不同的随机数种子或不设置随机数种子，则随机抽样所得到的结果会与上述的结果存在一定的差异，所得到的图形与图4-4就会有所区别。

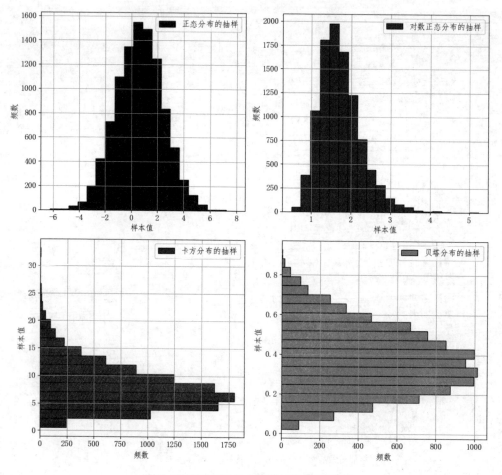

图 4-4 基于不同分布随机抽样的直方图

4.3.2 多变量样本的直方图

为了更好地比较若干变量样本值的分布情况，有时会将不同变量的样本值放置在一张直方图中进行展示，展示方式有两种：一是堆叠（stacked）展示，即在直方图中，不同变量的样本值堆叠在一起；二是并排展示，即在直方图中，不同变量的样本值并排放置。下面以上证指数和深证成指作为示例进行演示。

1. 堆叠展示

【例4-4】导入存放2021年至2022年期间上证指数、深证成指日涨跌幅数据的Excel文件，通过直方图并以堆叠的方式展示这两个指数的涨跌幅分布（见图4-5）。需要提醒的是，在运用hist函数时，涨跌幅数据需要存放于数组中。具体的代码如下：

```
In [28]: SH_SZ=pd.read_excel(io='C:/Desktop/上证指数与深证成指的日涨跌幅(2021年至2022年).xlsx',
sheet_name='Sheet1',header=0,index_col=0)          #导入数据

In [29]: SH_SZ.head()                              #显示开头5行
Out[29]:
           上证指数    深证成指
```

```
日期
2021-01-04   0.008606   0.024656
2021-01-05   0.007342   0.021588
2021-01-06   0.006291   0.002644
2021-01-07   0.007133   0.011114
2021-01-08  -0.001705  -0.002417

In [30]: SH_SZ.tail()                    #显示末尾 5 行
Out[30]:
              上证指数    深证成指
日期
2022-12-26   0.006467   0.011922
2022-12-27   0.009788   0.011615
2022-12-28  -0.002639  -0.008641
2022-12-29  -0.004437  -0.001282
2022-12-30   0.005061   0.001780

In [31]: SH_SZ=np.array(SH_SZ)            #将数据框转为数组

In [32]: SH_SZ.shape                      #查看数组的形状
Out[32]: (485, 2)

In [33]: plt.figure(figsize=(9,6))
    ...: plt.hist(SH_SZ,label=['上证指数日涨跌幅','深证成指日涨跌幅'],stacked=True,
    ...:          edgecolor='k',bins=30)   #两个变量样本数据堆叠展示
    ...: plt.xticks(fontsize=13)
    ...: plt.xlabel('日涨跌幅',fontsize=13)
    ...: plt.yticks(fontsize=13)
    ...: plt.ylabel('频数',fontsize=13)
    ...: plt.title('上证指数和深证成指日涨跌幅堆叠的直方图',fontsize=13)
    ...: plt.legend(loc=2,fontsize=13)     #图例放在左上位置
    ...: plt.grid()
    ...: plt.show()
```

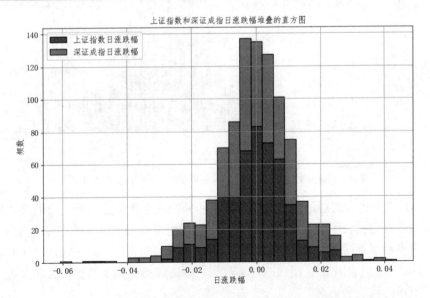

图 4-5　上证指数和深证成指的日涨跌幅以堆叠方式展示的直方图

从图 4-5 中可以看到,在堆叠展示的直方图中,第 1 个变量的数据(上证指数)在下方,第 2 个变量的数据(深证成指)在上方;通过目测发现,无论是上证指数还是深证成指,日涨跌幅数据集中处于[-4%,4%]区间,同时,最大的日跌幅处于6%附近,而最大的日涨幅则处在4%左右。

2. 并排展示

【例 4-5】沿用例 4-4 中的变量样本数据,通过直方图并以并排的方式展示(见图 4-6),具体的代码如下:

```
In [34]: plt.figure(figsize=(9,6))
   ...: plt.hist(SH_SZ,label=['上证指数日涨跌幅','深证成指日涨跌幅'],edgecolor='k',
   ...:          bins=30)                        #两个变量样本数据并排展示
   ...: plt.xticks(fontsize=13)
   ...: plt.xlabel('日涨跌幅',fontsize=13)
   ...: plt.yticks(fontsize=13)
   ...: plt.ylabel('频数',fontsize=13)
   ...: plt.title('上证指数和深证成指日涨跌幅并排的直方图',fontsize=13)
   ...: plt.legend(loc=2,fontsize=13)            #图例放置在左上位置
   ...: plt.grid()
   ...: plt.show()
```

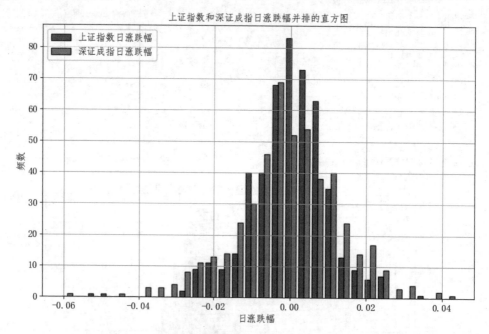

图 4-6 上证指数和深证成指的日涨跌幅以并排方式展示的直方图

图 4-6 就是以并排方式展示的直方图,图中相邻的两个矩形是不同变量的样本数据,因此可以很方便地观察与比较不同数据组的分布情况。通过目测可以发现,在涨跌幅为 0 的附近,上证指数的样本数据量明显多于深证成指的,同时涨跌幅远离 0,深证成指的样本数据量是高于上证指数的。因此,相比上证指数的样本数据,深证成指的样本数据在分布上更加离散,这也说明深证成指的风险会更高一些。

4.4 条形图

在金融场景中，为了对比不同金融资产的收益率、不同期间的交易量等金融变量，通常可以运用条形图进行可视化。

条形图（bar chart）用宽度相同的条形的高度或长度表示样本数据大小。条形图可以分为**垂直条形图**（也称柱形图，column chart）和**水平条形图**两类。其中，垂直条形图的条形高度代表样本数据的大小；水平条形图的条形长度代表样本数据的大小。

需要注意的是，条形图与第 4.3 节讨论的直方图存在一定的相似性，两者比较容易混淆，表 4-4 梳理出了直方图与条形图的差异点。

表 4-4 直方图与条形图的差异点

差异点	直方图	条形图
变量个数	通常仅涉及一个变量	需要关联两个变量，一个变量投射到横轴，另一个变量投射到纵轴
图形用途	用于直观呈现变量的分布	用于直观呈现变量的变化
数据划分依据	变量的样本数据按照一定的区间进行分组	变量的样本数据按照一定标准进行分类
是否允许重排	不同矩形不能重新排序	不同条形可以任意重新排序

本节将通过金融示例依次演示如何绘制垂直条形图、水平条形图，以及同时包含条形与曲线的双轴图。

4.4.1 垂直条形图

【例 4-6】沿用第 2.1 节例 2-1 的信息，针对表 4-5 描述的 2022 年 5 月 9 日至 13 日 4 只股票的涨跌幅数据，绘制 2022 年 5 月 9 日、10 日、12 日和 13 日这 4 只股票涨跌幅的垂直条形图，并且以 2×2 子图的模式呈现（见图 4-7），同时为了便于对比，将每个子图的 y 轴设定为相同的刻度与极值。

表 4-5 2022 年 5 月 9 日至 13 日 4 只股票的涨跌幅数据

证券简称	2022-05-09	2022-05-10	2022-05-11	2022-05-12	2022-05-13
长江电力	−1.6725%	2.2381%	−1.2697%	−1.0643%	4.1237%
三一重工	−1.6656%	1.6311%	0.0000%	−1.7901%	0.5657%
浦发银行	−0.3822%	0.3836%	0.1274%	0.1272%	2.2872%
中信证券	−0.3723%	1.4949%	0.6312%	−0.2091%	1.0477%

注：表 4-5 的内容与表 2-1 的相关内容保持一致。
数据来源：上海证券交易所。

绘制垂直条形图需要运用函数 bar，具体代码如下：

```
In [35]: R_array=np.array([[-0.016725,0.022381,-0.012697,-0.010643,0.041237],
   ...:                    [-0.016656,0.016311,0.000000,-0.017901,0.005657],
   ...:                    [-0.003822,0.003836,0.001274,0.001272,0.022872],
   ...:                    [-0.003723,0.014949,0.006312,-0.002091,0.010477]]) #涨跌幅数据
```

```
In [36]: name=['长江电力','三一重工','浦发银行','中信证券']                    #股票名称
   ...: date=np.array(['2022-05-09','2022-05-10','2022-05-11','2022-05-12','2022-05-13'])  #交易日

In [37]: R_DataFrame=pd.DataFrame(data=R_array.T,index=date,columns=name)   #创建数据框

In [38]: R_DataFrame                                                         #查看结果
Out[38]:
              长江电力      三一重工     浦发银行      中信证券
2022-05-09   -0.016725  -0.016656  -0.003822  -0.003723
2022-05-10    0.022381   0.016311   0.003836   0.014949
2022-05-11   -0.012697   0.000000   0.001274   0.006312
2022-05-12   -0.010643  -0.017901   0.001272  -0.002091
2022-05-13    0.041237   0.005657   0.022872   0.010477

In [39]: plt.figure(figsize=(11,10))
   ...: plt.subplot(2,2,1)                                                    #第1个子图
   ...: plt.bar(x=R_DataFrame.columns,height=R_DataFrame.iloc[0],width=0.5,
   ...:         label='2022年5月9日涨跌幅',facecolor='g')    #绘制条形
   ...: plt.xticks(fontsize=13)
   ...: plt.yticks(fontsize=13)
   ...: plt.ylabel('涨跌幅',fontsize=13)
   ...: plt.legend(loc=9,fontsize=13)                                         #图例放置在中上位置
   ...: plt.grid()
   ...: plt.subplot(2,2,2,sharey=plt.subplot(2,2,1))  #第2个子图,该子图与第1个子图的y轴相同
   ...: plt.bar(x=R_DataFrame.columns,height=R_DataFrame.iloc[1],width=0.5,
   ...:         label='2022年5月10日涨跌幅',facecolor='c')
   ...: plt.xticks(fontsize=13)
   ...: plt.yticks(fontsize=13)
   ...: plt.legend(loc=9,fontsize=13)
   ...: plt.grid()
   ...: plt.subplot(2,2,3,sharey=plt.subplot(2,2,1))  #第3个子图,该子图与第1个子图的y轴相同
   ...: plt.bar(x=R_DataFrame.columns,height=R_DataFrame.iloc[3],width=0.5,
   ...:         label='2022年5月12日涨跌幅',facecolor='b')
   ...: plt.xticks(fontsize=13)
   ...: plt.yticks(fontsize=13)
   ...: plt.ylabel('涨跌幅',fontsize=13)
   ...: plt.legend(loc=9,fontsize=13)
   ...: plt.grid()
   ...: plt.subplot(2,2,4,sharey=plt.subplot(2,2,1))  #第4个子图,该子图与第1个子图的y轴相同
   ...: plt.bar(x=R_DataFrame.columns,height=R_DataFrame.iloc[-1],width=0.5,
   ...:         label='2022年5月13日涨跌幅',facecolor='r')
   ...: plt.xticks(fontsize=13)
   ...: plt.yticks(fontsize=13)
   ...: plt.legend(loc=9,fontsize=13)
   ...: plt.grid()
   ...: plt.show()
```

通过图 4-7 可以非常直观地对比在同一个交易日不同股票的涨跌幅情况,以及不同交易日同一只股票的业绩表现。比如,在 2022 年 5 月 10 日,长江电力表现最好,浦发银行则表现最差;对于中信证券而言,2022 年 5 月 10 日的表现最好,2022 年 5 月 9 日的表现最差。

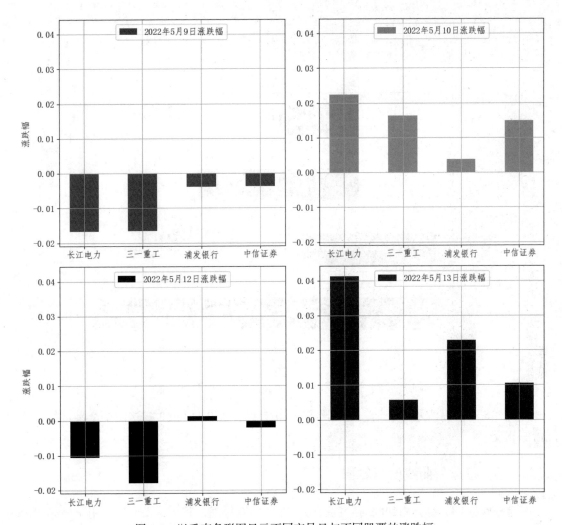

图 4-7　以垂直条形图显示不同交易日与不同股票的涨跌幅

4.4.2　水平条形图

为了更好地比较不同股票在不同交易日的涨跌幅情况，可以将若干个交易日的涨跌幅放置在一张水平条形图中进行集中展示。

【例 4-7】沿用例 4-6 的相关信息，将 2022 年 5 月 9 日与 13 日这两个交易日 4 只股票的涨跌幅放置在一张水平条形图中进行对比展示（见图 4-8）。绘制水平条形图需要运用函数 barh，具体的代码如下：

```
In [40]: plt.figure(figsize=(9,6))
    ...: plt.barh(y=R_DataFrame.columns,width=R_DataFrame.iloc[0],height=0.5,
    ...:         label='2022年5月9日涨跌幅',facecolor='g')  #绘制水平条形图
    ...: plt.barh(y=R_DataFrame.columns,width=R_DataFrame.iloc[-1],height=0.5,
    ...:         label='2022年5月13日涨跌幅',facecolor='r')
    ...: plt.xticks(fontsize=13)
    ...: plt.xlabel('涨跌幅',fontsize=13)
    ...: plt.yticks(fontsize=13)
```

```
...: plt.title('股票涨跌幅的水平条形图',fontsize=13)
...: plt.legend(loc=1,fontsize=13)
...: plt.grid()
...: plt.show()
```

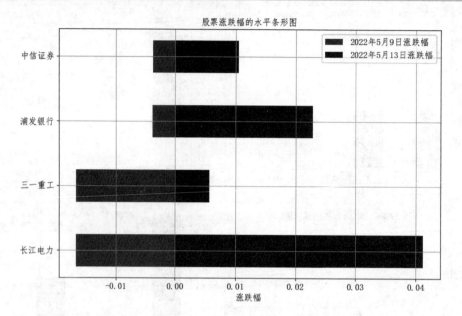

图4-8 以水平条形图展示两个交易日中不同股票的涨跌幅

从图4-8中可以清楚地看到，4只股票在2022年5月9日与13日这两个交易日的涨跌情况恰好相反。

4.4.3 包含条形与曲线的双轴图

在金融场景中，也会用到同时绘制条形与曲线的**双轴图**。其中，条形往往用于描述变量的金额，通常投射到左侧的纵轴（左侧y轴）；曲线则刻画变量的变动情况，比如增长率，通常投射到右侧的纵轴（右侧y轴）。

绘制双轴图需要运用两个重要的函数和方法：一是 subplots 函数，通过它创建一个包含 figure（图案）、axes（轴域）对象的元组；二是 twinx 方法，采用它创建一个右侧纵轴，该纵轴用于绘制双轴图。下面以广义货币供应量M2作为示例进行演示。

【例4-8】广义货币供应量M2是衡量一国货币政策松紧状况的重要指标。导入2020年至2022年我国广义货币供应量M2的月末余额和每月同比增长率数据的Excel文件，创建一个数据框并进行可视化，用垂直条形表示M2的月末余额变量，用曲线刻画M2的每月同比增长率变量，并且将垂直条形和曲线放在一张双轴图中（见图4-9）。需要提醒的是，绘制双轴图时，数据框索引的时间数据类型必须是字符串类型，否则会影响图形的正常显示。为了便于理解，编程分为以下两个步骤。

第1步：在导入Excel文件的同时，将数据框索引的时间数据类型由datetime64类型调整为字符串类型，并且显示为"年-月"形式（这些操作需要运用第3.2.2节提到的strftime方法）。相关的代码如下：

```
In [41]: M2=pd.read_excel(io='C:/Desktop/我国广义货币供应量M2的数据（2020-2022年）.xlsx',sheet_
```

```
                name='Sheet1',header=0,index_col=0)      #从外部导入M2的数据

In [42]: M2.index                                       #显示索引
Out[42]:
DatetimeIndex(['2020-01-31', '2020-02-29', '2020-03-31', '2020-04-30',
               '2020-05-31', '2020-06-30', '2020-07-31', '2020-08-31',
               '2020-09-30', '2020-10-31', '2020-11-30', '2020-12-31',
               '2021-01-31', '2021-02-28', '2021-03-31', '2021-04-30',
               '2021-05-31', '2021-06-30', '2021-07-31', '2021-08-31',
               '2021-09-30', '2021-10-31', '2021-11-30', '2021-12-31',
               '2022-01-31', '2022-02-28', '2022-03-31', '2022-04-30',
               '2022-05-31', '2022-06-30', '2022-07-31', '2022-08-31',
               '2022-09-30', '2022-10-31', '2022-11-30', '2022-12-31'],
              dtype='datetime64[ns]', name='日期', freq=None)

In [43]: M2.index=(M2.index).strftime('%Y-%m')          #转换为字符串类型并显示为"年-月"形式

In [44]: M2.index                                       #显示调整后的索引
Out[44]:
Index(['2020-01', '2020-02', '2020-03', '2020-04', '2020-05', '2020-06',
       '2020-07', '2020-08', '2020-09', '2020-10', '2020-11', '2020-12',
       '2021-01', '2021-02', '2021-03', '2021-04', '2021-05', '2021-06',
       '2021-07', '2021-08', '2021-09', '2021-10', '2021-11', '2021-12',
       '2022-01', '2022-02', '2022-03', '2022-04', '2022-05', '2022-06',
       '2022-07', '2022-08', '2022-09', '2022-10', '2022-11', '2022-12'],
      dtype='object', name='日期')
```

通过以上的代码,不仅实现了时间数据类型的转换,也实现了时间显示形式的调整。

第2步:绘制双轴图,左侧纵轴代表金额,右侧纵轴代表增长率。相关的代码如下:

```
In [45]: fig, ax1=plt.subplots(figsize=(9,6))           #运用左侧纵轴绘制图形
    ...: plt.bar(x=M2.index,height=M2.iloc[:,0],color='y',label='M2月末余额')   #绘制条形
    ...: plt.xticks(fontsize=13,rotation=90)            #x轴刻度按照逆时针旋转90°
    ...: plt.xlabel('日期',fontsize=13)
    ...: plt.yticks(fontsize=13)
    ...: plt.ylim(ymin=0,ymax=300)                      #设置左侧纵轴的极值
    ...: plt.ylabel('金额(万亿元)',fontsize=13)
    ...: plt.legend(loc=2,fontsize=13)                  #图例的位置在左上方
    ...: ax2=ax1.twinx()                                #运用右侧纵轴绘制图形
    ...: plt.plot(M2.iloc[:,-1],'b-',label=u'M2每月同比增长率',lw=2.0)         #绘制曲线
    ...: plt.yticks(fontsize=13)
    ...: plt.ylim(ymin=0.04,ymax=0.13)                  #设置右侧纵轴的极值
    ...: plt.ylabel('增长率',fontsize=13)
    ...: plt.title('广义货币供应量M2月末余额和同比增长率',fontsize=13)
    ...: plt.legend(loc=9,fontsize=13)                  #图例的位置在中上方
    ...: plt.grid()
    ...: plt.show()
```

从图4-9中不难发现,我国广义货币供应量M2月末余额总体上呈现逐月增长的态势。同时,可以看到在2022年M2每月同比增长率基本上处于持续走高的状态,其主要的原因是为了有效应对相关因素给国民经济带来的负面冲击,中国人民银行通过加大货币供应量以保持实体经济的稳定。

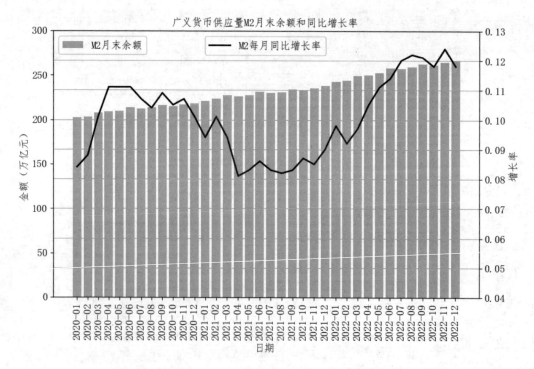

图 4-9 我国广义货币供应量 M2 月末余额和同比增长率（2020 年至 2022 年）

4.5 散点图

金融分析的起点通常是考察两个或多个不同变量之间是否具有线性关系，而通过绘制出两个变量的散点图进行目测是判断是否具有线性关系最直观的方法。

散点图（scatter plot）通过将两个变量的样本数据显示为一组点绘制而成，并且样本数据由点在图中的位置表示。散点图常用于识别两个变量之间的相关性或用于观察它们的关系（比如线性关系、指数关系等），从而发现某种趋势。同时，它对查找异常值或理解数据分布也有一定帮助。图中的散点越向一条直线靠拢，说明两个变量之间的线性相关性越高，反之则越低。绘制散点图需要运用 scatter 函数，下面使用 A 股市场的上市银行股票进行演示。

【例 4-9】 将 2018 年至 2022 年工商银行（证券代码 601398）与建设银行（证券代码 601939）这两只 A 股股票的周涨跌幅数据绘制成散点图（见图 4-10），具体编程分为以下两个步骤。

第 1 步：导入相关数据的 Excel 文件并创建数据框，查看数据框的相关统计指标并计算两个时间序列的相关系数。具体的代码如下：

```
In [46]: ICBC_CCB=pd.read_excel(io='C:/Desktop/工商银行与建设银行 A 股周涨跌幅数据（2018-2022
年）.xlsx',sheet_name='Sheet1',header=0,index_col=0)  #从外部导入数据

In [47]: ICBC_CCB.describe()                          #查看数据的描述性统计指标
Out[47]:
            工商银行      建设银行
count   261.000000  261.000000
mean     -0.001065   -0.000760
```

```
std           0.024535      0.029392
min          -0.121053     -0.124607
25%          -0.013072     -0.015759
50%          -0.001792      0.000000
75%           0.012685      0.012048
max           0.139200      0.152091

In [48]: ICBC_CCB.corr()          #两只股票周涨跌幅的相关系数
Out[48]:
              工商银行      建设银行
工商银行    1.000000    0.858878
建设银行    0.858878    1.000000
```

根据以上的输出结果,关于数据的描述性统计指标,工商银行A股与建设银行A股的周涨跌幅在平均值、标准差、主要的分位数上都比较接近;同时,它们的相关系数超过 0.85,可以初步判断两只股票在周涨跌幅上具有高度的线性相关性,由此推测出在散点图中的散点比较靠近于一条直线。

第 2 步:绘制工商银行 A 股与建设银行 A 股周涨跌幅的散点图,并且图中的散点用星号标记。具体的代码如下:

```
In [49]: plt.figure(figsize=(9,6))
    ...: plt.scatter(x=ICBC_CCB['工商银行'],y=ICBC_CCB['建设银行'],c='m',marker='*') #绘制散点
    ...: plt.xticks(fontsize=13)
    ...: plt.xlabel('工商银行A股周涨跌幅',fontsize=13)
    ...: plt.yticks(fontsize=13)
    ...: plt.ylabel('建设银行A股周涨跌幅',fontsize=13)
    ...: plt.title('工商银行A股与建设银行A股的周涨跌幅散点图',fontsize=13)
    ...: plt.grid()
    ...: plt.show()
```

图 4-10 印证了前面运用相关系数推测出来的结果,即工商银行与建设银行的 A 股周涨跌幅对应的散点基本处于一条直线的附近。

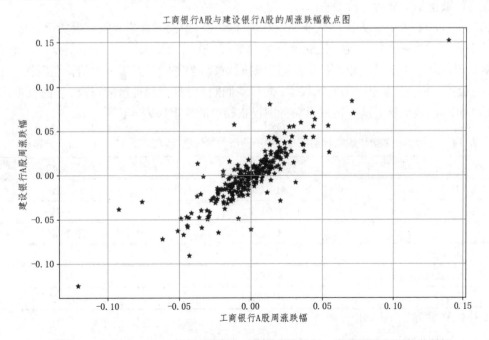

图 4-10　2018 年至 2022 年工商银行 A 股与建设银行 A 股周涨跌幅的散点图

需要注意,相关关系绝不等同于因果关系。相关关系仅表示两个变量同时变化,因果关系则是指一个变量的变化会导致另一个变量的变化。以图 4-10 为例,虽然可以认为工商银行 A 股与建设银行 A 股的周涨跌幅之间存在着较强的线性相关关系,但是无法推测这两只股票的周涨跌幅之间是否存在因果关系,即仅从散点图中无法判断工商银行 A 股的涨跌是否导致建设银行 A 股的涨跌,也无法判断建设银行 A 股的涨跌是否导致工商银行 A 股的涨跌。所以,散点图只是一种初步的数据分析工具,仅能直观地考察两个变量之间是否存在相关关系,如果需要进一步确认变量之间是否存在因果关系,还必须借助其他的统计分析工具。

4.6 饼图与雷达图

前面讨论的曲线图、直方图等图形偏重于刻画金融变量的趋势与分布,而在金融场景中,也经常需要对样本的占比与排名进行可视化,这就需要运用本节所讨论的饼图和雷达图。

4.6.1 饼图

饼图(pie chart)是一种圆形的统计图,整个圆被切分成不同的楔形(wedge)以表示变量的若干个样本值占总样本值的比重。绘制饼图需要运用 pie 函数,下面以国际货币基金组织特别提款权中不同货币的比重作为示例演示饼图的绘制。

【例 4-10】特别提款权(Special Drawing Right,SDR)是国际货币基金组织(International Monetary Fund,IMF)于 1969 年创设的用于补充该组织的成员官方储备的一种国际储备资产,被称为"纸黄金",也是该组织分配给成员使用资金的一种权利。特别提款权的价值最初被确定为每单位相当于 0.888671 克黄金,也相当于当时的 1 美元。在布雷顿森林体系解体后,特别提款权价值被重新定义为一篮子货币。

2015 年 11 月 30 日,人民币获准加入特别提款权货币篮子并成为第三大货币,从 2016 年 10 月 1 日起正式实施,特别提款权的价值便由美元、欧元、人民币、日元、英镑等一篮子储备货币所决定。2022 年 5 月,国际货币基金组织执行董事会完成了五年一次的特别提款权定值审查,并一致决定提高人民币、美元的权重,同时下调欧元、日元和英镑的权重,新的权重于 2022 年 8 月 1 日起正式生效。这 5 种货币在特别提款权中的权重如表 4-6 所示。

表 4-6 国际货币基金组织的特别提款权中不同币种的权重(以 2022 年 8 月 1 日为分界点)

币种	调整前的权重	调整后的权重
美元(U.S. Dollar)	41.73%	43.38%
欧元(Euro)	30.93%	29.31%
人民币(Chinese Yuan)	10.92%	12.28%
日元(Japanese Yen)	8.33%	7.59%
英镑(Pound Sterling)	8.09%	7.44%
合计	100.00%	100.00%

资料来源:国际货币基金组织。

接下来以饼图的方式展示表 4-6 中在不同时期不同货币的占比情况,一共分为两个步骤。

第1步：针对2022年8月1日之前特别提款权中不同币种的权重，绘制一张饼图（见图4-11）。具体的代码如下：

```
In [50]: currency=['美元','欧元','人民币','日元','英镑']        #币种名称

In [51]: ratio1=[0.4173, 0.3093, 0.1092, 0.0833, 0.0809]   #2022年8月1日之前的币种权重

In [52]: plt.figure(figsize=(9,6))
    ...: plt.pie(x=ratio1,labels=currency,autopct='%1.2f%%',textprops={'fontsize':13})  #绘制饼图
    ...: plt.axis('equal')                                 #使饼图是一个圆
    ...: plt.title('2022年8月1日之前特别提款权中不同币种的权重',fontsize=13)
    ...: plt.legend(loc=2,fontsize=13)                     #图例在左上方
    ...: plt.show()
```

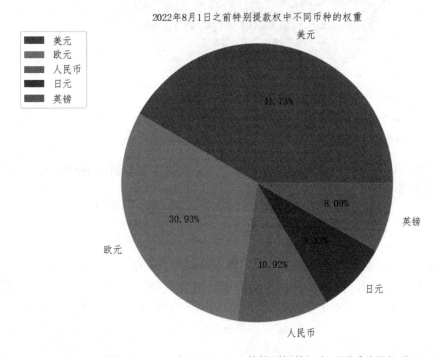

图4-11 2022年8月1日之前特别提款权中不同币种的权重

第2步：针对2022年8月1日及以后特别提款权中不同币种的权重，绘制一张饼图（见图4-12）。具体的代码如下：

```
In [53]: ratio2=[0.4338,0.2931,0.1228,0.0759,0.0744]       #2022年8月1日及以后的币种权重

In [54]: plt.figure(figsize=(9,6))
    ...: plt.pie(x=ratio2,labels=currency,autopct='%1.2f%%',counterclock=False,
    ...:        textprops={'fontsize':13})    #绘制饼图且每个楔形按顺时针排序
    ...: plt.axis('equal')                                 #使饼图是一个圆
    ...: plt.title('2022年8月1日及以后特别提款权中不同币种的权重',fontsize=13)
    ...: plt.legend(loc=1,fontsize=13)                     #图例在右上方
    ...: plt.show()
```

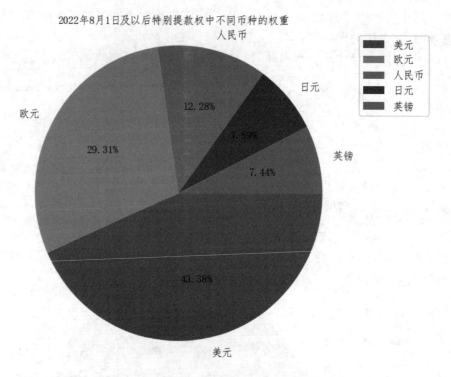

图 4-12　2022 年 8 月 1 日及以后特别提款权中不同币种的权重

通过以上的代码可以看到，由于无须考虑横轴与纵轴，因此相比前面的曲线图、直方图等图形，饼图占用的编程资源会少一些。

4.6.2　雷达图

雷达图（radar chart）也称为戴布拉图、网络图、蜘蛛图、星图，它是以二维图的形式在从中心点开始向外延伸的数轴上表示 3 个或更多个变量数据的图形。此类图形最早由日本企业界发明并运用于综合评估企业的财务状况，由于绘制得到的形状酷似军事上的雷达图形，故取名雷达图。

1. 绘制雷达图的步骤

运用 Matplotlib 绘制雷达图时，通常需要分两个步骤完成。

第 1 步：输入准备的参数数据。除了变量的样本数据，还需要运用 NumPy 模块的 linspace 函数将整个圆按照需要显示的变量个数进行均匀切分，比如需要显示 4 个指标，则将圆均匀切分为 4 个部分；同时，运用 NumPy 模块的另一个函数 concatenate 将相关数组进行首尾合并以实现图形的闭合，该函数的用法可以参见第 2.3.4 节。

第 2 步：运用子模块 pyplot 中的 polar 函数和 thetagrids 函数绘制雷达图。

polar 函数用于绘制极坐标系，需要输入两个重要参数：一是 theta，它代表以π为单位的角度（比如 0.5π），通常需要输入一个数组；二是 r，它代表半径，也需要输入一个数组。

thetagrids 函数用于绘制极坐标系的网格线和标签，也需要输入两个重要参数：一是 angles，它代表以度（°）为单位的网格线角度（比如 90°），通常也需要输入一个数组；二是 labels，它代表标签，并且通常是变量的名称。

下面以国内 A 股上市保险公司相关财务指标作为示例，具体演示雷达图的绘制过程。

2. 一个示例

【例 4-11】目前在国内 A 股市场上市的保险公司一共有 5 家，分别是中国人保、新华保险、中国太保、中国人寿及中国平安。根据这些公司对外披露的 2022 年年度报告，整理了当年营业收入增长率、净利润增长率、净资产收益率（Return On Equity，ROE）及偿付能力充足率等指标，具体如表 4-7 所示，该表还列出了中国平安的相关指标在这 5 家上市保险公司中的排名情况。

表 4-7　国内 A 股上市保险公司 2022 年相关财务和监管指标

证券代码	证券名称	营业收入增长率	净利润增长率	净资产收益率	偿付能力充足率
601319	中国人保	3.8763%	12.1659%	11.0180%	250.0000%
601336	新华保险	−3.6249%	−34.2786%	9.5467%	238.2000%
601601	中国太保	3.3426%	−8.6103%	10.7723%	256.0000%
601628	中国人寿	−3.7802%	−35.8670%	7.3554%	206.7800%
601318	中国平安	−5.9195%	−11.7978%	9.7562%	217.6500%
		排名第 5 位	排名第 3 位	排名第 3 位	排名第 4 位

注：以上 5 家上市保险公司 2022 年年度报告集中在 2023 年 3 月对外披露。
数据来源：相关公司对外披露的 2022 年年度报告。

下面结合表 4-7 运用雷达图展示中国平安在这些指标上的排名情况，具体编程分为两个步骤。

第 1 步：输入公司名称、指标名称、排名，以及其他准备的参数数据。相关的代码如下：

```
In [55]: company=np.array(['中国人保','新华保险','中国太保','中国人寿','中国平安'])   #公司名称
    ...: indicator=np.array(['营业收入增长率','净利润增长率','净资产收益率','偿付能力充足率'])   #指标名称
    ...: ranking=np.array([5,3,3,4])             #创建存放中国平安各指标排名的数组

In [56]: N_company=len(company)                  #公司的数量
    ...: N_indicator=len(indicator)              #指标的数量

In [57]: ranking_list=np.concatenate([ranking,[ranking[0]]])     #在排名的数组末尾增加该数组首个元素，从而实现图形的闭合
    ...: indicator_list=np.concatenate([indicator,[indicator[0]]])   #在指标的数组末尾增加该数组首个元素，从而实现图形的闭合

In [58]: Theta=np.linspace(0,2*np.pi,N_indicator,endpoint=False)   #取 0 至 2π 的等差数列（不包含 2π）
    ...: Theta_list=np.concatenate([Theta,[Theta[0]]])   #在 Theta 数组的末尾增加该数组的首个元素，从而实现图形的闭合
    ...: Theta_list                              #查看结果
Out[58]: array([0.        , 1.57079633, 3.14159265, 4.71238898, 0.        ])

In [59]: angle_list=Theta_list*180/np.pi         #转换成以°为单位的网格线角度
    ...: angle_list                              #查看结果
Out[59]: array([  0.,  90., 180., 270.,   0.])
```

第 2 步：绘制一张雷达图（见图 4-13）。相关的代码如下：

```
In [60]: plt.figure(figsize=(8,7))
    ...: plt.polar(theta=Theta_list,r=ranking_list)                    #绘制极坐标系
    ...: plt.thetagrids(angles=angle_list,labels=indicator_list,fontsize=12) #绘制网格和指标名称
    ...: plt.yticks(range(N_company+1),fontsize=12)                    #设置刻度(0,1,2,3,4,5)
    ...: plt.ylim(ymin=0,ymax=5)
    ...: plt.fill(Theta_list,ranking_list,color='r',alpha=0.25)  #颜色填充
    ...: plt.title('2022年中国平安各项指标在5家A股上市保险公司中的排名',fontsize=13)
    ...: plt.show()
```

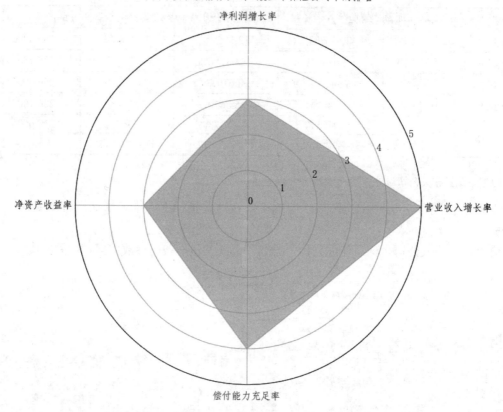

图 4-13　2022 年中国平安各项指标在 5 家 A 股上市保险公司中的排名

从图 4-13 可以清楚看到，越靠近雷达图的圆心位置，代表指标的排名越高；相反，越远离圆心位置，表示指标的排名越低。

4.7　K 线图

在证券、期货等投资领域，经常运用 K 线图来表示价格的走势情况。K 线图起源于日本江户时代（公元 1603—1868 年），是当时日本米市商人用于记录米市的行情与价格波动的图形，由于这种图形中的标记非常像一根根蜡烛，因此 K 线图也被称为**蜡烛图**（candlestick chart）。

在绘制 K 线时，通常围绕开盘价、最高价、最低价、收盘价这 4 个数据展开，反映大势的

状况和价格信息。当收盘价高于开盘价时，K 线称为**阳线**；当收盘价低于开盘价时，K 线称为**阴线**。在我国金融市场，用红色线表示阳线，用绿色线表示阴线。需要注意的是，在欧美金融市场中，通常用绿色线表示阳线，用红色线表示阴线，与我国的习惯恰好相反。此外，将每日的 K 线放在一张图上，就能得到日 K 线图，根据同样的逻辑也可以绘制出周 K 线图、月 K 线图等。

4.7.1 涉及的模块

需要注意的是，在 Matplotlib 2.0 之前的版本中存在一个子模块 finance，它可以用于绘制 K 线图。但是，在 Matplotlib 2.0 及更高版本中，该子模块已经独立出来并形成了新的第三方模块 mplfinance。由于本书使用的是 Matplotlib 3.5.1，因此，在绘制 K 线图时需要运用 mplfinance 模块。

由于 mplfinance 模块需要单独安装，同时本书是在 Anaconda 环境下运行 Python 的，通过打开 Anaconda Prompt，并且执行如下命令就能在线安装该模块的最新版本。

```
pip install mplfinance
```

在本书写作时，mplfinance 的最新版本是 0.12.9b7。如果用户希望在线安装其他的版本，比如 0.12.8b6 版本，则可以执行如下安装命令：

```
pip install mplfinance==0.12.8b6
```

同样，由于该模块是第三方模块，需要将模块导入并查看其版本信息，具体代码如下：

```
In [61]: import mplfinance as mpf        #导入mplfinance模块并缩写为mpf

In [62]: mpf.__version__                 #查看版本信息
Out[62]: '0.12.9b7'
```

4.7.2 主要的函数及参数

运用 mplfinance 模块绘制 K 线图，通常需要用到该模块的 3 个函数，分别是 plot、make_marketcolors 和 make_mpf_style，下面依次讲解这 3 个函数的主要参数及用法。

1. plot 函数

在 mplfinance 模块中，绘制 K 线图的核心函数是 plot，该函数的主要参数整理在表 4-8 中。

表 4-8　plot 函数的主要参数

参数名称	参数含义及输入要求
data	表示输入绘制图形的数据，数据需要存放于数据框。同时，数据框需要满足以下两个要求： 一是索引的时间数据的类型必须是 datetime64 类型，如果是字符串类型，需要转换为 datetime64 类型（参见第 3.2.2 节）； 二是列名必须依次用 Open、High、Low、Close、Volume 等英文表示，它们分别代表开盘价、最高价、最低价、收盘价、交易量等，因此如果数据框的列名是中文，则必须要调整为对应的英文

续表

参数名称	参数含义及输入要求
type	表示图形的类型，有如下 5 种图形参数值可供选择，并且以字符串的类型输入。 ohlc：表示条形图，默认情况下显示此类图形。 candle：表示蜡烛图，也就是最常见的 K 线图。 line：表示折线图。 renko：表示砖形图。 pnf：表示 OX 图或点数图（point and figure chart）
mav	表示均线，并且可以生成一条或若干条均线，如果输入 mav=5，表示生成 5 日均线（以日 K 线为例）；输入 mav=(5,10)，表示分别生成 5 日均线和 10 日均线
volume	表示是否绘制交易量，如果输入 volume=True，则表示绘制交易量；如果输入 volume=False 或者处于默认情况，表示不绘制交易量
figratio	表示定义画面的尺寸，比如输入 figratio=(9,6)代表长是 9 英寸、宽是 6 英寸
style	用于设定 K 线图的图案风格，有 9 种风格可供选择，通常输入 style='classic'，表示采用经典风格，也就是阳线用白色表示，阴线用黑色表示；此外，也可以通过后面提到的 make_marketcolors 函数自定义图案风格
ylabel	y 轴的标签，需要输入字符串
ylabel_lower	对应绘制交易量图形的 y 轴标签，也需要输入字符串

2. make_marketcolors 函数

在绘图的过程中，mplfinance 模块的 make_marketcolors 函数主要用于自定义 K 线图的颜色，通常需要输入以下 3 个主要参数：

一是参数 up，它代表阳线的颜色，比如输入 up='r'表示阳线是红色的；

二是参数 down，它代表阴线的颜色，比如输入 down='g'表示阴线是绿色的；

三是参数 volume，它代表交易量的颜色，比如输入 volume='c'表示交易量用青色表示。

关于不同颜色的参数值，可以参见第 4.1.2 节的表 4-2。

3. make_mpf_style 函数

在 K 线图的绘制过程中，mplfinance 模块的 make_mpf_style 函数主要用于自定义 K 线图的风格，通常需要输入以下 3 个主要参数：

一是参数 marketcolors，它代表 K 线图的颜色，输入由 make_marketcolors 函数定义的颜色对象；

二是参数 gridaxis，它代表网格线的设置，输入 gridaxis='horizontal'代表仅显示水平的网格线，输入 gridaxis='vertical'表示仅显示垂直的网格线，输入 gridaxis='both'代表同时显示水平与垂直的网格线。

三是参数 rc，它用于设置图形的细节，需要以字典的结构输入，rc 是英文 runtime configuration（运行时配置）的缩写。由于使用 mplfinance 模块绘制 K 线图时，默认仅能显示英文，如果希望显示中文，就需要通过该参数完成相关的设置，比如执行 rc={'font.family':'FangSong', 'axes.unicode_minus':'False'}表示允许显示中文且以仿宋字体输出，同时在图像中能够正常显示负号。

下面以上证指数为例并运用 mplfinance 模块演示绘制 K 线图的过程。

4.7.3 具体运用

【例 4-12】表 4-9 列出了上证指数在 2022 年上半年每个交易日价格和成交量的部分数据，运用 mplfinance 模块将数据绘制成 K 线图，具体编程分两个步骤完成。

表 4-9 上证指数在 2022 年上半年每个交易日价格和成交量的部分数据

日期	开盘价	最高价	最低价	收盘价	成交量（亿股）
2022-01-04	3,649.1510	3,651.8924	3,610.0922	3,632.3289	405.0278
2022-01-05	3,628.2634	3,628.2634	3,583.4668	3,595.1761	423.9020
2022-01-06	3,581.2184	3,594.4890	3,559.8803	3,586.0792	371.5405
⋮	⋮	⋮	⋮	⋮	⋮
2022-06-28	3,377.6793	3,412.1017	3,358.8666	3,409.2103	412.0565
2022-06-29	3,399.6779	3,414.6467	3,358.4676	3,361.5177	440.5736
2022-06-30	3,358.9338	3,417.0085	3,358.9338	3,398.6161	381.2432

数据来源：上海证券交易所。

第 1 步：导入存放数据的 Excel 文件并创建数据框，需要将数据框索引的时间数据类型调整为 datetime64，并且将列名改为英文。相关的代码如下：

```
In [63]: SH_Index=pd.read_excel(io='C:/Desktop/2022年上半年上证指数的日交易数据.xlsx',sheet_name=
'Sheet1',header=0,index_col=0)  #导入数据

In [64]: SH_Index.index=pd.DatetimeIndex(SH_Index.index)   #索引的时间数据类型转换为datetime64

In [65]: SH_Index.columns                                  #显示数据框的列名
Out[65]: Index(['开盘价', '最高价', '最低价', '收盘价', '成交量（亿股）'], dtype='object')

In [66]: SH_Index=SH_Index.rename(columns={'开盘价':'Open','最高价':'High','最低价':'Low',
    ...:                                    '收盘价':'Close','成交量（亿股）':'Volume'})  #将列名改为英文
```

第 2 步：绘制 K 线图并采用经典的图案风格（见图 4-14），同时需要在图形中绘制 5 日均线。相关的代码如下：

```
In [67]: mpf.plot(data=SH_Index,type='candle',mav=5,volume=True,figratio=(9,6),
    ...:          style='classic',ylabel='price',ylabel_lower='volume(1e8)')  #绘制K线图并采用经典的图案风格
```

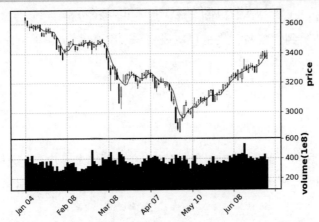

图 4-14 2022 年上半年上证指数日 K 线图（经典的图案风格）

图 4-14 所示就是采用经典图案风格的 2022 年上半年上证指数日 K 线图，y 轴的刻度和标签默认在右侧，并且整个图分为上下两部分。上半部分绘制了价格的走势图，其中，阳线是白色的，阴线是黑色的，曲线是 5 日均线；下半部分则刻画了每日的交易量情况。

第 3 步：绘制新的 K 线图（见图 4-15），图中的阳线用红色表示、阴线用绿色表示，y 轴的标签用中文显示，并且需要在图中添加 5 日均线与 10 日均线。相关的代码如下：

```
In [68]: color=mpf.make_marketcolors(up='r',down='g',volume='m')    #定义图形的颜色对象

In [69]: style_new=mpf.make_mpf_style(marketcolors=color,gridaxis='both',
   ...:                               rc={'font.family':'FangSong','axes.unicode_minus': 'False'}) #自定义图案风格

In [70]: mpf.plot(data=SH_Index,type='candle',mav=(5,10),volume=True,figratio=(10,7),
   ...:           style=style_new,ylabel='价格',ylabel_lower='交易量（亿股）')  #绘制采用自定义图案风格的 K 线图
```

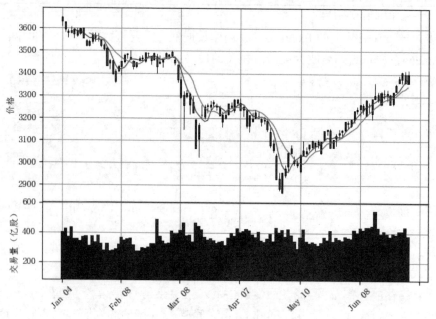

图 4-15　2022 年上半年上证指数日 K 线图
（阳线用红色表示、阴线用绿色表示）

通过图 4-15 不难看到，该 K 线图的色彩风格非常符合国内 A 股市场的特征，阳线用红色表示，阴线则用绿色表示。

4.8　三维图

本章到目前为止所探讨的均是二维图。伴随着变量更加多元化，金融场景也逐步运用三维图展示不同变量之间的逻辑关系，其中最典型的就是期权波动率曲面。因此，本节详细介绍绘制三维图的相关技巧。

4.8.1 相关方法

在 Matplotlib 3.2.0 之前的版本中，绘制三维图需要运用 mpl_toolkits 模块的 mplot3d 子模块，相关的代码如下：

```
In [71]: from mpl_toolkits.mplot3d import Axes3D   #从mpl_toolkits的子模块mplot3d导入Axes3D
```

本书运用的是 Matplotlib 3.5.1，由于绘制三维图的相关功能已经在该版本中做了集成，因此可以省略以上这行代码。

Matplotlib 绘制的三维图形包括曲线图、散点图、线框图、曲面图、三角曲面图、轮廓图等十余种。考虑到在金融场景中，最常用的三维图形是曲面图，因此下面着重讨论曲面图的绘制。

运用 Matplotlib 绘制曲面图主要涉及两个重要的方法，分别是 add_subplot 方法与 plot_surface 方法，此外也会涉及其他的辅助性方法。

1. add_subplot 方法

在运用 add_subplot 方法时，首先需要运用表 4-1 中介绍的 figure 函数创建一个图形对象。然后运用 add_subplot 方法建立一个坐标轴域对象，该方法的代码格式及关键参数如下：

```
图形对象.add_subplot(projection)
```

其中，projection 表示投射的类型，输入 projection='3d'代表创建三维投射的坐标轴。

在完成了轴域对象的创建以后，接下来需要运用 plot_surface 方法创建曲面。

2. plot_surface 方法

plot_surface 方法的代码格式及关键参数如下：

```
轴域对象.plot_surface(X, Y, Z, rstride, cstride, cmap)
```

针对参数的功能及相关的要求做出以下说明。

参数 X：表示输入对应于 x 轴的二维数组（简称 x 数组），该数组的形状是 $m\times m$，并且数组每一列内部的元素必须相同。

参数 Y：表示输入对应于 y 轴的二维数组（简称 y 数组），该数组的形状与 x 数组的相同（也是 $m\times m$），并且数组每一行内部的元素必须相同。

参数 Z：表示输入对应于 z 轴的二维数组（简称 z 数组），该数组的形状与 x 数组的相同（也是 $m\times m$），并且 z 数组第 i 行、第 j 列的元素由 x 数组的第 i 行、第 j 列元素与 y 数组的第 i 行、第 j 列元素共同决定。可以用如下数学公式表达：

$$z_{ij} = f(x_{ij}, y_{ij}) \qquad (式 4-1)$$

其中，z_{ij} 代表 z 数组中的第 i 行、第 j 列元素，x_{ij} 和 y_{ij} 分别代表 x 数组、y 数组中相应位置的元素，$f(\cdot)$ 则代表某种函数关系。

参数 rstride：代表取 y 数组的行元素步长来决定曲面的网格数量。举例说明，假定将 y 数组的行数设定为 20，如果输入参数 rstride=1（默认情况），表示从 y 轴出发将整个曲面划分为

19 格（即 20÷1–1=19）；如果输入 rstride=2，表示从 y 轴出发将整个曲面划分为 10 格（即 20÷2=10）；如果输入 rstride=3，则表示从 y 轴出发将整个曲面划分为 6 格（即 20÷3 的结果向下取整）；以此类推。

参数 cstride：代表取 x 数组的列元素步长来决定曲面的网格数量。依然举例说明，假定将 x 数组的列数设定为 30，如果输入 cstride=1（默认情况），表示从 x 轴出发将整个曲面划分为 29 格（即 30÷1–1=29）；如果输入 cstride=2，表示从 x 轴出发将整个曲面划分为 15 格（即 30÷2=15）；如果 cstride=4，表示从 x 轴出发将整个曲面划分为 7 格（即 30÷4 的结果向下取整）；以此类推，相关的规则与参数 rstride 的类似。

参数 cmap：代表曲面的颜色，有超过 160 种颜色可供选择，在金融领域常用的颜色主要有 coolwarm（冷暖色）、rainbow（彩虹色）、spring（春季色）、summer（夏季色）、autumn（秋季色）和 winter（冬季色），并且它们需要以字符串类型输入。

3. 辅助性方法

针对创建的轴域对象，可以通过 set_xlabel、set_ylabel 及 set_xlabel 这 3 个方法分别设置三维图的 x 轴、y 轴及 z 轴的标签，这些方法的参数设置方式可以参考表 4-1 中 xlabel 函数的参数设置方式。

针对创建的轴域对象，可以通过 set_title 方法设置三维图的图标题。该方法的参数设置方式可以参考表 4-1 中 title 函数的参数设置方式。

下面通过一个具体的金融示例演示如何绘制三维图。

4.8.2 具体运用

【例 4-13】假定一家商业银行发放一笔本金为 100 万元的住房按揭贷款，贷款的还款方式是按月等额本息还款，需要考察不同的贷款利率及不同的贷款期限如何影响贷款的利息总金额，并且绘制三维图。相关的变量设置如下：

一是贷款利率取区间[4.5%,6%]的等差数列，并且将贷款利率作为三维图的 x 轴；

二是贷款期限取区间[12,36]的等差数列，期限的单位是月，并且将贷款期限作为三维图的 y 轴；

三是将贷款利息总金额作为三维图的 z 轴。

为了便于理解，Python 的整个编程过程分为以下 4 步。

第 1 步：输入相关的贷款参数并将贷款利率数组扩展为二维数组。相关的代码如下：

```
In [72]: par=1e6                                #贷款本金

In [73]: m_list=np.arange(12,37)                #创建贷款期限的一维数组（以月为单位）

In [74]: N=len(m_list)                          #贷款期限数组的元素个数
    ...: N                                      #查看结果
Out[74]: 25

In [75]: r_list=np.linspace(0.045,0.06,N)       #创建贷款利率的等差数列（一维数组）

In [76]: r_list=r_list*np.ones((N,N))           #扩展为二维数组且每列内部的元素均相同
    ...: r_list[:,:3]                           #查看前 3 列
```

```
Out[76]:
array([[0.045   , 0.045625, 0.04625 ],
       [0.045   , 0.045625, 0.04625 ],
       [0.045   , 0.045625, 0.04625 ],
       [0.045   , 0.045625, 0.04625 ],
       [0.045   , 0.045625, 0.04625 ],
       [0.045   , 0.045625, 0.04625 ],
       [0.045   , 0.045625, 0.04625 ],
       [0.045   , 0.045625, 0.04625 ],
       [0.045   , 0.045625, 0.04625 ],
       [0.045   , 0.045625, 0.04625 ],
       [0.045   , 0.045625, 0.04625 ],
       [0.045   , 0.045625, 0.04625 ],
       [0.045   , 0.045625, 0.04625 ],
       [0.045   , 0.045625, 0.04625 ],
       [0.045   , 0.045625, 0.04625 ],
       [0.045   , 0.045625, 0.04625 ],
       [0.045   , 0.045625, 0.04625 ],
       [0.045   , 0.045625, 0.04625 ],
       [0.045   , 0.045625, 0.04625 ],
       [0.045   , 0.045625, 0.04625 ],
       [0.045   , 0.045625, 0.04625 ]])
```

从以上的输出结果可以看到，贷款利率的数组 r_list 已被扩展为一个二维数组，并且该数组每一列内部的元素均相同，但是每一行内部的元素则不相同。

第2步：将贷款期限的数组扩展为一个二维数组。相关的代码如下：

```
In [77]: m_list=m_list*np.ones((N,N))        #将贷款期限的数组扩展为一个二维数组

In [78]: m_list=m_list.T                     #通过转置使每行内部的元素均相同

In [79]: m_list[:3]                          #查看前3行
Out[79]:
array([[12., 12., 12., 12., 12., 12., 12., 12., 12., 12., 12., 12.,
        12., 12., 12., 12., 12., 12., 12., 12., 12., 12.],
       [13., 13., 13., 13., 13., 13., 13., 13., 13., 13., 13., 13.,
        13., 13., 13., 13., 13., 13., 13., 13., 13., 13.],
       [14., 14., 14., 14., 14., 14., 14., 14., 14., 14., 14., 14.,
        14., 14., 14., 14., 14., 14., 14., 14., 14., 14.]])

In [80]: m_list[:5,:5]                       #查看前5行、前5列
Out[80]:
array([[12., 12., 12., 12., 12.],
       [13., 13., 13., 13., 13.],
       [14., 14., 14., 14., 14.],
```

```
     [15., 15., 15., 15., 15.],
     [16., 16., 16., 16., 16.]])
```

从以上的输出结果可以看到，贷款期限的数组 m_list 也已被扩展为一个二维数组，并且每一行内部的元素均相同，但是每一列内部的元素则不相同。

第 3 步：测算出贷款利息总金额并创建一个二维数组，需要运用第 2.6.4 节提到的 numpy-financial 模块的 pmt 函数。相关的代码如下：

```
In [81]: interest_list=np.ones((N,N))                    #创建N行和N列的零元素数组

In [82]: for i in range(N):                              #运用for语句
   ...:     for j in range(N):
   ...:         pay_month=npf.pmt(rate=r_list[i,j]/12,nper=m_list[i,j],pv=par,fv=0,
   ...:                           when='end')            #计算每月支付的本息金额之和
   ...:         interest_list[i,j]=abs(m_list[i,j]*pay_month)-par  #计算贷款利息总金额（取正数）

In [83]: interest_list[:4,:4]                            #查看前4行、前4列
Out[83]:
array([[24542.25903649, 24885.47442599, 25228.75408732, 25572.09801506],
       [26446.49897979, 26816.57305542, 27186.72263648, 27556.94771654],
       [28353.07773517, 28750.07583676, 29147.16157518, 29544.33494286],
       [30261.99521415, 30685.98267654, 31110.07080471, 31534.25958987]])
```

通过以上的运算就得到了对应不同贷款利率、不同贷款期限的贷款利息总金额，同时贷款利息总金额的数组 interst_list 中每个元素均不相同。

第 4 步：绘制贷款利率、贷款期限及贷款利息总金额的三维图（见图 4-16）。相关的代码如下：

```
In [84]: fig=plt.figure(figsize=(8,8))                                  #创建一个图形的对象
   ...: ax=fig.add_subplot(projection='3d')                             #创建一个三维坐标轴域的对象
   ...: ax.plot_surface(X=r_list,Y=m_list,Z=interest_list,rstride=3,cstride=5,
   ...:                 cmap='rainbow')                                 #创建曲面且曲面颜色为彩虹色
   ...: ax.set_xlabel('贷款利率',fontsize=12)                            #设置x轴的标签
   ...: ax.set_ylabel('贷款期限（月）',fontsize=12)                       #设置y轴的标签
   ...: ax.set_zlabel('贷款利息总金额（元）',fontsize=12)                  #设置z轴的标签
   ...: ax.set_title('贷款利率、贷款期限与贷款利息总金额的三维关系图',fontsize=12)  #设置图标题
   ...: plt.show()
```

图 4-16 所示就是最终绘制的三维图，图中的曲面是一个平整的面，所以根据该曲面就能推断出贷款利息总金额与贷款利率、贷款期限均是线性关系。同时，仔细观察该图可以发现，相比贷款利率，贷款期限对贷款利息总金额的影响更大。

此外，由于输入的参数 rstride=3，并且贷款期限的数组行数是 25，因此，从 y 轴出发将整个曲面划分为 8 格（即 25÷3 并向下取整）；同样，输入的参数 cstride=5，并且贷款利率的数组列数是 25，所以从 x 轴出发将整个曲面划分为 5 格（即 25÷5=5）。

到这里，本章的内容就全部讲解完毕了，下一章将讨论 SciPy、statsmodels、arch 及 datetime 等模块的编程。

贷款利率、贷款期限与贷款利息总金额的三维关系图

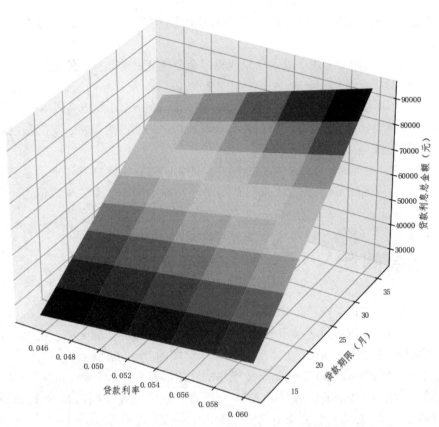

图 4-16 贷款利率、贷款期限与贷款利息总金额的三维关系图

4.9 本章小结

　　数据可视化是金融分析与风险管理的有机组成部分。在 Python 中，金融领域中常用的可视化工具是 Matplotlib 的子模块 pyplot。本章结合金融场景并借助 13 个示例，重点讨论了绘制曲线图、直方图、条形图、散点图、饼图、雷达图、K 线图及三维图等的常用可视化编程技术。

　　（1）**曲线图**。曲线图是金融场景中最常用的图形，通常用于刻画变量的变化趋势。绘制曲线图主要运用 plot 函数，当然也会涉及定义画面、设置坐标轴、显示图例和图标题等绘图编程的细节，这些细节也适用于其他种类的图形。

　　（2）**子图模式**。有时为了更清晰地对比和展示不同的金融变量与样本数据，会运用子图模式进行多图展示，可以通过 subplot 函数布局子图。

　　（3）**直方图**。直方图经常用于判断金融变量的分布情况，可以运用 hist 函数绘制。针对两个或更多个变量，可以根据需要选择以堆叠或并排方式绘制直方图。

　　（4）**条形图**。条形图与直方图经常会被混淆，了解两者的区别至关重要。垂直条形图需要运用 bar 函数绘制，水平条形图则需用 barh 函数绘制。

　　（5）**双轴图**。当一张图中需要同时出现条形与曲线时，往往会涉及双轴图。绘制双轴图要同步运用 subplots 函数与 twinx 方法。

（6）散点图。直观考察两个金融变量之间是否存在线性关系时会用到散点图，运用 scatter 函数可以轻松绘制散点图。

（7）饼图。饼图通常用于形象地展示不同样本的权重情况，运用 pie 函数能高效地完成饼图的绘制工作。

（8）雷达图。雷达图通常用于展示 3 个或更多个金融变量的数据，在绘图时需要运用 polar 函数绘制极坐标系，运用 thetagrids 函数绘制网格线与标签。

（9）K 线图。K 线图是金融领域所独有的，在 Matplotlib 2.0 及更高版本中，绘制 K 线图需要运用第三方模块 mplfinance，绘图过程会涉及数据框列名改为英文、定义颜色对象及自定义图案风格等编程技巧。

（10）三维图。三维图用于考察两个金融变量如何同时影响第 3 个变量，会涉及 x 轴、y 轴和 z 轴，重点关注 add_subplot 方法与 plot_surface 方法。对于 3 个二维数组之间的对应关系也需要有清晰的认识。

4.10 拓展阅读

本章的内容参考了以下资料，建议感兴趣的读者拓展学习。

[1] Matplotlib 的官网提供了关于 Matplotlib 的介绍和完整的功能文档，还提供了各类图形的展厅，展厅不仅提供了丰富的图形，而且提供了绘图的 Python 代码。

[2] PyPI 的官网提供了关于 mplfinance 模块的介绍、安装、示例及功能文档。

[3] 文章"William Playfair (1759-1823)"[作者是帕特里夏·科斯蒂根-伊夫斯（Patricia Costigan-Eaves）和迈克尔·麦克唐纳-罗斯（Michael Macdonald-Ross）]。

我们在日常学习与工作中能够运用直方图、条形图、饼图等统计图形，要归功于统计图形学的奠基人——苏格兰工程师、政治经济学家威廉·普莱费尔（William Playfair），这篇论文就是对威廉·普莱费尔一生贡献的全面分析与客观评价。

第 5 章
结合金融场景演示 SciPy 等模块编程

本章导读

在金融场景中,除了第 2 章至第 4 章介绍的 NumPy、pandas 和 Matplotlib 这 3 个常用模块,还有 4 个模块也经常会被调用,它们分别是 SciPy、statsmodels、arch 和 datetime。其中,SciPy 模块拥有积分、插值、优化、代数方程、统计等丰富的高级科学计算功能;statsmodels 模块具备强大的统计分析与建模功能;arch 模块可以运用于波动率建模等时间序列分析;datetime 模块则是 Python 内置的一个专门处理日期与时间的模块。本章就围绕这 4 个模块并结合金融场景展开讲解和演示。

本章的主题包含以下几个方面。
- ✓ 讨论 SciPy 模块的积分运算、插值运算、方程组运算、最优化运算及统计运算等功能。
- ✓ 探讨 statsmodels 的子模块 api 如何用于构建线性回归模型(包括一元线性回归建模与多元线性回归建模)。
- ✓ 介绍包括 ARCH 模型、GARCH 模型在内的波动率模型,并且演示 arch 模块的波动率建模功能。
- ✓ 分析专门处理日期时间对象的模块 datetime,包括日期时间对象的创建、对象属性的访问、不同格式的显示、相关运算及转换等内容。

5.1 SciPy 模块

SciPy 能够为积分、插值、优化、代数方程、微分方程、统计,以及其他许多数学与工程的问题提供算法支持,并且与 NumPy、pandas、Matplotlib 及 PyTorch 等模块一起搭建起了基于 Python 的数学、科学和工程的开源软件生态系统(ecosystem)。因此,SciPy 可以与 NumPy 的数组、pandas 的序列和数据框一起使用,目前金融领域也比较依赖该模块。同样,由于 SciPy 是 Python 的外部模块,因此需要导入该模块并查看版本信息,具体的代码如下:

```
In [1]: import scipy              #导入SciPy模块

In [2]: scipy.__version__         #查看版本信息
Out[2]: '1.7.3'
```

表 5-1 中列出了 SciPy 的各子模块及其主要功能，读者从中可以领略其强大的科学计算功能。需要提醒的是，为了编程的高效与便利，通常不需要导入整个 SciPy 模块，而是根据用户的需要有针对性地导入相应的子模块。

表 5-1 SciPy 的子模块及其主要功能

序号	子模块名称	主要功能
1	cluster	聚类算法
2	constants	数学、物理的常数及单位（如黄金分割率、普朗克常数等）
3	fft	离散傅里叶变换
4	integrate	积分和常微分方程
5	interpolate	单变量与多变量的插值
6	io	从不同格式的文件中读写数据
7	linalg	线性代数
8	ndimage	多维图像处理
9	odr	正交距离回归
10	optimize	优化与求根
11	signal	信号处理
12	sparse	稀疏矩阵
13	spatial	空间数据结构和算法
14	special	特殊函数（如椭圆函数、艾里函数等）
15	stats	统计函数

在金融场景中，SciPy 最常用的子模块是 integrate、interpolate、linalg、optimize 和 stats 这 5 个，下面结合相应的金融场景依次对这些模块及相关功能进行展开介绍和演示。

5.1.1 积分运算

在对复杂的金融产品进行估值时，经常会用到积分（integration）运算。下面，以金融领域最常用的标准正态分布作为示例，介绍如何通过 SciPy 求解积分。从第 2.5.1 节介绍可知，如果随机变量 x 服从标准正态分布，则它的概率密度函数如下：

$$f(x) = \frac{1}{\sqrt{2\pi}} e^{-\frac{x^2}{2}} \qquad （式 5-1）$$

假定需要计算变量 x 处于区间 $[a,b]$ 的概率，具体就是对（式 5-1）求解以下积分：

$$\int_a^b f(x)\mathrm{d}x = \int_a^b \frac{1}{\sqrt{2\pi}} e^{-\frac{x^2}{2}} \mathrm{d}x \qquad （式 5-2）$$

【例5-1】假定变量服从标准正态分布，需要计算该变量处于区间[-1.5,2]的概率，运用SciPy模块编程，具体分为以下3个步骤。

第1步：导入SciPy的子模块integrate，并且在Python中自定义一个标准正态分布的概率密度函数；同时，为了满足本章后续的编程需要，导入其他常用模块（如NumPy、pandas等）并执行包括图形可视化中显示中文字体等的常用代码。具体的代码如下：

```
In [3]: import numpy as np                           #导入NumPy模块
   ...: import pandas as pd                          #导入pandas模块
   ...: import matplotlib.pyplot as plt              #导入Matplotlib的子模块pyplot

In [4]: from pylab import mpl                        #从pylab导入子模块mpl
   ...: mpl.rcParams['font.sans-serif']=['FangSong'] #以仿宋字体显示中文
   ...: mpl.rcParams['axes.unicode_minus']=False     #解决保存图像时负号显示为方块的问题
   ...: from pandas.plotting import register_matplotlib_converters  #导入注册日期时间转换器的函数
   ...: register_matplotlib_converters()             #注册日期时间转换器

In [5]: import scipy.integrate as sci                #导入SciPy的子模块integrate并缩写为sci

In [6]: def f(x):                                    #自定义一个标准正态分布的概率密度函数
   ...:     from numpy import exp,pi                 #从NumPy模块导入exp、pi函数
   ...:     equation=exp(-0.5*x**2)/pow(2*pi,0.5)    #标准正态分布的概率密度函数的公式
   ...:     return equation
```

第2步：对函数在区间[a,b]上的积分最直观的理解就是，在坐标系中该函数的对应曲线、x=a的直线、x=b的直线及x轴所共同构成的曲边梯形面积，为此将标准正态分布的概率密度函数与x轴上的区间[-1.5,2]所构成的曲边梯形面积进行可视化（见图5-1）。相关的代码如下：

```
In [7]: x1=-1.5                                      #区间的下限
   ...: x2=2.0                                       #区间的上限

In [8]: x_list1=np.linspace(x1,x2,100)               #在区间[-1.5,2.0]取等差数列
   ...: x_list2=np.linspace(-4.0,4.0,200)            #在区间[-4.0,4.0]取等差数列

In [9]: plt.figure(figsize=(9,6))
   ...: plt.plot(x_list2,f(x=x_list2),'r-',label='概率密度函数',lw=2)  #绘制一条实线
   ...: plt.xticks(fontsize=13)
   ...: plt.xlabel('变量取值',fontsize=13)
   ...: plt.yticks(fontsize=13)
   ...: plt.ylim(ymin=0.0,ymax=0.5)
   ...: plt.ylabel('概率密度函数值',fontsize=13)
   ...: plt.fill_between(x=x_list1,y1=f(x=x_list1),y2=0,color='c')  #用青色填充
   ...: plt.title('标准正态分布的概率密度函数',fontsize=13)
   ...: plt.legend(loc=0,fontsize=13)
   ...: plt.grid()
   ...: plt.show()
```

在图5-1中，颜色填充区域（曲边梯形）的面积就是标准正态分布的概率密度函数在区间[-1.5,2]求积分的数值结果，并且也是变量处于区间[-1.5,2]的概率值。这种求解积分的方法最早是由德国数学家格奥尔格·弗里德里希·伯恩哈德·黎曼（Georg Friedrich Bernhard Riemann）提出来的。

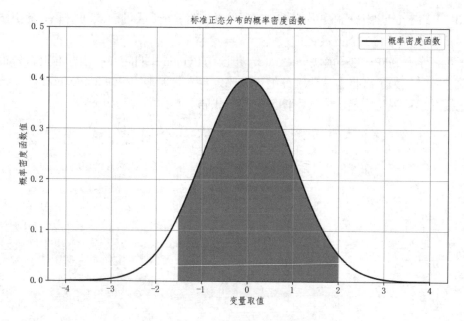

图 5-1 对标准正态分布的概率密度函数进行可视化

第 3 步：求积分的数值结果。在 integrate 子模块中，有多个求解积分的函数，函数形式及主要参数如下：

```
函数(func, a, b)
```

其中，参数 func 表示被积函数；a 代表区间的下限；b 代表区间的上限。积分函数与针对例 5-1 的具体运用如表 5-2 所示。

表 5-2 integrate 子模块中的积分函数与针对例 5-1 的具体运用

函数名称	功能	针对例 5-1 的具体运用
quad	计算定积分	In [10]: sci.quad(func=f,a=x1,b=x2) Out[10]: (0.9104426667829628, 1.295425557557893e-13) 输出的结果依次是积分值和绝对误差的估计值，下同
fixed_quad	运用固定阶高斯正交计算定积分	In [11]: sci.fixed_quad(func=f,a=x1,b=x2) Out[11]: (0.9104949631839754, None)
quadrature	运用固定容差高斯正交计算定积分	In [12]: sci.quadrature(func=f,a=x1,b=x2) Out[12]: (0.9104426670397139, 6.929183005155437e-09)
romberg	运用龙贝格积分计算定积分	In [13]: sci.romberg(function=f,a=x1,b=x2) Out[13]: 0.9104426667795584 需要注意的是，在 romberg 函数中，表示被积函数的参数是 function 而不是 func，同时，输出的结果仅有积分值而不包含绝对误差的估计值

通过表 5-2 不难发现，使用不同的积分函数计算得到的结果会存在细微的差异。其中，函数 quad、quadrature 和 romberg 得到的结果之间的差异至少出现在小数点后的第 9 位；但是，

函数 fixed_quad 与其他 3 个函数的计算结果之间的差异在小数点后的第 5 位就出现了。

5.1.2 插值运算

在金融场景中时常会运用**插值**（interpolation）**运算**，该运算就是通过某个函数在有限个点上的取值，估算出该函数在其他点上的近似值，比如拟合各类利率曲线就是典型的插值运算。

通过导入 SciPy 的子模块 interpolate 可以高效地进行插值运算。在金融场景中，比较常用的是单变量或者一维数据的插值计算，这需要通过函数 interp1d 完成（注意函数名称中的 1 是阿拉伯数字 1 而不是英文小写字母 l）。该函数的主要格式和参数如下：

```
interp1d(x, y, kind)
```

其中，x 和 y 是一系列已知的数据点，并且有 $y = f(x)$ 的函数关系式；kind 表示具体的插值法，相关的参数值及对应的插值法如表 5-3 所示，并且参数值需要以字符串的类型输入。

表 5-3 函数 interp1d 的参数值及对应的插值法

参数值	插值法的名称
nearest	最邻近插值法
zero	0 阶样条曲线插值法
linear 或者 slinear	1 阶样条曲线插值法（线性插值法）
quadratic	2 阶样条曲线插值法
cubic	3 阶样条曲线插值法

需要注意的是，如果希望采用更高阶的样条曲线进行插值运算，可以直接输入 kind=整数，比如想要运用 5 阶样条曲线插值法，输入 kind=5 即可。

【**例 5-2**】以 2022 年 6 月 16 日我国国债到期收益率作为示例进行演示。2022 年 6 月 16 日我国国债到期收益率的数据如表 5-4 所示，考虑到表中缺少期限为 4 年的到期收益率，因此需要通过不同的插值法得到相关的收益率并可视化，通过以下两个步骤完成编程。

表 5-4 2022 年 6 月 16 日我国国债到期收益率的数据

期限	到期收益率
1 个月	1.5084%
2 个月	1.5129%
3 个月	1.5613%
6 个月	1.8418%
9 个月	1.9650%
1 年	2.0352%
2 年	2.2992%
3 年	2.3540%
5 年	2.5936%

数据来源：中国债券信息网。

第 1 步：导入 SciPy 的子模块 interpolate，并且输入期限、到期收益率以及插值法等信息。

相关的代码如下：

```
In [14]: from scipy import interpolate        #导入SciPy的子模块interpolate

In [15]: rates=np.array([0.015084,0.015129,0.015613,0.018418,0.019650,0.020352,
   ...:                  0.022992,0.023540,0.025936]))         #创建已有到期收益率的数组

In [16]: t=np.array([1/12,2/12,3/12,6/12,9/12,1,2,3,5])        #创建已有期限（年）的数组

In [17]: t_new=np.array([1/12,2/12,3/12,6/12,9/12,1,2,3,4,5])  #创建包含期限4年的新数组

In [18]: kind_list1=['nearest','zero','linear','quadratic','cubic',5]   #插值法的列表（英文和数字）

In [19]: kind_list2=['最邻近插值法','0阶样条曲线插值法','1阶样条曲线插值法',
   ...:              '2阶样条曲线插值法','3阶样条曲线插值法','5阶样条曲线插值法']  #插值法的列表（中文）
```

这里需要提醒的是，创建列表 kind_list2 是为了后续编程中能够快速输出以中文显示的不同插值法。

第 2 步：为了能够将不同插值法所得到的到期收益率的数据进行可视化（见图 5-2），需要运用 for 语句。相关代码如下：

```
In [20]: plt.figure(figsize=(9,6))
   ...: for i in range(len(kind_list1)):                                #运用for语句
   ...:     f=interpolate.interp1d(x=t,y=rates,kind=kind_list1[i])      #运用插值法
   ...:     rates_new=f(t_new)                                          #插值运算后的国债到期收益率
   ...:     print(kind_list2[i],'4年期国债到期收益率',rates_new[-2])
   ...:     plt.plot(t_new,rates_new,'o')
   ...:     plt.plot(t_new,rates_new,'-',label=kind_list2[i])
   ...:     plt.xticks(fontsize=13)
   ...:     plt.xlabel('期限（年）',fontsize=13)
   ...:     plt.yticks(fontsize=13)
   ...:     plt.ylabel('收益率',fontsize=13)
   ...:     plt.legend(loc=0,fontsize=13)
   ...: plt.title('插值运算后的国债到期收益率', fontsize=13)
   ...: plt.grid()
   ...: plt.show()
最邻近插值法       4年期国债到期收益率 0.02354
0阶样条曲线插值法    4年期国债到期收益率 0.02354
1阶样条曲线插值法    4年期国债到期收益率 0.024738
2阶样条曲线插值法    4年期国债到期收益率 0.024363403409064236
3阶样条曲线插值法    4年期国债到期收益率 0.023605064006444014
5阶样条曲线插值法    4年期国债到期收益率 0.0315049204366269
```

结合以上的分析和图 5-2 可以发现，针对期限为 4 年的到期收益率，运用最邻近插值法与 0 阶样条曲线插值法所得到的结果是相同的；相比之下，运用 1 阶样条曲线插值法（线性插值法）、2 阶样条曲线插值法、3 阶样条曲线插值法以及 5 阶样条曲线插值法所得到的结果则均不相同。此外，运用 5 阶样条曲线插值法得到的结果与运用其他插值法得到的结果的差异最明显，这表明并不是运用阶数越高的插值法就一定能够得到更好的插值效果。

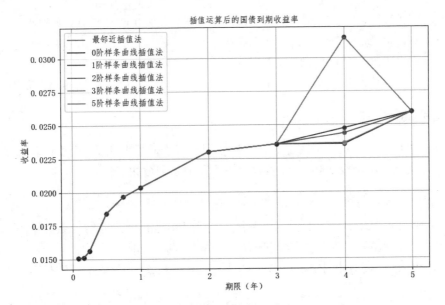

图 5-2 利用不同插值法得到的国债到期收益率曲线

5.1.3 方程组运算

在金融场景中,也经常会遇到求解方程组的情形,以下面的这个示例进行演示。

【例 5-3】沿用第 2.1 节例 2-1 的相关股票信息和数据,表 5-5 给出了在 2022 年 5 月 9 日至 12 日每个交易日相关股票的日涨跌幅情况,还提供了整个投资组合的日收益率(表 5-5 的最后一列)。假定在这些交易日中,投资组合中每只股票的权重保持不变,根据这些已知的信息求解这 4 只股票在整个投资组合中所占的权重。

表 5-5 相关股票的日涨跌幅情况以及投资组合的日收益率

日期	股票涨跌幅与投资组合的收益率				
	长江电力	三一重工	浦发银行	中信证券	投资组合
2022-05-09	−1.6725%	−1.6656%	−0.3822%	−0.3723%	−0.958140%
2022-05-10	2.2381%	1.6311%	0.3836%	1.4949%	1.399765%
2022-05-11	−1.2697%	0.0000%	0.1274%	0.6312%	−0.032730%
2022-05-12	−1.0643%	−1.7901%	0.1272%	−0.2091%	−0.691315%

数据来源(除投资组合的日收益率以外):上海证券交易所。

在这里可以设长江电力、三一重工、浦发银行以及中信证券这 4 只股票的权重分别是 w_1、w_2、w_3 以及 w_4。需要求解以下的方程组:

$$\begin{cases} -1.6725\% \times w_1 - 1.6656\% \times w_2 - 0.3822\% \times w_3 - 0.3723\% \times w_4 = -0.958140\% \\ 2.2381\% \times w_1 + 1.6311\% \times w_2 + 0.3836\% \times w_3 + 1.4949\% \times w_4 = 1.399765\% \\ -1.2697\% \times w_1 + 0.0000\% \times w_2 + 0.1274\% \times w_3 + 0.6312\% \times w_4 = -0.032730\% \\ -1.0643\% \times w_1 - 1.7901\% \times w_2 + 0.1272\% \times w_3 - 0.2091\% \times w_4 = -0.691315\% \end{cases}$$ (式 5-3)

(式 5-3)的方程组也可以用矩阵的形式表示,如下:

$$\begin{bmatrix} -1.6725\% & -1.6656\% & -0.3822\% & -0.3723\% \\ 2.2381\% & 1.6311\% & 0.3836\% & 1.4949\% \\ -1.2697\% & 0.0000\% & 0.1274\% & 0.6312\% \\ -1.0643\% & -1.7901\% & 0.1272\% & -0.2091\% \end{bmatrix} \begin{bmatrix} w_1 \\ w_2 \\ w_3 \\ w_4 \end{bmatrix} = \begin{bmatrix} -0.958140\% \\ 1.399765\% \\ -0.032730\% \\ -0.691315\% \end{bmatrix} \quad (\text{式 5-4})$$

1. 运用 solve 函数

求解方程组是一项比较烦琐的工作，但是运用 SciPy 子模块 linalg 就可以轻松求解线性方程组，具体方法是运用函数 solve，该函数的格式和主要参数如下：

```
solve(a,b)
```

其中，参数 a 必须输入 $N \times N$ 的二维数组，相当于方程组等号左边的系数矩阵，参数 b 必须输入包含 N 个元素的一维数组，相当于方程组等号右边的向量。

下面，就运用 solve 函数求解例 5-3 中的 4 只股票的权重，具体的代码如下：

```
In [21]: from scipy import linalg                        #导入SciPy的子模块linalg

In [22]: R_stock=np.array([[-0.016725,-0.016656,-0.003822,-0.003723],
   ...:                    [0.022381,0.016311,0.003836,0.014949],
   ...:                    [-0.012697,0.000000,0.001274,0.006312],
   ...:                    [-0.010643,-0.017901,0.001272,-0.002091]])     #股票的日涨跌幅

In [23]: R_portfolio=np.array([-0.00958140,0.01399765,-0.00032730,-0.00691315])  #投资组合的日收益率

In [24]: name=np.array(['长江电力','三一重工','浦发银行','中信证券'])         #股票名称

In [25]: weight=linalg.solve(a=R_stock,b=R_portfolio)                     #计算股票权重

In [26]: for i in range(len(name)):
   ...:     print(name[i],round(weight[i],4))
长江电力 0.2
三一重工 0.25
浦发银行 0.25
中信证券 0.3
```

根据以上的计算结果，在该投资组合中，长江电力的权重最低并且是 20%，三一重工和浦发银行的权重均是 25%，中信证券的权重最高并达到 30%。

2. 运用 fsolve 函数

例 5-3 中的方程组也可以运用 SciPy 子模块 optimize 中的 fsolve 函数求解，该函数的格式及主要参数如下：

```
fsolve(func, x0)
```

其中，func 代表求解的方程组，需要通过 def 语法自定义一个函数；x0 表示初始猜测的解。该函数在测算债券零息利率曲线时会发挥很大的作用。

下面针对例 5-3，运用 fsolve 函数演示具体的求解过程，具体的代码如下：

```
In [27]: import scipy.optimize as sco    #导入SciPy的子模块optimize并缩写为sco

In [28]: def g(w):                        #定义求解每只股票权重的方程组
   ...:     w1,w2,w3,w4=w                 #设定每只股票的权重
   ...:     eq1=-0.016725*w1-0.016656*w2-0.003822*w3-0.003723*w4+0.00958140   #第1个等于0的
方程式
   ...:     eq2=0.022381*w1+0.016311*w2+0.003836*w3+0.014949*w4-0.01399765    #第2个等于0的
方程式
   ...:     eq3=-0.012697*w1+0.000000*w2+0.001274*w3+0.006312*w4+0.00032730   #第3个等于0的
方程式
   ...:     eq4=-0.010643*w1-0.017901*w2+0.001272*w3-0.002091*w4+0.00691315   #第4个等于0的
方程式
   ...:     return [eq1,eq2,eq3,eq4]

In [29]: w0=[0.1,0.1,0.1,0.1]             #初始猜测的各股票权重

In [30]: result=sco.fsolve(func=g,x0=w0)  #计算投资组合中每只股票的权重

In [31]: for i in range(len(name)):
   ...:     print(name[i],round(result[i],4))
长江电力 0.2
三一重工 0.25
浦发银行 0.25
中信证券 0.3
```

运用 fsolve 函数计算得出的结果与运用 solve 函数计算得出的结果完全一致。此外，如果认为自定义函数 g(w)的代码比较复杂，可以通过数组之间的运算简化相关的代码，简化后的代码如下：

```
In [32]: def h(w):                                       #定义求解每只股票权重的方程组（简化代码）
   ...:     w1,w2,w3,w4=w                                #设定每只股票的权重
   ...:     w_list=np.array([w1,w2,w3,w4])               #创建权重的数组
   ...:     eq1=np.sum(R_stock[0]*w_list)-R_portfolio[0]    #第1个等于0的方程式
   ...:     eq2=np.sum(R_stock[1]*w_list)-R_portfolio[1]    #第2个等于0的方程式
   ...:     eq3=np.sum(R_stock[2]*w_list)-R_portfolio[2]    #第3个等于0的方程式
   ...:     eq4=np.sum(R_stock[-1]*w_list)-R_portfolio[-1]  #第4个等于0的方程式
   ...:     return [eq1,eq2,eq3,eq4]

In [33]: sco.fsolve(func=h,x0=w0)         #计算股票权重
Out[33]: array([0.2 , 0.25, 0.25, 0.3 ])
```

5.1.4 最优化运算

在金融场景中，无论是资产定价还是资产配置，求解最大值或最小值的最优化运算都是一项最基础的工作；同时，在最优化运算的过程中，需要面临诸多的约束条件，包括资金的约束、权重的约束、风险暴露的约束等。因此，许多金融问题如果抽象为数学问题，其实质就是计算带约束条件的最大值或最小值。下面就通过一个具体的金融示例讲解如何运用 SciPy 开展最优化运算。

1. 一个示例及其解析

【例 5-4】假定一家投资机构拟配置 5 只 A 股股票，分别是国电南瑞、广汽集团、广发证券、宝钢股份以及中国银行，表 5-6 列示了 2022 年 6 月 22 日这 5 只股票的相关信息。

表 5-6 2022 年 6 月 22 日 5 只股票的相关信息

证券代码	证券简称	2021 年 1 月 4 日至 2022 年 6 月 22 日平均年化收益率	2022 年 6 月 22 日收盘价（元/股）	2022 年 6 月 22 日市盈率
600406	国电南瑞	31.5355%	26.46	30.4349
601238	广汽集团	17.4793%	16.43	21.5505
000776	广发证券	10.4433%	18.17	14.4008
600019	宝钢股份	9.7857%	6.23	6.3057
601988	中国银行	5.5307%	3.23	4.3159

数据来源：同花顺。

该投资机构的资金为 1 亿元，以 2022 年 6 月 22 日的收盘价投资，希望实现投资组合收益率的最大化，同时要求整个投资组合的平均市盈率低于 20 倍，此外，每只股票不允许卖空，计算应该配置的每只股票的权重和股数。

对于这个示例，假设第 i 只股票的股价用 P_i 表示，年化收益率用 R_i 表示，市盈率用 γ_i 表示，在投资组合中的股票权重用 w_i 表示，$i=1,2,\cdots,5$。将以上示例抽象为最优化运算就有如下的数学表达式：

$$\max_{w_i} f(w_i) = \max_{w_i}(\sum_{i=1}^{5} R_i w_i) \qquad (式 5-5)$$

（式 5-5）中的 $f(w_i)$ 被称为**目标函数**（objective function）。同时，约束条件一共有 3 个，它们分别如下：

$$\sum_{i=1}^{5} w_i = 1 \qquad (式 5-6)$$

$$\sum_{i=1}^{5} \gamma_i w_i < 20 \qquad (式 5-7)$$

$$w_i \geq 0 \qquad (式 5-8)$$

其中，第 1 个约束条件表示 5 只股票的权重之和等于 1，第 2 个约束条件表示 5 只股票加权的平均市盈率低于 20 倍，第 3 个约束条件意味着单只股票的权重不能是负数（即不允许卖空）。

此外，投资组合中单只股票所对应购买的最优股票数量等于 $10^8 w_i/P_i$ 并且向下取整。

2. 编程的步骤与相关函数

运用 SciPy 模块进行最优化运算，通常需要分为以下 4 个步骤完成。

第 1 步：定义目标函数。通过 def 语法自定义一个需要求解最大值或最小值的函数（即目标函数）。

第 2 步：设定约束条件。将每个约束条件均以字典的结构输入，并将全部约束条件放置在元组中，相关的代码格式如下：

```
cons(或其他英文字母)=({'type': 'eq', 'fun': lambda x: 约束条件之一},
                    {'type': 'ineq', 'fun': lambda x: 约束条件之二}, …)
```

注意，字符串'eq'代表约束条件是一个等于 0 的等式，'ineq'则代表约束条件是一个大于 0 的不等式，因此原始的约束条件在输入时就需要视情况做一定的数学变换，比如例 5-4 中的第 1 个约束条件就需要变换为 $\sum_{i=1}^{5} w_i - 1 = 0$，第 2 个约束条件就应当变换为 $20 - \sum_{i=1}^{5} \gamma_i w_i > 0$。

此外，还需要运用在第 1.5.2 节介绍的 lambda 函数将每个约束条件自定义成一个函数。

第 3 步：设定边界条件。在编程过程中，需要设定变量的边界条件，即变量可能取值的区间范围，比如例 5-4 中第 3 个约束条件就可以通过边界条件进行表示。边界条件需要以元组的结构输入，具体的代码格式如下：

```
bnds(或其他英文字母)=((最小值,最大值), (最小值,最大值), (最小值,最大值),…)
```

第 4 步：运用子模块 optimize 的 minimize 函数。需要注意的是，在子模块 optimize 中只有求最小值的函数 minimize，因此如果需要求最大值则需在自定义函数时给表达式加上负号进而转换为求最小值。函数 minimize 的格式以及主要参数如下：

```
minimize(fun, x0, method, bounds, constraints)
```

相关参数的含义及输入方法说明如下。

fun：输入第 1 步中的自定义函数，即目标函数。

x0：表示初始猜测值，并且以数组的结构输入。

method：代表最优化的方法，一共有 14 种方法可供选择，通常输入 methond='SLSQP'，具体是指序列最小二乘规划（sequential least squares programming）。

bounds：输入第 3 步设定的边界条件。

constraints：输入第 2 步设定的约束条件。

3. 具体的 Python 代码演示

下面，通过例 5-4 具体演示如何运用 SciPy 得到目标函数的最大值，整个编程分为 3 个步骤。

第 1 步：输入股票的平均年化收益率、收盘价以及市盈率，同时自定义目标函数并设定约束条件与边界条件。相关代码如下：

```
In [34]: R=np.array([0.315355,0.174793,0.104433,0.097857,0.055307])   #股票的平均年化收益率
    ...: P=np.array([26.46,16.43,18.17,6.23,3.23])                     #股票收盘价
    ...: PE=np.array([30.4349,21.5505,14.4008,6.3057,4.3159])          #股票市盈率

In [35]: def f(w):                                                     #定义目标函数
    ...:     w=np.array(w)
    ...:     return -np.sum(R*w)                                       #需要加负号（实现最大值的求解）

In [36]: cons=({'type':'eq','fun':lambda w:np.sum(w)-1},
    ...:       {'type':'ineq','fun':lambda w:20-np.sum(w*PE)})         #设定约束条件

In [37]: bnds=((0,1),(0,1),(0,1),(0,1),(0,1))                          #设定权重的边界条件
```

第 2 步：计算每只股票的最优投资权重以及对应的投资组合收益率。具体的代码如下：

```
In [38]: W0=np.array([0.25,0.25,0.25,0.25,0.25])        #针对股票权重的初始猜测值

In [39]: result=sco.minimize(fun=f,x0=W0,method='SLSQP',bounds=bnds,constraints=cons)  # 计
算最优投资权重

In [40]: result                                          #直接输出结果
Out[40]:
     fun: -0.2212959396514979
     jac: array([-0.315355, -0.174793, -0.104433, -0.097857, -0.055307])
 message: 'Optimization terminated successfully'
    nfev: 48
     nit: 8
    njev: 8
  status: 0
 success: True
       x: array([5.67540573e-01, 2.56955915e-16, 0.00000000e+00, 4.32459427e-01,
       3.46944695e-17])
```

注意，最优化结果的输出中主要的部分是 x:后面的一个数组，该数组就是最终得到的投资组合中每只股票的最优权重。为了更加方便地查看结果，可以执行如下的代码：

```
In [41]: result['x'].round(4)                            #直接输出每只股票的权重
Out[41]: array([0.5675, 0.    , 0.    , 0.4325, 0.    ])
```

根据结果可以得到，国电南瑞的权重是 56.75%，宝钢股份的权重则是 43.25%，其余 3 只股票均不配置。

```
In [42]: -f(result['x']).round(4)                        #计算投资组合的最高收益率
Out[42]: 0.2213
```

通过以上的计算，可以得到该投资组合的最高收益率是 22.13%。

第 3 步：当投资组合的预期收益率最高时，计算对应购买每只股票的股票数量；注意计算股票数量时需要向下取整，也就是需运用第 1.5.1 节介绍的 int 函数（见表 1-11）。具体的代码如下：

```
In [43]: fund=1e8                                        #投资的总资金

In [44]: shares=fund*result['x']/P                       #计算每只股票的数量
    ...: print('国电南瑞的股数（向下取整数）',int(shares[0]))
    ...: print('广汽集团的股数（向下取整数）',int(shares[1]))
    ...: print('广发证券的股数（向下取整数）',int(shares[2]))
    ...: print('宝钢股份的股数（向下取整数）',int(shares[3]))
    ...: print('中国银行的股数（向下取整数）',int(shares[-1]))
国电南瑞的股数（向下取整数） 2144900
广汽集团的股数（向下取整数） 0
广发证券的股数（向下取整数） 0
宝钢股份的股数（向下取整数） 6941563
中国银行的股数（向下取整数） 0
```

这里需要提醒的是，以上的计算结果暂未考虑 A 股市场的交易规则，即购买的股票数量必须是 100 股（也称"1 手"）的整数倍。

4. 示例的延伸

讲到这里，一些读者可能会有疑问：如果调整约束条件，是否会对目标函数的最优结果产生影响？如果有影响，影响到底会是怎样的呢？为了回答这些问题，对例 5-4 做一些延伸。

【例 5-5】沿用例 5-4 的信息，同时投资组合平均市盈率的上限数值取区间[10,20]的等差数列，其他条件保持不变，从而计算不同市盈率上限数值所对应的投资组合中每只股票的权重以及投资组合的收益率，并且进行可视化。具体分为两个步骤。

第 1 步，依次计算投资组合的股票权重数据以及投资组合的收益率，相关的代码如下：

```
In [45]: PE_list=np.linspace(10,20,100)           #创建区间[10,20]的等差数列

In [46]: W1_list=np.ones_like(PE_list)            #创建用于后续存放国电南瑞股票权重的数组
   ...: W2_list=np.ones_like(PE_list)            #创建用于后续存放广汽集团股票权重的数组
   ...: W3_list=np.ones_like(PE_list)            #创建用于后续存放广发证券股票权重的数组
   ...: W4_list=np.ones_like(PE_list)            #创建用于后续存放宝钢股份股票权重的数组
   ...: W5_list=np.ones_like(PE_list)            #创建用于后续存放中国银行股票权重的数组

In [47]: R_list=np.ones_like(PE_list)             #创建用于后续存放投资组合收益率的数组

In [48]: for i in range(len(PE_list)):            #运用for语句快速计算股票权重与投资组合收益率
   ...:     cons_new=({'type':'eq','fun':lambda w:np.sum(w)-1},
   ...:               {'type':'ineq','fun':lambda w:PE_list[i]-np.sum(w*PE)})#约束条件
   ...:     result_new=sco.minimize(fun=f,x0=W0,method='SLSQP',bounds=bnds,
   ...:                             constraints=cons_new)   #最优化运算
   ...:     W1_list[i]=result_new['x'][0]         #存放国电南瑞股票权重
   ...:     W2_list[i]=result_new['x'][1]         #存放广汽集团股票权重
   ...:     W3_list[i]=result_new['x'][2]         #存放广发证券股票权重
   ...:     W4_list[i]=result_new['x'][3]         #存放宝钢股份股票权重
   ...:     W5_list[i]=result_new['x'][-1]        #存放中国银行股票权重
   ...:     R_list[i]=-f(result_new['x'])         #计算投资组合收益率
```

第 2 步，将投资组合平均市盈率的上限数值与投资组合的股票权重、收益率之间的关系进行可视化，并且以 2×1 的子图模式（见图 5-3）展示，相关的代码如下：

```
In [49]: plt.figure(figsize=(9,8))
   ...: plt.subplot(2,1,1)                                    #第1张子图
   ...: plt.plot(PE_list,W1_list,'g--',label='国电南瑞',lw=2)
   ...: plt.plot(PE_list,W2_list,'b--',label='广汽集团',lw=2)
   ...: plt.plot(PE_list,W3_list,'m--',label='广发证券',lw=2)
   ...: plt.plot(PE_list,W4_list,'c--',label='宝钢股份',lw=2)
   ...: plt.plot(PE_list,W5_list,'y--',label='中国银行',lw=2)
   ...: plt.xticks(fontsize=13)
   ...: plt.yticks(fontsize=13)
   ...: plt.ylabel('权重',fontsize=13)
   ...: plt.legend(loc=0,fontsize=12)
   ...: plt.title('平均市盈率的上限与股票权重、投资组合收益率的关系',fontsize=13)
   ...: plt.grid()
   ...: plt.subplot(2,1,2)                                    #第2张子图
   ...: plt.plot(PE_list,R_list,'r-',label='投资组合收益率',lw=2)
   ...: plt.xticks(fontsize=13)
   ...: plt.xlabel('投资组合平均市盈率的上限',fontsize=13)
```

```
...: plt.yticks(fontsize=13)
...: plt.ylabel('收益率',fontsize=13)
...: plt.legend(loc=0,fontsize=12)
...: plt.grid()
...: plt.show()
```

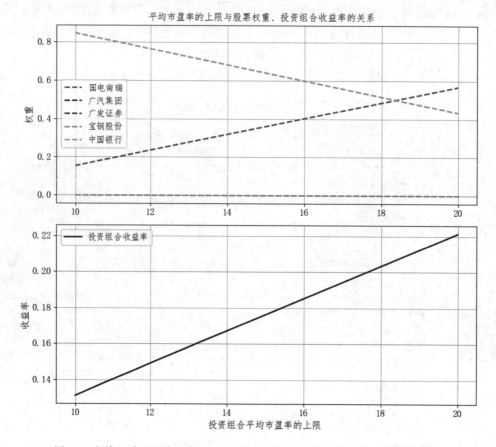

图 5-3　投资组合平均市盈率的上限与股票权重、投资组合收益率之间的关系

从图 5-3 的上半部分（第 1 张子图）可以看到，投资组合平均市盈率的上限数值与宝钢股份股票权重之间呈现线性递减关系，与国电南瑞股票权重之间则呈现线性递增关系。此外，其他 3 只股票的权重始终为 0，因此对应的 3 条曲线均与 x 轴重合。

从图 5-3 的下半部分（第 2 张子图）可以发现，投资组合平均市盈率的上限数值与投资组合收益率之间呈现线性关系，当平均市盈率的上限数值设定为 10 倍时，投资组合收益率低于14%；如果当平均市盈率的上限数值上调至 20 倍，则投资组合收益率超过 22%。

5.1.5　统计运算

在 SciPy 中，也有一个专门的统计子模块 stats，其相关功能包括统计分析、统计分布和正态性检验等，这些功能在金融场景中也会经常被运用，下面就依次对它们进行介绍。

1. 统计分析

在第 2 章和第 3 章中，针对 NumPy 和 pandas 模块已经介绍了较多用于计算变量样本值统计量的方法，因此在这里仅介绍子模块 stats 中比较有特色的统计函数，同时结合一个金融示例展开。

【例 5-6】 以 A 股市场的创业板指数（简称"创业板指"）和科创 50 指数（简称"科创 50"）在 2021 年至 2022 年的日涨跌幅数据作为分析对象，并且运用 SciPy 子模块 stats 的统计函数展开统计分析，分为两个步骤。

第 1 步：导入 SciPy 的子模块 stats，同时导入存放指数日涨跌幅数据的 Excel 文件并创建数据框。具体代码如下：

```
In [50]: import scipy.stats as st         #导入 SciPy 统计子模块 stats 并缩写为 st

In [51]: R_index=pd.read_excel(io='C:/Desktop/创业板指数与科创 50 指数的日涨跌幅.xlsx', sheet_name='Sheet1',header=0,index_col=0)  #导入数据

In [52]: R_index.describe()               #查看描述性统计指标
Out[52]:
             创业板指      科创 50
count    728.000000   728.000000
mean       0.000534     0.000165
std        0.018338     0.021014
min       -0.068457    -0.142710
25%       -0.010501    -0.011396
50%        0.000633    -0.001076
75%        0.011875     0.011123
max        0.055177     0.119044
```

第 2 步：通过表 5-7 梳理出 stats 子模块中的常用统计函数并且以第 1 步创建的数据框 R_index 进行演示，表中的参数 a 代表输入的数据样本。

表 5-7 stats 子模块中的常用统计函数及演示

函数名称	功能	针对例 5-6 的代码演示
describe	输出描述性统计指标	In [53]: st.describe(a=R_index) Out[53]: DescribeResult(nobs=728, minmax=(array([-0.068457, -0.14271]), array([0.055177, 0.119044])), mean=array([0.00053425, 0.00016487]), variance=array([0.00033629, 0.00044159]), skewness=array([-0.23867504, -0.08068392]), kurtosis=array([0.63558805, 5.11659004])) 输出的结果依次是样本数量、最小值与最大值、平均值、方差、偏度以及峰度；对比本示例的第 1 步，可以发现运用 pandas 的 describe 方法的输出结果中没有偏度和峰度的统计指标
kurtosis	输出峰度	In [54]: st.kurtosis(a=R_index) Out[54]: array([0.63558805, 5.11659004]) 以上输出的结果与运用 describe 函数的输出结果的最后一个数组是一致的
moment	输出 n 阶矩	In [55]: st.moment(a=R_index,moment=3) #计算 3 阶矩 Out[55]: array([-1.46887670e-06, -7.47182959e-07]) 输入参数 moment=3 代表计算 3 阶矩，以此类推

函数名称	功能	针对例 5-6 的代码演示

mode	输出众数。注：如果样本中有两个或更多个众数，则输出数值最小的众数	`In [56]: st.mode(a=R_index)`
		`Out[56]: ModeResult(mode=array([[-0.009784, -0.002277]]),`
		`count=array([[2, 2]]))`
		输出的结果中，count=array([[2, 2]])代表两个变量的样本中众数各有两个

skew	输出偏度	`In [57]: st.skew(a=R_index)`
		`Out[57]: array([-0.23867504, -0.08068392])`
		以上输出的结果与运用 describe 函数的输出结果的倒数第 2 个数组是一致的

需要提醒的是，由于分析对象包括创业板指数和科创 50 指数这两个变量，因此在表 5-7 的输出结果的每个数组中均包含两个元素，第 1 个元素对应创业板指数，第 2 个元素对应科创 50 指数。

2. 统计分布

子模块 stats 有与 NumPy 的 random 子模块相类似的构建统计分布功能，表 5-8 整理了金融场景中比较常用的统计分布类型。

表 5-8 子模块 stats 中金融场景中比较常用的统计分布类型

名称	对应的统计分布类型
beta	贝塔分布
binom	二项分布
chi2	卡方分布
expon	指数分布
f	F 分布
gamma	伽马分布
geom	几何分布
hypergeom	超几何分布
lognorm	对数正态分布
norm	正态分布
poisson	泊松分布
t	学生氏分布（t 分布）
uniform	均匀分布

注：关于上表统计分布类型的详细介绍可以参见第 2.5.1 节。此外，上表第 1 列的这些名称，在 Python 编程中被称为**数据**（data）。

同时，表 5-8 的每个分布类型，都可以适用表 5-9 所列出的方法。

表 5-9 适用子模块 stats 分布类型的方法

方法名称	功能
rvs	生成服从指定分布的随机数
pdf	概率密度函数（probability density function）
cdf	累积分布函数（cumulative distribution function），用于计算随机变量的概率
sf	残存函数或生存函数（survivor function），也就是 1-cdf
ppf	百分点函数（percent point function），也就是 cdf 的逆函数
isf	残存函数的逆函数
fit	对样本拟合，用最大似然估计法计算出最合适的概率密度函数的系数

在子模块 stats 中，通常需要将统计分布类型名称与方法名称结合使用，具体的代码格式如下：

```
统计分布类型名称.方法名称(参数)
```

下面，就通过若干个示例演示表 5-8 中的部分分布类型与表 5-9 中列出的部分方法的用法。

【例 5-7】假定某一个市场利率变量是服从平均值为 3%、标准差为 1.2%的正态分布，需要生成该变量随机抽取 100000 次的随机数并且用直方图（见图 5-4）展示，这里的随机抽样需要运用表 5-8 中的 norm 与表 5-9 中的 rvs；此外，为了确保代码的结果能够重现，需要设定随机数种子，可以运用 NumPy 的 random 子模块中的 seed 函数（参见第 2.5.2 节）。具体的代码如下：

```
In [58]: np.random.seed(0)                          #设置 NumPy 的随机数种子并设置参数值等于 0

In [59]: I=100000                                   #随机抽样的次数
   ...: r_mean=0.03                                 #利率的平均值
   ...: r_std=0.012                                 #利率的标准差

In [60]: rand_norm=st.norm.rvs(loc=r_mean,scale=r_std,size=I)  #从平均值为 3%、标准差为 1.2%的正
态分布随机抽样
```

在以上代码运用的 rvs 方法中，参数 loc 用于输入变量的平均值，参数 scale 需要输入变量的标准差，参数 size 则用于输入随机抽样的次数。

```
In [61]: plt.figure(figsize=(9,6))
   ...: plt.hist(rand_norm,bins=30,facecolor='c',edgecolor='k')
   ...: plt.xticks(fontsize=13)
   ...: plt.xlabel('样本值',fontsize=13)
   ...: plt.yticks(fontsize=13)
   ...: plt.ylabel('频数',fontsize=13)
   ...: plt.title('基于正态分布的随机抽样',fontsize=13)
   ...: plt.grid()
   ...: plt.show()
```

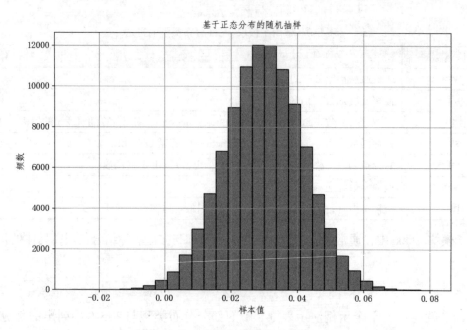

图 5-4 基于正态分布的随机抽样结果

【例 5-8】沿用例 5-7 的信息，计算该利率变量小于 2.5% 的概率，需要运用表 5-9 中的 cdf，具体的代码如下：

```
In [62]: r1=0.025                                              #利率等于2.5%

In [63]: prob=st.norm.cdf(x=r1,loc=r_mean,scale=r_std)   #利率变量小于2.5%的概率
   ...: print('利率变量小于2.5%的概率',round(prob,6))
利率变量小于2.5%的概率 0.338461
```

cdf 方法中的参数 x 用于输入变量的临界值（本示例是 2.5%）。通过以上的计算可以得到，利率变量小于 2.5% 的概率约为 33.8461%。

【例 5-9】沿用例 5-7 的信息，计算该利率变量等于 2% 对应的概率密度函数值，相当于计算第 2.5.1 节（式 2-6）的数值结果，需要运用表 5-9 中的 pdf，具体的代码如下：

```
In [64]: r2=0.02                                               #利率等于2%

In [65]: value_pdf=st.norm.pdf(x=r2,loc=r_mean,scale=r_std)   #利率变量等于2%的概率密度函数值
   ...: print('利率变量等于2%的概率密度函数值',round(value_pdf,6))
利率变量等于2%的概率密度函数值 23.492656
```

通过以上的计算可以得到，利率变量等于 2% 对应的概率密度函数值约为 23.492656。

【例 5-10】沿用例 5-7 的信息，计算概率等于 80% 对应的利率变量临界值，需要运用表 5-9 中的 ppf，具体的代码如下：

```
In [66]: prob=0.8                                              #概率等于80%

In [67]: value_ppf=st.norm.ppf(q=prob,loc=r_mean,scale=r_std)  #概率等于80%对应的利率变量临界值
   ...: print('概率等于80%对应的利率变量临界值',round(value_ppf,6))
概率等于80%对应的利率变量临界值 0.040099
```

ppf 方法中的参数 q 用于输入概率值（本示例是 80%）。通过以上的计算可以得到，利率变

量取值小于或等于4.0099%的概率等于80%,因此该临界值相当于变量分布中80%的分位数。

3. 正态性检验

在金融场景中,许多量化模型首先会假定变量的样本值服从正态分布,因此在构建金融模型之前,需要对样本数据开展正态性检验,根据检验结果确定下一步的分析与建模方案。子模块 stats 提供了检验变量分布的多个函数,具体如表 5-10 所示。

表 5-10　子模块 stats 中的变量分布检验函数

函数名称	功能	相关参数
kstest	Kolmogorov-Smirnov 检验（简称"KS 检验"）	rvs：待检验的数据样本。 cdf：设定检验的统计分布类型（见表 5-8）,比如,输入 cdf='norm'就表示检验是否服从正态分布。 args：输入分布的相关参数,以元组格式输入。 alternative：确定是单尾还是双尾检验,输入 alternative='two-sided'表示双尾检验,输入 alternative='less'或'greater'则表示单尾检验,默认情况下就表示双尾检验
anderson	Anderson-Darling 检验,相当于 KS 检验的增强版	x：待检验的数据样本。 dist：设定检验的分布类型,可以输入'norm'（正态分布）、'expon'（指数分布）、'logistic'（逻辑分布）、'gumbel'（耿贝尔分布）等设定不同的分布类型
shapiro	Shapiro-Wilk 检验,仅用于检验是否服从正态分布	x：待检验的数据样本
normaltest	D'Agostino-Pearson 检验,仅用于检验是否服从正态分布	a：代表待检验的数据样本。 axis：按列或行进行检验,输入 axis=0 表示按列进行检验,输入 axis=1 表示按行进行检验

需要提醒的是,在表 5-10 中仅有 normaltest 函数能够支持多变量的数据样本检验,其他函数只能用于单变量的数据样本检验。

【例 5-11】沿用例 5-6 的信息,检验创业板指数和科创 50 指数在 2020 年至 2022 年的日涨跌幅数据是否服从正态分布,并且依次运用 KS 检验、Anderson-Darling 检验、Shapiro-Wilk 检验等方法进行检验,相关的检验共分为 4 个步骤。

第 1 步：开展 KS 检验。KS 检验的原假设是"样本值服从的统计分布等于给定的分布",备择假设是"样本值服从的统计分布不等于给定的统计分布"。下面就检验样本值是否服从平均值为 0、标准差为 2%的正态分布。具体的代码如下：

```
In [68]: st.kstest(rvs=R_index['创业板指'],cdf='norm',args=(0,0.02))  #检验创业板指数日涨跌幅数据样本值的正态性
Out[68]: KstestResult(statistic=0.06081322720262272, pvalue=0.008783566643409392)

In [69]: st.kstest(rvs=R_index['科创50'],cdf='norm',args=(0,0.02))    #检验科创50指数日涨跌幅数据样本值的正态性
Out[69]: KstestResult(statistic=0.050335938988588236, pvalue=0.04829273189293504)
```

以上输出的结果中,第 1 个是统计量,第 2 个是 P 值。在金融场景中通常将 5%作为 P 值的临界值,P 值小于 5%则拒绝原假设,P 值大于 5%则无法拒绝原假设。创业板指数的检验结

果显示，P 值小于 1%，KS 检验的结果表明在 1%的显著性水平上拒绝创业板指数的日涨跌幅数据样本值服从正态分布的假设；科创 50 指数的检验结果显示，P 值小于 5%，则在 5%的显著性水平上拒绝科创 50 指数的日涨跌幅数据样本值服从正态分布的假设。

第 2 步：开展 Anderson-Darling 检验，该检验的原假设与 KS 检验的保持一致。具体的代码如下：

```
In [70]: st.anderson(x=R_index['创业板指'],dist='norm')    #检验创业板指数日涨跌幅数据样本值的正态性
Out[70]: AndersonResult(statistic=0.9909113979910395, critical_values=array([0.573, 0.652,
0.783, 0.913, 1.086]), significance_level=array([15. , 10. , 5. , 2.5, 1. ]))

In [71]: st.anderson(x=R_index['科创50'],dist='norm')    #检验科创50指数日涨跌幅数据样本值的正态性
Out[71]: AndersonResult(statistic=5.068081370715163, critical_values=array([0.573, 0.652,
0.783, 0.913, 1.086]), significance_level=array([15. , 10. , 5. , 2.5, 1. ]))
```

输出的结果有 3 个值，第 1 个是统计量，第 2 个是临界值的统计量，第 3 个是对应临界值的显著性水平（15%、10%、5%、2.5%和 1%）。根据 Anderson-Darling 检验的结果可以得出结论：在 2.5%的显著性水平上拒绝创业板指数的日涨跌幅数据样本值服从正态分布的假设，在 1%的显著性水平上拒绝科创 50 指数的日涨跌幅数据样本值服从正态分布的假设。

第 3 步：开展 Shapiro-Wilk 检验。与前面两个检验不同的是，Shapiro-Wilk 检验仅适用于正态性检验，并且当样本数量超过 5000 时，Shapiro-Wilk 检验结果可能会不准确。具体的代码如下：

```
In [72]: st.shapiro(R_index['创业板指'])                #检验创业板指数日涨跌幅数据样本值的正态性
Out[72]: ShapiroResult(statistic=0.9923640489578247, pvalue=0.0008565440075471997)

In [73]: st.shapiro(R_index['科创50'])                 #检验科创50指数日涨跌幅数据样本值的正态性
Out[73]: ShapiroResult(statistic=0.9516233205795288, pvalue=1.024252568610634e-14)
```

在输出的结果中，第 1 个是统计量，第 2 个是 P 值。显然，Shapiro-Wilk 检验结果表明在 1%的显著性水平上均拒绝创业板指数、科创 50 指数的日涨跌幅数据样本值服从正态分布的假设。

第 4 步：开展 D'Agostino-Pearson 检验。需要运用 normaltest 函数，并且该函数也是专门用于正态性检验的，同时能支持多变量的样本值。具体的代码如下：

```
In [74]: st.normaltest(R_index,axis=0)                #同步检验创业板指数与科创50指数日涨跌幅数据样本值的正态性
Out[74]: NormaltestResult(statistic=array([15.12462991, 90.05006419]), pvalue=array([5.19
670836e-04, 2.79175314e-20]))
```

在输出的结果中，第 1 个数组代表统计量，第 2 个数组代表 P 值。显然，normaltest 函数的结果依然表明在 1%的显著性水平上均拒绝创业板指数、科创 50 指数的日涨跌幅数据样本值服从正态分布的假设。

综合以上的 4 种检验方法，可以得出创业板指数和科创 50 指数的日涨跌幅数据样本值均不服从正态分布的结论。

5.2 statsmodels 模块

虽然，在前面讲解 NumPy、pandas 以及 SciPy 这些模块时，提到了一些统计分析功能，但是，这些统计分析功能还无法有效满足金融领域的需求，因此，本节将介绍一个专注于统计分

析与建模的 statsmodels 模块,该模块提供了众多的函数和类,关于类的说明可以参见第 1.6 节。

statsmodels 模块最早起源于 SciPy 子模块 stats 中的 models 工具包,最初由乔纳森·泰勒(Jonathan Taylor)编写,但后来从 SciPy 中移除了。在 2009 年的"谷歌编程之夏"(Google Summer of Code)活动期间,经过修正、测试、改进,最终以全新的独立模块 statsmodels 对外发布。此后,statsmodels 的开发团队不断添加新模型、绘图工具和统计方法,使其最终成为一款功能强大的统计工具包。

在使用 statsmodels 模块之前依然需要导入该模块并且查看版本信息,具体的代码如下:

```
In [75]: import statsmodels                    #导入 statsmodels 模块

In [76]: statsmodels.__version__               #查看版本信息
Out[76]: '0.13.2'
```

5.2.1 构建线性回归模型的步骤

由于在本书中运用 statsmodels 主要是为了构建线性回归模型,因此本节讨论的内容也将侧重于如何构建一元和多元线性回归模型,其中,**多元线性回归模型**的数学表达式如下:

$$Y = \alpha + \beta_1 X_1 + \beta_2 X_2 + \cdots + \beta_N X_N + \varepsilon \qquad (式 5\text{-}9)$$

其中,Y 代表因变量或被解释变量,X_i 代表第 i 个自变量或解释变量并且 $i = 1, 2, \cdots, N$,α 表示截距项,β_i 表示自变量 X_i 的系数,ε 表示随机误差项。此外,如果多元线性回归模型中仅有一个自变量,则该模型被称为**一元线性回归模型**。

运用 statsmodels 构建线性回归模型的过程具体可以分为以下 4 个步骤。

第 1 步:导入 statsmodels 的子模块 api。该子模块提供了构建多种不同线性回归模型的类,类与模型的对应关系如表 5-11 所示。

表 5-11 statsmodels 子模块 api 构建线性回归模型常用的类及其模型的对应关系

类的名称	对应的线性回归模型
OLS	普通最小二乘法回归(ordinary least square regression)模型
GLS	广义最小二乘法回归(generalized least squares regression)模型
WLS	加权最小二乘法回归(weighted least square regression)模型
GLASAR	带有自相关误差模型的广义最小二乘法回归(GLS with autoregressive errors model)模型
GLM	广义线性模型(generalized linear model)
RLM	使用 M 个估计量的鲁棒线性模型(robust linear model using M estimators)
mixed	混合效应模型(mixed effects model)
gam	广义加性模型(generalized additive model)

第 2 步:给自变量的数据增加常数列。在导入因变量(被解释变量)、自变量(解释变量)的数据以后,根据(式 5-9)可以看到线性回归模型会有截距项,因此就需要在自变量的数据中增加一列数值等于 1 的常数。子模块 api 提供了高效添加常数列的 add_constant 函数,但是当自变量的数据结构是序列或数据框并且运用较新版本的 pandas 时,则不建议运用该函数。

第 3 步:构建相关的线性回归模型。由于普通最小二乘法回归模型是最基础并且运用最广泛的线性回归模型,同时本书中的线性回归分析也是运用普通最小二乘法回归进行处理的,因此需要运用构建该回归模型的 OLS 类，输入的代码格式和主要参数如下：

```
OLS(endog, exog)
```

其中，参数 endog 表示因变量的样本值，exog 则表示自变量的样本值并且支持多个自变量（即多元线性回归）。

第 4 步，实例化运用。用 fit 实现线性回归的实例化运用，通过 summary 方法可以显示回归模型的完整结果与诊断信息，通过 params 属性可以查看截距项和系数。

下面就通过上证指数与恒生指数的示例具体演示如何运用 statsmodels 模块构建普通最小二乘法回归模型，并且包括一元线性回归建模和多元线性回归建模。

5.2.2 一元线性回归建模

【例 5-12】随着沪港通、深港通的推出，A 股市场和港股市场的联动效应越来越强。根据两个市场的交易规则，在每个交易日 A 股收盘时间是下午 3 点，而港股收盘时间则是下午 4 点，比 A 股晚了 1 个小时收盘。因此，为了考察 A 股走势对港股走势的影响，以 2020 年至 2022 年期间 A 股市场上证指数的日收益率作为自变量，港股市场恒生指数的日收益率作为因变量，构建普通最小二乘法回归模型。下面就通过 statsmodels 模块完成普通最小二乘法回归模型的构建，具体分为 3 个步骤完成。

第 1 步：导入存放 2020 年至 2022 年期间上证指数与恒生指数的日收盘价数据的 Excel 文件，计算指数的日收益率并且采用对数收益率形式，关于对数收益率的表达式可参见第 5.3.1 节的（式 5-10）。具体的代码如下：

```
In [77]: P_SH_HK=pd.read_excel(io='C:/Desktop/上证指数与恒生指数的日收盘价.xlsx', sheet_name=
'Sheet1',header=0,index_col=0)                #导入数据
    ...: P_SH_HK=P_SH_HK.dropna()              #删除缺失值

In [78]: (P_SH_HK/P_SH_HK.iloc[0]).plot(figsize=(9,6),title='上证指数与恒生指数日收盘价的走势图',
    ...:                xlabel='日期',ylabel='价格（首个交易日价格归 1）',
    ...:                grid=True,fontsize=11)    #可视化
Out[78]:
```

通过目测图 5-5 可以发现，上证指数和恒生指数的每日收盘价在走势上存在一定的同步性，这为后续构建线性回归模型奠定了基础。

```
In [79]: R_SH_HK=np.log(P_SH_HK/P_SH_HK.shift(1))    #计算对数收益率

In [80]: R_SH_HK=R_SH_HK.dropna()                   #删除缺失值

In [81]: R_SH_HK.describe()                         #查看描述性统计指标
Out[81]:
           上证指数        恒生指数
count  706.000000  706.000000
mean     0.000002   -0.000519
std      0.011433    0.016421
min     -0.080392   -0.065673
25%     -0.005690   -0.008995
50%      0.000362   -0.000311
75%      0.006336    0.007839
max      0.055542    0.086928
```

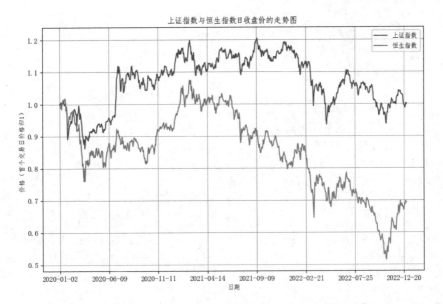

图 5-5 上证指数与恒生指数日收盘价的走势图（2020 年至 2022 年）

从以上的描述性统计指标可以看到，在 2020 年至 2022 年期间，上证指数的日平均收益率为正，而恒生指数的则为负，并且恒生指数收益率的标准差略高于上证指数收益率的标准差，这在一定程度上说明港股的投资风险更高一些。

第 2 步：导入 statsmodels 的子模块 api，同时在上证指数日收益率（自变量）的样本数据中增加数值为 1 的常数列，然后构建普通最小二乘法回归模型。具体的代码如下：

```
In [82]: import statsmodels.api as sma      #导入 statsmodels 的子模块 api 并缩写为 sma

In [83]: Y=R_SH_HK['恒生指数']               #设定因变量的样本值（恒生指数日收益率）
   ...: X=R_SH_HK['上证指数']                #设定自变量的样本值（上证指数日收益率）

In [84]: cons=np.ones(len(X))                #创建元素均为 1 并且元素个数等于自变量样本数量的数组
   ...: cons=pd.Series(data=cons,index=X.index)   #转换为序列
   ...: X_addcons=pd.concat([cons,X],axis=1)      #将两个序列进行左右合并
   ...: X_addcons.head()                    #查看前 5 行
Out[84]:
                0    上证指数
日期
2020-01-03    1.0   -0.000458
2020-01-06    1.0   -0.000122
2020-01-07    1.0    0.006914
2020-01-08    1.0   -0.012285
2020-01-09    1.0    0.009085

In [85]: X_addcons=X_addcons.rename(columns={0:'截距项'})   #修改列名
```

通过以上的代码，在自变量的样本数据中增加了数值均为 1 的常数列。

```
In [86]: model=sma.OLS(endog=Y,exog=X_addcons)   #构建普通最小二乘法线性回归模型

In [87]: result=model.fit()                  #实例化运用

In [88]: result.summary()                    #线性回归的结果信息与诊断信息
```

```
Out[88]:
"""
                            OLS Regression Results
==============================================================================
Dep. Variable:                 恒生指数   R-squared:                       0.438
Model:                            OLS   Adj. R-squared:                  0.438
Method:                 Least Squares   F-statistic:                     549.5
Date:                Tue, 10 Jan 2023   Prob (F-statistic):           2.86e-90
Time:                        18:27:33   Log-Likelihood:                 2103.5
No. Observations:                 706   AIC:                            -4203.
Df Residuals:                     704   BIC:                            -4194.
Df Model:                           1
Covariance Type:            nonrobust
==============================================================================
                 coef    std err          t      P>|t|      [0.025      0.975]
------------------------------------------------------------------------------
截距项          -0.0005      0.000     -1.124      0.261      -0.001       0.000
上证指数         0.9510      0.041     23.442      0.000       0.871       1.031
==============================================================================
Omnibus:                       51.549   Durbin-Watson:                   1.934
Prob(Omnibus):                  0.000   Jarque-Bera (JB):              116.338
Skew:                           0.417   Prob(JB):                     5.46e-26
Kurtosis:                       4.805   Cond. No.                         87.5
==============================================================================
"""

In [89]: result.params                        #截距项和系数
Out[89]:
截距项     -0.000521
上证指数    0.951041
dtype: float64
```

在以上的输出结果中，R-squared 代表回归模型的判定系数 R^2，Adj.R-squared 代表矫正的判定系数，本示例的判定系数等于 0.438，表明恒生指数的日收益率有 43.8%可以通过上证指数的日收益率进行解释。

自变量的 P 值（即 P>|t|）等于 0.000，表明自变量在 1%的显著性水平下是显著的，这意味着上证指数确实是影响恒生指数收益率的一个重要因子。

同时，自变量的系数（coef）等于 0.9510，表明上证指数收益率变化 1%，可以导致恒生指数收益率变化 $0.9510 \times 1\% = 0.9510\%$。

第 3 步：结合散点图对线性回归模型进行可视化（见图 5-6）。具体的代码如下：

```
In [90]: Y_fit=result.params[0]+result.params[1]*X     #运用线性回归模型预测得到的因变量数据

In [91]: plt.figure(figsize=(9,6))
   ...: plt.scatter(x=X,y=Y,c='b',marker='o')          #散点图
   ...: plt.plot(X,Y_fit,'r-',lw=2)                    #拟合一条直线
   ...: plt.xticks(fontsize=13)
   ...: plt.xlabel('上证指数日收益率',fontsize=13)
   ...: plt.yticks(fontsize=13)
   ...: plt.ylabel('恒生指数日收益率',fontsize=13)
```

```
...: plt.title('上证指数与恒生指数日收益率的散点图和线性拟合',fontsize=13)
...: plt.grid()
...: plt.show()
```

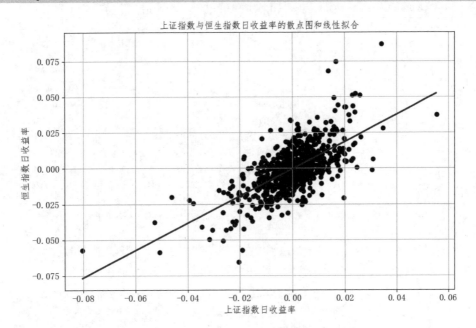

图 5-6 上证指数与恒生指数日收益率的散点图和线性拟合

图 5-6 中的直线就是基于图中的散点同时运用普通最小二乘法回归模型拟合得到的线性结果。通过对图 5-6 进行仔细观察不难发现，图中的大多数散点集中在直线附近，当然也会有少数散点远离直线。

5.2.3 多元线性回归建模

【例 5-13】沿用例 5-12 的信息，并且引入利率作为另一个自变量。目前在香港金融市场中，以**港元利息结算利率**（HKD interest settlement rates）作为市场的基准利率，该利率由香港银行公会于每个交易日上午 11 点 15 分对外发布。考虑到 3 个月港元利息结算利率运用得最为频繁。因此，以 3 个月港元利息结算利率的日变化率作为一个新的自变量，上证指数的日收益率依然作为一个自变量，恒生指数的日收益率依旧是因变量，使用它们构建一个多元线性回归模型，具体编程分为以下两个步骤。

第 1 步：导入存放 2020 年至 2022 年期间上证指数、恒生指数的日收盘价以及 3 个月港元利息结算利率日报价数据的 Excel 文件，并且依然需要在自变量的样本数据中增加常数列。相关的代码如下：

```
In [92]: P_data=pd.read_excel(io='C:/Desktop/上证指数、恒生指数以及利率.xlsx', sheet_name= 'Sheet1',
header=0,index_col=0)                                    #导入数据
    ...: P_data=P_data.dropna()                          #删除缺失值

In [93]: R_data=np.log(P_data/P_data.shift(1))           #计算对数收益率

In [94]: R_data=R_data.dropna()                          #删除缺失值
```

```
In [95]: R_data.describe()                              #查看描述性统计指标
Out[95]:
            上证指数       恒生指数      3个月利率
count   706.000000   706.000000   706.000000
mean      0.000002    -0.000519     0.001033
std       0.011433     0.016421     0.028583
min      -0.080392    -0.065673    -0.204666
25%      -0.005690    -0.008995    -0.007982
50%       0.000362    -0.000311     0.000348
75%       0.006336     0.007839     0.009968
max       0.055542     0.086928     0.198578

In [96]: Y=R_data['恒生指数']                           #设定因变量的样本值（恒生指数日收益率）
   ...: X1=R_data['上证指数']                           #设定第1个自变量的样本值（上证指数日收益率）
   ...: X2=R_data['3个月利率']                          #设定第2个自变量的样本值（3个月港元利息结算利率的日变化率）

In [97]: X1_X2_addcons=pd.concat([cons,X1,X2],axis=1)   #将3个序列进行左右合并

In [98]: X1_X2_addcons=X1_X2_addcons.rename(columns={0:'截距项'})    #修改列名
```

第2步：构建多元线性回归模型并且输出模型的结果。相关的代码如下：

```
In [99]: model_new=sma.OLS(endog=Y,exog=X1_X2_addcons)  #构建普通最小二乘法线性回归模型

In [100]: result_new=model_new.fit()                    #实例化运用

In [101]: result_new.summary()                          #线性回归的结果信息与诊断信息
Out[101]:
"""
                            OLS Regression Results
==============================================================================
Dep. Variable:                 恒生指数   R-squared:                       0.438
Model:                            OLS   Adj. R-squared:                  0.437
Method:                 Least Squares   F-statistic:                     274.5
Date:                Tue, 10 Jan 2023   Prob (F-statistic):           8.06e-89
Time:                        18:43:37   Log-Likelihood:                 2103.5
No. Observations:                 706   AIC:                            -4201.
Df Residuals:                     703   BIC:                            -4187.
Df Model:                           2
Covariance Type:            nonrobust
==============================================================================
                 coef    std err          t      P>|t|      [0.025      0.975]
------------------------------------------------------------------------------
截距项           -0.0005      0.000     -1.112      0.266      -0.001       0.000
上证指数          0.9492      0.041     23.106      0.000       0.869       1.030
3个月利率        -0.0048      0.016     -0.293      0.769      -0.037       0.027
==============================================================================
Omnibus:                       52.423   Durbin-Watson:                   1.935
Prob(Omnibus):                  0.000   Jarque-Bera (JB):              118.554
Skew:                           0.424   Prob(JB):                     1.80e-26
Kurtosis:                       4.820   Cond. No.                         88.8
==============================================================================
"""
```

```
In [102]: result_new.params                    #截距项和系数
Out[102]:
截距项        -0.000516
上证指数        0.949195
3个月利率      -0.004820
dtype: float64
```

将以上代码结果与例 5-12 第 2 步的代码结果进行比较,可以发现多元线性回归模型判定系数 R^2 依然是 0.438,同时,矫正的判定系数则下降至 0.437,低于一元线性回归模型的 0.438,这表明多元线性回归模型的解释能力略低于一元线性回归模型的。

此外,新增加的自变量(即 3 个月港元利息结算利率的日变化率)的 P 值为 0.769,远远高于 0.05 的临界值,因此可以判断出该自变量对恒生指数的影响不显著。

因此,在金融场景中构建线性回归模型,并不是自变量个数越多就一定能够得到越具有解释力的模型。

5.3 波动率模型与 arch 模块

在金融衍生产品定价和风险管理中,波动率受到广泛的关注。波动率可以用于对单一金融资产或者投资组合在一个较短时间内的价值变化进行估计;在对衍生产品定价时,也需要针对变量的波动率对价格进行预测。然而,波动率可能不是一个常数,会随着时间的变化而发生变化,比如在某段时间内波动率可能较低,而在其他时间会相对较高,这时就需要用到波动率模型,该模型能够用于跟踪波动率随时间的变化。

金融领域中最常用的波动率模型主要有两个:一个是**自回归条件异方差模型**(Autoregressive Conditional Heteroscedasticity Model,ARCH 模型),另一个是**广义自回归条件异方差模型**(Generalized Autoregressive Conditional Heteroscedasticity Model,GARCH 模型)。本节就重点讨论如何估计波动率、主要的波动率模型,以及用于构建波动率模型的第三方模块 arch。

5.3.1 估计波动率

假定某个金融随机变量(比如股价)在第 i 个交易日的取值为 S_i,在第 $i-1$ 个交易日的取值为 S_{i-1},将 u_i 定义为在第 i 个交易日的连续复利收益率(也称对数收益率),具体的表达式如下:

$$u_i = \ln \frac{S_i}{S_{i-1}} \qquad (式 5\text{-}10)$$

同时,定义 σ_n 是在第 $n-1$ 个交易日估计出的变量在第 n 个交易日的波动率,σ_n^2 称为**方差率**(variance rate)。

利用 u_i 在最近 m 个交易日的观测数据推算出方差率 σ_n^2 的无偏估计如下:

$$\sigma_n^2 = \frac{1}{m-1} \sum_{i=1}^{m} (u_{n-i} - \bar{u})^2 \qquad (式 5\text{-}11)$$

其中 $\bar{u}$ 是 u_i 的平均值,也就是 $\bar{u} = \frac{1}{m} \sum_{i=1}^{m} u_{n-i}$。

为有效跟踪方差率 σ_n^2 的变化，对（式 5-11）中的参数做一些改变，主要的变化体现在以下 3 个方面。

一是调整 u_i 的定义与表达式。将 u_i 定义为变量在第 $i-1$ 个交易日至第 i 个交易日的百分比变化，类似于涨跌幅比例，具体如下：

$$u_i = \frac{S_i - S_{i-1}}{S_{i-1}} \qquad (式\ 5\text{-}12)$$

二是假设 $\bar{u}$ 等于 0。这样的处理在金融领域比较常见，比如股票收益率的平均值就可以假设为 0。

三是将分母中的 $m-1$ 替换为 m。

以上 3 个方面的变化对最终计算结果的影响并不大，重要的是（式 5-11）可以简化为如下形式：

$$\sigma_n^2 = \frac{1}{m} \sum_{i=1}^{m} u_{n-i}^2 \qquad (式\ 5\text{-}13)$$

其中 u_{n-i} 按照（式 5-12）计算，具体表达式如下：

$$u_{n-i} = \frac{S_{n-i} - S_{n-i-1}}{S_{n-i-1}} \qquad (式\ 5\text{-}14)$$

5.3.2　ARCH 模型

在第 5.3.1 节的（式 5-11）中，由于 i 的取值范围是从 1 到 m，因此在计算 σ_n^2 时，u_{n-1}^2，u_{n-2}^2，$\cdots$，u_{n-m}^2 等每一项都有相同的权重 $\frac{1}{m}$。然而，这样的等权重处理方式虽然简单，却过于理想化。

由于 σ_n 是对当前波动率的估计，对距离估计日较近的数据（比如 u_{n-1}^2、u_{n-2}^2 等）应该赋予较高的权重，而对距离估计日比较久远的数据（比如 u_{n-m}^2、u_{n-m-1}^2 等）应该赋予较低的权重，这样或许更合理。

为此，设想出以下的一个模型表达式：

$$\sigma_n^2 = \sum_{i=1}^{m} \alpha_i u_{n-i}^2 \qquad (式\ 5\text{-}15)$$

其中，α_i 是 u_{n-i}^2 所对应的权重，并且具有以下 3 个特征。

一是 α_i 均取正数，即 $\alpha_i > 0$。

二是如果 $i > j$，则取值 $\alpha_i < \alpha_j$，也就是对距离估计日比较久远的数据赋予较低的权重。

三是将权重之和设定为 1，也就是有如下等式：

$$\sum_{i=1}^{m} \alpha_i = 1 \qquad (式\ 5\text{-}16)$$

对（式 5-15）做进一步的推广。假定存在某一个长期平均的方差率 V_L，并赋予该长期平均的方差率一定权重 γ，（式 5-15）就能改写为如下形式：

$$\sigma_n^2 = \gamma V_L + \sum_{i=1}^{m} \alpha_i u_{n-i}^2 \qquad (式\ 5\text{-}17)$$

由于所有的权重之和依然等于 1，因此（式 5-16）就变为以下等式：

$$\gamma + \sum_{i=1}^{m} \alpha_i = 1 \qquad (\text{式 5-18})$$

（式 5-17）和（式 5-18）所构成的模型是由罗伯特·恩格尔（Robert Engle）最先提出的 ARCH(m) 模型（简称 "ARCH 模型"），这里的 m 代表观测到的最近 m 个交易日。

根据（式 5-17）可以发现，方差率 σ_n^2 的估计值是由长期平均的方差率 V_L 以及最近 m 个交易日所观测到的 u_{n-i}^2 共同决定的，并且观测的数据越靠近估计日所赋予的权重就越高。

下面，令 $\omega = \gamma V_L$，可以将（式 5-17）改写如下：

$$\sigma_n^2 = \omega + \sum_{i=1}^{m} \alpha_i u_{n-i}^2 \qquad (\text{式 5-19})$$

可以说，ARCH 模型是过去数十年里金融计量学领域最重大的创新，在所有的波动率模型中，基于 ARCH 模型衍生出来的模型无论从理论研究的深度还是从实际运用的广度来说都是独一无二的。下面探讨的 GARCH 模型就是从 ARCH 模型衍生而来的。

5.3.3　GARCH 模型

1. GARCH(1,1) 模型

在 ARCH 模型的基础上，蒂姆·博勒斯列夫（Tim Bollerslev）提出了 GARCH 模型，并且最基础的模型就是 GARCH(1,1) 模型，GARCH(1,1) 模型表达式如下：

$$\sigma_n^2 = \gamma V_L + \alpha u_{n-1}^2 + \beta \sigma_{n-1}^2 \qquad (\text{式 5-20})$$

其中，V_L 依然表示长期平均方差率，γ 依然表示对应于 V_L 的权重，α 是对应于 u_{n-1}^2 的权重，β 是对应于 σ_{n-1}^2 的权重。所有的权重之和依然等于 1，也就是存在如下的等式：

$$\gamma + \alpha + \beta = 1 \qquad (\text{式 5-21})$$

通过（式 5-20）不难发现，在 GARCH(1,1) 模型中，σ_n^2 是由长期平均方差率 V_L、最近一个交易日（第 $n-1$ 个交易日）变量的百分比变动 u_{n-1} 以及波动率估计值 σ_{n-1} 共同确定的。

需要注意的是，GARCH(1,1) 模型中的第一个 1 代表模型中变量变化的百分比 u_{n-1} 需要选择最近一个交易日（即第 $n-1$ 个交易日）的，第二个 1 是指模型中变量波动率估计值 σ_{n-1} 也需要选择最近一个交易日的。

此外，如果设定 $\gamma = 0$，$\alpha = 1-\lambda$，$\beta = \lambda$，这时的 GARCH(1,1) 模型就退化为指数加权移动平均（Exponentially Weighted Moving Arerage，EWMA）模型。因此，EWMA 模型是 GARCH(1,1) 模型的一个特例。

2. GARCH(p,q) 模型

一般的 GARCH 模型是 GARCH(p,q) 模型，具体的公式如下：

$$\sigma_n^2 = \gamma V_L + \sum_{i=1}^{p} \alpha_i u_{n-i}^2 + \sum_{j=1}^{p} \beta_j \sigma_{n-j}^2 \qquad (\text{式 5-22})$$

通过（式 5-22）能比较清楚地看到 GARCH(p,q) 模型中 p 和 q 的含义，其中，p 代表确定 u_{n-i}^2 观测值的最近 p 个交易日，q 代表最新的 q 个方差估计值 σ_{n-j}^2，其中，$i=1,2,\cdots,p$ 以及 $j=1,2,\cdots,q$。

当然，也有学者提出非对称信息的 GARCH 模型，在这类模型中，σ_n 的取值与 u_{n-1} 的符号

有关。

3. GARCH(1,1)模型的变型

下面，参照 ARCH 模型的做法，令 $\omega = \gamma V_L$，则（式 5-20）可以改写为如下形式：

$$\sigma_n^2 = \omega + \alpha u_{n-1}^2 + \beta \sigma_{n-1}^2 \quad \text{（式 5-23）}$$

在估计 GARCH(1,1) 模型的参数时，通常会采用（式 5-23）所示的表达式。

一旦估计出 ω、α 和 β，就可以通过等式 $\gamma = 1 - \alpha - \beta$ 计算出 γ。然后，可以计算得到长期平均方差率，如下：

$$V_L = \omega/\gamma = \omega/(1-\alpha-\beta) \quad \text{（式 5-24）}$$

根据（式 5-24），可以得到对应的长期波动率表达式，如下：

$$\sqrt{V_L} = \sqrt{\omega/(1-\alpha-\beta)} \quad \text{（式 5-25）}$$

此外，为了保证 GARCH(1,1) 模型是稳定的，需要令 $\alpha + \beta < 1$，这等价于长期平均方差率的权重 $\gamma > 0$。

5.3.4 arch 模块

arch 模块是用于构建波动率模型和其他金融计量模型的 Python 第三方模块，目前其主要功能包括单变量波动率模型构建、单位根检验、协整检验与预测、多重比较（比如高级预测能力检验）、自举法（bootstrap ping），以及长期协方差估计。

由于该模块未能集成在 Anaconda 中，可以通过打开 Anaconda Prompt，并且执行以下命令在线安装该模块的最新版本。

```
pip install arch
```

在本书写作时，该模块的最新版本是 5.3.1 版本。如果希望在线安装其他版本，比如 5.1.0 版本，则可以执行如下命令：

```
pip install arch==5.1.0
```

同样，由于该模块是第三方模块，因此在调用前需要导入该模块并且查看版本信息，具体代码如下：

```
In [103]: import arch                    #导入 arch 模块

In [104]: arch.__version__               #查看版本信息
Out[104]: '5.3.1'
```

1. arch_model 类

在 arch 模块中，构建 ARCH 模型和 GARCH 模型均需要运用 arch_model 类，输入的格式及主要参数如下：

```
arch_model(y, x, mean, lags, vol, p, o, q, dist)
```

涉及参数的功能和用法如表 5-12 所示。

表 5-12　arch_model 类的主要参数的功能和用法

参数名称	功能和用法
y	代表因变量，也就是拟分析的波动率变量的样本值，比如股票日收益率的样本数据。在这里需要注意的是，当因变量的取值（绝对值）处于 1 至 1000 的区间时，模型的收敛效果是最好的，然而金融资产日收益率的取值往往处于-10%至 10%之间，因此，通常建议以因变量的样本值×100 作为输入值
x	代表外生回归因子（exogenous regressors），如果未输入则模型自动省略
mean	代表平均值模型的类型，并需要输入字符串。具体可选类型如下。 Constant：表示收益率平均值是一个常数。 Zero：表示收益率平均值等于 0，也就是在第 5.3.1 节中假定 $\bar{u}$ 等于 0。 LS：表示仅带有外生回归因子（exogenous regressors only）。 AR：表示自回归（autoregression）模型。 ARX：表示含可选外生回归因子的自回归（autoregressive with optional exogenous regressors）模型。 HAR：表示异构自回归（heterogeneous autoregression）模型。 HARX：表示含可选外生回归因子的异构自回归（heterogeneous autoregression with optional exogenous regressors）模型
lags	表明平均值模型中的滞后项阶数；如果参数 mean='Constant'或'Zero'或'LS'，则参数 lags 不发挥作用；不输入则默认为 0
vol	表示波动率模型的类型，并需要输入字符串。具体可选的类型如下。 GARCH：表示 GARCH 模型，不输入则默认为这类模型。 ARCH：表示 ARCH 模型。 EGARCH：表示指数 GARCH 模型。 FIARCH：表示部分协整 ARCH 模型。 HARCH：表示异构 ARCH 模型
p	表示对称冲击的滞后项阶数。如果选择 GARCH(p,q)模型，则该参数对应模型中的 p；如果选择 ARCH(m)模型，则该参数对应于模型中的 m；不输入则默认为 1
o	表示非对称冲击的滞后项阶数。比如，在选择 GARCH 模型的情况下，输入 o=1 就会将 GARCH 模型转换为 GJR-GARCH 模型；不输入则默认为 0
q	表示波动率的滞后项阶数。如果选择 GARCH(p,q)模型，则该参数就对应模型中的 q；不输入则默认为 1
dist	表示误差项服从的统计分布类型，并需要输入字符串。可选的统计分布类型如下。 normal 或者 gaussian：代表正态分布，不输入就默认服从正态分布。 studentst 或 t：代表学生氏分布（t 分布）。 skewstudent 或 skewt：代表偏态学生氏分布。 ged 或 generalized error：代表通用误差分布

需要注意的是，由于 arch_model 是一个类，因此需要通过 fit 进行实例化运用，运用 summary 方法输出最终的模型结果，运用 params 属性输出模型的参数，该代码处理方式与第 5.2 节构建线性回归模型的处理方式比较类似。下面就通过 A 股市场创业板指数的示例进行演示。

2. 具体的运用

【例 5-14】沿用例 5-6 的相关信息，对 2020 年至 2022 年创业板指数的日涨跌幅构建波动率模型，选用的模型分别是ARCH(1)模型和GARCH(1,1)模型，具体的编程分为两个步骤。

第1步：从arch模块中导入arch_model类，并且构建ARCH(1)模型并输出模型的结果。具体的代码如下：

```
In [105]: from arch import arch_model              #从arch模块中导入arch_model类

In [106]: SBM_Index=R_index['创业板指']              #从例5-6创建的数据框中提取创业板指数的数据

In [107]: model_arch=arch_model(y=SBM_Index*100,mean='Zero',lags=0,vol='ARCH',p=1,o=0,
   ...:                        q=0,dist='normal')  #构建ARCH(1)模型
```

需要注意的是，在运用arch_model类的过程中，将创业板指数的日涨跌幅乘100作为因变量的输入值，收益率（日涨跌幅）平均值取值为0。

```
In [108]: result_arch=model_arch.fit()              #实例化运用

In [109]: result_arch.summary()                     #输出拟合结果
Out[109]:
"""
                   Zero Mean - ARCH Model Results
==============================================================================
Dep. Variable:                   创业板指   R-squared:                       0.000
Mean Model:                  Zero Mean   Adj. R-squared:                  0.001
Vol Model:                        ARCH   Log-Likelihood:                -1474.12
Distribution:                   Normal   AIC:                            2952.24
Method:              Maximum Likelihood   BIC:                            2961.42
                                          No. Observations:                  728
Date:                 Tue, Jan 10 2023   Df Residuals:                       728
Time:                         11:05:06   Df Model:                             0
                            Volatility Model
==============================================================================
              coef    std err          t      P>|t|       95.0% Conf. Int.
------------------------------------------------------------------------------
omega         3.3134     0.220     15.036  4.267e-51    [  2.881,  3.745]
alpha[1]      0.0141  3.104e-02      0.453      0.651  [-4.678e-02,7.491e-02]
==============================================================================
"""
```

这里需要提醒的是，由于是将原始数据扩大了100倍作为因变量的样本输入值，因此针对以上代码输出的omega值3.3134需要缩小100^2（10000）倍，其他参数则不需要调整。因此，基于以上模型输出的结果就可以得到，ARCH(1)模型的参数ω=0.00033134，α=0.0141。

最终，得到的ARCH(1)模型数值表达式如下：

$$\sigma_n^2 = 0.00033134 + 0.0141 u_{n-1}^2 \qquad (式5-26)$$

第2步：构建GARCH(1,1)模型并输出相关模型的结果，同时计算创业板指数的长期波动率。具体的代码如下：

```
In [110]: model_garch=arch_model(y=SBM_Index*100,mean='Zero',lags=0,vol='GARCH',p=1,o=0,
   ...:                          q=1,dist='normal')  #构建GARCH(1,1)模型

In [111]: result_garch=model_garch.fit()              #实例化运用
```

```
In [112]: result_garch.summary()          #输出拟合结果
Out[112]:
"""
                    Zero Mean - GARCH Model Results
==============================================================================
Dep. Variable:              创业板指   R-squared:                       0.000
Mean Model:              Zero Mean   Adj. R-squared:                  0.001
Vol Model:                   GARCH   Log-Likelihood:                -1455.46
Distribution:               Normal   AIC:                            2916.93
Method:         Maximum Likelihood   BIC:                            2930.70
                                     No. Observations:                   728
Date:             Tue, Jan 10 2023   Df Residuals:                       728
Time:                     11:08:35   Df Model:                             0
                            Volatility Model
==============================================================================
                 coef    std err       t      P>|t|      95.0% Conf. Int.
------------------------------------------------------------------------------
omega          0.0861  4.275e-02    2.014  4.397e-02   [2.324e-03,  0.170]
alpha[1]       0.0692  1.927e-02    3.594  3.262e-04   [3.148e-02,  0.107]
beta[1]        0.9050  2.035e-02   44.475      0.000   [    0.865,  0.945]
==============================================================================
"""

In [113]: result_garch.params             #输出模型的相关参数
Out[113]:
omega       0.086108
alpha[1]    0.069238
beta[1]     0.905007
Name: params, dtype: float64
```

同样,上面输出的 omega 值 0.086108 需要缩小 10000 倍,其他参数则不需要调整。因此,GARCH(1,1)模型的参数 $\omega = 0.0000086108$、$\alpha = 0.069238$ 和 $\beta = 0.905007$,得到的模型数值表达式如下:

$$\sigma_n^2 = 0.0000086108 + 0.069238 u_{n-1}^2 + 0.905007 \sigma_{n-1}^2 \quad (式5\text{-}27)$$

根据第 5.3.3 节的(式 5-25),得到创业板指数的日涨跌幅长期波动率为 $\sqrt{V_L} = \sqrt{\dfrac{0.0000086108}{1-0.069238-0.905007}} \approx 0.0183$,也就是平均的每日波动率约等于 1.83%,下面就通过 Python 编程验证长期波动率的数值结果。

```
In [114]: Omega=0.0001*result_garch.params[0]     #取模型参数中的 omega 值并将其缩小 10000 倍
    ...: Alpha=result_garch.params[1]             #取模型参数中的 alpha 值
    ...: Beta=result_garch.params[-1]             #取模型参数中的 beta 值

In [115]: vol_long=np.sqrt(Omega/(1-Alpha-Beta))  #利用(式 5-25)计算长期波动率

In [116]: print('利用 GARCH(1,1)模型得到的长期波动率(每日)',round(vol_long,4))
利用 GARCH(1,1)模型得到的长期波动率(每日) 0.0183
```

5.4 datetime 模块

金融变量的取值往往与时间是密不可分的，Python 拥有一个内置的并且用于处理日期和时间的 datetime 模块，该模块以便捷的方式提供日期（date）与时间（time）等的对象，不仅支持日期和时间的算法，而且能实现属性的提取以及不同格式的输出与操作。需要注意的是，这里提到的日期与时间是两个互斥的概念，日期仅包含年、月、日等属性，时间则包括时、分、秒等属性。

datetime 模块主要提供与日期和时间密切相关的 6 个类，具体如表 5-13 所示。

表 5-13 datetime 模块主要提供与日期和时间密切相关的 6 个类

类的名称	具体功能
date	以日期作为对象，常用的属性包括 year（年）、month（月）、day（日）
time	以时间作为对象，常用的属性包括 hour（时）、minute（分）、second（秒）、microsecond（微秒）和 tzinfo（时区）
datetime	以日期与时间的结合作为对象，简称"日期时间对象"
datetime_CAPI	也是以日期与时间的结合作为对象，不过是 C 语言的接口
timedelta	时间间隔，也就是两个不同时点之间的长度
tzinfo	时区信息对象

由于金融领域中最常用的是 datetime 模块中的 datetime 类，因此本节主要围绕 datetime 类展开。

依然需要导入 datetime 模块，具体的代码如下：

```
In [117]: import datetime as dt          #导入datetime模块并缩写为dt
```

5.4.1 创建日期时间对象

datetime 类的代码格式以及参数如下：

```
datetime(year, month, day, hour, minute, second, microsecond, tzinfo)
```

其中，参数 year、month、day 为必填项，其余为选填项。下面通过若干个示例进行演示。

【例 5-15】通过 Python 创建 2022 年 7 月 28 日的日期对象，具体的代码如下：

```
In [118]: T1=dt.datetime(2022,7,28)      #输入2022年7月28日

In [119]: T1                             #输出结果
Out[119]: datetime.datetime(2022, 7, 28, 0, 0)
```

需要注意的是，输出的结果中有两个 0，第 1 个 0 代表时（几点），第 2 个 0 代表分（几分）。

【例 5-16】通过 Python 创建 2022 年 7 月 19 日 16 时 29 分 53 秒 825 微秒的日期时间对象，具体的代码如下：

```
In [120]: T2=dt.datetime(2022,7,19,16,29,53,825)    #输入2022年7月19日16时29分53秒825微秒

In [121]: T2                                         #输出结果
Out[121]: datetime.datetime(2022, 7, 19, 16, 29, 53, 825)
```

此外，可以用 now 方法与 today 方法创建当前的日期时间对象。

【例 5-17】在 Python 中创建当前的日期时间对象，具体的代码如下：

```
In [122]: T_now=dt.datetime.now()       #创建当前的日期时间对象

In [123]: T_now                          #输出结果
Out[123]: datetime.datetime(2022, 7, 4, 14, 20, 26, 109057)

In [124]: T_today=dt.datetime.today()   #创建当前的日期时间对象

In [125]: T_today                        #输出结果
Out[125]: datetime.datetime(2022, 7, 4, 14, 20, 33, 607471)
```

这里需要说明，由于 1 秒等于 10^6 微秒，因此微秒的取值区间是从 0 至 10^6（不包含 10^6）。

5.4.2 访问日期时间对象的属性

类似于第 2.2.1 节讨论的数组属性和第 3.4.1 节讨论的数据框属性，通过 datetime 类创建的日期时间对象，可以很方便地访问对象的属性。下面以例 5-16 创建的对象 T2 作为示例，演示访问属性的相关代码，具体如表 5-14 所示。

表 5-14 访问日期时间对象的属性以及代码演示

属性的名称	相关说明	对象 T2 为示例的代码演示
year	访问年份	`In [126]: T2.year` #访问年份 `Out[126]: 2022`
month	访问月份	`In [127]: T2.month` #访问月份 `Out[127]: 7`
day	访问日期 （当月的第几日）	`In [128]: T2.day` #访问日期 `Out[128]: 19`
hour	访问小时数	`In [129]: T2.hour` #访问小时数（几点） `Out[129]: 16`
minute	访问分钟数	`In [130]: T2.minute` #访问分钟数（几分） `Out[130]: 29`
second	访问秒数	`In [131]: T2.second` #访问秒数（几秒） `Out[131]: 53`
microsecond	访问微秒数	`In [132]: T2.microsecond` #访问微秒数（几微秒） `Out[132]: 825`

5.4.3 日期时间对象的不同格式显示

可以通过表 5-15 梳理的方法得到按照不同格式显示的日期时间对象，同时依然将例 5-16 创建的对象 T2 作为示例。

表 5-15 按照不同格式显示日期时间对象的一些方法及代码演示

方法的名称	相关说明	对象 T2 为示例的代码演示

weekday	显示星期几	`In [133]: T2.weekday()    #显示星期几`
		`Out[133]: 1`
		
		结果显示是星期二，注意 0 代表星期一，1 代表星期二，依次类推

isocalendar	以 ISO 标准化日期的格式显示，格式是依次显示年份、当年的第几周以及星期几。ISO 是国际标准化组织（International Organization for Standardization）的英文缩写	`In [134]: T2.isocalendar() #以 ISO 标准化日期格式显示`
		`Out[134]: datetime.IsoCalendarDate(year=2022, week=29, weekday=2)`
		
		结果显示是 2022 年第 29 周的星期二

date	显示年份、月份、日期（输出日期对象）	`In [135]: T2.date()    #显示年份、月份以及日期`
		`Out[135]: datetime.date(2022, 7, 19)`
		
		代码输出的结果是一个日期对象

time	显示时、分、秒以及微秒（输出时间对象）	`In [136]: T2.time()    #显示时、分、秒、微秒`
		`Out[136]: datetime.time(16, 29, 53, 825)`
		
		代码输出的结果是一个时间对象

ctime	输出的内容依次是"星期几、月份、日期、时:分:秒、年份"，并且是字符串	`In [137]: T2.ctime()    #输出字符串` `Out[137]: 'Tue Jul 19 16:29:53 2022'`

5.4.4 日期时间对象的运算

在金融场景中，针对不同的日期时间对象，有时需要比较它们的大小。此外，针对金融产品定价，也需要计算不同日期之间的期限长度，比如定价日距离产品到期日的剩余天数。本书将详细讨论相关内容。

1. 大小的比较

针对日期时间对象的比较，Python 中有两种处理方式：一种是运用 datetime 类的方法，另一种是直接运用 Python 的关系运算符号（见第 1.4.2 节的表 1-8）。以例 5-15 至例 5-17 创建的日期时间对象作为示例，表 5-16 归纳了这两种对象比较大小的处理方式以及代码演示。

表 5-16 日期时间对象比较大小的处理方式以及代码演示

datetime 类的方法名称	Python 关系运算符号	含义	Python 的代码演示
__eq__ 注:字母每一边的下画线均是两条(下同)	==	等于	In [138]: T1.__eq__(T2) Out[138]: False In [139]: T1==T2 Out[139]: False
__ge__	>=	大于或等于	In [140]: T1.__ge__(T2) Out[140]: True In [141]: T1>=T2 Out[141]: True
__gt__	>	大于	In [142]: T1.__gt__(T2) Out[142]: True In [143]: T1>T2 Out[143]: True
__le__	<=	小于或等于	In [144]: T2.__le__(T_now) Out[144]: False In [145]: T2<=T_now Out[145]: False
__lt__	<	小于	In [146]: T2.__lt__(T_now) Out[146]: False In [147]: T2<T_now Out[147]: False
__ne__	!=	不等于	In [148]: T2.__ne__(T_now) Out[148]: True In [149]: T2 !=T_now Out[149]: True

2. 期限的计算

运用 datetime 类,针对不同的日期时间对象,可以很方便地测算出它们之间的期限长度,主要运用其中的 days、seconds 和 microseconds 等属性,其中 seconds 和 microseconds 通常运用在金融高频交易中。结合前面的例 5-15 至例 5-17 创建的对象,表 5-17 介绍了可以运用于计算期限长度的相关属性以及代码演示。

表 5-17 计算期限长度的相关属性以及代码演示

属性名称	功能	Python 的代码演示
days	计算间隔的天数	In [150]: T_delta1=T1-T2 #计算间隔的期限 ...: T_delta1.days #查看间隔期限的天数 Out[150]: 8 该结果显示两个日期时间对象之间的间隔期限为 8 天

续表

属性名称	功能	Python 的代码演示
seconds	计算间隔的秒数，输出结果的取值范围是 0 至 86400（即 1 天对应的秒数）	```In [151]: T_delta2=T2-T_today ...: T_delta2.seconds #查看间隔的秒数Out[151]: 7759```该结果显示的是日期时间对象 T2 中 16 时 29 分 53 秒与对象 T_today 中 14 时 20 分 33 秒之间的间隔秒数
microseconds	计算间隔的微秒数，输出结果的取值范围是大于或等于 0 且小于 1000000（即 1 秒对应的微秒数）	```In [152]: T_delta2.microseconds #查看间隔的微秒数Out[152]: 393354```需要注意的是，虽然 T2 大于 T_today，但在微秒的单位上，T2 却小于 T_today，因此计算两者间隔的微秒数时，T2 在微秒单位上的数值应先加上 1000000 然后减去 T_today 在微秒单位上的数值，也就是 825＋1000000－607471＝393354

5.4.5 日期时间对象的转换

第 3.2 节曾讨论过序列或数据框的时间索引，并且主要有 datetime64 与字符串这两个类型。在金融场景中，有时需要将序列或数据框的时间索引转换成为 datetime 类的日期时间对象，从而使不同的日期时间对象之间能够进行运算。转换的过程通常分为以下两步。

第 1 步：如果序列或数据框的时间索引的类型是 datetime64 类型，则需要将其转换为字符串类型，具体的转换代码可以参见第 3.2.2 节；如果时间索引的类型是字符串类型，则该步骤可以省略。

第 2 步：运用 datetime 类的 strptime 方法，将时间索引转换为日期时间对象，相关的代码格式与主要格式参数如下：

```
strptime(字符串类型的日期时间, '%Y-%m-%d %H:%M:%S')
```

这里的格式参数含义与第 3.2.2 节中介绍的是完全相同的，%Y 表示年份，%m 表示月份，%d 表示日期，年、月、日之间用连字符相连；%H 表示时，%M 表示分，%S 表示秒，时、分、秒之间用冒号隔开；此外，用户可以根据自己的需要自行选取参数并且可以直接输入字符串。下面就通过一个示例进行展示。

【例 5-18】 通过 pandas 创建 2022 年 7 月 18 日上午 10 时 01 秒至 03 秒的时间索引，并且将该时间索引中的每个元素转换为 datetime 类型的日期时间对象，相关的代码如下：

```
In [153]: T_list=pd.date_range(start='2022-07-18 10:00:01',periods=3,freq='S')  #创建2022年7月18日上午10时01秒至03秒的时间索引
In [154]: T_list                    #查看结果
Out[154]:
DatetimeIndex(['2022-07-18 10:00:01', '2022-07-18 10:00:02',
               '2022-07-18 10:00:03'],
              dtype='datetime64[ns]', freq='S')
```

```
In [155]: T_list=T_list.strftime('%Y-%m-%d %H:%M:%S')    #转换为字符串类型的时间索引
     ...: T_list
Out[155]: Index(['2022-07-18 10:00:01', '2022-07-18 10:00:02', '2022-07-18 10:00:03'], dtype='object')

In [156]: T1=dt.datetime.strptime(T_list[0],'%Y-%m-%d %H:%M:%S')  #将2022年7月18日上午10时01秒转换为日期时间对象
     ...: T1
Out[156]: datetime.datetime(2022, 7, 18, 10, 0, 1)

In [157]: T2=dt.datetime.strptime(T_list[1],'%Y-%m-%d %H:%M:%S')  #2022年7月18日上午10时02秒转换为日期时间对象
     ...: T2
Out[157]: datetime.datetime(2022, 7, 18, 10, 0, 2)

In [158]: T3=dt.datetime.strptime(T_list[-1],'%Y-%m-%d %H:%M:%S')  #2022年7月18日上午10时03秒转换为日期时间对象
     ...: T3
Out[158]: datetime.datetime(2022, 7, 18, 10, 0, 3)
```

到这里，本章的内容全部讲解完毕，第 6 章将结合金融场景与深度学习讨论 Python 的第三方模块 PyTorch。

5.5 本章小结

在金融场景中，SciPy、statsmodels、arch 和 datetime 等模块经常会被使用，本章结合 18 个示例有针对性地讨论了这 4 个模块的相关编程技术。

（1）**使用 SciPy 模块求积分**。SciPy 模块的 integrate 子模块有若干个用于积分运算的函数，包括 quad、fixed_quad、quadrature 和 romberg 等，使用它们计算积分得到的结果基本能够保持一致。

（2）**使用 SciPy 模块计算插值**。使用 SciPy 模块中 interpolate 子模块的 interp1d 函数可以进行插值计算，并且可选择最邻近插值法、0 阶样条曲线插值法、1 阶样条曲线插值法（线性插值法）、2 阶样条曲线插值法、3 阶样条曲线插值法以及更高阶的样条曲线插值法。

（3）**使用 SciPy 模块求解方程组**。使用 SciPy 模块中 linalg 子模块的 solve 函数以及 optimize 子模块的 fsolve 函数均可以实现对方程组的求解。

（4）**使用 SciPy 模块求最优解**。SciPy 模块的 optimize 子模块拥有用于求目标函数最小值的 minimize 函数，如果需要求最大值则需要做适当的变化，同时以字典结构设置约束条件，以元组结构设置边界条件。

（5）**使用 SciPy 模块进行统计运算**。SciPy 模块的 stats 子模块拥有用于统计指标分析、正态性检验、随机抽样、分布函数等运算的各类函数与方法。

（6）**使用 statsmodels 模块构建回归模型**。statsmodels 模块是一个功能强大的统计分析与建模的工具包，使用该模块的 api 子模块可以方便地构建一元线性回归模型与多元线性回归模型。

（7）**使用 arch 模块构建波动率模型**。金融领域中最常用的波动率模型包括 ARCH 模型和

GARCH 模型，通过 arch 模块能够高效地构建波动率模型并计算波动率。

（8）使用 datetime 模块创建并处理日期时间对象。datetime 模块是 Python 内置的并且专门用于处理日期时间对象的模块，通过该模块的 datetime 类可以开展日期时间对象的创建、属性访问、不同格式显示、运算以及转换等多种编程。

5.6 拓展阅读

本章的内容参考了以下资料，建议感兴趣的读者拓展学习。

[1] SciPy 模块的官网提供了关于该模块的介绍以及完整的功能文档。

[2] statsmodels 的官网提供了针对该模块的介绍以及完整的功能文档。

[3] PyPI 的官网给出了有关 arch 模块的介绍、安装、示例以及功能文档。

[4] 在 "Autoregressive Conditional Heteroscedasticity with Estimates of the Variance of United Kingdom Inflation" 一文中，作者罗伯特·F.恩格尔（Robert F.Engle）提出了经典的 ARCH 模型，这也是他荣获 2003 年度诺贝尔经济学奖的重要依据之一。

[5] 在 "Generalized Autoregressive Conditional Heteroscedasticity" 一文中，作者蒂姆·博勒斯列夫（Tim Bollerslev）提出了目前在金融领域广泛运用的 GARCH 模型。

第 6 章 结合金融场景演示深度学习 PyTorch 模块编程

本章导读

2017 年 1 月，Facebook 人工智能研究院（Facebook Artificial Intelligence Research，FAIR）在机器学习与科学计算框架 Torch 的基础上，针对 Python 推出了一款全新的工具包 PyTorch。目前，PyTorch 已跃升为**深度学习**（deep learning）领域首选的工具包。当然，运用 PyTorch 模块开展深度学习建模的过程会涉及微积分、线性代数等数学知识，也会涉及神经元以及神经网络等深度学习的内容。本章将结合金融场景重点讲解以下几个方面的内容。

- ✓ 介绍 PyTorch 的环境部署，侧重于计算机已安装 GPU 情况下的 PyTorch 环境部署方案。
- ✓ 讨论 PyTorch 的重要数据结构——张量，包括创建张量、转换张量、访问张量、改变张量形状、张量运算，以及张量自动求导等金融场景中最常用的功能。
- ✓ 探讨神经元的运行机制以及激活函数，重点关注 Sigmoid 函数、tanh 函数、ReLU 函数和 Leaky ReLU 函数等常用的激活函数。
- ✓ 结合线性模型剖析向前传播与向后传播的机制，演示如何训练并测试一个线性模型。
- ✓ 分析全连接神经网络模型，包括模型的内在机理、涉及的 PyTorch 的类与函数，以及结合金融场景的代码演示。
- ✓ 探究循环神经网络模型，包括模型的内在逻辑、涉及的 PyTorch 的类，以及结合金融场景的代码演示。
- ✓ 讨论长短期记忆网络模型，涉及模型的构造思想、涉及的 PyTorch 的类，以及结合金融场景的代码演示。

6.1 PyTorch 环境部署

由于深度学习要在数百万个甚至更多的参数上进行复杂的数学运算（如矩阵运算），因此仅依靠计算机的 CPU 执行这些运算将极其耗时。**图形处理单元**（俗称"显卡"，Graphics Processing Unit，GPU）可以更加高效地完成大规模数学运算，因此在安装 GPU 的计算机上部署 PyTorch 是一种理想的选择。

6.1.1 计算机未安装 GPU

当然，并非每台计算机都会安装 GPU。因此，在部署 PyTorch 之前首先应当确认计算机是否安装了 GPU。以 Windows 10 操作系统为例，打开"任务管理器"并选择"性能"选项卡就可以查询计算机是否安装了 GPU。笔者的计算机一共安装了两个 GPU：一个由英特尔（Intel）公司生产，型号为 Intel(R) UHD Graphics；另一个由英伟达（NVIDIA）公司生产，型号为 NVIDIA GeForce MX330。

通常用户需要自行安装 PyTorch 模块，针对未能安装 GPU 的并且在 Anaconda 平台进行 Python 编程的计算机，可以通过打开 Anaconda Prompt 然后执行以下命令完成在线安装：

```
conda install pytorch torchvision torchaudio cpuonly -c pytorch
```

这里需要强调的是，由于计算机未能安装 GPU，因此 PyTorch 的运算只能依托 CPU 完成，这会导致 PyTorch 的运算效率比较低，开展包括神经网络模型构建在内的深度学习运算会消耗较长时间。

6.1.2 计算机已安装 GPU

本节针对计算机已安装了英伟达公司生产的 GPU，讨论如何部署 PyTorch 模块，具体分为以下 4 个步骤。

第 1 步：下载并安装 CUDA。

CUDA（Compute Unified Device Architecture，计算统一设备体系结构）是英伟达公司推出的一种并行计算框架，当需要解决的运算问题涉及大量并行计算时就能充分发挥出 GPU 的功效。但是，CUDA 只能在英伟达公司的 GPU 上运行，在其他公司（比如英特尔公司）的 GPU 上则无法运行。

下载 CUDA 需要登录英伟达公司官网的相关下载页面，相关页面如图 6-1 所示。在页面中选择相应的操作系统（比如 Linux 或 Windows）、系统架构、操作系统的版本以及下载方式（本地下载或在线下载），笔者下载的 CUDA 的版本号是 11.4。

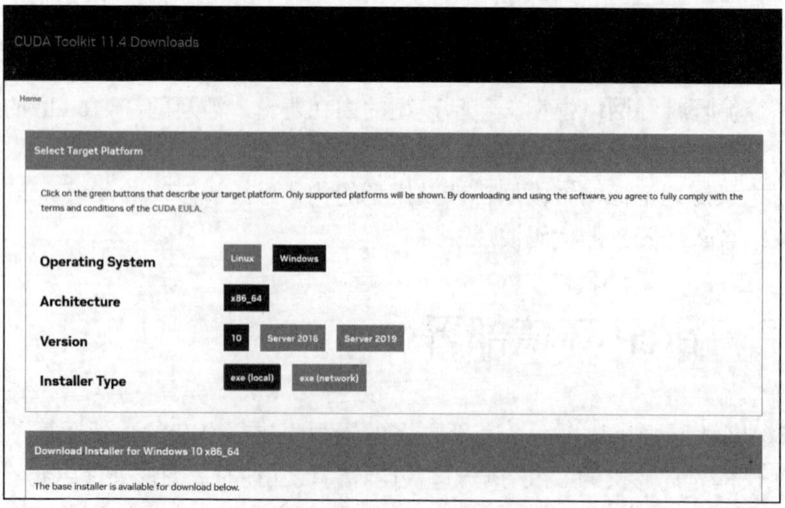

图 6-1 从英伟达公司官网下载 CUDA 的页面

安装 CUDA 时需要选择自定义安装，并且在安装的界面中选择 CUDA，同时勾选 Development、Runtime、Samples 和 Documentation 这 4 项即可，其余选项不用勾选，具体如图 6-2 所示。

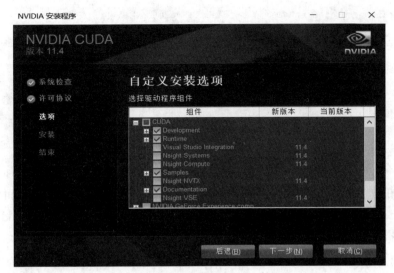

图 6-2　安装 CUDA 的自定义安装选项的界面

第 2 步：下载并安装 cuDNN。

cuDNN 是一个常见的神经网络层加速库文件，能够很大程度对加载到 GPU 上的网络层数据进行优化。cuDNN 需要在 CUDA 的基础上运行。

cuDNN 文件的下载依然需要登录英伟达公司的官网，并且选择与安装的 CUDA 版本以及计算机操作系统相匹配的 cuDNN 文件。

在已下载的 cuDNN 文件中，直接将 bin、include 和 lib 这 3 个文件夹复制并粘贴至 CUDA 的安装路径下，就完成了 cuDNN 文件的安装。需要强调的是，Windows 中默认的 CUDA 安装路径为 C:\Program Files\NVIDIA GPU Computing Toolkit\CUDA\v11.4。

第 3 步：在线安装 GPU 版的 PyTorch 模块。

登录 PyTorch 官网的下载页面，选择需要安装的 PyTorch 版本，同时需要选择相应的操作系统（如 Windows）、集成平台（如 Conda，它可以匹配 Anaconda 平台）、编程语言（Python）、最接近的 CUDA 版本信息等，下载页面将自动给出在线下载的命令，具体如图 6-3 所示。

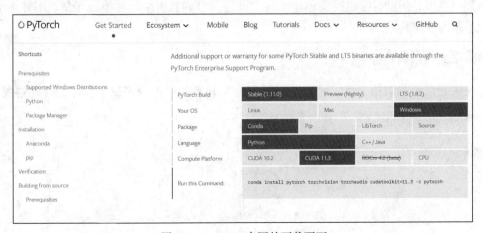

图 6-3　PyTorch 官网的下载页面

比如选择 Anaconda 平台，打开 Anaconda Prompt 并且执行以下命令就能完成 PyTorch 模块的在线安装：

```
conda install pytorch torchvision torchaudio cudatoolkit=11.3 -c pytorch
```

第 4 步：导入 PyTorch，查看版本信息并且确认已安装 CUDA。具体的代码如下：

```
In [1]: import torch                       #导入 PyTorch 模块

In [2]: torch.__version__                  #查看 PyTorch 模块的版本
Out[2]: '1.12.1'

In [3]: torch.cuda.is_available()          #查看是否成功安装 CUDA
Out[3]: True
```

需要提醒的是，在 Spyder 平台中，导入 PyTorch 模块可能要耗费一定时间。此外，为了防止运行 PyTorch 过程中出现错误提示"OMP: Error #15: Initializing libiomp5md.dll, but found libiomp5md.dll already initialized"，可以执行以下两行代码：

```
In [4]: import os                                           #导入 os 模块
   ...: os.environ['KMP_DUPLICATE_LIB_OK'] = 'TRUE'         #解决 PyTorch 模块运行时可能出现的错误
```

6.2 张量

在 PyTorch 中，构建深度学习模型所运用的数据结构是**张量**（tensor），因此理解张量并掌握其运用方法是金融领域中运用深度学习建模的基础。张量与第 2 章讨论的数组具有一定的相似度，PyTorch 处理张量的一些函数、方法、属性与 NumPy 处理数组的一些函数、方法、属性在代码格式和功能上也有一定的相似性，因此掌握第 2 章的内容对本章的学习很有帮助。本节将重点讨论张量的创建、转换、访问、形状变化、运算以及求导等功能，这些功能在金融场景中会被经常使用。

6.2.1 张量的创建与转换

与数组类似，张量通常也需要创建或通过其他类型的数据结构转换成张量。用好张量的前提是理解其内在结构。

1. 张量的结构特征

首先来看张量的结构，可以通过 Tensor 函数构建不同维度的张量，具体的代码格式如下。

```
一维张量：Tensor(一个列表)
二维张量：Tensor([列表1,列表2,…,列表m])
三维张量：Tensor([[列表1,列表2,…,列表m],
                 [列表1,列表2,…,列表m],
                 [列表1,列表2,…,列表m],
                 …,
                 [列表1,列表2,…,列表m]])
```

通过以上的描述可以看到，一维张量、二维张量的结构与对应的一维数组、二维数组非常相似,只要熟悉第 2 章的内容,理解一维张量和二维张量的结构就相对容易一些。

由于在深度学习的编程中,三维张量也会经常被使用,因此重点讨论三维张量的结构。经过仔细观察可以发现,圆括号内部其实是一个嵌套 3 层列表的结构,最外面一层是一个列表,中间一层是包括多个由 m 个列表作为元素的列表,最里面一层就是列表 1,列表 2,…,列表 m 等单个的列表。同样的结构逻辑也可以推广至四维张量(一个嵌套 4 层列表的结构)、五维张量(一个嵌套 5 层列表的结构)甚至更高维度的张量,当然本书不涉及四维以及更高维度的张量。

此外,可以通过 ndimension 方法掌握张量的维度信息,通过 size 方法或 shape 属性查看张量的形状,通过 numel 方法可以了解张量的元素数量[numel 是英文 number of elements(元素数量)的缩写]。关于方法、属性的介绍可以参见第 1.3.1 节。

下面就通过两个金融示例演示如何创建张量并查看张量结构特征。

【例 6-1】沿用第 2 章的例 2-1 作为示例。将表 6-1 中在上海证券交易所(简称"上交所")上市的 4 只股票的权重数据创建为一维张量,将 4 只股票在 2022 年 5 月 9 日至 13 日的日涨跌幅数据创建为二维张量,并且查看张量的形状与元素数量。

表 6-1　2022 年 5 月 9 日至 13 日 4 只在上海证券交易所上市的股票的日涨跌幅和配置权重

证券名称	2022-05-09	2022-05-10	2022-05-11	2022-05-12	2022-05-13	权重
长江电力	−1.6725%	2.2381%	−1.2697%	−1.0643%	4.1237%	10%
三一重工	−1.6656%	1.6311%	0.0000%	−1.7901%	0.5657%	25%
浦发银行	−0.3822%	0.3836%	0.1274%	0.1272%	2.2872%	30%
中信证券	−0.3723%	1.4949%	0.6312%	−0.2091%	1.0477%	35%

注:上表的内容与表 2-1 的内容完全相同。
　　数据来源(不包含权重):上海证券交易所。

第 1 步:直接创建包含股票权重数据的一维张量,具体代码如下:

```
In [5]: import numpy as np
   ...: import pandas as pd
   ...: import matplotlib.pyplot as plt
   ...: from pylab import mpl
   ...: mpl.rcParams['font.sans-serif']=['FangSong']
   ...: mpl.rcParams['axes.unicode_minus'] = False
   ...: from pandas.plotting import register_matplotlib_converters
   ...: register_matplotlib_converters()

In [6]: weight=torch.Tensor([0.10,0.25,0.30,0.35])    #创建股票权重的一维张量
   ...: weight                                        #输出结果
Out[6]: tensor([0.1000, 0.2500, 0.3000, 0.3500])

In [7]: type(weight)                                  #查看数据结构的类型
Out[7]: torch.Tensor

In [8]: weight.ndimension()                           #查看张量的维度
Out[8]: 1
```

输出的数字 1 表明张量 weight 是一维张量。

```
In [9]: weight.size()                                 #查看张量的形状(用 size 方法)
Out[9]: torch.Size([4])
```

```
In [10]: weight.shape                                    #查看张量的形状（用 shape 属性）
Out[10]: torch.Size([4])
```

使用 size 方法与 shape 属性的输出结果是相同的，方括号中的数字 4 代表一维的大小或长度，也意味着有 4 个元素。

```
In [11]: weight.numel()                                  #查看张量的元素数量
Out[11]: 4
```

通过 numel 方法验证了张量 weight 确实包含 4 个元素。

第 2 步：先创建每只股票日涨跌幅的列表，然后创建包含 4 只股票日涨跌幅数据的二维张量。具体代码如下：

```
In [12]: R_CYPC=[-0.016725,0.022381,-0.012697,-0.010643,0.041237]   #长江电力股票日涨跌幅数据
    ...: R_Sany=[-0.016656,0.016311,0.000000,-0.017901,0.005657]    #三一重工股票日涨跌幅数据
    ...: R_SPDB=[-0.003822,0.003836,0.001274,0.001272,0.022872]     #浦发银行股票日涨跌幅数据
    ...: R_Citic=[-0.003723,0.014949,0.006312,-0.002091,0.010477]   #中信证券股票日涨跌幅数据

In [13]: R_stocks=torch.Tensor([R_CYPC,R_Sany,R_SPDB,R_Citic])      #创建包含 4 只股票日涨跌幅数据的二维张量
    ...: R_stocks
Out[13]:
tensor([[-0.0167,  0.0224, -0.0127, -0.0106,  0.0412],
        [-0.0167,  0.0163,  0.0000, -0.0179,  0.0057],
        [-0.0038,  0.0038,  0.0013,  0.0013,  0.0229],
        [-0.0037,  0.0149,  0.0063, -0.0021,  0.0105]])

In [14]: R_stocks.ndimension()
Out[14]: 2
```

输出的数字 2 表明张量 R_stocks 是二维张量。

```
In [15]: R_stocks.size()
Out[15]: torch.Size([4, 5])
```

方括号中的第 1 个数字 4 代表第一维的大小（行数），第 2 个数字 5 代表第二维的大小（列数）。因此，张量 R_stocks 是一个 4 行、5 列的张量，也可以写成 4×5 张量。

```
In [16]: R_stocks.numel()
Out[16]: 20
```

以上的输出代码表明张量 R_stocks 一共包含 20 个元素（即 4×5=20），元素数量就是二维张量的行数与列数的乘积。

此外，需要提醒的是，在默认情况下，张量的每个浮点型元素在代码输出并显示时会保留至小数点后 4 位。如果用户希望调整显示的小数点后的位数，可以通过 set_printoptions 函数完成设置。该函数的参数 precision 代表显示的小数点后的位数，比如输入 precision=6 就意味着张量每个元素在显示时将保留至小数点后 6 位。为了尽可能与原始数据保持统一，本章将张量的每个浮点型元素在输出并显示时保留至小数点后 6 位，因此需要执行以下的代码：

```
In [17]: torch.set_printoptions(precision=6)   #张量的每个浮点型元素在输出并显示时保留至小数点后 6 位

In [18]: weight                                #重新输出一维张量的结果
```

```
Out[18]: tensor([0.100000, 0.250000, 0.300000, 0.350000])

In [19]: R_stocks                              #重新输出二维张量的结果
Out[19]:
tensor([[-0.016725,  0.022381, -0.012697, -0.010643,  0.041237],
        [-0.016656,  0.016311,  0.000000, -0.017901,  0.005657],
        [-0.003822,  0.003836,  0.001274,  0.001272,  0.022872],
        [-0.003723,  0.014949,  0.006312, -0.002091,  0.010477]])
```

【例 6-2】 在沿用例 6-1 的 4 只上海证券交易所上市的股票日涨跌幅数据的同时,表 6-2 列出了 4 只在深圳证券交易所(简称"深交所")上市的股票并给出了 2022 年 5 月 9 日至 13 日期间日涨跌幅数据。现在需要根据表 6-1 和表 6-2 的日涨跌幅数据构建一个三维张量。

表 6-2 2022 年 5 月 9 日至 13 日 4 只在深圳证券交易所上市的股票的日涨跌幅

证券名称	2022-05-09	2022-05-10	2022-05-11	2022-05-12	2022-05-13
宁德时代	−1.9921%	2.8955%	8.0650%	−1.5229%	2.7979%
美的集团	−3.1615%	0.4258%	0.1413%	−1.6584%	2.2784%
平安银行	−2.7406%	0.2749%	0.2742%	−1.7088%	1.5994%
顺丰控股	1.4033%	−0.4011%	1.4096%	−1.7077%	0.6061%

数据来源:深圳证券交易所。

为了便于读者理解,构建三维张量的编程分为以下两个步骤。

第 1 步:将表 6-2 所示的在深圳证券交易所上市的每只股票的日涨跌幅数据依次创建为 4 个列表,并且将 4 个列表作为元素构建一个新的列表;针对例 6-1 已经创建完成的包含在上海证券交易所上市的每只股票日涨跌幅数据的 4 个列表,同样以这 4 个列表作为元素构建出一个新的列表。具体代码如下:

```
In [20]: R_CATL=[-0.019921,0.028955,0.080650,-0.015229,0.027979]   #宁德时代股票日涨跌幅数据
   ...: R_Midea=[-0.031615,0.004258,0.001413,-0.016584,0.022784]   #美的集团股票日涨跌幅数据
   ...: R_PingAn=[-0.027406,0.002749,0.002742,-0.017088,0.015994]  #平安银行股票日涨跌幅数据
   ...: R_SF=[0.014033,-0.004011,0.014096,-0.017077,0.006061]      #顺丰控股股票日涨跌幅数据

In [21]: R_Shenzhen=[R_CATL,R_Midea,R_PingAn,R_SF]   #深圳证券交易所的 4 只股票日涨跌幅数据列表放在一个新的列表

In [22]: R_Shanghai=[R_CYPC,R_Sany,R_SPDB,R_Citic]   #上海证券交易所的 4 只股票日涨跌幅数据列表放在一个新的列表
```

第 2 步:构建一个三维张量,并查看张量的形状和元素数量。具体的代码如下:

```
In [23]: R_stocks_new=torch.Tensor([R_Shanghai,R_Shenzhen])   #创建三维张量

In [24]: R_stocks_new                                          #查看结果
Out[24]:
tensor([[[-0.016725,  0.022381, -0.012697, -0.010643,  0.041237],
         [-0.016656,  0.016311,  0.000000, -0.017901,  0.005657],
         [-0.003822,  0.003836,  0.001274,  0.001272,  0.022872],
         [-0.003723,  0.014949,  0.006312, -0.002091,  0.010477]],

        [[-0.019921,  0.028955,  0.080650, -0.015229,  0.027979],
```

```
                [-0.031615,  0.004258,  0.001413, -0.016584,  0.022784],
                [-0.027406,  0.002749,  0.002742, -0.017088,  0.015994],
                [ 0.014033, -0.004011,  0.014096, -0.017077,  0.006061]]])

In [25]: R_stocks_new.ndimension()                    #查看张量的维度
Out[25]: 3
```

输出的数字 3 表明张量 R_stocks_new 是三维张量。

```
In [26]: R_stocks_new.size()                          #查看张量的形状
Out[26]: torch.Size([2, 4, 5])
```

方括号中的第 1 个数字 2 代表张量第一维的大小,第 2 个数字 4 代表张量第二维的大小,第 3 个数字 5 代表张量第三维的大小,因此张量 R_stocks_new 就是一个 2×4×5 张量。这里还需要补充说明的是,三维张量的第一维称为"行",第二维称为"列",第三维称为"深度",所以张量 R_stocks_new 就是行数为 2、列数为 4、深度为 5 的三维张量。

```
In [27]: R_stocks_new.numel()                         #查看张量的元素数量
Out[27]: 40
```

以上的代码表明张量 R_stocks_new 的元素一共有 2×4×5=40 个。

此外,通过以上的两个示例,可以归纳出判断张量维度的一个简便又实用的技巧——数方括号,具体就是计算与左侧或右侧圆括号相邻的方括号数量,如果方括号数量是 1 就意味着该张量是一维张量,如果方括号数量是 2 就意味着该张量是二维张量,如果方括号数量是 3 就意味着该张量是三维张量,如果方括号数量是 N 就意味着该张量是 N 维张量。比如例 6-2,在张量 R_stocks_new 的结构中,与左侧或右侧圆括号相邻的方括号数量是 3,因此该张量是三维张量。

由于本章的内容仅涉及不超过三维的张量,这里就不再通过示例演示四维及更高维度的张量。

2. 高效创建特殊的张量

与 NumPy 类似,PyTorch 也提供了一些快速创建特殊张量的函数。表 6-3 就整理了这些函数以及代码示例,其中的部分示例结合了例 6-1 和例 6-2 所创建的张量。

表 6-3 快速创建特殊张量的函数以及代码示例

函数	功能	代码示例

arange	创建一个整数数列的张量	```In [28]: a=torch.arange(8) #创建以从 0 到 7 的整数作为元素的张量
		    ...: a
		Out[28]: tensor([0, 1, 2, 3, 4, 5, 6, 7])
		
		In [29]: b=torch.arange(2,12,3) #创建以从 2 到 11 并且步长为 3 的整数作为元素的张量
		    ...: b
		Out[29]: tensor([2, 5, 8, 11])```

linspace	创建一个等差数列的张量	```In [30]: c=torch.linspace(1,31,9) #创建以从 1 到 31 的数为元素并且元素数量为 9 的等差数列张量 ...: c Out[30]: tensor([1.000000, 4.750000, 8.500000, 12.250000, 16.000000, 19.750000, 23.500000, 27.250000, 31.000000])```

续表

函数	功能	代码示例

ones	创建元素均为1的张量	创建一个一维张量并且该张量的元素均等于1：
		`In [31]: d=torch.ones(5)    #创建有5个元素的一维张量（元素均为1）`
		`   ...: d`
		`Out[31]: tensor([1., 1., 1., 1., 1.])`
		
		创建一个二维张量并且该张量的元素均等于1：
		`In [32]: e=torch.ones((3,4))   #创建3×4的二维张量（元素均为1）`
		`   ...: e`
		`Out[32]:`
		`tensor([[1., 1., 1., 1.],`
		`        [1., 1., 1., 1.],`
		`        [1., 1., 1., 1.]])`
		
		创建一个三维张量并且该张量的元素均等于1：
		`In [33]: f=torch.ones((3,2,5))  #创建3×2×5的三维张量（元素均为1）`
		`   ...: f`
		`Out[33]:`
		`tensor([[[1., 1., 1., 1., 1.],`
		`         [1., 1., 1., 1., 1.]],`
		
		`        [[1., 1., 1., 1., 1.],`
		`         [1., 1., 1., 1., 1.]],`
		
		`        [[1., 1., 1., 1., 1.],`
		`         [1., 1., 1., 1., 1.]]])`

ones_like	创建与特定张量形状相同并且元素均为1的张量	`In [34]: g=torch.ones_like(weight)    #创建与张量weight形状相同的张量（元素均为1）`
		`   ...: g`
		`Out[34]: tensor([1., 1., 1., 1.])`
		
		`In [35]: h=torch.ones_like(R_stocks) #创建与张量R_stocks形状相同的张量（元素均为1）`
		`   ...: h`
		`Out[35]:`
		`tensor([[1., 1., 1., 1., 1.],`
		`        [1., 1., 1., 1., 1.],`
		`        [1., 1., 1., 1., 1.],`
		`        [1., 1., 1., 1., 1.]])`

zeros	创建元素均为0的张量	代码格式与前面的ones函数类似，以创建三维且元素均为0的张量为例：
		`In [36]: I=torch.zeros((3,1,4))  #创建3×1×4的三维张量（元素均为0）`
		`   ...: I`
		`Out[36]:`
		`tensor([[[0., 0., 0., 0.]],`
		`        [[0., 0., 0., 0.]],`
		`        [[0., 0., 0., 0.]]])`

函数	功能	代码示例

zeros_like	创建与特定张量形状相同并且元素均为0的张量	代码格式与前面的 ones_like 函数类似，以创建与例 6.2 中张量 R_stocks_new 形状相同并且元素均为 0 的张量为例：
		
		``
		In [37]: J=torch.zeros_like(R_stocks_new) #创建与张量R_stocks_new形状相同的张量（元素均为0）
		   ...: J
		Out[37]:
		tensor([[[0., 0., 0., 0., 0.],
		         [0., 0., 0., 0., 0.],
		         [0., 0., 0., 0., 0.],
		         [0., 0., 0., 0., 0.]],
		
		        [[0., 0., 0., 0., 0.],
		         [0., 0., 0., 0., 0.],
		         [0., 0., 0., 0., 0.],
		         [0., 0., 0., 0., 0.]]])
		``

细心的读者已经注意到了，表 6-3 中关于函数以及参数的设定规则与第 2.2.2 节 NumPy 对应的函数十分相似。

3. 数组与张量的相互转换

通过前面的讲解，不难发现张量与数组确实有许多的相似之处，读者可能会问："是否可以实现这两种数据结构的相互转换？"答案是肯定的。在 PyTorch 中，运用 from_numpy 函数可以方便地将数组转换为张量，通过 numpy 方法能够将张量转换为数组，下面结合两个示例进行演示。

【例6-3】 沿用例 6-1 的信息，将上海证券交易所上市的 4 只股票在 2022 年 5 月 9 日至 13 日的日涨跌幅数据创建为二维数组，然后将该数组转换为张量，具体的代码如下：

```
In [38]: R_array=np.array([R_CYPC,R_Sany,R_SPDB,R_Citic])    #构建4只股票日涨跌幅数据的数组
   ...: R_array                                              #输出数组
Out[38]:
array([[-0.016725,  0.022381, -0.012697, -0.010643,  0.041237],
       [-0.016656,  0.016311,  0.      , -0.017901,  0.005657],
       [-0.003822,  0.003836,  0.001274,  0.001272,  0.022872],
       [-0.003723,  0.014949,  0.006312, -0.002091,  0.010477]])

In [39]: R_array.shape                                       #查看数组的形状
Out[39]: (4, 5)

In [40]: R_tensor=torch.from_numpy(R_array)                  #将数组转换为张量

In [41]: R_tensor.shape                                      #查看张量的形状
Out[41]: torch.Size([4, 5])
```

从以上的输出结果可以看到，创建的数组形状是 4 行、5 列（即 4×5 数组），转换后的张量形状也是 4 行、5 列（即 4×5 张量）。因此，通过 from_numpy 函数可以改变数据结构的类型，但不改变其形状。

【例6-4】沿用例6-2的信息，将已经创建的张量 R_stocks_new 转换为与之形状相同的数组，具体代码如下：

```
In [42]: R_array_new=R_stocks_new.numpy()          #将张量转换为数组
    ...: R_array_new                                #查看数组
Out[42]:
array([[[-0.016725,  0.022381, -0.012697, -0.010643,  0.041237],
        [-0.016656,  0.016311,  0.      , -0.017901,  0.005657],
        [-0.003822,  0.003836,  0.001274,  0.001272,  0.022872],
        [-0.003723,  0.014949,  0.006312, -0.002091,  0.010477]],

       [[-0.019921,  0.028955,  0.08065 , -0.015229,  0.027979],
        [-0.031615,  0.004258,  0.001413, -0.016584,  0.022784],
        [-0.027406,  0.002749,  0.002742, -0.017088,  0.015994],
        [ 0.014033, -0.004011,  0.014096, -0.017077,  0.006061]]],
      dtype=float32)

In [43]: R_array_new.shape                          #查看数组的形状
Out[43]: (2, 4, 5)
```

以上的输出表明，转换后的数组是一个 2×4×5 的数组，数组的形状与张量的形状保持一致。

4. 保存在 CPU 或 GPU 中

需要强调的是，在默认情况下，PyTorch 将数据保存在 CPU 中而不是 GPU 中。此外，存储在不同设备中的数据是无法直接进行运算的，也就是说保存在 CPU 的数据不可以直接与保存在 GPU 的数据进行运算；存储在不同 GPU 设备上的数据也不能相互进行运算。

为了有效解决上述问题，针对本节讨论的张量以及后面讨论深度学习的神经网络模型，均可通过 cuda 方法实现将数据保存在 GPU 上，同时通过 cpu 方法将保存在 GPU 的内容转移至 CPU 进行保存；此外，运用 device 属性可以判断保存数据的计算机设备类型（CPU 或 GPU），如果保存在 GPU 则还能给出设备的序号。下面通过一个示例进行演示。

【例6-5】沿用例6-2的信息，针对已经创建的张量 R_stocks_new，首先查看保存该张量的计算机设备类型；然后，将保存在 CPU 的张量转换至 GPU 进行保存；最后，重新将张量转换到 CPU 进行保存。相关的代码如下：

```
In [44]: R_stocks_new.device                        #查看保存张量的设备
Out[44]: device(type='cpu')
```

以上输出的代码表明，张量 R_stocks_new 保存在计算机的 CPU 中。

```
In [45]: R_stocks_GPU=R_stocks_new.cuda()           #保存在 GPU 中
    ...: R_stocks_GPU.device
Out[45]: device(type='cuda', index=0)
```

通过 cuda 方法将张量保存在 GPU 中，输出的 index=0 表明张量被保存在排在第 1 位的英伟达 GPU 中；如果 index=1 则表明被保存在排在第 2 位的英伟达 GPU 中，以此类推，当然前提条件是计算机已安装多个英伟达 GPU。

```
In [46]: R_stocks_CPU=R_stocks_GPU.cpu()            #保存在 CPU 中
    ...: R_stocks_CPU.device
```

```
Out[46]: device(type='cpu')
```

在这里需要提醒的是，为了能够尽可能地提升运算效率，本章后面涉及的神经网络运算代码都会将张量或结果对象保存在 GPU 中；对于未安装 GPU 而仅用 CPU 运算 PyTorch 模块的读者而言，只需要将涉及 cuda 的代码删除即可，当然这需要以承受代码运算耗时更长作为代价。

6.2.2 张量的访问与形状变化

在构建金融场景的神经网络模型过程中，对张量的访问会涉及索引和切片，同时也会针对已有张量进行维度的扩增与压缩等形状变化。下面就依次对这些内容进行讲解。

1. 索引与切片

张量的索引和切片操作与数组的操作比较类似。需要注意的是，PyTorch 的 where 函数与 NumPy 的 where 函数在用法上存在较大的差异。PyTorch 的 where 函数的代码格式和参数如下：

```
where(判断条件, x, y)
```

参数 x 和 y 必须依次输入形状相同的两个张量（简称"x 张量""y 张量"），where 函数输出一个与 x 张量或 y 张量形状相同的张量（简称"输出张量"），输出张量的元素对应满足判断条件的 x 张量相同位置的元素或者对应不满足判断条件的 y 张量相同位置的元素。

下面，通过一个金融示例具体演示张量的索引、切片以及 where 函数的运用。

【例 6-6】 沿用例 6-1 和例 6-2 的信息，并且将股票日涨跌幅数据重新整理在表 6-4 中，需要对已经创建的张量 R_stocks_new 开展 3 项编程任务。

表 6-4 在上海证券交易所上市的股票日涨跌幅数据与在深圳证券交易所上市的股票日涨跌幅数据

交易所名称	证券名称	2022-05-09	2022-05-10	2022-05-11	2022-05-12	2022-05-13
上海证券交易所	长江电力	−1.6725%	2.2381%	−1.2697%	−1.0643%	4.1237%
	三一重工	−1.6656%	1.6311%	0.0000%	−1.7901%	0.5657%
	浦发银行	−0.3822%	0.3836%	0.1274%	0.1272%	2.2872%
	中信证券	−0.3723%	1.4949%	0.6312%	−0.2091%	1.0477%
深圳证券交易所	宁德时代	−1.9921%	2.8955%	8.0650%	−1.5229%	2.7979%
	美的集团	−3.1615%	0.4258%	0.1413%	−1.6584%	2.2784%
	平安银行	−2.7406%	0.2749%	0.2742%	−1.7088%	1.5994%
	顺丰控股	1.4033%	−0.4011%	1.4096%	−1.7077%	0.6061%

数据来源：上海证券交易所、深圳证券交易所。

编程任务 1：选取浦发银行在 2022 年 5 月 12 日的日涨跌幅数据，也就是访问张量 R_stocks_new 中第一维排在第 1 个、第二维排在第 3 个、第三维排在第 4 个的元素。相关代码如下：

```
In [47]: R_SPDB_May12=R_stocks_new[0,2,3]    #第一维第1个、第二维第3个、第三维第4个的元素
   ...: R_SPDB_May12
Out[47]: tensor(0.001272)
```

```
In [48]: R_SPDB_May12.ndimension()              #查看张量的维度
Out[48]: 0

In [49]: R_SPDB_May12.size()                    #查看张量的形状
Out[49]: torch.Size([])
```

以上的输出表明，张量 R_SPDB_May12 是一个零维张量，也称为**标量**（scalar），这是因为输出代码 tensor 后面的圆括号内是一个数字而非一个列表。需要提醒的是，PyTorch 从 0.4.0 版本开始就增加了零维张量的新功能。此外，张量中的索引号也是从 0 开始的，0 代表第 1 个，1 代表第 2 个，以此类推，这一特征与其他的数据结构的特征是保持一致的。

编程任务 2：截取美的集团、平安银行在 2022 年 5 月 9 日至 11 日的日涨跌幅数据，也就是访问张量 R_stocks_new 第一维第 2 个、第二维第 2 个至第 3 个、第三维排在前 3 位的全部元素。相关的代码如下：

```
In [50]: R_Midea_PingAn=R_stocks_new[1,1:3,:3]  #第一维第2个、第二维第2个至第3个、第三维前3个的全部元素
   ...: R_Midea_PingAn
Out[50]:
tensor([[-0.031615,  0.004258,  0.001413],
        [-0.027406,  0.002749,  0.002742]])
```

输出的结果表明，张量 R_Midea_PingAn 是一个 2×3 的二维张量。

编程任务 3：创建一个新的张量，该张量将保留表 6-4 的上涨数据并且将下跌数据全部替换为 0。为此，可以运用 where 函数，并且结合张量 R_stocks_new 以及形状相同的零元素张量 J（见表 6-3）完成相应的编程。具体的代码如下：

```
In [51]: R_positive_zero=torch.where(R_stocks_new>0,R_stocks_new,J) #保留大于 0 的元素、原先小于 0 的元素用 0 代替
   ...: R_positive_zero
Out[51]:
tensor([[[0.000000, 0.022381, 0.000000, 0.000000, 0.041237],
         [0.000000, 0.016311, 0.000000, 0.000000, 0.005657],
         [0.000000, 0.003836, 0.001274, 0.001272, 0.022872],
         [0.000000, 0.014949, 0.006312, 0.000000, 0.010477]],

        [[0.000000, 0.028955, 0.080650, 0.000000, 0.027979],
         [0.000000, 0.004258, 0.001413, 0.000000, 0.022784],
         [0.000000, 0.002749, 0.002742, 0.000000, 0.015994],
         [0.014033, 0.000000, 0.014096, 0.000000, 0.006061]]])
```

张量 R_positive_zero 的形状与张量 R_stocks_new 的形状完全相同，同时张量 R_positive_zero 的每个元素均为非负数。

2. 张量维度及形状的调整

在神经网络的构建与训练过程中，会遇到对原有张量形状进行调整的情况，主要包括维度的改变与形状的变化，涉及以下常用方法：

一是改变张量的维度，可以通过 expand 和 expand_as 方法实现；

二是调整张量的形状，可以运用 reshape 和 permute 方法实现。

下面，通过表 6-5 梳理相关方法的功能、参数、规则及代码示例，代码示例会用到例 6-1 与例 6-2 所创建的张量。

表 6-5　调整张量的维度及形状的方法与代码示例

方法名称	功能	参数和规则	代码示例
| expand | 扩增原张量的维度 | （1）输入的参数是维度扩增以后新张量的形状参数。<br>（2）需注意，输入的参数不能随意设定，需要与原张量的形状参数相关。<br>（3）举例说明：假定原张量是包括 4 个元素的一维张量，则新张量最后一维的大小必须等于4，比如，新张量可以是 $M\times 4$ 的二维张量，也可以是 $M\times N\times 4$ 的三维张量等 | ```
In [52]: weight_expand1=weight.expand(5,4)
#扩增为 5×4 的二维张量
   ...: weight_expand1
Out[52]:
tensor([[0.100000, 0.250000, 0.300000, 0.350000],
        [0.100000, 0.250000, 0.300000, 0.350000],
        [0.100000, 0.250000, 0.300000, 0.350000],
        [0.100000, 0.250000, 0.300000, 0.350000],
        [0.100000, 0.250000, 0.300000, 0.350000]])
In [53]: weight_expand2=weight.expand(3,2,4)
#扩增为 3×2×4 的三维张量
   ...: weight_expand2
Out[53]:
tensor([[[0.100000, 0.250000, 0.300000, 0.350000],
         [0.100000, 0.250000, 0.300000, 0.350000]],

        [[0.100000, 0.250000, 0.300000, 0.350000],
         [0.100000, 0.250000, 0.300000, 0.350000]],

        [[0.100000, 0.250000, 0.300000, 0.350000],
         [0.100000, 0.250000, 0.300000, 0.350000]]])
``` |
| expand_as | 扩增原张量的维度并改变其形状，使其形状与目标张量形状保持一致 | （1）输入的参数就是目标张量。<br>（2）遵循如下规则：假定原张量是 $N$ 维张量，目标张量是 $N+1$ 维张量，原张量每一维大小需要依次与目标张量第二个维度起算的每一维大小保持一致。<br>（3）举例说明：假定原张量是一维张量，目标张量是二维张量，则原张量一维大小（元素数量）必须与目标张量第二维大小（列数）相同；同理，原张量是二维张量，目标张量是三维张量，原张量第一维大小必须等于目标张量第二维大小，原张量第二维大小必须等于目标张量第三维大小，依次类推 | ```
In [54]: R_stocks_expand=R_stocks.expand_as(R_stocks_new)
#扩增为与目标张量 R_stocks_new 形状一致的三维张量
   ...: R_stocks_expand
Out[54]:
tensor([[[-0.016725,  0.022381, -0.012697, -0.010643,  0.041237],
         [-0.016656,  0.016311,  0.000000, -0.017901,  0.005657],
         [-0.003822,  0.003836,  0.001274,  0.001272,  0.022872],
         [-0.003723,  0.014949,  0.006312, -0.002091,  0.010477]],

        [[-0.016725,  0.022381, -0.012697, -0.010643,  0.041237],
         [-0.016656,  0.016311,  0.000000, -0.017901,  0.005657],
         [-0.003822,  0.003836,  0.001274,  0.001272,  0.022872],
         [-0.003723,  0.014949,  0.006312, -0.002091,  0.010477]]])
```<br>由于张量 R_stocks 第一维大小是 4，与张量 R_stocks_new 第二维大小相同，张量 R_stocks 第二维大小是 5，与张量 R_stocks_new 第三维大小相同，因此可以运用 expand_as 方法实现张量的维度扩增和形状改变 |

续表

方法名称	功能	参数和规则	代码示例
| reshape | 改变原张量的形状 | （1）可以输入任意数量的参数，但输入参数的乘积必须等于原张量的元素个数。<br>（2）举例说明：假定原张量的元素共计 20 个，则输入的参数可以是 2,2,5 或 1,4,5 抑或 1,20 等乘积等于 20 的不同参数组合。<br>（3）如果仅输入单个参数−1，则会将张量直接压缩为一维张量 | ```
In [55]: R_stocks_reshape1=R_stocks.reshape(2,2,5)
     #调整为 2×2×5 的三维张量
   ...: R_stocks_reshape1
Out[55]:
tensor([[[-0.016725,  0.022381, -0.012697, -0.010643,
0.041237],
         [-0.016656,  0.016311,  0.000000, -0.017901,
0.005657]],

        [[-0.003822,  0.003836,  0.001274,  0.001272,
0.022872],
         [-0.003723,  0.014949,  0.006312, -0.002091,
0.010477]]])

In [56]: R_stocks_reshape2=R_stocks.reshape(-1)
     #调整为一维张量
   ...: R_stocks_reshape2
Out[56]:
tensor([-0.016725,  0.022381, -0.012697, -0.010643,
0.041237, -0.016656,  0.016311,  0.000000, -0.017901,
0.005657,-0.003822, 003836,  0.001274,  0.001272,
0.022872, -0.003723,0.014949,  0.006312, -0.002091,
0.010477])
``` |
| permute | 调换原张量的维度位置 | （1）输入的参数是对应原张量维度的序号，其中，0 代表第一维，1 代表第 2 维，依次类推；而参数的位置对应新张量的维度，比如参数排在第 1 位，对应新张量的第一维，参数排在第 2 位，对应新张量的第二维，依次类推。<br>（2）举例说明：输入的参数依次是 2,0,1，就表示原张量第三维（对应参数 2）调换成为新张量第一维（参数排在第 1 位），原张量第一维（对应参数 0）调换成为新张量第二维（参数排在第 2 位），原张量第二维（对应参数 1）调换成为新张量第三维（参数排在第 3 位） | ```
In [57]: R_stocks_permute=R_stocks_new.permute(2,0,1)
     #维度的调换
   ...: R_stocks_permute
Out[57]:
tensor([[[-0.016725, -0.016656, -0.003822, -0.003723],
         [-0.019921, -0.031615, -0.027406,  0.014033]],

        [[ 0.022381,  0.016311,  0.003836,  0.014949],
         [ 0.028955,  0.004258,  0.002749, -0.004011]],

        [[-0.012697,  0.000000,  0.001274,  0.006312],
         [ 0.080650,  0.001413,  0.002742,  0.014096]],

        [[-0.010643, -0.017901,  0.001272, -0.002091],
         [-0.015229, -0.016584, -0.017088, -0.017077]],

        [[ 0.041237,  0.005657,  0.022872,  0.010477],
         [ 0.027979,  0.022784,  0.015994,  0.006061]]])

In [58]: R_stocks_new           #输出原张量进行对比
Out[58]:
tensor([[[-0.016725,  0.022381, -0.012697, -0.010643,
0.041237],
``` |

续表

方法名称	功能	参数和规则	代码示例

permute	调换原张量的维度位置	（1）输入的参数是对应原张量维度的序号，其中，0代表第一维，1代表第2维，依次类推；而参数的位置对应新张量的维度，比如参数排在第1位，对应新张量的第一维，参数排在第2位，对应新张量的第二维，依次类推。
		（2）举例说明：输入的参数依次是2,0,1，就表示原张量第三维（对应参数2）调换成为新张量第一维（参数排在第1位），原张量第一维（对应参数0）调换成为新张量第二维（参数排在第2位），原张量第二维（对应参数1）调换成为新张量第三维（参数排在第3位）
			`        [-0.016656,  0.016311,  0.000000, -0.017901, 0.005657],`
			`        [-0.003822,  0.003836,  0.001274,  0.001272, 0.022872],`
			`        [-0.003723,  0.014949,  0.006312, -0.002091, 0.010477]],`
			
			`       [[-0.019921,  0.028955,  0.080650, -0.015229, 0.027979],`
			`        [-0.031615,  0.004258,  0.001413, -0.016584, 0.022784],`
			`        [-0.027406,  0.002749,  0.002742, -0.017088, 0.015994],`
			`        [ 0.014033, -0.004011,  0.014096, -0.017077, 0.006061]]])`
			
			`In [59]: R_stocks_new.size()        #原张量的形状`
			`Out[59]: torch.Size([2, 4, 5])`
			
			`In [60]: R_stocks_permute.size()    #新张量的形状`
			`Out[60]: torch.Size([5, 2, 4])`
			
			通过以上的输出可以看到，新张量 R_stocks_permute 第一维对应原张量 R_stocks_new 第三维，新张量第二维对应原张量第一维，新张量第三维对应原张量第二维

6.2.3 张量的运算

与数组运算类似，常用的张量运算包括张量与单一数字（标量）的运算、不同张量之间的运算（广播机制）以及矩阵运算等，下面就依次对这些运算进行介绍。

1. 张量与单一数字的运算

张量与单一数字的运算规则与数组的类似，也就是张量的每一个元素均与单一数字进行运算。下面就以加法运算并结合金融示例进行演示。

【例 6-7】沿用例 6-2 的信息，针对已经创建的张量 R_stocks_new，使该张量的每一个元素均加上数字 1，相关的代码如下：

```
In [61]: R_stocks_new1=R_stocks_new+1           #使张量的每一个元素均加上数字1
   ...: R_stocks_new1
Out[61]:
tensor([[[0.983275, 1.022381, 0.987303, 0.989357, 1.041237],
        [0.983344, 1.016311, 1.000000, 0.982099, 1.005657],
        [0.996178, 1.003836, 1.001274, 1.001272, 1.022872],
        [0.996277, 1.014949, 1.006312, 0.997909, 1.010477]],

       [[0.980079, 1.028955, 1.080650, 0.984771, 1.027979],
```

```
            [0.968385, 1.004258, 1.001413, 0.983416, 1.022784],
            [0.972594, 1.002749, 1.002742, 0.982912, 1.015994],
            [1.014033, 0.995989, 1.014096, 0.982923, 1.006061]]])
```

2. 不同张量之间的运算——广播机制

不同张量之间的运算也遵循广播机制。与数组类似，张量之间的运算也需要遵循以下两个规则。

规则 1：针对相同维度张量之间的运算，每个张量必须具有完全相同的形状。比如，两个三维张量之间的运算，一个张量是 3×5×2 的三维张量，则另一个三维张量的形状也应当是 3×5×2，并且运算的结果也是 3×5×2 的三维张量。

规则 2：针对不同维度张量之间的运算，假定低维度张量是 M 维张量，高维度张量是 N 维（$N>M$）张量，低维度张量每一维的大小应当依次与高维度张量第 $N-M+1$ 维至第 N 维的每一维大小相同。比如，低维度张量是 $m×n$ 的二维张量，高维度张量可以是 $h×m×n$ 的三维张量，h 可以取任意正整数，高维度张量也可以是 $l×h×m×n$ 的四维张量，l 也可以取任意正整数，并且运算结果是与高维度张量形状相同的一个新张量。

针对张量之间的广播机制，通过一个金融示例演示张量之间的乘法与加法运算。

【例 6-8】 沿用例 6-1 和例 6-2 的信息，需要完成两项编程任务：一是计算上海证券交易所、深圳证券交易所上市的共计 8 只股票日涨跌幅数据的平方并创建一个新张量；二是将上海证券交易所上市的 4 只股票日涨跌幅数据与对应股票权重依次进行相乘与相加，并且将运算结果分别创建为两个新张量。

第 1 项编程任务可以通过张量 R_stocks_new 与张量 R_stocks_new 相乘完成，具体如下：

```
In [62]: R_stocks_square=R_stocks_new*R_stocks_new   #两个形状相同的张量相乘
    ...: R_stocks_square
Out[62]:
tensor([[[2.797256e-04, 5.009092e-04, 1.612138e-04, 1.132734e-04, 1.700490e-03],
         [2.774223e-04, 2.660487e-04, 0.000000e+00, 3.204458e-04, 3.200165e-05],
         [1.460768e-05, 1.471490e-05, 1.623076e-06, 1.617984e-06, 5.231283e-04],
         [1.386073e-05, 2.234726e-04, 3.984135e-05, 4.372281e-06, 1.097675e-04]],

        [[3.968462e-04, 8.383920e-04, 6.504423e-03, 2.319224e-04, 7.828244e-04],
         [9.995082e-04, 1.813056e-05, 1.996569e-06, 2.750290e-04, 5.191106e-04],
         [7.510888e-04, 7.557001e-06, 7.518564e-06, 2.919997e-04, 2.558080e-04],
         [1.969251e-04, 1.608812e-05, 1.986972e-04, 2.916240e-04, 3.673572e-05]]])
```

以上的输出结果表明，两个形状相同的张量进行运算，运算的逻辑就是第 1 个张量中的每个元素与第 2 个张量对应位置的元素进行运算，并且输出与这两个张量形状相同的新张量。

第 2 项编程任务可以通过张量 R_stocks 与张量 weight 相乘以及相加完成。需要注意的是，为了满足前面提到的广播机制规则 2，张量 R_stocks 在运算前需要进行转置，张量的转置可以通过 T 属性实现。相关的代码如下：

```
In [63]: (R_stocks.T).size()               #查看张量转置后的形状
Out[63]: torch.Size([5, 4])
```

转置以后，张量的形状变为 5×4，从而满足了针对不同维度的张量之间运算的广播机制规则 2。

```
In [64]: R_stocks_weight1=(R_stocks.T)*weight          #两个不同维度张量之间的乘法运算
   ...: R_stocks_weight1
Out[64]:
tensor([[-0.001673, -0.004164, -0.001147, -0.001303],
        [ 0.002238,  0.004078,  0.001151,  0.005232],
        [-0.001270,  0.000000,  0.000382,  0.002209],
        [-0.001064, -0.004475,  0.000382, -0.000732],
        [ 0.004124,  0.001414,  0.006862,  0.003667]])

In [65]: R_stocks_weight2=R_stocks.T+weight            #两个不同维度张量之间的加法运算
   ...: R_stocks_weight2
Out[65]:
tensor([[0.083275, 0.233344, 0.296178, 0.346277],
        [0.122381, 0.266311, 0.303836, 0.364949],
        [0.087303, 0.250000, 0.301274, 0.356312],
        [0.089357, 0.232099, 0.301272, 0.347909],
        [0.141237, 0.255657, 0.322872, 0.360477]])
```

通过以上的输出可以看到,二维张量与一维张量之间的运算逻辑是:二维张量的列元素与一维张量对应位置的元素进行运算,比如二维张量第1列的每个元素与一维张量的第1个元素进行运算,二维张量第2列的每个元素与一维张量的第2个元素进行运算,依次类推。

3. 矩阵运算

在深度学习的建模中,往往涉及两个或更多个张量之间的矩阵运算,并且以矩阵乘法运算最为普遍,因此,这里重点讲解如何通过 PyTorch 完成矩阵乘法运算。关于矩阵乘法运算的数学规则可以参见第 2.4.3 节。

通过 mm 函数能够实现数学的矩阵乘法,mm 是英文 matrix multiply(矩阵乘法)的缩写。该函数的用法以及规则如下:

mm(张量1,张量2)

注意,在该函数中输入的两个张量必须都是二维张量(对应数学中的矩阵),同时张量的形状应当满足数学中针对矩阵乘法的要求,具体就是张量1的第二维大小(列数)必须等于张量2的第一维大小(行数)。举例说明:假定张量1是 $m \times n$ 的二维张量,则张量2必须是 $n \times h$ 的二维张量,其中,m 和 h 可以是任意正整数,这两个张量进行乘法运算得到的结果就是 $m \times h$ 的二维张量。下面就通过一个金融示例具体演示 mm 函数的运用。

【例 6-9】沿用例 6-1 的信息,计算每个交易日投资组合的日涨跌幅数据,可以选择以下两种不同的编程方式。

方式 1:先将原先的一维张量 weight 调整为二维张量,并且将新张量的形状设定为 1×4,然后将新张量与张量 R_stocks 做矩阵乘法运算。相关代码如下:

```
In [66]: weight_matrix=weight.reshape(1,4)             #将一维张量转换为1×4的二维张量
   ...: weight_matrix
Out[66]: tensor([[0.100000, 0.250000, 0.300000, 0.350000]])

In [67]: R_protfolio=torch.mm(weight_matrix,R_stocks)  #计算投资组合的日涨跌幅数据
   ...: R_protfolio
Out[67]: tensor([[-0.008286,  0.012699,  0.001322, -0.005890,  0.016067]])
```

```
In [68]: R_protfolio.size()                          #查看张量的形状
Out[68]: torch.Size([1, 5])
```

以上的输出结果表明,计算得到的包含每个交易日投资组合日涨跌幅数据的张量是 1×5 的二维张量。

方式 2:使张量 R_stocks 的转置(转置矩阵)与使用方式 1 创建的张量 weight_matrix 的转置进行矩阵乘法运算。相关代码如下:

```
In [69]: R_protfolio_new=torch.mm(R_stocks.T,weight_matrix.T)  #计算投资组合的日涨跌幅数据
    ...: R_protfolio_new
Out[69]:
tensor([[-0.008286],
        [ 0.012699],
        [ 0.001322],
        [-0.005890],
        [ 0.016067]])

In [70]: R_protfolio_new.size()
Out[70]: torch.Size([5, 1])

In [71]: R_protfolio_new.T                           #矩阵转置
Out[71]: tensor([[-0.008286,  0.012699,  0.001322, -0.005890,  0.016067]])
```

对比两个张量 R_protfolio_new 与 R_protfolio,可以发现它们之间存在着一个相同点与一个不同点。

相同点就是两个张量对应元素的数值均相同,比如张量 R_protfolio_new 的第 1 个元素数值是 −0.008286,张量 R_protfolio 的第 1 个元素数值也是 −0.008286。

不同点则是两个张量的形状不同,张量 R_protfolio 的形状是 1×5,而张量 R_protfolio_new 的形状则是 5×1,两个张量恰好互为转置。

6.2.4 张量的求导

在神经网络模型的训练过程中,将涉及向后传播求导的算法,向后传播将在第 6.4.1 节中进行详细讨论。在 PyTorch 0.4.0 及以后的版本中,张量具备了自动求导的功能,这是张量有别于数组的重要特征之一,同时为向后传播求导提供了基础。

1. 求导的步骤与示例

针对张量的求导,可以通过以下 3 个步骤完成。

第 1 步:调用 requires_grad 属性查询张量是否可以自动求导;如果张量不能自动求导,则通过执行以下代码开启张量自动求导功能:

```
张量名词.requires_grad=True
```

如果希望关闭张量的自动求导功能,可以通过 detach 方法实现。

第 2 步:通过 backward 方法计算张量的导数(梯度),并且保存计算的结果。

第 3 步:通过 grad 属性输出导数的数值结果。

下面就通过一个金融示例详细演示张量的求导过程。

【例 6-10】 沿用例 6-9 的信息,使权重的张量 weight_matrix 与股票日涨跌幅的张量 R_stocks 进行矩阵乘法运算并将新张量的每个元素进行求和运算,也就是测算投资组合的期间累积收益率(简称"**目标函数**")。然后,对目标函数分别求权重的偏导数以及求股票日涨跌幅的偏导数,最终输出相应的导数数值结果。为了便于理解,整个编程过程分为以下 3 个步骤。

第 1 步:查询张量是否可以自动求导,如果不可以则需要开启张量的自动求导功能。相关的代码如下:

```
In [72]: weight_matrix.requires_grad        #查询张量是否可以自动求导
Out[72]: False

In [73]: R_stocks.requires_grad
Out[73]: False
```

以上的代码输出结果均为 False,这就表明两个张量均无法自动求导,因此就需要开启其自动求导功能。

```
In [74]: weight_matrix.requires_grad=True    #开启张量的自动求导功能

In [75]: R_stocks.requires_grad=True
```

在这里需提醒的是,已经开启了自动求导功能的张量将无法按照第 6.2.1 节中介绍的方式转换为数组,只有关闭自动求导功能才能顺利转换为数组。

第 2 步:让两个张量进行矩阵乘法运算并对新张量的全部元素求和,PyTorch 的 sum 函数可以实现求和计算。相关的代码如下:

```
In [76]: R_protfolio_sum=torch.sum(torch.mm(weight_matrix,R_stocks))  #让两个张量进行矩阵乘法运算并对新张量的全部元素求和(目标函数)

In [77]: R_protfolio_sum                     #显示目标函数的结果
Out[77]: tensor(0.015911, grad_fn=<SumBackward0>)

In [78]: R_protfolio_sum.requires_grad       #判断新张量是否可以自动求导
Out[78]: True
```

以上输出的代码结果表明新张量 R_protfolio_sum 是能够实现自动求导的。

第 3 步,对新张量 R_protfolio_sum(目标函数)分别求权重的偏导数以及股票日涨跌幅的偏导数,并且输出求导的数值结果。相关的代码如下:

```
In [79]: R_protfolio_sum.backward()          #自动求导并保存计算结果

In [80]: weight_matrix.grad                  #对目标函数求权重的偏导数
Out[80]: tensor([[ 0.023553, -0.012589,  0.025432,  0.025924]])

In [81]: R_stocks.grad                       #对目标函数求股票日涨跌幅的偏导数
Out[81]:
tensor([[0.100000, 0.100000, 0.100000, 0.100000, 0.100000],
        [0.250000, 0.250000, 0.250000, 0.250000, 0.250000],
        [0.300000, 0.300000, 0.300000, 0.300000, 0.300000],
        [0.350000, 0.350000, 0.350000, 0.350000, 0.350000]])
```

针对第 3 步的代码输出结果，读者或许会感到疑惑："为什么目标函数对权重的求导结果是 1×4 的一维张量，对股票日涨跌幅的求导结果却是 4×5 的二维张量？"这是因为其中涉及矩阵的求导，下面就通过数学表达式加以说明。

2. 对应的数学表达式

针对例 6-10，假定将目标函数设为 F，权重设为 w_i，股票日涨跌幅设为 r_{it}，下标 i 对应第 i 只股票并且 $i=1,2,3,4$，下标 t 对应第 t 个交易日并且 $t=1,2,3,4,5$。存在如下的等式关系：

$$F = \sum_{t=1}^{5}\sum_{i=1}^{4} w_i r_{it} = \sum_{t=1}^{5}\left(w_1 r_{1t} + w_2 r_{2t} + w_3 r_{3t} + w_4 r_{4t}\right) = w_1\left(r_{11} + r_{12} + \cdots + r_{15}\right) \\ + w_2\left(r_{21} + r_{22} + \cdots + r_{25}\right) + w_3\left(r_{31} + r_{32} + \cdots + r_{35}\right) + w_4\left(r_{41} + r_{42} + \cdots + r_{45}\right) \quad (\text{式 6-1})$$

首先，对目标函数 F 求权重的偏导数，具体表达式如下：

$$\frac{\partial F}{\partial w_i} = \sum_{t=1}^{5} r_{it} \quad (\text{式 6-2})$$

（式 6-2）可以通过矩阵表示，设向量 $\boldsymbol{W} = \begin{bmatrix} w_1 & w_2 & w_3 & w_4 \end{bmatrix}$，根据矩阵的求导规则就可以得到如下表达式：

$$\frac{\partial F}{\partial \boldsymbol{W}} = \begin{bmatrix} \frac{\partial F}{\partial w_1} & \frac{\partial F}{\partial w_2} & \frac{\partial F}{\partial w_3} & \frac{\partial F}{\partial w_4} \end{bmatrix} \\ = \begin{bmatrix} \sum_{t=1}^{5} r_{1t} & \sum_{t=1}^{5} r_{2t} & \sum_{t=1}^{5} r_{3t} & \sum_{t=1}^{5} r_{4t} \end{bmatrix} \quad (\text{式 6-3})$$

其次，对目标函数 F 求股票日涨跌幅的偏导数，具体表达式如下：

$$\frac{\partial F}{\partial r_{it}} = w_i \quad (\text{式 6-4})$$

同样，（式 6-4）也可以通过矩阵表示。设矩阵 $\boldsymbol{R}$ 并且表达式如下：

$$\boldsymbol{R} = \begin{bmatrix} r_{11} & r_{12} & \cdots & r_{15} \\ r_{21} & r_{22} & \cdots & r_{25} \\ \vdots & \vdots & & \vdots \\ r_{41} & r_{42} & \cdots & r_{45} \end{bmatrix} \quad (\text{式 6-5})$$

根据矩阵的求导规则可以得到以下的偏导数矩阵：

$$\frac{\partial F}{\partial \boldsymbol{R}} = \begin{bmatrix} \frac{\partial F}{\partial r_{11}} & \frac{\partial F}{\partial r_{12}} & \cdots & \frac{\partial F}{\partial r_{15}} \\ \frac{\partial F}{\partial r_{21}} & \frac{\partial F}{\partial r_{22}} & \cdots & \frac{\partial F}{\partial r_{25}} \\ \vdots & \vdots & & \vdots \\ \frac{\partial F}{\partial r_{41}} & \frac{\partial F}{\partial r_{42}} & \cdots & \frac{\partial F}{\partial r_{45}} \end{bmatrix} = \begin{bmatrix} w_1 & w_1 & \cdots & w_1 \\ w_2 & w_2 & \cdots & w_2 \\ \vdots & \vdots & & \vdots \\ w_4 & w_4 & \cdots & w_4 \end{bmatrix} \quad (\text{式 6-6})$$

以上的（式 6-3）和（式 6-6）就对应例 6-10 中第 3 步输出的代码数值结果。

6.3 神经元与激活函数

从本节开始将正式讨论深度学习领域最常用的建模工具——**神经网络**（neural network）。神经网络拥有强大的自学习能力、容错能力、非线性映射能力以及信息综合能力，在一定程度上可以解决金融场景中的一些复杂性、非线性问题。相比传统的分析方法，神经网络的优越性归纳为以下 4 个方面。

第一，自学习能力。神经网络通过大量的训练可以实现对金融场景中的不确定过程的学习，从而更好地适应金融的动态特征。

第二，容错能力。神经网络采用并行分布式的数据与信息处理，具有较强的容错能力。

第三，非线性映射能力。神经网络本质上是一个非线性的系统，可以用于实现各种非线性的映射。

第四，信息综合能力。神经网络可以同步处理大量不同类型的输入，并能够很好地解决输入信息之间的互补性和冗余性问题。

同时，构建神经网络需要包括神经元以及激活函数等基本要素，本节就对此集中展开讨论。

6.3.1 神经元的介绍

根据科学家的研究，人类的大脑是一个由大约 1000 亿个神经元构成的神经网络，**神经元**（neuron）就是构建神经网络的最基本要素。单个神经元的运行机制如图 6-4 所示。

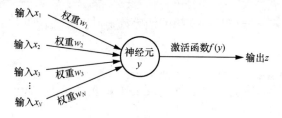

图 6-4 单个神经元的运行机制

在图 6-4 中，$x_1, x_2, x_3, \cdots, x_N$ 代表同时输入神经元的样本，$w_1, w_2, w_3, \cdots, w_N$ 代表输入样本对应的权重，比如，x_1 以 w_1 的权重输入神经元，x_2 以 w_2 的权重输入神经元，以此类推。神经元的值用 y 表示，并且有如下的表达式：

$$y = w_1 x_1 + w_2 x_2 + w_3 x_3 + \cdots + w_N x_N + b = \sum_{i=1}^{N} w_i x_i + b \qquad (式 6\text{-}7)$$

其中，b 代表**偏置**（bias），可以理解为误差项，（式 6-7）是一个线性表达式。

然后，神经元的值 y 通过一个激活函数 $f(\cdot)$ 最终得到输出值 z，因此就有如下等式：

$$z = f(y) \qquad (式 6\text{-}8)$$

以上就是神经元运行的基本逻辑以及抽象的数学表达式。

在 PyTorch 中，神经元的运算采用矩阵方式。假定行向量 $\boldsymbol{X} = [x_1 \ x_2 \ x_3 \cdots x_N]$，行向量 $\boldsymbol{W} = [w_1 \ w_2 \ w_3 \cdots w_N]$，上面的（式 6-7）就可以改写为如下矩阵表达式：

$$y = \boldsymbol{W} \boldsymbol{X}^\mathrm{T} + b \qquad (式 6\text{-}9)$$

其中，上标 T 代表转置。

同理，（式 6-8）也可以写成如下矩阵表达式：

$$z = f(\boldsymbol{W}\boldsymbol{X}^{\mathrm{T}} + b) \qquad \text{（式 6-10）}$$

此外，通过以上的讨论可以清楚地看到，神经元运行过程的一个关键就是**激活函数**（activation function）。常用的激活函数包括 Sigmoid 函数、tanh 函数、ReLU 函数、Leaky ReLU 函数等非线性函数，这些激活函数在金融场景的运用也比较广泛，下面就依次对它们进行介绍。

6.3.2 激活函数之 Sigmoid 函数

Sigmoid 函数是最基础的激活函数，其数学表达式十分简洁，具体如下：

$$f(y) = \frac{1}{1+e^{-y}} \qquad \text{（式 6-11）}$$

通过（式 6-11）不难发现，Sigmoid 函数以 y 作为输入值，并且输出值处于(0,1)区间，用数学语言表述就是可以将一个实数映射到(0,1)区间。当 y 取一个很大的正数时，Sigmoid 函数的结果接近于 1；相反，当 y 取一个绝对值很大的负数时，Sigmoid 函数的结果就趋近于 0。

针对 Sigmoid 函数的求导也十分便捷，相关的表达式如下：

$$f'(y) = \frac{e^{-y}}{(1+e^{-y})^2} = f(y)[1-f(y)] \qquad \text{（式 6-12）}$$

在 PyTorch 中，调用 Sigmoid 函数可以实现对应的激活函数功能，并且要求输入值必须是张量，输出值也必须是张量。

【例 6-11】通过 PyTorch 以及 Matplotlib 绘制激活函数 Sigmoid 函数的图示（见图 6-5），其中，输入值取[-10,10]区间的等差数列并且是一维张量。具体代码如下：

```
In [82]: y=torch.linspace(-10,10,200)          #创建从-10至10的等差数列（一维张量）

In [83]: z_sigmoid=torch.sigmoid(y)            #计算Sigmoid函数的数值结果

In [84]: plt.figure(figsize=(9,6))
   ...: plt.plot(y,z_sigmoid,'m',lw=2.5)
   ...: plt.xticks(fontsize=13)
   ...: plt.xlabel('输入值',fontsize=13)
   ...: plt.yticks(fontsize=13)
   ...: plt.ylabel('输出值',fontsize=13)
   ...: plt.title('Sigmoid函数',fontsize=13)
   ...: plt.grid()
   ...: plt.show()
```

通过图 6-5 可以清楚地看到，当输入值大于 5 或者小于-5 时，Sigmoid 函数就会出现**饱和**（saturate）**现象**，也就意味着曲线变得平坦，函数的导数（也称**梯度**）趋近于 0，导致输出值对输入值的变化非常不敏感。

通过以上的分析，能够得出 Sigmoid 函数的 3 个明显优点：一是引入了非线性；二是函数的导数很容易获得；三是能够将输出值压缩在(0,1)区间内，这恰好可以对应概率值。

但是，Sigmoid 函数的缺点也是显而易见的：一是输出值不**以 0 为中心**（zero centered）；二是容易出现**梯度消失**（gradient vanishing），前面已经提到过，当输入值大于 5 或者小于-5 时，Sigmoid 函数的导数趋近于 0，比如，输入值为 10，通过（式 6-11）计算得到输出值等于

0.99995458（保留小数点后 8 位，下同），通过（式 6-12）得到的导数则等于 0.00004542，这容易引发**梯度消失**，导致梯度下降法失效，进而会产生无效的神经元，难以完成深层次神经网络的训练。关于梯度下降法的内容，会在第 6.4.1 节进行详细讲解。

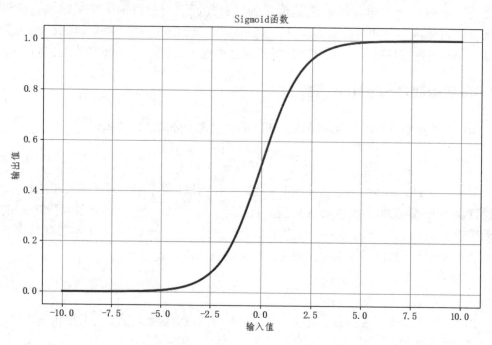

图 6-5　Sigmoid 函数的图示

6.3.3　激活函数之 tanh 函数

tanh 函数的全称是**双曲正切函数**（hyperbolic tangent function），是 Sigmoid 函数的升级版，也是神经网络建模中最常用的激活函数之一，具体的数学表达式如下：

$$f(y) = \frac{e^y - e^{-y}}{e^y + e^{-y}} \quad （式 6-13）$$

通过（式 6-13）不难发现，tanh 函数可以将一个实数映射到(-1,1)区间。当输入值 y 是一个很大的正数时，tanh 函数的结果接近于 1，这一点与 Sigmoid 函数的性质类似；相反，当 y 是一个负数时，tanh 函数的结果也会变成负数；而当 y 取一个绝对值很大的负数时，tanh 函数的结果就会趋近于-1，这是 tanh 函数与 Sigmoid 函数之间最大的区别。

当然，tanh 函数的求导也比较简单，具体表达式如下：

$$f'(y) = \frac{4}{(e^y + e^{-y})^2} = 1 - [f(y)]^2 \quad （式 6-14）$$

在 PyTorch 中，调用 tanh 函数可以实现对应的激活函数功能，并且输入值与输出值也都是张量。

【例 6-12】通过 PyTorch 以及 Matplotlib 绘制出 tanh 函数的图示（见图 6-6），输入值依然取[-10,10]区间的等差数列，具体代码如下：

```
In [85]: z_tanh=torch.tanh(y)                    #计算 tanh 函数的数值结果
```

```
In [86]: plt.figure(figsize=(9,6))
    ...: plt.plot(y,z_tanh,'m',lw=2.5)
    ...: plt.xticks(fontsize=13)
    ...: plt.xlabel('输入值',fontsize=13)
    ...: plt.yticks(fontsize=13)
    ...: plt.ylabel('输出值',fontsize=13)
    ...: plt.title('tanh函数',fontsize=13)
    ...: plt.grid()
    ...: plt.show()
```

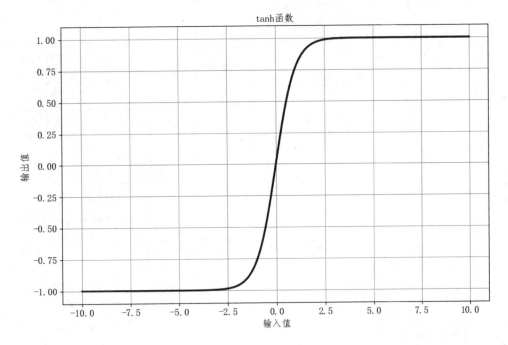

图 6-6　tanh 函数的图示

对比图 6-5 与图 6-6 不难看出，tanh 函数曲线的形状与 Sigmoid 函数曲线的形状是比较接近的，同时，也可以发现当输入值大于 2.5 或者小于 -2.5 时，tanh 函数就会出现饱和现象，相比 Sigmoid 函数而言，tanh 函数显然更容易出现饱和现象。

依据图 6-6 和以上的分析可以得出，相比 Sigmoid 函数而言，tanh 函数有两大优势：一是输出值的取值范围更广；二是输出值以 0 为中心并且平均值为 0，从而可以提升神经网络的训练效果。

当然，tanh 函数继承了 Sigmoid 函数的缺点，也就是同样会出现梯度消失，并且相比 Sigmoid 函数，tanh 函数的梯度消失还会更加容易出现。

6.3.4　激活函数之 ReLU 函数

近年来在神经网络建模中，ReLU 函数作为激活函数越来越受欢迎，ReLU 是英文 Rectified Linear Unit（整流线性单元，也称修正线性单元）的缩写。该函数的表达式如下：

$$f(y) = \max(y, 0) \tag{式 6-15}$$

其中，max 表示取最大值。因此，当输入值 $y>0$ 时，函数 $f(y)$ 就等于输入值 y；相反，当 $y\leq 0$ 时，$f(y)$ 就等于 0。ReLU 函数非常类似于期权的到期收益函数。

ReLU 函数的导数形式也同样非常简洁，具体如下：

$$f'(y)=\begin{cases} 1 & y>0 \\ 0 & y\leq 0 \end{cases} \quad (式6\text{-}16)$$

在 PyTorch 中，调用 relu 函数就可以实现对应的激活函数功能，其输入值与输出值也都是张量。

【例 6-13】 通过 PyTorch 以及 Matplotlib 绘制出 ReLU 函数的图示（见图 6-7），输入值依然取[-10,10]区间的等差数列。具体代码如下：

```
In [87]: z_ReLU=torch.relu(y)              #计算 ReLU 函数的数值结果

In [88]: plt.figure(figsize=(9,6))
   ...: plt.plot(y,z_ReLU,'m',lw=2.5)
   ...: plt.xticks(fontsize=13)
   ...: plt.xlabel('输入值',fontsize=13)
   ...: plt.yticks(fontsize=13)
   ...: plt.ylabel('输出值',fontsize=13)
   ...: plt.title('ReLU 函数',fontsize=13)
   ...: plt.grid()
   ...: plt.show()
```

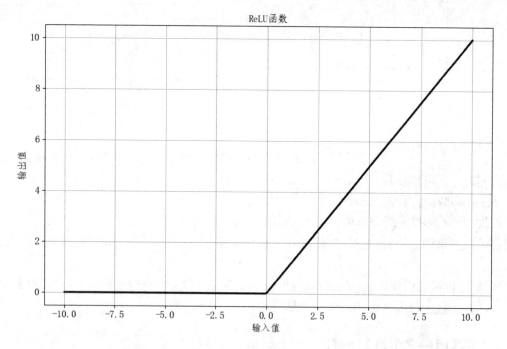

图 6-7 ReLU 函数的图示

通过图 6-7 可以比较清楚地看到，当输入值大于 0 时，ReLU 函数呈现一条向上呈 45°的斜线；当输入值小于或等于 0 时，ReLU 函数呈现一条水平的直线。

综合以上的分析，相比 Sigmoid 函数与 tanh 函数，ReLU 函数不涉及指数运算，因而计算量很小；与此同时，ReLU 函数可以使梯度下降的速度更快，神经网络训练效率更高。

当然，ReLU 函数的缺点也比较明显，当输入值为负数或 0 时，ReLU 函数的导数直接等于 0，导致梯度下降失败，从而造成神经元无效。

6.3.5 激活函数之 Leaky ReLU 函数

为了克服 ReLU 函数的致命缺点，深度学习领域推出了 Leaky ReLU 函数，它是 ReLU 函数的改进版，Leaky ReLU 指 Leaky Rectified Linear Unit（渗漏整流线性单元）。ReLU 函数将所有输入为负数或 0 的输出都映射到 0，而 Leaky ReLU 函数赋予所有输入的负数一个非 0 的系数。具体的数学表达式如下：

$$f(y) = \max(y,0) + \varphi \min(y,0) \qquad (式6\text{-}17)$$

其中，min 表示取最小值，φ 表示输入值取负数时的系数，并且 $0 < \varphi < 1$。（式 6-17）也可以改写为如下形式：

$$f(y) = \begin{cases} y & y > 0 \\ \varphi y & y \leq 0 \end{cases} \qquad (式6\text{-}18)$$

因此，当输入值 $y > 0$ 时，输出值函数 $f(y)$ 就等于输入值 y，这与 ReLU 函数一致；当输入值 $y \leq 0$ 时，输出值函数 $f(y)$ 就等于 φy，这就是与 ReLU 函数的最大区别。此外，系数 φ 实质上就是斜率。

Leaky ReLU 函数的导数形式依然很简洁，具体如下：

$$f'(y) = \begin{cases} 1 & y > 0 \\ \varphi & y \leq 0 \end{cases} \qquad (式6\text{-}19)$$

在 PyTorch 中，调用 nn 子模块的 functional 二级子模块中的 leaky_relu 函数就可以实现对应的激活函数功能。需要注意的是，leaky_relu 函数有一个重要的参数 negative_slope，该参数对应（式 6-18）中的 φ，默认 negative_slope=0.01；同时，输入值和输出值依然都是张量。

【例6-14】通过 PyTorch 以及 Matplotlib 绘制出 Leaky ReLU 函数的图示（见图 6-8），输入值依然取[-10,10]区间的等差数列，同时系数 φ 分别取 0.05 和 0.15。具体代码如下：

```
In [89]: from torch.nn.functional import leaky_relu    #导入leaky_relu函数

In [90]: slope1=0.05                                   #系数（斜率）取0.05
   ...: slope2=0.15                                    #系数取0.15

In [91]: z1_LeakyReLU=leaky_relu(y,negative_slope=slope1)  #计算Leaky ReLU函数的数值结果(系数取0.05)
   ...: z2_LeakyReLU=leaky_relu(y,negative_slope=slope2)  #计算Leaky ReLU函数的数值结果(系数取0.15)

In [92]: plt.figure(figsize=(9,6))
   ...: plt.plot(y,z1_LeakyReLU,'m--',label='系数（斜率）取0.05',lw=2.5)
   ...: plt.plot(y,z2_LeakyReLU,'b-.',label='系数（斜率）取0.15',lw=2.5)
   ...: plt.xticks(fontsize=13)
   ...: plt.xlabel('输入值',fontsize=13)
   ...: plt.yticks(fontsize=13)
   ...: plt.ylabel('输出值',fontsize=13)
```

```
...: plt.title('Leaky ReLU 函数',fontsize=13)
...: plt.legend(fontsize=13)
...: plt.grid()
...: plt.show()
```

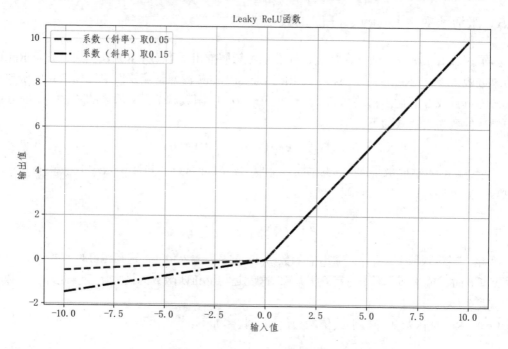

图 6-8　Leaky ReLU 函数的图示

从图 6-8 可以明显看到，随着系数的增大（从 0.05 增加至 0.15），Leaky ReLU 函数在输入值为负数时，曲线越陡峭，意味着激活函数对输入值越敏感。

通过以上的分析能够发现，Leaky ReLU 函数有效避免了当输入值为负数或 0 时 ReLU 函数导数等于 0 而造成神经元无效的问题，因此在一些金融场景中，选择 Leaky ReLU 函数作为激活函数可以提供性能更优越的神经网络。当然，使用 Leaky ReLU 函数也会遇到一个现实问题，那就是系数 φ 的取值具有一定的主观性和随意性。

6.4　构建线性模型

第 6.3 节已经讨论了神经元以及激活函数，而神经网络在运算过程中还会涉及一个核心算法，即向前传播与向后传播。每一次的向前传播与向后传播能够构成一次完整的训练过程。因此，本节将在讲解该算法的原理以及构建神经网络模型的常规步骤的基础上，通过一个金融示例演示如何运用向前传播与向后传播的算法训练出一个有效的线性模型。

6.4.1　向前传播与向后传播

为了便于读者理解，借用一个简单的线性模型讲解**向前传播**（forward propagation）与**向后传播**（back propagation）。线性模型设定如下：

$$y = wx + b \qquad\qquad (\text{式 6-20})$$

其中，y 代表被解释变量（因变量），比如某只股票的收益率；x 代表解释变量（自变量），比如某个股票指数的收益率；w 表示**权重**（weight），b 表示**偏置**（bias）。

引入一个**损失函数**（loss function），并且该函数设定如下：

$$L = \frac{1}{2}(\hat{y} - y)^2 \qquad \text{（式 6-21）}$$

其中，L 代表损失函数，损失函数也称为**代价函数**（cost function）或**误差函数**（error function）；$\hat{y}$ 代表通过线性模型预测得到的被解释变量预测值；等式右边使用系数 $\frac{1}{2}$ 是为了后续对 L 求 $\hat{y}$ 导数后能够得到最简约的表示式，如果将 $\frac{1}{2}$ 替换成其他的数值也不会对运算产生实质性的影响。

假定初始的权重用 w_1 表示，初始的偏置设为 b_1，**学习率**（learning rate）设为 λ（在神经网络建模中学习率通常设为 0.001 或者其他数值较小的正数），训练次数为 N，下面讨论具体的训练过程。

1. 算法训练过程

第 1 次训练分为向前传播和向后传播两个环节，向前传播可以视为预测过程，向后传播则可以视为学习过程。在第 1 次向前传播环节中得到以下两个等式：

$$\hat{y}_1 = w_1 x + b_1 \qquad \text{（式 6-22）}$$

$$L = \frac{1}{2}(\hat{y}_1 - y)^2 \qquad \text{（式 6-23）}$$

其中，$\hat{y}_1$ 表示第 1 次向前传播得到的被解释变量预测值，通常而言，$\hat{y}_1 \neq y$。随后进入第 1 次向后传播。

在第 1 次向后传播环节中将得到一个新的权重值 w_2 和新的偏置值 b_2，具体表达式如下：

$$w_2 = w_1 - \lambda \frac{\partial L}{\partial w_1} \qquad \text{（式 6-24）}$$

$$b_2 = b_1 - \lambda \frac{\partial L}{\partial b_1} \qquad \text{（式 6-25）}$$

而 $\frac{\partial L}{\partial w_1}$ 和 $\frac{\partial L}{\partial b_1}$ 可以运用导数的**链式法则**（chain rule）得到新的等式，结合（式 6-22）和（式 6-23）就有如下等式：

$$\frac{\partial L}{\partial w_1} = \frac{\partial L}{\partial \hat{y}_1} \frac{\partial \hat{y}_1}{\partial w_1} = x(\hat{y}_1 - y) \qquad \text{（式 6-26）}$$

$$\frac{\partial L}{\partial b_1} = \frac{\partial L}{\partial \hat{y}_1} \frac{\partial \hat{y}_1}{\partial b_1} = \hat{y}_1 - y \qquad \text{（式 6-27）}$$

将（式 6-26）代入（式 6-24），并将（式 6-27）代入（式 6-25），就可以得到在第 1 次训练结束时的如下两个等式：

$$w_2 = w_1 - \lambda x(\hat{y}_1 - y) \qquad \text{（式 6-28）}$$

$$b_2 = b_1 - \lambda(\hat{y}_1 - y) \qquad \text{（式 6-29）}$$

第 2 次训练依然分为向前传播与向后传播两个环节。在第 2 次向前传播环节中得到以下的结果：

$$\hat{y}_2 = w_2 x + b_2 \quad \text{（式6-30）}$$

$$L = \frac{1}{2}(\hat{y}_2 - y)^2 \quad \text{（式6-31）}$$

其中，$\hat{y}_2$ 表示在第 2 次向前传播环节得到的被解释变量预测值。

假定 $\hat{y}_2 \neq y$，随后进入第 2 次向后传播环节。在第 2 次向后传播环节中得到一个新的权重值 w_3 和新的偏置值 b_3，结合导数的链式法则可以得到如下两个表达式：

$$w_3 = w_2 - \lambda x(\hat{y}_2 - y) \quad \text{（式6-32）}$$

$$b_3 = b_2 - \lambda(\hat{y}_2 - y) \quad \text{（式6-33）}$$

依次类推，**在第 i 次训练中**，通过第 i 次向前传播环节得到的结果如下：

$$\hat{y}_i = w_i x + b_i \quad \text{（式6-34）}$$

$$L = \frac{1}{2}(\hat{y}_i - y)^2 \quad \text{（式6-35）}$$

在第 i 次向后传播环节中，会得到一个新的权重值 w_{i+1} 和新的偏置值 b_{i+1}，具体表达式如下：

$$w_{i+1} = w_i - \lambda x(\hat{y}_i - y) \quad \text{（式6-36）}$$

$$b_{i+1} = b_i - \lambda(\hat{y}_i - y) \quad \text{（式6-37）}$$

2. 算法的规律

在向前传播与向后传播的过程中，关于 $\hat{y}_i$ 与 y 之间的大小关系，可以分 3 种情形进行讨论。

情形 1：当 $\hat{y}_i > y$ 时，即预测值高于真实值时，由于 λ 大于 0，因此 $b_{i+1} < b_i$，这意味着偏置这个参数处于递减阶段。如果 x 取正数，就有 $w_{i+1} < w_i$，表明权重也处于递减阶段；如果 x 取负数，则有 $w_{i+1} > w_i$，表明权重处于递增阶段。

情形 2：当 $\hat{y}_i < y$ 时，即预测值低于真实值时，得到 $b_{i+1} > b_i$，意味着偏置处于递增阶段。如果 x 取正数，就有 $w_{i+1} > w_i$，表明权重处于递增两段；如果 x 取负数，则有 $w_{i+1} < w_i$，表明权重处于递减阶段。

情形 3：当 $\hat{y}_i = y$ 时，即预测值恰好等于真实值时，损失函数 L 达到最小值（即等于 0），这意味着训练得到了最优的权重 w^* 和最优的偏置 b^*，从而产生如下等式：

$$w^* = w_{i+1} = w_{i+2} = \cdots \quad \text{（式6-38）}$$

$$b^* = b_{i+1} = b_{i+2} = \cdots \quad \text{（式6-39）}$$

通过以上的分析可以得出，向后传播的实质是利用 $\frac{\partial L}{\partial w_i}$ 和 $\frac{\partial L}{\partial b_i}$ 这两个梯度并运用迭代过程，实现权重和偏置等参数向最优值的收敛，这就是最优化算法中最常用的**梯度下降**（gradient descent）法。

需要注意的是，由于上面运用了一个简单的线性模型进行举例，因此损失函数的最小值刚好等于 0。然而在大量的金融场景中，会涉及非线性模型并且受到运算资源的限制，损失函数的最小值有时很难达到等于 0 的理想状态。

3. 梯度消失与梯度爆炸

为了更符合神经网络的特征，在（式6-20）中引入一个激活函数，从而将等式改写为如下形式：

$$y = f(wx + b) \quad \text{（式6-40）}$$

其中，$f(\cdot)$代表某个激活函数（比如 Sigmoid 函数等）。此外，损失函数依然用（式6-21）表示，学习率也用λ表示。

结合前面的运算思路，直接给出在第i次向后传播环节中权重值w_{i+1}和偏置值b_{i+1}的表达式，具体如下：

$$w_{i+1} = w_i - \lambda \frac{\partial L}{\partial w_i} = w_i - \lambda x(\hat{y}_i - y)f' \quad \text{（式6-41）}$$

$$b_{i=1} = b_i - \lambda \frac{\partial L}{\partial b_i} = b_i - \lambda(\hat{y}_i - y)f' \quad \text{（式6-42）}$$

其中，f'代表激活函数的一阶导数。通过（式6-41）和（式6-42）可以发现，f'是影响向后传播效率和效果的一个重要因子。

假定将激活函数设定为 Sigmoid 函数或 tanh 函数，当激活函数的输入值是一个绝对值较大的正数或负数时，根据第6.3.2节和第6.3.3节的分析，（式6-41）和（式6-42）的f'趋近于0，进而导致$\lambda x(\hat{y}_i - y)f'$和$\lambda(\hat{y}_i - y)f'$也都趋近于0，造成权重、偏置等参数向最优值收敛的速度极为缓慢，导致梯度下降法变得不再有效，这就是梯度消失的问题。

进一步而言，在一个包含多层网络的神经网络模型中，传播环节中会存在由多个激活函数一阶导数相乘所形成的梯度，此时如果激活函数一阶导数的数值结果很小并且网络层数很多，梯度消失将更容易出现，最终导致运算的低效甚至无效。

如果f'是一个绝对值很大的数值，同样也会给向后传播带来不利影响，此时向后传播的过程就是权重、偏置等参数逐步远离最优值的发散过程，而不是收敛的过程，这就是**梯度爆炸**（gradient exploding）问题，这最终将导致无效的运算。

6.4.2 构建模型的步骤

有了前面的基础知识作为铺垫，本节开始讨论使用 PyTorch 构建模型的步骤。按照先后顺序，通常可以分为4步。

第1步：数据准备（data preparation）。由于在金融场景中，大量的金融数据涉及时间序列，因此外部导入的数据通常是以数据框的结构进行存放的。为了适应 PyTorch 的运算，需要将数据框转换为张量，最常见的转换路径是先将数据框转换为数组，然后将数组转换为张量，也就是"数据框→数组→张量"的转换路径。同时，张量中元素的数据类型必须是32位浮点型，而不能是其他类型，可以通过如下的代码使数据类型是32位浮点型：

```
张量名称.type(torch.FloatTensor)
```

由于后面的第3步和第4步会涉及模型的训练与测试，因此需要将数据样本划分为**训练样本**（training sample，也称**训练集**）与**测试样本**（test sample，也称**测试集**），常用的划分方法是以时间作为划分标准。举例说明：比如模型的数据样本是从2019年至2022年期间的每个交易日股票收盘价,那么可以将2019年至2021年期间的收盘价数据作为训练样本,将2022年的收盘价数据作为测试样本。

第2步:模型搭建(model building)。需要通过PyTorch设定模型的各类参数,并调用相应的类或函数。一般而言,模型的复杂程度与参数数量之间存在正向关系,比如构建一个线性模型,涉及的参数比较少;如果构建一个复杂的神经网络模型,会涉及较多的参数并且需要调用不同的类和函数,关于这一点会在本章后面部分结合具体的模型进行详细介绍。

第3步:模型训练(model training)。在这个步骤中,需要运用训练样本对模型进行训练,而训练次数是其中的一个重要的参数。增加训练次数是一把双刃剑,其好处是可以使模型对训练样本的拟合程度提升[判断拟合程度的高低可以运用之前提到的损失函数(式6-21)];弊端有两个:一是代码运行的时间会拉长,二是可能引发**过拟合**(over-fit)的问题,也就是训练样本给出的模型拟合程度得到提高,但测试样本得出的模型拟合程度却下降了。

此外,每一次训练完成必须要对梯度进行清零,否则梯度就会累加,从而造成向后传播失效。

由于神经网络的训练过程会涉及大量参数的计算,因此训练过程会比较耗时。根据模型复杂程度与训练次数的不同,模型训练的时间通常从几分钟至数小时不等,当然也不排除更长的训练时间。

第4步:模型测试(model testing)。运用测试样本对训练完成的模型进行测试,目的是考察模型在新样本中的预测能力,最终对模型的有效性做出评价。模型在先前未观测到的输入样本(测试样本)上表现良好的能力称为**泛化**(generalization)。在金融场景中,评价预测能力可以用损失函数,也可以在可视化基础上进行目测。如果在测试样本中,模型的预测能力比较强,说明模型有效性较高,也就是泛化效果较强,反之则说明模型有效性较低,泛化效果较弱。

下面,通过一个金融示例,具体演示如何通过PyTorch构建一个线性模型,同时也会展示向前传播与向后传播的算法。

6.4.3 模型演示

【**例6-15**】运用宁德时代股票收益率和沪深300指数收益率构建一个线性模型。在线性模型中,宁德时代股票收益率是被解释变量(因变量),沪深300指数收益率是解释变量(自变量),样本数据是2019年1月至2022年10月期间的收盘价数据,其中,2019年至2020年期间的数据作为模型训练数据,2021年1月至2022年10月期间的数据作为模型测试数据。训练阶段的模型训练次数设定为500000,学习率设定为0.0003,损失函数运用(式6-21)。整个建模过程一共分为以下4个步骤。

第1步:导入2019年1月至2022年10月期间宁德时代股票、沪深300指数的收盘价并且计算对数收益率,将样本数据转换为元素是32位浮点型数据的张量,同时划分出训练样本和测试样本。相关代码如下:

```
In [93]: price=pd.read_excel(io='C:/Desktop/宁德时代与股票指数收盘价数据.xlsx', sheet_name=
'Sheet1',header=0,index_col=0)                                          #导入数据

In [94]: R_list=np.log(price/price.shift(1))                            #计算对数收益率
   ...: R_list=R_list.dropna()                                          #删除缺失值
```

```
In [95]: R_CATL=R_list['宁德时代']              #取宁德时代的收益率
   ...: R_HS300=R_list['沪深300']              #取沪深300指数的收益率

In [96]: R1_CATL=R_CATL.loc['2019-01-01':'2020-12-31']   #宁德时代2019年至2020年的收益率（训
练样本）
   ...: R1_HS300=R_HS300.loc['2019-01-01':'2020-12-31']  #沪深300指数2019年至2020年的收益率
（训练样本）

In [97]: R2_CATL=R_CATL.loc['2021-01-01':'2022-10-31']   #宁德时代2021年1月至2022年10月的
收益率（测试样本）
   ...: R2_HS300=R_HS300.loc['2021-01-01':'2022-10-31']  #沪深300指数2021年1月至2022年10
月的收益率（测试样本）

In [98]: R1_CATL=np.array(R1_CATL)              #转换为数组
   ...: R1_CATL=torch.from_numpy(R1_CATL)       #转换为张量
   ...: R1_CATL=R1_CATL.type(torch.FloatTensor) #将张量元素的数据类型调整为32位浮点型
   ...: R1_CATL=R1_CATL.cuda()                  #存放至GPU

In [99]: R1_HS300=np.array(R1_HS300)
   ...: R1_HS300=torch.from_numpy(R1_HS300)
   ...: R1_HS300=R1_HS300.type(torch.FloatTensor)
   ...: R1_HS300=R1_HS300.cuda()

In [100]: R2_CATL=np.array(R2_CATL)
   ...: R2_CATL=torch.from_numpy(R2_CATL)
   ...: R2_CATL=R2_CATL.type(torch.FloatTensor)
   ...: R2_CATL=R2_CATL.cuda()

In [101]: R2_HS300=np.array(R2_HS300)
   ...: R2_HS300=torch.from_numpy(R2_HS300)
   ...: R2_HS300=R2_HS300.type(torch.FloatTensor)
   ...: R2_HS300=R2_HS300.cuda()
```

第2步：设置线性模型的权重参数和偏置参数，其中，权重参数的初始值为0.6，偏置参数的初始值为0.15。同时，创建零元素张量用于分别存放每训练1000次所对应的权重参数值、偏置参数值以及损失函数值。相关的代码如下：

```
In [102]: w=torch.tensor([0.6])           #设置权重参数的初始值
   ...: w=w.cuda()
   ...: w.requires_grad=True              #在向后传播过程中获得梯度信息（自动求导）

In [103]: b=torch.tensor([0.15])          #设置偏置参数的初始值
   ...: b=b.cuda()
   ...: b.requires_grad=True

In [104]: lr=0.0003                       #设置学习率
   ...: n=500000                          #设置训练总次数
   ...: m=int(n/1000)                     #训练总次数除以1000并且将结果转换为整数

In [105]: w_list=torch.zeros(m)           #创建零元素张量用于存放每训练1000次对应的权重参数值
   ...: w_list=w_list.cuda()
```

```
In [106]: b_list=torch.zeros(m)            #创建零元素张量用于存放每训练1000次对应的偏置参数值
     ...: b_list=b_list.cuda()

In [107]: loss_train=torch.zeros(m)        #创建零元素张量用于存放每训练1000次对应的损失函数值
     ...: loss_train=loss_train.cuda()
```

第 3 步：运用 2019 年至 2020 年期间的收益率数据对线性模型进行训练，从而得到相应的权重参数值和偏置参数值，并且对训练过程中的损失函数值进行可视化（见图 6-9）。相关的代码如下：

```
In [108]: for i in range(1,n+1):                                      #训练线性模型
     ...:     predict=w.expand_as(R1_HS300)*R1_HS300+b.expand_as(R1_HS300)  #用线性模型预测被解释变量
     ...:     diff=pow(predict-R1_CATL,2)        #预测值与真实值之间的偏差平方
     ...:     loss=0.5*torch.sum(diff)           #损失函数值
     ...:     loss.backward()                    #对损失函数进行自动求导
     ...:     w.data=w.data-lr*w.grad            #更新权重参数（向后传播）
     ...:     b.data=b.data-lr*b.grad            #更新偏置参数（向后传播）
     ...:     if i%1000==0:                      #当迭代变量取值是1000的整数倍（模运算结果等于0）时
     ...:         j=int(i/1000)                  #设定一个新的迭代变量并且该变量的类型是整型
     ...:         w_list[j-1]=w                  #存放权重参数值
     ...:         b_list[j-1]=b                  #存放偏置参数值
     ...:         loss_train[j-1]=loss           #存放损失函数值
     ...:     w.grad.zero_()                     #清空权重的梯度（梯度变为0）
     ...:     b.grad.zero_()                     #清空偏置的梯度（梯度变为0）
```

针对以上代码，适当展开讲解。首先，对权重参数的张量 w 和偏置参数的张量 b 使用 expand_as 方法，使它们拥有与张量 R1_HS300 相同的形状，从而运用张量的广播机制得到被解释变量的预测值张量 predict；其次，运用 w.data 和 b.data 主要是为了后续清空权重梯度与清空偏置梯度的代码能够顺利执行；再次，运用 zero_ 方法实现对梯度的清空，否则梯度就会累加从而导致运算错误；最后，以上训练阶段的代码运行会比较耗时，在笔者的计算机上运行耗时 3 分 57 秒，具体运行时长将取决于 GPU 的性能。

```
In [109]: n_list=1000*np.arange(1,m+1)    #创建元素是1000的整数倍的数组（共有500个元素）

In [110]: loss_train=loss_train.cpu()     #存放至CPU
     ...: loss_train=loss_train.detach()  #关闭自动求导功能
     ...: loss_train=loss_train.numpy()   #将张量转换为数组
```

根据第 6.2.4 节，由于张量 loss_train 具备自动求导功能，无法直接转换为数组，因此在转换为数组之前需要关闭其自动求导功能。

```
In [111]: plt.figure(figsize=(9,6))
     ...: plt.plot(n_list,loss_train,lw=2)
     ...: plt.xticks(fontsize=12)
     ...: plt.xlabel('训练次数',fontsize=12)
     ...: plt.yticks(fontsize=12)
     ...: plt.ylabel('损失函数值',fontsize=12)
     ...: plt.title('线性模型在训练阶段的损失函数值',fontsize=13)
     ...: plt.grid()
     ...: plt.show()
```

```
In [112]: loss_train.argmin()          #查询损失函数最小值对应的索引值(训练样本)
Out[112]: 198
```

从以上代码输出的图 6-9 可以看到，在最初的 100000 次训练过程中，损失函数值下降非常明显，这也符合向后传播过程中梯度下降的原理，但是在 100000 次之后的训练中，损失函数基本保持稳定，并且损失函数的最小值出现在第 199000 次训练。需要注意的是，不能仅关注训练样本得到的损失函数值，运用测试样本得到的损失函数值才更有价值和意义。

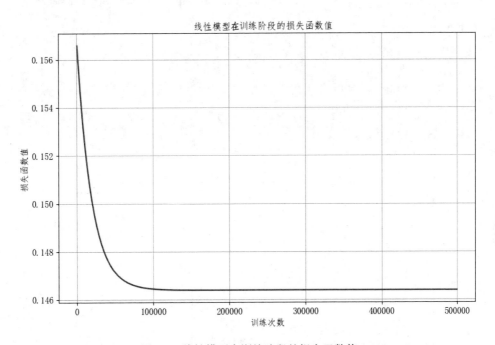

图 6-9　线性模型在训练阶段的损失函数值

第 4 步：运用 2021 年 1 月至 2022 年 10 月期间的收益率数据对训练后的模型进行测试，并且对测试过程中的损失函数值进行可视化（见图 6-10）。相关的代码如下：

```
In [113]: loss_test=torch.zeros(m)         #创建零元素张量用于存放测试阶段的损失函数值
     ...: loss_test=loss_test.cuda()

In [114]: for i in range(m):
     ...:     pred_test=w_list[i]*R2_HS300+b_list[i]   #运用训练后的模型并采用测试样本进行预测
     ...:     bias_test=pow(pred_test-R2_CATL,2)       #预测值与真实值之间的偏差平方
     ...:     loss_test[i]=0.5*torch.sum(bias_test)    #损失函数值

In [115]: loss_test=loss_test.cpu()        #存放至 CPU
     ...: loss_test=loss_test.detach()     #关闭自动求导功能
     ...: loss_test=loss_test.numpy()      #将张量转换为数组

In [116]: plt.figure(figsize=(9,6))
     ...: plt.plot(n_list,loss_test,lw=2)
     ...: plt.xticks(fontsize=12)
     ...: plt.xlabel('训练次数',fontsize=12)
     ...: plt.yticks(fontsize=12)
     ...: plt.ylabel('损失函数值',fontsize=12)
```

```
      ...: plt.title('线性模型在测试阶段的损失函数值',fontsize=13)
      ...: plt.grid()
      ...: plt.show()
```

从以上代码输出的图 6-10 不难发现，在运用测试样本中，只有当训练次数接近 200000 时，损失函数值才开始趋于稳定，下面需要具体查看运用测试数据使损失函数达到最小值所对应的训练次数，以及线性模型的最优权重与最优偏置的取值情况。

```
In [117]: loss_test.argmin()             #查询损失函数最小值对应的索引值（测试样本）
Out[117]: 199

In [118]: w_optimum=w_list[199]          #取第 200 个元素（训练 200000 次对应的权重）
     ...: w_optimum                      #查看结果
Out[118]: tensor(1.091735, device='cuda:0', grad_fn=<SelectBackward0>)

In [119]: b_optimum=b_list[199]          #取第 200 个元素（训练 200000 次对应的偏置）
     ...: b_optimum
Out[119]: tensor(0.001950, device='cuda:0', grad_fn=<SelectBackward0>)
```

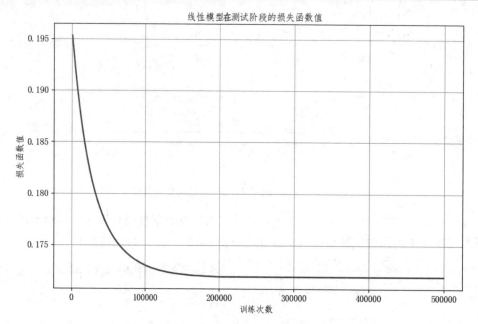

图 6-10　线性模型在测试阶段的损失函数值

显然运用测试样本得到损失函数最小值所对应的训练次数是第 200000 次，这一结果与运用训练样本得到的结论略有差异，最终得到线性模型的最优权重约等于 1.091735，最优偏置约等于 0.001950。

6.5　全连接神经网络

在深度学习领域，神经网络领域最基本的模型是**全连接神经网络**（Fully Connected Neural Network，FCNN），这类神经网络是其他复杂神经网络的起点，同时也是运用于金融场景的基础性神经网络模型。

6.5.1 模型的介绍

为了便于理解全连接神经网络，下面首先通过一个示意图来形象地展示，然后借助矩阵运算来剖析全连接神经网络的算法逻辑。

1. 示意图

为了便于更直观地理解，下面介绍仅包含 1 个隐藏层的全连接神经网络，并且给出该神经网络的运行示意图（见图 6-11）。

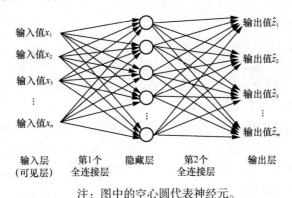

注：图中的空心圆代表神经元。
图 6-11 全连接神经网络的运行示意图（包含 1 个隐藏层）

从图 6-11 中不难发现，每一个隐藏层其实就是由若干个神经元并排组成的，在金融场景中每个隐藏层的神经元个数经常会设为 16、32、64 和 128 等。下面，按照神经网络运算的先后顺序从左往右依次解析图中的全连接神经网络的组成及运算过程。

一是输入层。在图 6-11 中，位于最左侧的是输入层，接收输入值 $x_1, x_2, x_3, \cdots, x_n$。输入层也称为**可见层**（visible layer），之所以称为可见层，是因为输入值能够被外界直接观察到。

二是隐藏层。在图 6-11 中，位于中间的是隐藏层（hidden layer），隐藏层中的每个圆圈均代表一个神经元，处于同一个隐藏层的神经元之间不存在连接、不存在信息反馈。

三是输出层。在图 6-11 中，位于最右侧的是输出层，包括最终的输出值 $\hat{z}_1, \hat{z}_2, \hat{z}_3, \cdots, \hat{z}_m$。

四是两个全连接层。在输入层与隐藏层之间是第 1 个全连接层，在隐藏层与输出层之间是第 2 个全连接层。

类似以上这样的神经网络结构被称为**前馈神经网络**（Feedforward Neural Network）。当然，你可以在图 6-11 中插入新的隐藏层，每个隐藏层之间是并排的关系，相邻的隐藏层之间也是通过全连接层相连，因此全连接层的数量也会随之增加，假定隐藏层数量是 i 个，全连接层的数量就有 $i+1$ 个。图 6-12 给出了包含两个隐藏层的全连接神经网络的示意图。拥有多个隐藏层的全连接神经网络也被称为**深度前馈网络**（Deep Feedforward Network）。

需要注意的是，神经网络的每一次训练，都会涉及第 6.4 节讨论的向前传播和向后传播的运算。

从 1989 年至今，已经有学者从理论上证明，即使在拥有一个隐藏层的前馈神经网络中，也可以通过有限多个神经元，以任意精度逼近任意的连续函数，这就是**全局逼近定理**（universal approximation theory），它为神经网络的大规模运用提供了理论依据。

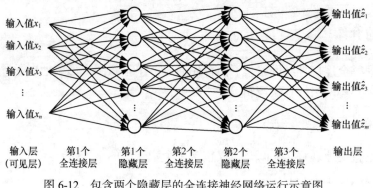

图6-12 包含两个隐藏层的全连接神经网络运行示意图

2. 矩阵运算

在第 6.3.1 节已经提到过，神经元的运算可以通过矩阵运算完成，因此，全连接神经网络的运算也可以运用矩阵进行运算。下面就针对仅包含 1 个隐藏层的全连接神经网络展示具体的矩阵运算过程，主要有以下 5 个步骤。

第 1 步：输入层的输入样本。用矩阵 X 表示输入的样本数据并且该矩阵是一个 M 行 N 列的矩阵（$M \times N$ 矩阵）。运用在金融场景中，M 可以代表样本个体的数量，比如选择 30 家上市公司作为分析样本，则 $M = 30$；N 可以代表解释变量（自变量）的数量，比如选择上市公司 6 个不同的财务指标作为解释变量，则 $N=6$。矩阵 X 记为如下的表达式：

$$X = \begin{bmatrix} x_{11} & x_{12} & \cdots & x_{1N} \\ x_{21} & x_{22} & \cdots & x_{2N} \\ \vdots & \vdots & & \vdots \\ x_{M1} & x_{M2} & \cdots & x_{MN} \end{bmatrix}$$ （式 6-43）

在（式 6-43）中，元素 x_{ij} 的下标 i 表示矩阵的第 i 行，下标 j 表示矩阵的第 j 列。

第 2 步：第 1 个全连接层的权重与偏置。在第 1 个全连接层中，权重用矩阵 V 表示，注意，V 是一个 N 行 H 列的矩阵（$N \times H$ 矩阵），其中 H 代表隐藏层的神经元个数，比如将神经元设定为 16 个，则 $H = 16$；同时，偏置用矩阵 A 表示，它是一个 M 行 H 列的矩阵（$M \times H$ 矩阵），并且该矩阵中每一列的 M 个元素均相同。矩阵 V、A 就分别记为如下的表达式：

$$V = \begin{bmatrix} v_{11} & v_{12} & \cdots & v_{1H} \\ v_{21} & v_{22} & \cdots & v_{2H} \\ \vdots & \vdots & & \vdots \\ v_{N1} & v_{N2} & \cdots & v_{NH} \end{bmatrix}$$ （式 6-44）

$$A = \begin{bmatrix} a_1 & a_2 & \cdots & a_H \\ a_1 & a_2 & \cdots & a_H \\ \vdots & \vdots & & \vdots \\ a_1 & a_2 & \cdots & a_H \end{bmatrix}$$ （式 6-45）

第 3 步：隐藏层的激活函数。假定激活函数记作 $f(\cdot)$，同时，隐藏层的输出值用矩阵 Y 表示，则有如下的表达式：

$$Y = f(XV + A) = \begin{bmatrix} y_{11} & y_{12} & \cdots & y_{1H} \\ y_{21} & y_{22} & \cdots & y_{2H} \\ \vdots & \vdots & & \vdots \\ y_{M1} & y_{M2} & \cdots & y_{MH} \end{bmatrix} \quad （式6-46）$$

注意，矩阵 Y 依然是一个 M 行 H 列的矩阵。

其中，

$$y_{11} = f(x_{11}v_{11} + x_{12}v_{21} + \cdots + x_{1N}v_{N1} + a_1) \quad （式6-47）$$

$$y_{21} = f(x_{21}v_{11} + x_{22}v_{21} + \cdots + x_{2N}v_{N1} + a_1) \quad （式6-48）$$

……

$$y_{MH} = f(x_{M1}v_{1H} + x_{M2}v_{2H} + \cdots + x_{MN}v_{NH} + a_H) \quad （式6-49）$$

第 4 步：第 2 个全连接层的权重与偏置。将第 2 个全连接层的输出权重记作 W，它是包含 H 个元素的列向量；将偏置记作 B，它是包含 M 个元素的列向量，向量的每个元素均相同并标记为 b。向量 W、B 就记为如下的表达式：

$$W = \begin{bmatrix} w_1 \\ w_2 \\ \vdots \\ w_H \end{bmatrix} \quad B = \begin{bmatrix} b \\ b \\ \vdots \\ b \end{bmatrix} \quad （式6-50）$$

第 5 步：输出层的输出值。最终的输出值 $\hat{Z}$ 就有如下的表达式：

$$\hat{Z} = YW + B = \begin{bmatrix} \hat{z}_1 \\ \hat{z}_2 \\ \vdots \\ \hat{z}_M \end{bmatrix} \quad （式6-51）$$

其中，$\hat{Z}$ 也是包含 M 个元素的列向量，是预测得到被解释变量（因变量）的 M 个样本值。举例说明：被解释变量设定为上市公司股票收益率，并且选取 30 家上市公司作为样本，$\hat{Z}$ 就是包含这 30 家上市公司股票收益率预测值的列向量。

Z 则是被解释变量的真实值，也是 M 个元素的列向量，并且 Z 记为

$$Z = \begin{bmatrix} z_1 \\ z_2 \\ \vdots \\ z_M \end{bmatrix} \quad （式6-52）$$

随后，通过损失函数以及梯度下降法更新第 2 个全连接层的权重 W 和偏置 B 以及第 1 个全连接层的权重 V 和偏置 A，从而完成向后传播。

6.5.2 相关的类与注意事项

在运用 PyTorch 高效构建各类神经网络模型时，需要调用子模块 nn 和子模块 optim，在构建全连接神经网络过程中通常会运用到这两个模块的以下 5 个类。

1. Linear 类

构建全连接神经网络需要运用的第 1 个类是 nn 子模块的 Linear 类，该类主要用于构建神经网络的线性隐藏层，它有两个主要参数 in_features 和 out_features，针对包含两个隐藏层并且每个隐藏层神经元数量相同的网络结构，这两个参数的输入要求如下：

针对第 1 个隐藏层，in_features 用于输入解释变量的个数，out_features 用于输入隐藏层的神经元个数，比如神经元个数是 32，则输入 out_features=32；

针对第 2 个隐藏层，in_features 也用于输入隐藏层的神经元个数，out_features 则用于输入被解释变量的个数。

2. Sequential 类

第 2 个类是 nn 子模块的 Sequential 类，该类的主要功能是将一系列的运算按照先后顺序搭建成一个多层的全连接神经网络。比如，搭建包含两个全连接层并且隐藏层之间有激活函数的一个全连接神经网络，代码形式如下：

```
Sequential(全连接层1,激活函数,全连接层2,)
```

需要注意在上面代码中，全连接层 2 后面的逗号不能遗漏，否则系统会报错；同时，代码中的激活函数需要运用 nn 子模块的 ReLU、Sigmoid 等类。

3. MSELoss 类

第 3 个类是 nn 子模块的 MSELoss 类，该类用于测算被解释变量的预测值与真实值之间的**均方误差**（mean square error），可以看作一个损失函数。并且有一个参数 reduction 用于设置不同的损失函数结果。下面通过数学表达式进行具体讲解，并且分为两种情形。

情形 1：MSELoss 函数的参数 reduction='mean'（默认状态）。结合第 6.5.1 节的（式 6-51）和（式 6-52），损失函数值 L 有如下的表达式：

$$L = \frac{1}{M} \sum_{i=1}^{M} (\hat{z}_i - z_i)^2 \qquad （式 6\text{-}53）$$

情形 2：MSELoss 函数的参数 reduction='sum'。损失函数值 L 的表达式变为如下形式：

$$L = \sum_{i=1}^{M} (\hat{z}_i - z_i)^2 \qquad （式 6\text{-}54）$$

（式 6-53）与（式 6-54）的唯一区别就是，前者是对平方和求平均值，而后者只求平方和。

4. Adam 类与 Adamax 类

第 4 个类是 optim 子模块的 Adam 类，它是 PyTorch 最常用的随机最优化（stochastic optimization）的优化器，主要有两个参数：一个是 params，表示待优化的参数；另一个是 lr，代表学习率，不输入就默认 lr=0.001，即默认将学习率设定为 0.1%。Adam 比较适用于拥有大量数据及大规模参数的金融场景，而且它很少受到梯度稀疏或梯度噪声的干扰。

此外，也经常会运用 optim 子模块的 Adamax 类，该类是针对 Adam 基于**无穷范数**（infinity norm）的一种变体，它主要的参数依然是 params（待优化的参数）与 lr（学习率），其默认的学习率为 0.2%，即 lr=0.002。

在运用以上的类撰写训练和测试神经网络的代码时，还需要注意以下几方面的事项。

（1）**数据类型**。针对输入的张量，张量中元素的数据类型必须是 32 位浮点型，针对其他数据类型的元素，需要运用如下代码实现对张量元素的数据类型进行调整：

```
张量名称.type(torch.FloatTensor)
```

如果不进行上述的调整，将无法开展神经网络的训练。关于这一点已经在第 6.4.2 节中提到过，这里再一次强调。

（2）**梯度清零**。在神经网络训练中，每次训练完成必须对梯度进行清零，否则梯度就会累加，从而造成向后传播失效，该问题在例 6-15 中也提及过。

（3）**激活函数**。选取不同的激活函数会得到不同的模型结果，因此激活函数的选取是一门"艺术"，选取的方法需要根据不同的金融场景逐步摸索。

（4）**张量形状**。输入的张量在形状上要特别注意，必须符合神经网络运算的要求，在后面讲解循环神经网络、长短期记忆网络等模型时也会反复提到这个问题。

（5）**随机结果**。运用本节前面所提到的类而构建的神经网络模型，由于 PyTorch 在运算过程中带有一定的随机性，每次运行代码得到的模型参数结果会存在差异性，这个问题类似于在第 2.5.2 节提到基于统计分布的随机抽样。为了保证代码运行结果的可重现，需要设定随机数种子，而为了应对各种可能触发随机性的情形，需要在 Python、NumPy 和 PyTorch 中均设定随机数种子，当涉及 GPU 运算时还要在 GPU 上设定随机数种子。相关的代码如下：

```
In [120]: import random                              #导入 Python 的 random 模块

In [121]: random.seed(0)                             #设定 Python 的随机数种子并设置参数值等于 0
     ...: np.random.seed(0)                          #设定 NumPy 的随机数种子并设置参数值等于 0
     ...: torch.manual_seed(0)                       #设定 PyTorch 的随机数种子并设置参数值等于 0
     ...: torch.cuda.manual_seed(0)                  #在 GPU 上设定随机数种子并设置参数值等于 0
     ...: torch.cuda.manual_seed_all(0)              #适用于多个 GPU 的情形
     ...: torch.backends.cudnn.deterministic=True    #开启 cuDNN 中的确定性卷积算法功能
     ...: os.environ['PYTHONHASHSEED']='0'           #禁止 hash 的随机性从而确保运行结果可重现
```

需要注意的是，这里将随机数种子函数中的参数值均设定为 0。当然，读者也可以自行设置其他的参数值，但是当输入不同的参数值以后，得到的训练后的神经网络参数就会有所不同，模型的泛化效果也会受到影响。

接下来，通过 A 股银行股的示例具体演示如何运用 PyTorch 构建全连接神经网络模型。

6.5.3 模型演示

【**例 6-16**】通过构建一个全连接神经网络模型预测 A 股上市银行股票在第四季度的收益率。根据金融理论，影响银行股票收益率的变量可以划分为以下两种。

一是反映银行基本面的财务指标和监管指标。这里选取净资产收益率、净息差、每股收益增长率、营业收入增长率、拨备覆盖率以及杠杆率共计 6 个指标。

二是反映股票特征的指标。选取股票换手率、市盈率以及市净率共计 3 个指标。

训练样本选择 2021 年第三、第四季度的数据，测试样本则选择 2022 年第三、第四季度的数据，一共涉及 37 家 A 股上市商业银行并且它们的上市时间不晚于 2020 年 12 月末。需要注意的是，根据交易所针对上市公司信息披露的要求，第三季度的财务指标和监管指标数据是在当年 10 月对外披露的，因此样本中涉及的这些财务指标和监管指标截至当年第三季度。表 6-6

整理了构建全连接神经网络所涉及的变量以及样本情况。

表 6-6 构建全连接神经网络所涉及的变量以及样本情况

变量类型	变量名称	变量的计算与说明	训练样本的说明	测试样本的说明
被解释变量（因变量）	股票收益率	股票价格的期间涨跌幅	2021 年第四季度的股票收益率	2022 年第四季度的股票收益率
解释变量（自变量）	净资产收益率	净利润除以净资产，反映银行的盈利能力	2021年10月对外披露的各家上市银行当年第三季度的相应变量数据	2022 年 10 月对外披露的各家上市银行当年第三季度的相应变量数据
	净息差	银行净利息收入与银行全部生息资产的比值，反映银行的盈利结构		
	每股收益增长率	每股收益（Earnings Per Share，EPS）的同比增长率，反映银行的成长性		
	营业收入增长率	主营业收入的同比增长率，反映银行的成长性		
	拨备覆盖率	银行计提的各种准备金除以不良贷款，反映银行抵御风险的能力		
	杠杆率	银行的一级资本净额与调整后表内外资产余额之间的比率，反映银行的风险水平		
	股票换手率	股票的成交量除以流通总股数，反映股票的流动性水平	2021 年第三季度的股票换手率	2022 年第三季度的股票换手率
	市盈率	股票价格除以每股收益	2021 年 9 月末的市盈率	2022 年 9 月末的市盈率
	市净率	股票价格除以每股净资产	2021 年 9 月末的市净率	2022 年 9 月末的市净率

将全连接神经网络的隐藏层数量设为 1 层，隐藏层神经元数量为 16 个，隐藏层的激活函数用 Sigmoid 函数。

同时，考虑到神经网络对处于[0,1]区间中的数据学习效果往往是最优的，因此，将变量样本数据进行规范化处理，从而使数据统一映射到[0,1]区间，最常用的处理方法是**最小-最大规范化**（min-max normalization，也称**极值规范化**）。假定样本记为 x_i，通过最小-最大规范化的样本记为 $\tilde{x}_i$，$i = 1, 2, 3, \cdots, M$，存在如下的表达式：

$$\tilde{x}_i = \frac{x_i - \min(x_1, x_2, x_3, \cdots, x_M)}{\max(x_1, x_2, x_3, \cdots, x_M) - \min(x_1, x_2, x_3, \cdots, x_M)} \quad （式 6-55）$$

其中，min 表示取最小值，max 表示取最大值。

针对以上这个示例，构建全连接神经网络模型的编程过程一共分为 5 个步骤。

第 1 步：准备样本数据。导入存放训练样本（2021 年数据）和测试样本（2022 年数据）的 Excel 文件，其中，2021 年数据存放于工作表 Sheet1，2022 年数据存放于工作表 Sheet2；此外，对样本数据进行最小-最大规范化处理。具体的代码如下：

```
In [122]: data2021=pd.read_excel(io='C:/Desktop/A 股上市银行的相关指标与股票数据.xlsx', sheet_
```

```
name='Sheet1',header=0,index_col=0)    #导入工作表Sheet1中的数据

In [123]: data2021.index              #查看索引
Out[123]:
Index(['平安银行', '浦发银行', '民生银行', '招商银行', '华夏银行', '中国银行', '工商银行', '兴业银行', '
中信银行', '交通银行', '南京银行', '宁波银行', '北京银行', '建设银行', '农业银行', '光大银行', '江苏银行', '贵
阳银行', '江阴银行', '无锡银行', '常熟银行', '杭州银行', '上海银行', '苏农银行', '张家港行', '成都银行', '郑州
银行', '长沙银行', '紫金银行', '青岛银行', '西安银行', '青农商行', '苏州银行', '渝农商行', '浙商银行', '
邮储银行', '厦门银行'],
        dtype='object', name='证券名称')

In [124]: data2021.columns            #查看列名
Out[124]:
Index(['净资产收益率', '净息差', '每股收益增长率', '营业收入增长率', '拨备覆盖率', '杠杆率', '股票换
手率', '市盈率', '市净率', '股票收益率'],
        dtype='object')

In [125]: data2021_norm=(data2021-data2021.min())/(data2021.max()-data2021.min())   #最小-最
大规范化处理

In [126]: data2021_norm=np.array(data2021_norm)                    #转换为数组
     ...: data2021_norm=torch.from_numpy(data2021_norm)            #转换为张量
     ...: data2021_norm=data2021_norm.type(torch.FloatTensor)      #张量元素的数据类型调整为32位浮点型
     ...: data2021_norm=data2021_norm.cuda()                       #保存至GPU

In [127]: X_train=data2021_norm[:,:-1]          #取训练样本的解释变量数据

In [128]: Y_train=data2021_norm[:,-1]           #取训练样本的被解释变量数据

In [129]: X_train.size()                        #查看张量的形状（二维张量）
Out[129]: torch.Size([37, 9])

In [130]: Y_train.size()                        #查看张量的形状（一维张量）
Out[130]: torch.Size([37])

In [131]: data2022=pd.read_excel(io='C:/Desktop/A股上市银行的相关指标与股票数据.xlsx', sheet_
name='Sheet2',header=0,index_col=0)    #导入工作表Sheet2中的数据

In [132]: data2022_norm=(data2022-data2022.min())/(data2022.max()-data2022.min())   #最小-
最大规范化处理
     ...: data2022_norm=np.array(data2022_norm)                    #转换为数组
     ...: data2022_norm=torch.from_numpy(data2022_norm)            #转换为张量
     ...: data2022_norm=data2022_norm.type(torch.FloatTensor)      #张量元素的数据类型调整为32位浮点型
     ...: data2022_norm=data2022_norm.cuda()                       #保存至GPU

In [133]: X_test=data2022_norm[:,:-1]           #取测试样本的解释变量数据
     ...: Y_test=data2022_norm[:,-1]            #取测试样本的被解释变量数据
```

第2步：搭建全连接神经网络。在构建神经网络时，需要导入PyTorch的子模块nn和optim，设置全连接层的数量为2层，并且隐藏层的神经元数量是16个，激活函数采用Sigmoid函数，学习率设定为0.0006。相关的代码如下：

```
In [134]: import torch.nn as nn                 #导入PyTorch子模块nn
```

```
   ...: import torch.optim as optim        #导入 PyTorch 子模块 optim

In [135]: n_input=(X_train.size())[-1]     #解释变量的个数
   ...: n_hidden=16                        #隐藏层的神经元数量
   ...: n_output=1                         #被解释变量的个数
   ...: n_bank=(X_train.size())[0]         #样本银行的数量

In [136]: layer1=nn.Linear(in_features=n_input,out_features=n_hidden)   #设置第 1 个全连接层
   ...: layer2=nn.Linear(in_features=n_hidden,out_features=n_output)    #设置第 2 个全连接层

In [137]: model_FCNN=nn.Sequential(layer1,nn.Sigmoid(),layer2,)  #定义全连接神经网络（激活函数
采用 Sigmoid 函数）
   ...: model_FCNN=model_FCNN.cuda()                             #保存至 GPU

In [138]: loss_fun=nn.MSELoss()             #调用 PyTorch 自带的计算均方误差的损失函数
   ...: loss_fun=loss_fun.cuda()            #保存至 GPU

In [139]: lr_FCNN=0.0006                    #设置学习率

In [140]: optim_FCNN=optim.Adam(params=model_FCNN.parameters(),lr=lr_FCNN)   #调用 PyTorch
自带的优化器

In [141]: Y_train=Y_train.reshape(n_bank,n_output)    #转换为二维张量
```

第 3 步：神经网络的训练。训练次数设定为 100000，并且输出训练结果。相关代码如下：

```
In [142]: epoch=100000                      #设置训练次数

In [143]: for i in range(epoch):
   ...:     pred_train=model_FCNN(X_train)          #使用全连接神经网络模型计算被解释变量的预测值
   ...:     Loss=loss_fun(pred_train,Y_train)       #计算损失函数值
   ...:     optim_FCNN.zero_grad()                  #将梯度清零
   ...:     Loss.backward()                         #将梯度向后传播
   ...:     optim_FCNN.step()                       #执行优化运算从而更新全部参数
```

需要注意的是，以上这几行神经网络训练代码的运算会花费比较长的时间，在笔者的计算机上运算耗时 1 分 55 秒，不同的计算机配置会耗费不同的运算时间。此外，在以上代码中，运用 zero_grad 方法的目的是将梯度清零，运用 step 方法的目的是执行优化运算从而更新全部参数。

```
In [144]: pred_train=((pred_train.data).cpu()).numpy()    #保存至 CPU 并转换为数组
   ...: Y_train=(Y_train.cpu()).numpy()
   ...: diff_train=Y_train-pred_train                     #真实值与预测值的差异

In [145]: Y_train=pd.DataFrame(data=Y_train,index=data2021.index,columns=['真实的股票收益率'])
#转换为数据框
   ...: pred_train=pd.DataFrame(data=pred_train,index=data2021.index,columns=['预测的股票
收益率'])
   ...: diff_train=pd.DataFrame(data=diff_train,index=data2021.index,columns=['真实值与预
测值的差异'])

In [146]: result_train=pd.concat([Y_train,pred_train,diff_train],axis=1)   #将 3 个数据框合并
   ...: result_train                                      #查看结果
Out[146]:
```

	真实的股票收益率	预测的股票收益率	真实值与预测值的差异
证券名称			
平安银行	0.262427	2.624264e-01	1.490116e-07
浦发银行	0.386781	3.867815e-01	-1.192093e-07
民生银行	0.602362	6.023617e-01	5.960464e-07
招商银行	0.463752	4.637524e-01	-1.490116e-07
华夏银行	0.636845	6.368452e-01	2.980232e-07
中国银行	0.613466	6.134688e-01	-2.861023e-06
工商银行	0.585520	5.855183e-01	1.728535e-06
兴业银行	0.788994	7.889943e-01	5.960464e-08
中信银行	0.670582	6.705827e-01	-5.960464e-07
交通银行	0.719572	7.195712e-01	1.013279e-06
南京银行	0.570297	5.702969e-01	-5.960464e-08
宁波银行	1.000000	9.999999e-01	1.192093e-07
北京银行	0.693115	6.931142e-01	8.344650e-07
建设银行	0.533487	5.334862e-01	8.344650e-07
农业银行	0.613466	6.134641e-01	1.907349e-06
光大银行	0.523833	5.238354e-01	-2.264977e-06
江苏银行	0.620923	6.209233e-01	1.788139e-07
贵阳银行	0.465337	4.653371e-01	-4.172325e-07
江阴银行	0.636134	6.361336e-01	0.000000e+00
无锡银行	0.501591	5.015912e-01	-2.980232e-07
常熟银行	0.748903	7.489031e-01	-2.384186e-07
杭州银行	0.000000	1.930166e-07	-1.930166e-07
上海银行	0.506578	5.065798e-01	-1.370907e-06
苏农银行	0.337991	3.379922e-01	-1.192093e-06
张家港行	0.674606	6.746054e-01	5.960464e-07
成都银行	0.664705	6.647050e-01	-3.576279e-07
郑州银行	0.248588	2.485891e-01	-9.238720e-07
长沙银行	0.367070	3.670708e-01	-8.344650e-07
紫金银行	0.639537	6.395354e-01	1.370907e-06
青岛银行	0.468471	4.684708e-01	-8.940697e-08
西安银行	0.524476	5.244771e-01	-1.549721e-06
青农商行	0.579990	5.799897e-01	1.192093e-07
苏州银行	0.587968	5.879678e-01	4.768372e-07
渝农商行	0.602219	6.022196e-01	-5.960464e-07
浙商银行	0.552326	5.523249e-01	1.132488e-06
邮储银行	0.630556	6.305552e-01	4.768372e-07
厦门银行	0.073624	7.362400e-02	8.195639e-08

根据以上的输出结果不难发现，训练 100000 次的神经网络对训练数据的拟合程度非常高，真实值与预测值之间的差异出现在小数点后 6 位或更后面的位数。

第 4 步：输出神经网络的参数。输出神经网络的参数需用运用函数 named_parameters 并且需将这些参数存放于字典。需要注意，构建的全连接神经网络有两个全连接层，每一层都有权重参数和偏置参数。具体的代码如下：

```
In [147]: parameter=dict(model_FCNN.named_parameters())    #调取训练后的神经网络参数并将其存放于字典

In [148]: parameter['0.weight']                            #查看输入第1个全连接层的权重参数
Out[148]:
Parameter containing:
tensor([[-1.713608,  3.786795,  2.618654,  1.176112, -2.283339,  1.938907,
```

```
              -0.343648, -1.999731,  0.823435],
             [-1.711232,  2.794726, -0.425594, -1.015669, -1.740679, -1.614411,
               1.673280, -2.959550,  0.453425],
             [-0.816869,  1.525083, -0.517168,  1.548790,  0.572933,  0.427520,
               0.185401,  2.034838,  2.588495],
             [-0.943029, -0.240613,  0.280090,  0.103357,  1.092281, -1.050804,
              -0.332126,  0.309831, -0.055761],
             [-2.982247,  3.841353, -1.121776,  3.627345,  1.549108, -1.335476,
              -0.389646, -1.635582,  2.653744],
             [-1.451655,  4.359659,  4.110298, -4.089677, -1.367139, -0.573103,
              -1.249117,  1.758135,  2.135376],
             [ 1.211829,  2.776182, -1.599661, -1.752173,  1.219475, -2.685861,
               0.581905,  2.780466,  0.881975],
             [-0.023645, -0.212766, -0.068767, -0.037030, -0.043228,  0.507271,
               0.211656, -1.108880, -0.250658],
             [-0.261493,  2.046042,  0.508807,  1.732521,  1.395563, -0.595186,
              -1.003032,  0.388528,  0.353436],
             [ 2.630372,  3.869781, -0.302887, -1.299478, -3.891590,  4.049828,
               0.911964, -3.295436,  4.014872],
             [-0.078633, -0.037085,  0.030113, -0.084623, -0.702790,  0.150631,
              -0.200936, -0.679709, -0.508653],
             [-1.404051,  2.806825, -0.182592, -1.140111, -1.179114, -1.933561,
               1.684412, -1.348305, -0.098746],
             [ 0.204665, -0.487487, -0.261986,  0.304266, -0.106590,  0.889335,
               0.105608, -1.019457,  0.072625],
             [ 1.416771, -0.974740,  0.683724,  2.266064,  2.025899, -2.026883,
               0.538248, -1.562073,  0.209818],
             [-0.382374,  0.454702,  0.223313,  0.222566,  0.557717, -0.521914,
               0.681050,  0.838718,  1.196766],
             [-0.095079, -0.463562, -0.199671, -0.199865, -0.160819,  0.754028,
              -0.085478, -0.579365, -0.535932]], device='cuda:0',
       requires_grad=True)
```

需要提醒的是,以上输出的权重参数在经过转置以后所得到的张量形状能与第 6.5.1 节的(式 6-44)权重矩阵形状保持一致。

```
In [149]: parameter['0.bias']              #查看输入第 1 个全连接层的偏置参数
Out[149]:
Parameter containing:
tensor([-0.663333, -0.007243,  0.110975, -0.185651, -2.404700, -0.856578,
        -2.260035, -0.195453, -0.327087,  1.814589,  0.222321, -0.356140,
         0.439960, -0.886951, -0.146219, -0.045839], device='cuda:0',
       requires_grad=True)
```

乍一看,读者可能会感觉惊讶,因为第 6.5.1 节的(式 6-45)表示的是一个 M 行 H 列的矩阵,而以上代码输出的结果却是一个一维张量。出现这种情况的原因在于该偏置矩阵虽然是 M 行 H 列的矩阵,但是矩阵中每一列的元素均相同,因此,代码输出的结果是压缩后的一维张量。

```
In [150]: parameter['2.weight']            #查看第 2 个全连接层权重参数
Out[150]:
Parameter containing:
tensor([[-1.301104, -0.755109, -0.575273, -0.379884,  1.517961,  1.383501,
         -1.129096,  0.206887, -0.676346,  1.403829,  0.333906, -0.725770,
```

```
                0.352402,  0.570880, -0.490606,  0.322861]], device='cuda:0',
        requires_grad=True)

In [151]: parameter['2.bias']                              #查看第2个全连接层的偏置参数
Out[151]:
Parameter containing:
tensor([0.002465], device='cuda:0', requires_grad=True)
```

同样，第 6.5.1 节的（式 6-50）中针对第 2 个全连接层的偏置是包含 M 个元素的向量，而代码输出的结果仅是包含一个元素的张量，也是由于该偏置向量中的每一个元素均相同，因此在输出代码的结果时就压缩为仅包含一个元素的一维张量。

第 5 步：神经网络的测试。运用测试样本对训练后的全连接神经网络进行测试，并且将测试的结果可视化（见图 6-13）。具体的代码如下：

```
In [152]: pred_test=model_FCNN(X_test)                     #计算测试阶段的被解释变量预测值

In [153]: pred_test=((pred_test.data).cpu()).numpy()       #将数据取回至 CPU 并且转换为数组
     ...: Y_test=(Y_test.cpu()).numpy()

In [154]: Y_test=pd.DataFrame(data=Y_test,index=data2022.index,columns=['真实的股票收益率'])
     #转换为数据框
     ...: pred_test=pd.DataFrame(data=pred_test,index=data2022.index,columns=['预测的股票收
益率'])

In [155]: plt.figure(figsize=(9,6))
     ...: plt.plot(Y_test,'r*',label='真实的 2022 年第四季度股票收益率（规范化处理）')    #用星号表示
     ...: plt.plot(pred_test,'bs',label='预测的 2022 年第四季度股票收益率（规范化处理）') #用正方形
表示
     ...: plt.xticks(fontsize=12,rotation=90)               #x 轴刻度逆时针旋转 90°
     ...: plt.yticks(fontsize=12)
     ...: plt.ylim(ymin=-0.1,ymax=1.3)
     ...: plt.ylabel('收益率',fontsize=12)
     ...: plt.title('全连接神经网络模型在测试阶段的预测效果',fontsize=12)
     ...: plt.legend(fontsize=12)
     ...: plt.grid()
     ...: plt.show()
```

图 6-13 是经过训练后的全连接神经网络模型在测试阶段运用测试样本的预测结果，将预测值与真实值进行比较，并且按照两者之间的差异程度将结果划分为以下 3 类。

一是预测精确度较高，也就是经规范化处理后的真实收益率与预测收益率的差异绝对值小于 0.2。涉及的样本包括平安银行、民生银行、招商银行、华夏银行、中国银行、工商银行、兴业银行、建设银行、农业银行、贵阳银行、杭州银行、上海银行、郑州银行、长沙银行、青岛银行、西安银行、青农商行、渝农商行、浙商银行等 19 家银行，超过全部样本银行数量的 50%。

二是预测精确度较低，也就是经规范化处理后的真实收益率与预测收益率的差异绝对值大于 0.4。涉及的样本仅包括南京银行、宁波银行、江阴银行、常熟银行、成都银行、苏州银行、厦门银行等 7 家银行，占全部银行样本数量的不到 20%。

三是预测精确度适中，也就是经规范化处理后的真实收益率与预测收益率的差异绝对值落

在 0.2 至 0.4 的区间中。涉及的样本包括浦发银行、中信银行、交通银行、北京银行、光大银行、江苏银行、无锡银行、苏农银行、张家港行、紫金银行、邮储银行等 11 家银行，占全部样本银行数量的约 30%。

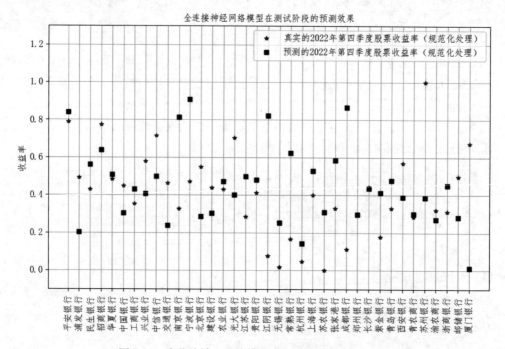

图 6-13　全连接神经网络模型在测试阶段的预测效果

此外，由于本章的篇幅所限，该示例以及本章后面的其他示例，均没有考虑训练的不同次数与模型泛化效果之间的关系，感兴趣的读者可以自行尝试。

6.6　循环神经网络

第 3 章曾提到过在许多金融场景中，金融数据是时间序列数据，而第 6.5 节讨论的全连接神经网络无法有效处理时间序列数据，那么在深度学习领域是否存在适用于处理时间序列数据的神经网络模型呢？答案必然是肯定的，本节详细分析的循环神经网络就适用于处理时间序列数据。

循环神经网络（Recurrent Neural Network，RNN）是深度学习领域用于处理时间序列数据的常用神经网络模型之一，其核心思想是"人的认知基于过往经验与记忆"。目前，循环神经网络在针对利率、汇率、股价等金融变量的预测工作中开始崭露头角。

6.6.1　模型的介绍

为了便于理解，下面以比较常见且相对简单的循环神经网络模型作为示例进行讲解。

1. 示意图

循环神经网络的示意如图 6-14 所示，其中，左图是循环神经网络的简易示意，对于初次学习神经网络的读者而言，该图比较抽象并且不容易理解，因此将左图展开给出完整示意（右图），同时针对示意中的符号做出如下说明。

t 时刻代表**每个时间步**，并且取值是 $t=1,2,3,\cdots,T$。

X_t 代表在 t 时刻输入神经网络的样本值，它是包括 p 个元素的向量，比如，$X_1=[x_1 x_2 x_3 \cdots x_p]$，$X_2=[x_2 x_3 x_4 \cdots x_{p+1}]$，以此类推。

h_t 代表由 n 个**隐藏单元**（hidden unit）组成的隐藏层在 t 时刻的取值[①]，也称为**隐藏状态**（hidden state），通常是一个矩阵，而这里的 n 在金融场景中通常会取 16、32、64 等数值，h_0 则是隐藏层的初始值。

需要特别强调的是，h_1 是由 X_1 和 h_0 共同决定的，h_2 是由 X_2 和 h_1 共同决定的，依次类推可以抽象得到 h_t 是由 X_t 和 h_{t-1} 共同决定的。显然，不同时刻的隐藏层之间有了循环连接，也就融入了循环反馈的功能，因此这里的隐藏层也称为**循环层**（recurrent layer），它最终使得神经网络具备一定的记忆效应，这是循环神经网络与全连接神经网络最重要的区别。

$\hat{Z}_t$ 代表模型在 t 时刻输出的预测值并且它是包括 q 个元素的向量，比如，$\hat{Z}_1=[\hat{z}_1 \hat{z}_2 \hat{z}_3 \cdots \hat{z}_q]$，$\hat{Z}_2=[\hat{z}_2 \hat{z}_3 \hat{z}_4 \cdots \hat{z}_{q+1}]$，以此类推；$Z_t$ 代表在 t 时刻需要预测变量的真实值并且它也是包括 q 个元素的向量；L_t 是在 t 时刻的损失值，通过 $\hat{Z}_t$ 和 Z_t 共同计算得到。

此外，U、V 和 W 是模型的 3 个参数，分别对应输入隐藏层的权重矩阵、隐藏层输出的权重矩阵，以及不同隐藏状态之间的权重矩阵，这 3 个参数在整个模型中是共享的。

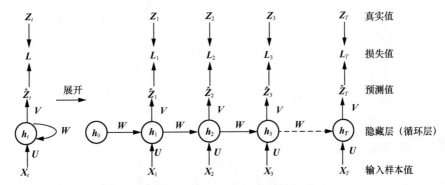

注：（1）左图是简易示意，右图则是将简易示意进行展开而给出的完整示意；
（2）图中的每个圆圈代表由 n 个隐藏单元组成的隐藏层（循环层）；
（3）右图中的 ---▶ 代表省略了相似的运算过程，从而在不影响理解的前提下使图的表达更简洁。

图 6-14　循环神经网络的示意

2. 数学表达式以及模型分类

运用数学表达式展示图 6-14 的计算过程，具体采用以下的动态更新方程并且主要采用矩阵运算：

$$a_t = UX_t + Wh_{t-1} + b_1 \quad \text{（式 6-56）}$$

$$h_t = \tanh(a_t) = \tanh(UX_t + Wh_{t-1} + b_1) \quad \text{（式 6-57）}$$

$$Y_t = Vh_t + b_2 \quad \text{（式 6-58）}$$

$$\hat{Z}_t = \text{softmax}(Y_t) \quad \text{（式 6-59）}$$

[①] 这里的隐藏单元类似于第 6.5.1 节讨论的隐藏层神经元。

在以上的（式 6-56）至（式 6-59）中，b_1 和 b_2 均代表偏置并且均为矩阵，tanh 代表激活函数 tanh 函数，softmax 代表 softmax 函数[①]，Y_t 通过隐藏状态 h_t 的一个线性表达式计算得到并且运用 softmax 函数转换为预测值 $\hat{Z}_t$，L 代表损失函数并且用于向前传播与向后传播，其他的参数和变量与图 6-13 中的保持一致。

同时，在循环神经网络中，就理论而言损失函数 L 是所有时间步的损失之和，也就是如下的表达式：

$$L = L_1 + L_2 + \cdots + L_T = \sum_{t=1}^{T} L_t \qquad (式\ 6\text{-}60)$$

梯度计算涉及执行一次向前传播（如在图 6-13 的展开图中从左往右的传播），然后执行一次向后传播（如在图 6-13 的展开图中由右向左的传播），因此计算成本是很高的。

需要指出的是，在图 6-13 给出的循环神经网络示意中，在 t 时刻包含 p 个元素的输入样本 X_t 可以称为序列长度为 p 的样本，在 t 时刻包含 q 个元素的变量真实值样本 Z_t 可以称为序列长度为 q 的样本。按照输入样本的序列长度 p 与变量真实值样本序列长度 q 的不同，循环神经网络可以划分出如下 4 种模型。

第 1 种是**多对一**（many to one），即 $p \geqslant 2$，同时 $q = 1$，比如运用过去连续 10 个交易日的股票价格预测下一个交易日的股票价格。

第 2 种是**多对多**（many to many），即 $p \geqslant 2$，同时 $q \geqslant 2$，比如用过去连续 10 个交易日的股票价格预测未来 5 个交易日的股票价格。

第 3 种是**一对一**（one to one），即 $p = 1$，同时 $q = 1$，比如用过去 1 个交易日的股票价格预测下一个交易日的股票价格。

第 4 种是**一对多**（one to many），即 $p = 1$，同时 $q \geqslant 2$，比如用过去 1 个交易日的股票价格预测未来 5 个交易日的股票价格。

在金融场景中，多对一模型运用最普遍，下面通过一个示例讲解循环神经网络的多对一模型在金融场景中的运用。

3. 多对一模型的举例说明

【例 6-17】 假定证券分析师希望通过循环神经网络并运用连续 20 个交易日的沪深 300 指数收盘价去预测下一个交易日（第 21 个交易日）的沪深 300 指数收盘价，用于模型训练的数据样本（训练样本）是连续 100 个交易日的收盘价数据。设定 p_i 是沪深 300 指数在第 i 个交易日的收盘价，$i = 1, 2, \cdots, 80$，而 $\hat{p}_{i+20}$ 则是循环神经网络给出的预测值。这里的 20 代表了每一个输入样本序列的长度。图 6-15 所示为循环神经网络的多对一模型示意。

需要强调的是，该示例是运用单变量进行预测的，也就是用该变量的已有时间序列去预测该变量未来某个时刻的数值，每次输入的时间序列样本是包含 τ 个元素的向量。

当然在金融场景中，也会运用多变量预测，具体是用 N 个变量的时间序列去预测一个变量的值，比如用沪深 300 指数的开盘价、最高价、最低价、成交量等多个解释变量（特征变量）去预测该指数的收盘价（被解释变量），每次输入的时间序列样本变成一个 $\tau \times N$ 的矩阵。

[①] softmax 函数也被称为**归一化指数函数**，假定样本数据为 x_i 并且 $i=1,2,\cdots,n$，就有以下关系式：$\mathrm{softmax}(x_i) = e^{x_i} / \sum_{j=1}^{n} e^{x_j}$。

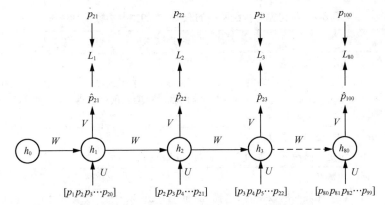

注：图中的每个圆圈依然代表由 n 个隐藏单元所组成的隐藏层（循环层）；
图中的 ---▶ 代表省略了相似的运算过程。

图 6-15　循环神经网络的多对一模型示意

4. 轮与批量

在神经网络训练中，遍历一次完整的训练样本就称为**一轮**（one epoch），也就是全部的训练样本都在神经网络运算中做了一次向前传播与一次向后传播。

在金融场景中，训练样本的数量往往会比较庞大，为了提升神经网络训练的效率，通常会引入**批量**（batch），也就是将整个训练样本划分为若干个批量，每一个批量的大小称为**批量规模**（batch size）。

下面结合例 6-17 简要讨论神经网络训练中的轮与批量，假定批量规模为 S，通过图 6-16 进行展示。

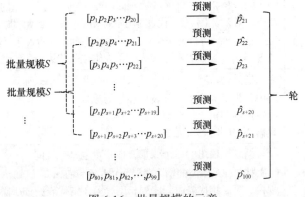

图 6-16　批量规模的示意

结合图 6-16，批量规模为 S 的每一个批量意味着将一个 $S \times \tau \times N$ 的三维张量作为输入样本（运用到例 6-17 就是一个 $S \times 20 \times 1$ 的三维张量），对应的输出预测值可以是元素数量为 S 的一维张量。

6.6.2　RNN 类

在 PyTorch 的 nn 子模块中，有一个能用于构建循环神经网络的 RNN 类，表 6-7 针对该类的主要参数与其用法做了归纳。此外，为了更好地突出循环神经网络的特点，下面统一采用"循环层"这一术语来表示隐藏层。

表 6-7 构建循环神经网络的 RRN 类的主要参数及其用法

主要参数	用法说明
input_size	输入样本的特征变量个数。 举例说明：假定运用股票的开盘价、成交量、换手率这 3 个特征变量去预测股票的收盘价，则输入 input_size=3；如果仅用过往的收盘价数据去预测收盘价，此时特征变量只有 1 个，则输入 input_size=1
hidden_size	循环层的隐藏单元数量。 比如，设定隐藏单元数量为 32，输入 hidden_size=32
num_layers	循环层的数量。 比如，设定循环层的数量为 2，输入 num_layers=2；该参数默认为 1
nonlinearity	激活函数的设定，并且只能选择 tanh 函数或者 ReLU 函数，默认选择 tanh 函数
batch_first	选择是否将批量规模的大小作为输入张量的行数。 需强调的是，为了代码撰写的便利性，在金融场景中，通常输入 batch_first=True，具体会在表 6-8 中做进一步说明
bidirectional	选择是否构建双向循环神经网络。输入 bidirectional=True 表示模型是双向循环神经网络，默认是单向循环神经网络，并且本章仅涉及单向循环神经网络

同时，在运用 RNN 类构建循环神经网络的过程中，要特别留意 RNN 类的输入张量与输出张量的含义与形状，相应的要点归纳在表 6-8 中。

表 6-8 RNN 类的输入张量与输出张量的含义与形状

阶段	张量名称	含义与形状
循环层的输入	in_put	代表输入时间序列数据样本，要求以三维张量的格式输入。 （1）如果 RNN 类的输入参数 batch_first=True，输入张量的第 1 维（行数）代表批量规模，第 2 维（列数）代表时间序列长度，第 3 维（深度）代表特征变量的个数。 （2）如果输入 batch_first=False 或者不输入，输入张量的第 1 维代表时间序列长度，第 2 维代表批量规模，第 3 维依然代表特征变量的个数
循环层的输入	h_0	表示初始隐藏状态，同样要求以三维张量的格式输入。 其中，张量的第 1 维代表循环层的数量（针对单向循环神经网络）或者循环层的数量的两倍（针对双向循环神经网络），第 2 维代表批量规模，第 3 维则代表循环层的隐藏单元数量
循环层的输出	out_put	代表循环层输出的一个张量，该张量也是三维的。 （1）如果 RNN 类的输入参数 batch_first=True，该输出张量的第 1 维代表批量规模，第 2 维代表时间序列长度，第 3 维代表循环层隐藏单元数量（针对单向循环神经网络）或者循环层隐藏单位数量的两倍（针对双向循环神经网络）。 （2）如果输入 batch_first=False 或者不输入，则输出张量的第 1 维代表时间序列长度，第 2 维代表批量规模，第 3 维依然代表循环层隐藏单元数量（针对单向循环神经网络）或者循环层隐藏单位数量的两倍（针对双向循环神经网络）
循环层的输出	h_n	代表循环层在最后时间步的隐藏状态，以三维张量的格式输出，张量的形状与 h_0 的形状保持一致

此外，在构建循环神经网络过程中，还将运用如下 3 个类：第 1 个是 nn 子模块的 Linear 类，第 2 个是 nn 子模块的 MSLoss 类，第 3 个则是 optim 子模块的 Adam 类，这些类的含义与用法已经在第 6.5.2 节做了介绍。

Linear 类在循环神经网络中主要是用于从循环层至预测值输出的运算（即"全连接层的运算"），参数 in_features 的值等于循环层隐藏单元数量乘序列的长度，参数 out_features 的值等于输出样本的特征变量个数，比如当网络仅用于预测收盘价时，输出样本就只有一个特征变量，那么只需输入 out_features=1 即可。

6.6.3　模型演示

下面，通过一个金融示例详细演示如何运用 PyTorch 构建循环神经网络，同时为了便于读者掌握代码编程的逻辑脉络，将采用过程式编程与面向对象编程这两种不同的编程范式分别演示编程的具体过程。

【例 6-18】针对沪深 300 指数的收盘价数据，构建循环神经网络模型用于预测沪深 300 指数收盘价的走势。建模的思路是通过连续 30 个交易日的收盘价预测下一个交易日的收盘价。在数据样本方面，以 2020 年至 2021 年的收盘价数据作为训练样本，测试样本采用 2022 年前 8 个月的收盘价数据，这里选择 8 个月的数据是为了使模型测试阶段的可视化能够便于目测。

循环神经网络的参数设置如下：循环层的数量为 1，隐藏单元数量为 32，批量规模为 20（设置批量规模以提升网络训练的效率）。

1. 过程式编程

首先采用过程式编程进行演示，一共分为以下 4 个步骤。

第 1 步：数据准备。依次导入存放沪深 300 指数 2020 年至 2021 年收盘价、2022 年前 8 个月收盘价的 2 个 Excel 文件，对数据做最小-最大规范化处理，并且将数据划分为训练样本和测试样本。同时，为了构建出能够满足表 6-8 中输入张量的形状要求，需要依次通过列表、数组等不同的数据结构才能完成最终的张量构建。相关代码如下：

```
In [156]: price_train=pd.read_excel(io='C:/Desktop/沪深 300 指数收盘价（2020 至 2021 年）.xlsx',
sheet_name='Sheet1',header=0,index_col=0)    #导入外部数据
     ...: price_test=pd.read_excel(io='C:/Desktop/沪深 300 指数收盘价（2022 年前 8 个月）.xlsx',
sheet_name='Sheet1',header=0,index_col=0)

In [157]: norm_train=(price_train-price_train.min())/(price_train.max()-price_train.min()) #
最小-最大规范化处理
     ...: norm_test=(price_test-price_test.min())/(price_test.max()-price_test.min())

In [158]: N_train=len(price_train)         #训练样本的总数量
     ...: N_test=len(price_test)           #测试样本的总数量

In [159]: n_seq=30                         #设定每个序列的长度（30 个交易日）

In [160]: X_train,Y_train=[],[]            #均设定为空列表用于后续存放训练样本数据

In [161]: for i in range(N_train-n_seq):   #依次取从 0 到 N_train-n_seq-1 的整数
     ...:     X_train.append(np.array(norm_train.iloc[i:i+n_seq])) #创建 1 个列表并且该列表中的每个元素均是一个数组
     ...:     Y_train.append(np.array(norm_train.iloc[i+n_seq]))   #将从第 31 个交易日的收盘价开始的数据逐个添加至列表
```

需要注意的是，在列表 X_train 中是无法取到最后一个交易日的数据的，在列表 Y_train 中

则需要取到最后一个交易日的数据。

```
In [162]: X_test,Y_test=[],[]                    #均设定为空列表用于后续存放测试样本数据

In [163]: for i in range(N_test-n_seq):          #依次取从 0 到 N_test-n_seq-1 的整数
     ...:     X_test.append(np.array(norm_test.iloc[i:i+n_seq]))
     ...:     Y_test.append(np.array(norm_test.iloc[i+n_seq]))

In [164]: X_train=np.array(X_train)              #转换为数组
     ...: Y_train=np.array(Y_train)
     ...: X_test=np.array(X_test)
     ...: Y_test=np.array(Y_test)

In [165]: X_train=torch.from_numpy(X_train)      #转换为张量
     ...: Y_train=torch.from_numpy(Y_train)
     ...: X_test=torch.from_numpy(X_test)
     ...: Y_test=torch.from_numpy(Y_test)

In [166]: X_train.size()                         #查看张量的形状（三维张量）
Out[166]: torch.Size([456, 30, 1])

In [167]: Y_train.size()                         #查看张量的形状（二维张量）
Out[167]: torch.Size([456, 1])

In [168]: X_test.size()
Out[168]: torch.Size([131, 30, 1])

In [169]: Y_test.size()
Out[169]: torch.Size([131, 1])

In [170]: X_train=X_train.type(torch.FloatTensor)   #将张量元素的数据类型调整为 32 位浮点型
     ...: Y_train=Y_train.type(torch.FloatTensor)
     ...: X_test=X_test.type(torch.FloatTensor)
     ...: Y_test=Y_test.type(torch.FloatTensor)

In [171]: X_train=X_train.cuda()                 #将张量存放至 GPU
     ...: Y_train=Y_train.cuda()
     ...: X_test=X_test.cuda()
     ...: Y_train=Y_train.cuda()
```

第 2 步：搭建模型，包括构建循环神经网络的循环层以及从循环层到预测值输出的运算。同时，损失函数选择均方误差模型，学习率设定为 0.0008。相关的代码如下：

```
In [172]: n_input=1                              #输入样本的特征变量个数为 1
     ...: n_layer=1                              #循环层的数量为 1
     ...: n_hidden=32                            #循环层隐藏单元数量为 32
     ...: n_batch=20                             #批量规模为 20
     ...: n_output=1                             #输出样本的特征变量个数也是 1

In [173]: layer_RNN=nn.RNN(input_size=n_input,hidden_size=n_hidden,num_layers=n_layer,
     ...:                 batch_first=True)      #构建循环神经网络的循环层
     ...: layer_RNN=layer_RNN.cuda()             #存放至 GPU
```

```
In [174]: layer_Linear=nn.Linear(in_features=n_hidden*n_seq,out_features=n_output) #构建从
循环层至预测值输出的运算(全连接层的运算)
     ...: layer_Linear=layer_Linear.cuda()

In [175]: loss_fun=nn.MSELoss()                    #计算均方误差的损失函数
     ...: loss_fun=loss_fun.cuda()

In [176]: learn_rate=0.0008                        #学习率
     ...: optimizer1=optim.Adam(layer_RNN.parameters(),lr=learn_rate) #调用PyTorch自带的优化器
     ...: optimizer2=optim.Adam(layer_Linear.parameters(),lr=learn_rate)
```

第3步：模型训练。运用在第1步设定好的训练样本对循环神经网络模型进行训练，并且将训练次数设定为150。需要提醒的是，按照普遍的做法，针对初始隐藏状态的张量，其元素均设定为0。相关的代码如下：

```
In [177]: h_0=torch.zeros(n_layer,n_batch,n_hidden)  #隐藏状态初始化
     ...: h_0=h_0.cuda()

In [178]: n_epoch=150                                #训练次数
     ...: n_train=X_train.size()[0]                  #取训练样本张量的行数

In [179]: for i in range(n_epoch):                   #运用for语句进行训练
     ...:     for j in range(n_train-n_batch+1):     #依次取0至n_train-n_batch的整数
     ...:         in_put=X_train[j:j+n_batch]        #每次取张量的20行(批量规模)
     ...:         out_put,h_n=layer_RNN(in_put,h_0)  #循环神经网络循环层的输出(包含out_put和h_n)
     ...:         out_put=out_put.reshape(n_batch,n_hidden*n_seq) #转换为二维张量
     ...:         Y_pred=layer_Linear(out_put)       #循环神经网络输出预测值
     ...:         Y_true=Y_train[j:j+n_batch]        #取真实值
     ...:         Y_true=Y_true.reshape(n_batch,1)   #转换成与Y_pred形状一致的二维张量
     ...:         Loss=loss_fun(Y_pred,Y_true)       #计算损失函数值
     ...:         optimizer1.zero_grad()             #将梯度初始化为0
     ...:         optimizer2.zero_grad()
     ...:         Loss.backward()                    #将梯度向后传播
     ...:         optimizer1.step()                  #更新参数
     ...:         optimizer2.step()
```

需要提醒的是，循环神经网络的训练过程比较耗时，在代码运行过程中用户需要有足够的耐心进行等待。

第4步：模型测试。运用在第1步设定好的测试样本并结合第3步训练完成的循环神经网络模型，对模型进行测试。相关的代码如下：

```
In [180]: n_test=X_test.size()[0]                    #取测试样本张量的行数

In [181]: Y_pred_list1=torch.zeros(n_test)           #存放测试阶段的预测值
     ...: Y_pred_list1=Y_pred_list1.cuda()

In [182]: for t in range(n_test-n_batch+1):          #依次取0至L_test-n_batch的正整数
     ...:     in_put=X_test[t:t+n_batch]             #每次取张量的20行(批量规模)
     ...:     out_put,h_n_test=layer_RNN(in_put,h_0) #循环神经网络循环层的输出
     ...:     out_put=out_put.reshape(n_batch,n_hidden*n_seq) #转换为二维张量
     ...:     Y_pred=layer_Linear(out_put)           #输出预测值
     ...:     Y_pred=Y_pred.detach()                 #关闭自动求导功能
     ...:     Y_pred_list1[t:t+n_batch]=Y_pred.ravel() #转换为一维张量并存放预测值
```

需要注意的是，对于在测试阶段得到的预测值，需要及时关闭预测值张量的自动求导功能并且将张量的维度降至一维，从而便于后续将其转换为数组以及与真实值做对比。可以通过 ravel 方法将任何维度的张量转换为一维张量。

```
In [183]: Y_test=(Y_test.cpu()).numpy()                    #转换为数组
     ...: Y_test=pd.DataFrame(data=Y_test,index=norm_test.index[-len(Y_test):],
     ...:                     columns=['真实的沪深300指数收盘价（规范化处理）'])  #转换为数据框
     ...: Y_test.index=pd.DatetimeIndex(Y_test.index)   #索引的时间数据类型调整为datetime64类型

In [184]: Y_pred_list1=(Y_pred_list1.cpu()).numpy()
     ...: Y_pred_list1=pd.DataFrame(data=Y_pred_list1,index=norm_test.index[-len(Y_test):],
     ...:                     columns=['预测的沪深300指数收盘价（规范化处理）'])
     ...: Y_pred_list1.index=pd.DatetimeIndex(Y_pred_list1.index)

In [185]: plt.figure(figsize=(9,6))
     ...: plt.plot(Y_test,'r',label='真实的沪深300指数收盘价（规范化处理）',lw=2)
     ...: plt.plot(Y_pred_list1,'b',label='预测的沪深300指数收盘价（规范化处理）',lw=2)
     ...: plt.xticks(fontsize=12)
     ...: plt.xlabel('日期',fontsize=12)
     ...: plt.yticks(fontsize=12)
     ...: plt.ylabel('收盘价',fontsize=12)
     ...: plt.title('循环神经网络模型（过程式编程）在测试阶段的预测效果',fontsize=12)
     ...: plt.legend(fontsize=12)
     ...: plt.grid()
     ...: plt.show()
```

从图 6-17 可以看到，通过构建循环神经网络模型，预测得到的沪深 300 指数收盘价能够跟随真实收盘价的走势。

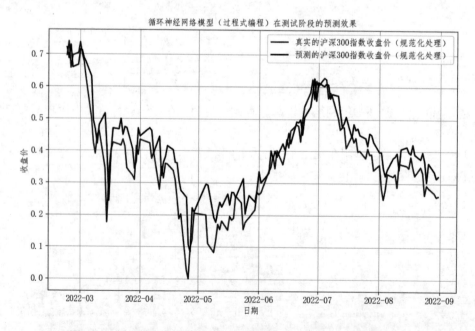

图 6-17　循环神经网络模型（过程式编程）在测试阶段的预测效果

当然，由于股票指数的价格走势会受到诸多因素的影响而存在极大的不确定性，一味地尝试通过包括神经网络在内的各种模型去预测股票指数的走势,可能会徒劳无功。

2. 面向对象编程

下面演示面向对象编程。此时需要构造一个新的类对象,在第1.6节就针对如何构造一个新的类对象展开过讨论。例6-18在运用面向对象编程过程中,需要通过nn子模块的Module类自定义一个循环神经网络模型的类。此外,由于相关数据的准备已经在过程式编程中完成了,因此,面向对象编程一共分为以下3个步骤。

第1步:构造循环神经网络模型。由于运用到Module类,按照通常的做法在编程过程中需要自定义两个基本的函数:一是自定义构造函数__init__,该函数用于构建循环神经网络的循环层以及从循环层至预测值输出的运算,注意这里的"__"由连续输入的两条下画线"_"组成;二是自定义向前传播函数 forward,该函数用于设定整个循环神经网络模型的向前传播过程。相关的代码如下:

```
In [186]: class SimpleRNN(nn.Module):    #构造一个SimpleRNN类并且该类继承Module类
     ...:     def __init__(self):
     ...:         '''定义一个构造函数
     ...:         self:代表参数是实例对象本身'''
     ...:         super(SimpleRNN,self).__init__()    #通过super函数调用Module类的构造函数
     ...:         self.rnn=nn.RNN(input_size=n_input,hidden_size=n_hidden,
     ...:                         num_layers=n_layer,batch_first=True)    #定义循环层
     ...:         self.linear=nn.Linear(in_features=n_hidden*n_seq,out_features=n_output)
#定义从循环层至预测值输出的运算
     ...:     def forward(self,Input,h0):
     ...:         '''定义一个向前传播函数。
     ...:         self:代表参数是实例对象本身。
     ...:         Input:代表三维张量的输入样本,该张量的第1维是批量规模,第2维是时间序列长度,第3维
是特征变量个数。
     ...:         h0:代表三维张量的初始隐藏状态,该张量的第1维是循环层数量,第2维是批量规模,第3维是
循环层隐藏单元数量'''
     ...:         Output1,hn=self.rnn(Input,h0)            #输出Output1以及hn
     ...:         Output1=Output1.reshape(n_batch,n_hidden*n_seq)    #转换为二维张量
     ...:         Output2=self.linear(Output1)             #输出预测值
     ...:         return Output2,hn                        #最终输出Output2以及hn
```

通过以上代码就完成了对SimpleRNN类的自定义编程工作,后续可以通过对该类的实例化运用来开展循环神经网络模型的训练。

```
In [187]: model=SimpleRNN()                   #调用SimpleRNN类
     ...: model=model.cuda()                  #存放至GPU

In [188]: loss_fun=nn.MSELoss()               #计算均方误差的损失函数
     ...: loss_fun=loss_fun.cuda()

In [189]: learn_rate=0.0008                   #学习率依然设为0.0008
     ...: optimizer=optim.Adam(model.parameters(),lr=learn_rate)    #调用PyTorch自带的优化器
```

第2步:训练循环神经网络模型。相关的代码与前面过程式编程的第3步的相关代码存在一定的相似性。具体如下:

```
In [190]: h_0=torch.zeros(n_layer,n_batch,n_hidden)    #初始隐藏状态的取值
```

```
In [191]: for i in range(n_epoch):                          #运用for语句进行训练
     ...:     for j in range(n_train-n_batch+1):            #依次取0至n_train-n_batch的整数
     ...:         in_put=X_train[j:j+n_batch]               #每次取张量的20行(批量规模)
     ...:         out_put,h_n=model(Input=in_put,h0=h_0)    #循环神经网络的输出
     ...:         Y_true=Y_train[j:j+n_batch]               #取真实值
     ...:         Loss=loss_fun(out_put,Y_true)             #计算损失函数值
     ...:         optimizer.zero_grad()                     #将梯度初始化为0
     ...:         Loss.backward()                           #将梯度向后传播
     ...:         optimizer.step()                          #更新全部参数
```

第3步：运用测试样本对训练完成的模型进行测试，相关的代码与过程式编程中第4步的代码比较类似。具体如下：

```
In [192]: Y_pred_list2=torch.zeros(n_test)                  #用于存放测试阶段的预测值
     ...: Y_pred_list2=Y_pred_list2.cuda()

In [193]: for t in range(n_test-n_batch+1):                 #依次取0至n_test-n_batch的正整数
     ...:     in_put=X_test[t:t+n_batch]                    #按照批量规模取张量的部分元素
     ...:     out_put,h_n=model(Input=in_put,h0=h_0)        #循环神经网络模型的输出
     ...:     out_put=out_put.detach()                      #关闭自动求导功能
     ...:     Y_pred_list2[t:t+n_batch]=out_put.ravel()     #转换为一维张量并存放预测值

In [194]: Y_pred_list2=(Y_pred_list2.cpu()).numpy()
     ...: Y_pred_list2=pd.DataFrame(data=Y_pred_list2,index=norm_test.index[-len(Y_test):],
     ...:                           columns=['预测的沪深300指数收盘价(规范化处理)'])
     ...: Y_pred_list2.index=pd.DatetimeIndex(Y_pred_list2.index)

In [195]: plt.figure(figsize=(9,6))
     ...: plt.plot(Y_test,'r',label='真实的沪深300指数收盘价(规范化处理)',lw=2)
     ...: plt.plot(Y_pred_list2,'b',label='预测的沪深300指数收盘价(规范化处理)',lw=2)
     ...: plt.xticks(fontsize=12)
     ...: plt.xlabel('日期',fontsize=12)
     ...: plt.yticks(fontsize=12)
     ...: plt.ylabel('收盘价',fontsize=12)
     ...: plt.title('循环神经网络模型(面向对象编程)在测试阶段的预测效果',fontsize=12)
     ...: plt.legend(fontsize=12)
     ...: plt.grid()
     ...: plt.show()
```

比较图6-17与图6-18不难发现，采用过程式编程和采用面向对象编程构建的模型的预测效果十分相似。

此外，读者通过例6-18可以感觉到在构建神经网络模型时，过程式编程与面向对象编程各有各的优势。采用过程式编程，代码相对容易理解，比较适合初学者；采用面向对象编程，代码的运行效率会更高，更有利于发挥PyTorch的优势，因此有经验的编程者通常偏爱此种编程范式。

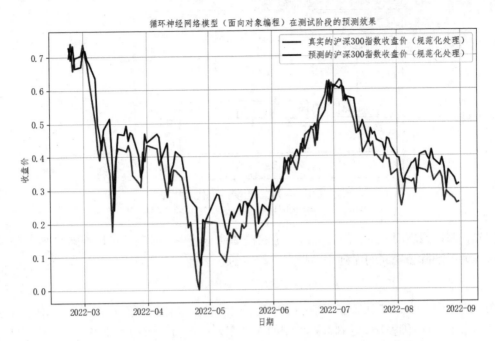

图 6-18　循环神经网络模型（面向对象编程）在测试阶段的预测效果

6.7　长短期记忆网络

虽然第 6.6 节探讨的循环神经网络能够在一定程度上模拟出金融时间序列，但是当输入的时间序列较长（比如连续 60 个交易日）时，循环神经网络往往不能有效记忆该序列的全部特征，同时也会出现梯度不稳定的情况，极端情况下会出现第 6.4.1 节所提到的梯度消失或梯度爆炸。

为此，塞普·霍赫赖特（Sepp Hochreiter）和于尔根·施密德胡伯（Jürgen Schmidhuber）两位科学家在 1997 年共同提出**长短期记忆**（Long Short-Term Memory，LSTM）**网络**，此后该网络也不断得到改进与优化。长短期记忆网络是一种特殊的循环神经网络，主要用于解决较长时间序列训练过程中的梯度消失和梯度爆炸问题，近年来伴随着计算机硬件性能的大幅提升而日益受到关注，在金融领域也开始得到运用。

6.7.1　模型的介绍

与前面提到的循环神经网络所不同，长短期记忆网络设计了比较巧妙的隐藏状态网络结构，具体就是引入**记忆细胞**(memory cell)并且在每个记忆细胞中设置了**门控单元**(gate unit)，而门控单元又包括**遗忘门**（forget gate）、**输入门**（input gate）以及**输出门**（output gate）这 3 道门。

记忆细胞的运作机理

下面，结合示意（见图 6-19）以及数学表达式剖析长短期记忆网络中记忆细胞的运作机理。

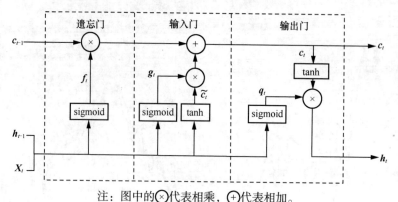

注：图中的 ⊗ 代表相乘，⊕ 代表相加。
图 6-19 长短期记忆网络中记忆细胞的运作机理

首先，探讨遗忘门。遗忘门负责以一定的概率遗忘前一个时刻的记忆细胞状态，从而试图在一定程度上消除金融时间序列中的噪声。相应的数学表达式如下：

$$f_t = \text{sigmoid}(U_f X_t + W_f h_{t-1} + b_f) \tag{式 6-61}$$

在（式 6-61）中，f_t 代表在当前 t 时刻遗忘门的取值，并且取值处于[0,1]区间内，表示忘记信息的概率；X_t 代表在 t 时刻输入模型的样本序列；h_{t-1} 代表在 $t-1$ 时刻由 n 个隐藏单元构成的循环层的取值；U_f、W_f 以及 b_f 分别代表输入权重、遗忘门的循环权重以及偏置，sigmoid(·) 代表激活函数为 Sigmoid 函数。

在这里需要提醒的是，（式 6-61）中的变量及参数是以矩阵或向量的形式出现的，因此，该式子涉及的运算主要是矩阵运算，这一特征也适用于下面的输入门和输出门的相关运算。

其次，讨论输入门。输入门负责控制 X_t 是否进入当前 t 时刻的记忆细胞状态 c_t，从而试图在一定程度上记住金融时间序列中有价值的信息。数学表达式如下：

$$g_t = \text{sigmoid}(U_g X_t + W_g h_{t-1} + b_g) \tag{式 6-62}$$

$$\tilde{c}_t = \tanh(U_c X_t + W_c h_{t-1} + b_c) \tag{式 6-63}$$

在（式 6-62）中，g_t 代表在当前 t 时刻输入门的取值，同样，取值处于[0,1]区间内，表示记住信息的概率；U_g、W_g 以及 b_g 分别代表输入权重、输入门的循环权重以及偏置。

在（式 6-63）中，$\tilde{c}_t$ 代表了记忆细胞状态的候选值，U_c、W_c 以及 b_c 分别代表记忆细胞中的输入权重、输入门的循环权重以及偏置，tanh(·) 代表激活函数为 tanh 函数。

在这里需要进一步强调的是，遗忘门和输入门将共同作用于记忆细胞状态 c_t，可以有如下的数学表达式：

$$c_t = c_{t-1} \odot f_t + \tilde{c}_t \odot g_t \tag{式 6-64}$$

其中，$\odot$ 表示**哈达玛积**（Hadamard product）或者**元素对应乘积**（element-wise product），其具体是指两个矩阵在相同位置元素的乘积。（式 6-64）可以理解为最新的记忆细胞是两个数值之和，第 1 个数值等于前一个记忆细胞乘遗忘的概率，第 2 个数值等于记忆细胞的候选值乘记住的概率。

最后，分析输出门。输出门发挥过滤器的作用，其目的就是通过当前 t 时刻的记忆细胞状态 c_t 得到 t 时刻隐藏单元的取值 h_t，可以形象地理解为输出门试图输出金融时间序列中有价值的信息，同时屏蔽噪声信息。结合（式 6-64），有如下的数学表达式：

$$q_t = \text{sigmoid}(U_q X_t + W_q h_{t-1} + b_q) \tag{式 6-65}$$

$$h_t = q_t \odot \tanh(c_t) = \text{sigmoid}(U_q X_t + W_q h_{t-1} + b_q) \odot \tanh(c_{t-1} \odot f_t + \tilde{c}_t \odot g_t) \quad (\text{式 6-66})$$

在（式 6-65）中，q_t 代表在当前 t 时刻输出门的取值并且它也处于[0,1]区间，表示记忆细胞哪些部分需要输出，U_q、W_q 以及 b_q 分别代表输入权重、输出门的循环权重以及偏置。

此外，从（式 6-66）中可以看到，循环层的取值 h_t 取决于记忆细胞与门控单元。

与第 6.6.1 节介绍的循环神经网络模型相似的是，按照输入样本的序列长度与变量真实值样本序列长度的不同，长短期记忆网络也可以划分为"多对一""多对多""一对一"以及"一对多"这 4 种模型，并且在金融场景中"多对一"模型运用最普遍。

6.7.2 LSTM 类

在 PyTorch 的 nn 子模块中有一个用于构建长短期记忆网络的 LSTM 类，该类的主要参数与第 6.6.2 节构建循环神经网络的 RNN 类存在一定的相似性，具体如表 6-9 所示。

表 6-9 LSTM 类的主要参数及其用法

参数	用法说明
input_size	设置输入样本的特征变量个数。比如，样本的特征变量共有 4 个，就输入 input_size=4
hidden_size	设置记忆细胞数量。比如，记忆细胞的数量设定为 32 个，则输入 hidden_size=32
num_layers	设置循环层的数量，其默认值为 1；如果输入 num_layers=2，就意味着将两个长短期记忆网络堆叠在一起构建一个堆叠的长短期记忆（stacked LSTM）网络，第 2 个长短期记忆网络接收第 1 个长短期记忆网络的输出并给出最终的模型结果
batch_first	设置是否将批量规模的大小作为输入张量的行数（具体的规则见表 6-10）
bidirectional	设置是否为双向长短期记忆网络，输入 bidirectional=True 表示模型是双向长短期记忆网络，默认情况下模型为单向长短期记忆网络；金融场景通常运用单向长短期记忆网络

同时，与循环神经网络一样，在构建长短期记忆网络时，也要考虑 LSTM 类的输入张量与输出张量的含义与形状，具体如表 6-10 所示。

表 6-10 LSTM 类的输入张量与输出张量的含义和形状

阶段	张量名称	含义与形状
循环层的输入	input	代表输入时间序列数据样本，并且要求是三维张量。 （1）如果 LSTM 类的输入参数 batch_first=True，输入张量的第 1 维代表批量规模，第 2 维代表时间序列长度，第 3 维代表特征变量的个数。 （2）如果输入 batch_first=False 或者不输入，输入张量的第 1 维代表时间序列长度，第 2 维代表批量规模，第 3 维依然代表特征变量的个数
	h_0	代表初始隐藏状态并要求是三维张量，张量的第 1 维代表循环层的数量（针对单向长短期记忆网络）或者循环层的数量的两倍（针对双向长短期记忆网络），第 2 维代表批量规模，第 3 维代表记忆细胞的数量
	c_0	代表初始记忆细胞状态并也要求是三维张量，张量的形状与 h_0 的形状保持一致

阶段	张量名称	含义与形状
循环层的输出	output	代表循环层输出的一个张量并且也是三维的。 （1）如果在 LSTM 类输入参数 batch_first=True，该输出张量的第 1 维代表批量规模，第 2 维代表时间序列长度，第 3 维代表循环层记忆细胞数量（针对单向长短期记忆网络）或者循环层记忆细胞数量的两倍（针对双向长短期记忆网络）。 （2）如果输入 batch_first=False 或者不输入，张量的第 1 维就代表时间序列长度，第 2 维代表批量规模，第 3 维依然代表循环层记忆细胞数量（针对单向长短期记忆网络）或者记忆细胞数量的两倍（针对双向长短期记忆网络）
	h_n	代表最终的隐藏状态，也是输出三维张量，张量的形状与 h_0 的形状保持一致
	c_n	代表最终的记忆细胞状态，也是输出三维张量，张量的形状与 c_0 的形状保持一致

还需要特别提醒的是，h_0 与 c_0 在输入时需要同时存放在一个元组中，即输入(h_0,c_0)；同样，h_n 与 c_n 在输出时也存放于一个元组中，即输出(h_n,c_n)。

此外，与循环神经网络类似，在构建长短期记忆网络过程中，也需要运用 nn 子模块的 Linear 类和 MSLoss 类，以及 optim 子模块的 Adam 类。其中，Linear 类用于从循环层至预测值输出的运算，参数 in_features 等于记忆细胞数量乘序列长度，参数 out_features 等于输出样本的特征变量个数。

下面，结合具体的金融示例演示如何构建长短期记忆网络模型。

6.7.3 模型演示

【例 6-19】沿用前面例 6-18 的信息，针对沪深 300 指数的收盘价数据，构建长短期记忆网络模型用于预测指数收盘价的走势。同样通过连续 30 个交易日的收盘价预测下一个交易日的收盘价，且依然以 2020 年至 2021 年的收盘价数据作为训练样本，2022 年前 8 个月的收盘价数据作为测试样本。循环层的数量设定为 1，记忆细胞的数量设定为 32，批量规模依然为 20，学习率也是 0.0008。

此外，为了提升模型的性能，采用面向对象编程，由于例 6-18 已经完成了数据准备工作，因此整个编程共分为以下 4 个步骤。

第 1 步：构造长短期记忆网络模型。同样需要用到 Module 类，并且相关的代码与例 6-18 构造循环神经网络模型的代码比较类似。具体如下：

```
In [196]: n_input=1                      #输入样本的特征变量个数
     ...: n_layer=1                      #循环层的数量
     ...: n_cell=32                      #记忆细胞的数量
     ...: n_batch=20                     #批量规模
     ...: n_output=1                     #输出样本的特征变量个数

In [197]: class LSTM_new1(nn.Module):    #构造 LSTM_new1 类并且该类继承 Module 类
     ...:     def __init__(self):
     ...:         '''定义一个构造函数。
     ...:         self:代表参数是实例对象本身'''
     ...:         super(LSTM_new1,self).__init__()    #super 函数调用 Module 类的构造函数
     ...:         self.lstm=nn.LSTM(input_size=n_input,hidden_size=n_cell,
```

```
   ...:                           num_layers=n_layer,batch_first=True) #定义长短期记忆网络
   ...:         self.linear=nn.Linear(in_features=n_cell*n_seq,out_features=n_output) #
定义从循环层至预测值输出的运算
   ...:     def forward(self,Input,h0,c0):
   ...:         '''定义一个向前传播函数。
   ...:         self: 代表参数是实例对象本身。
   ...:         Input: 代表三维张量的输入样本,该张量的第1维是批量规模,第2维是时间序列长度,第3维
是特征变量个数。
   ...:         h0: 代表三维张量的初始隐藏状态,该张量的第1维是循环层数量,第2维是批量规模,第3维是
记忆细胞数量。
   ...:         c0: 代表三维张量的初始记忆细胞状态,该张量的形状与h0的一致'''
   ...:         h0_c0=(h0,c0)                              #构造一个元组
   ...:         Output1,(hn,cn)=self.lstm(Input,h0_c0)     #输出Output1以及元组(hn,cn)
   ...:         Output1=Output1.reshape(n_batch,n_cell*n_seq)  #转为二维张量
   ...:         Output2=self.linear(Output1)               #输出预测值
   ...:         return Output2,(hn,cn)

In [198]: model_LSTM=LSTM_new1()                    #调取自定义的LSTM_new1类
     ...: model_LSTM=model_LSTM.cuda()

In [119]: loss_LSTM=nn.MSELoss()                    #计算均方误差的损失函数
     ...: loss_LSTM=loss_LSTM.cuda()

In [200]: learn_rate=0.0008                         #设定学习率
     ...: optim_LSTM=optim.Adam(model_LSTM.parameters(),lr=learn_rate) #调用PyTorch自带的优
化器
```

第2步:训练长短期记忆网络模型。按照通常的做法,无论是代表初始隐藏状态的张量,还是代表初始记忆细胞状态的张量,其元素均设定为0;同时为了能与循环神经网络的预测结果进行比较,训练次数也设定为150。相关的代码如下:

```
In [201]: h_0=torch.zeros(n_layer,n_batch,n_cell)   #初始隐藏状态的取值
     ...: h_0=h_0.cuda()

In [202]: c_0=torch.zeros(n_layer,n_batch,n_cell)   #初始记忆细胞状态的取值
     ...: c_0=c_0.cuda()

In [203]: n_epoch=150                               #训练次数
     ...: n_train=X_train.size()[0]                 #取训练样本张量的行数

In [204]: for i in range(n_epoch):                  #运用for语句进行训练
     ...:     for j in range(n_train-n_batch+1):    #依次取0至n_train-n_batch的整数
     ...:         in_put=X_train[j:j+n_batch]       #每次取张量的20行(批量规模)
     ...:         out_put,(h_n,c_n)=model_LSTM(in_put,h_0,c_0)  #长短期记忆网络模型的输出
     ...:         Y_true=Y_train[j:j+n_batch]       #取真实值
     ...:         Loss=loss_LSTM(out_put,Y_true)    #计算损失函数
     ...:         optim_LSTM.zero_grad()            #将梯度初始化为0
     ...:         Loss.backward()                   #将梯度向后传播
     ...:         optim_LSTM.step()                 #更新参数
```

第3步:测试长短期记忆网络模型。运用测试样本对训练完成的模型进行测试并且可视化(见图6-20),可视化需要运用例6-18已创建的数据框Y_test。相关的代码如下:

```
In [205]: n_test=X_test.size()[0]                                    #测试样本张量的行数

In [206]: Y_pred_list3=torch.zeros(n_test)                           #用于存放测试阶段的预测值
     ...: Y_pred_list3=Y_pred_list3.cuda()

In [207]: for t in range(n_test-n_batch+1):                          #依次取 0 至 n_test-n_batch 的正整数
     ...:     in_put=X_test[t:t+n_batch]                             #按批量规模取张量的部分值
     ...:     out_put,(h_n,c_n)=model_LSTM(in_put,h_0,c_0)           #长短期记忆网络模型的输出
     ...:     out_put=out_put.detach()                               #关闭自动求导功能
     ...:     Y_pred_list3[t:t+n_batch]=out_put.ravel()              #转换为一维张量并存放预测值

In [208]: Y_pred_list3=(Y_pred_list3.cpu()).numpy()
     ...: Y_pred_list3=pd.DataFrame(data=Y_pred_list3,index=norm_test.index[-len(Y_test):],
     ...:                           columns=['预测的沪深300指数收盘价(规范化处理)'])
     ...: Y_pred_list3.index=pd.DatetimeIndex(Y_pred_list3.index)

In [209]: plt.figure(figsize=(9,6))
     ...: plt.plot(Y_test,'r',label='真实的沪深300指数收盘价(规范化处理)',lw=2)
     ...: plt.plot(Y_pred_list3,'b',label='预测的沪深300指数收盘价(规范化处理)',lw=2)
     ...: plt.xticks(fontsize=12)
     ...: plt.xlabel('日期',fontsize=12)
     ...: plt.yticks(fontsize=12)
     ...: plt.ylabel('收盘价',fontsize=12)
     ...: plt.title('长短期记忆网络模型在测试阶段的预测效果',fontsize=12)
     ...: plt.legend(fontsize=12)
     ...: plt.grid()
     ...: plt.show()
```

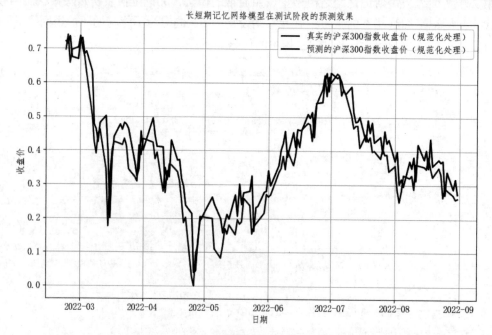

图 6-20　长短期记忆网络模型在测试阶段的预测效果

第 4 步：比较不同神经网络模型在测试阶段的预测效果并且将其进行可视化（见图 6-21）。相关的代码如下：

```
In [210]: plt.figure(figsize=(9,6))
     ...: plt.plot(Y_test,'r',label='真实的沪深300指数收盘价',lw=2)
     ...: plt.plot(Y_pred_list1,'b',label='循环神经网络模型预测的沪深300指数收盘价(过程式编程)',lw=2)
     ...: plt.plot(Y_pred_list2,'m',label='循环神经网络模型预测的沪深300指数收盘价(面向对象编程)',lw=2)
     ...: plt.plot(Y_pred_list3,'c',label='长短期记忆网络模型预测的沪深300指数收盘价',lw=2)
     ...: plt.xticks(fontsize=12)
     ...: plt.xlabel('日期',fontsize=12)
     ...: plt.yticks(fontsize=12)
     ...: plt.ylabel('收盘价',fontsize=12)
     ...: plt.title('不同神经网络模型在测试阶段的预测效果',fontsize=12)
     ...: plt.legend(fontsize=12)
     ...: plt.grid()
     ...: plt.show()
     ...: plt.show()
```

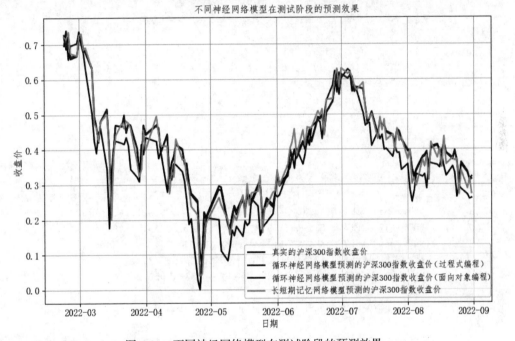

图 6-21　不同神经网络模型在测试阶段的预测效果

仔细观测图 6-21 可以发现，相比循环神经网络模型，长短期记忆网络模型的预测值在多数交易日会更加接近真实值。

6.7.4　新的模型演示

读者可能会有疑问：针对预测未来的股票收盘价，仅依赖以往收盘价数据所提供的信息可能比较匮乏，那么增加更多的特征变量（比如开盘价、成交额等）是否能够提升预测效果呢？针对这个问题，下面结合一个示例进行探讨。

【例 6-20】将例 6-18 做一些调整，证券分析师希望通过连续 30 个交易日沪深 300 指数的开盘价、最高价、最低价、收盘价以及成交额这 5 个特征变量，预测下一个交易日的指数收盘价。模型依然是长短期记忆网络，同时也以 2020 年至 2021 年的每个交易日数据作为训练样本，测试样本是 2022 年前 8 个月的每个交易日数据。循环层的数量依然设定为 1，循环层记忆细胞的数量也是32，批量规模还是20。此外，还是采用面向对象的编程方法，一共分为以下4个步骤。

第1步：数据准备。依次导入沪深300指数每日交易数据（2020年至2021年）.xlsx、沪深指数每日交易数据（2022年前8个月）.xlsx这两个Excel文件，对数据进行最小-最大规范化处理，并将数据划分为训练样本和测试样本。相关的代码如下：

```
In [211]: Data_train=pd.read_excel(io='C:/Desktop/沪深 300 指数每日交易数据（2020 年至 2021
年）.xlsx',sheet_name='Sheet1',header=0,index_col=0)   #导入训练样本数据

In [212]: Data_test=pd.read_excel(io='C:/Desktop/沪深 300 指数每日交易数据（2022 年前 8 个
月）.xlsx',sheet_name='Sheet1',header=0,index_col=0)    #导入测试样本数据

In [213]: Data_train.head()                            #显示前5行
Out[213]:
            开盘价       最高价       最低价       收盘价       成交金额（亿元）
日期
2020-01-02  4121.3487  4172.6555  4121.3487  4152.2408  2701.055320
2020-01-03  4161.2185  4164.2989  4131.8640  4144.9649  2152.162883
2020-01-06  4120.5211  4170.6384  4102.3796  4129.2954  2501.820713
2020-01-07  4137.4019  4161.2504  4135.0972  4160.2274  1963.890597
2020-01-08  4139.6315  4149.8130  4101.9801  4112.3172  2124.062639

In [214]: Data_test.head()
Out[214]:
            开盘价       最高价       最低价       收盘价       成交金额（亿元）
日期
2022-01-04  4957.9835  4961.4527  4874.5337  4917.7653  3365.169616
2022-01-05  4907.9347  4916.2822  4851.9835  4868.1202  3639.445288
2022-01-06  4842.1560  4857.5596  4786.4330  4818.2318  3217.500765
2022-01-07  4824.3181  4856.6522  4818.1931  4822.3689  3322.189507
2022-01-10  4812.2300  4844.3928  4780.8191  4844.0451  3050.338168

In [215]: norm_train=(Data_train-Data_train.min())/(Data_train.max()-Data_train.min())  #
最小-最大规范化处理
     ...: norm_test=(Data_test-Data_test.min())/(Data_test.max()-Data_test.min())

In [216]: N_train=len(norm_train.index)                #训练样本的总数
     ...: N_test=len(norm_test.index)                  #测试样本的总数

In [217]: n_seq=30                                     #设定每个序列的长度（30个交易日）

In [218]: X_new_train=[]                               #创建空列表用于后续存放训练数据

In [219]: for i in range(N_train-n_seq):               #依次取从0到N_train-n_seq-1的整数
     ...:     X_new_train.append(np.array(norm_train.iloc[i:i+n_seq]))  #创建1个列表并且每个元
素均是一个数组

In [220]: X_new_test=[]                                #创建空列表用于后续存放测试数据

In [221]: for i in range(N_test-n_seq):                #依次取从0到N_test-n_seq-1的整数
     ...:     X_new_test.append(np.array(norm_test.iloc[i:i+n_seq]))   #创建1个列表并且每个元素
也是一个数组
```

```
In [222]: X_new_train=np.array(X_new_train)              #转换为数组
     ...: X_new_test=np.array(X_new_test)

In [223]: X_new_train=torch.from_numpy(X_new_train)      #转换为张量
     ...: X_new_test=torch.from_numpy(X_new_test)

In [224]: X_new_train=X_new_train.type(torch.FloatTensor) #张量元素的数据类型调整为32位浮点型
     ...: X_new_test=X_new_test.type(torch.FloatTensor)

In [225]: X_new_train=X_new_train.cuda()                 #将张量存放到GPU
     ...: X_new_test=X_new_test.cuda()

In [226]: X_new_train.size()                             #查看张量的形状（三维张量）
Out[226]: torch.Size([456, 30, 5])

In [227]: X_new_test.size()
Out[227]: torch.Size([131, 30, 5])
```

第 2 步：构建新的长短期记忆网络模型。构建的方法与例 6-19 的第 1 步比较相似，区别在于这里的输入样本的特征变量个数是 5。相关的代码如下：

```
In [228]: n_input_new=5                                  #输入样本的特征变量个数

In [229]: class LSTM_new2(nn.Module):                    #构造新的LSTM_new2类并且该类继承Module类
     ...:     def __init__(self):
     ...:         '''定义一个构造函数。
     ...:         self: 代表参数是实例对象本身'''
     ...:         super(LSTM_new2,self).__init__()       #super函数调用Module类的构造函数
     ...:         self.lstm=nn.LSTM(input_size=n_input_new,hidden_size=n_cell,
     ...:                  num_layers=n_layer,batch_first=True) #定义长短期记忆网络
     ...:         self.linear=nn.Linear(in_features=n_cell*n_seq,out_features=n_output) #
定义从循环层至预测值输出的运算
     ...:     def forward(self,Input,h0,c0):
     ...:         '''定义一个向前传播过程。
     ...:         self: 代表参数是实例对象本身。
     ...:         Input: 代表三维张量的输入样本,该张量的第1维是批量规模,第2维是时间序列长度,第3维
是特征变量个数。
     ...:         h0: 代表三维张量的初始隐藏状态,该张量的第1维是循环层数量,第2维是批量规模,第3维是
记忆细胞个数。
     ...:         c0: 代表三维张量的初始记忆细胞状态,该张量的形状与h0的一致'''
     ...:         h0_c0=(h0,c0)                          #构造一个元组
     ...:         Output1,(hn,cn)=self.lstm(Input,h0_c0) #输出Output1以及元组(hn,cn)
     ...:         Output1=Output1.reshape(n_batch,n_cell*n_seq) #转为二维张量
     ...:         Output2=self.linear(Output1)           #输出预测值
     ...:         return Output2,(hn,cn)

In [230]: model_new=LSTM_new2()                          #调取自定义的LSTM_new2类
     ...: model_new=model_new.cuda()

In [231]: loss_function=nn.MSELoss()                     #计算均方误差的损失函数
     ...: loss_function=loss_function.cuda()
```

```
In [232]: learn_rate=0.0008                                    #设定学习率
     ...: optim_new=optim.Adam(model_new.parameters(),lr=learn_rate)  #调用 PyTorch 自带的优化器
```

第 3 步：训练过程。模型的训练次数依然设定为 150，训练过程中需要运用例 6-18 创建的张量 Y_train。相关代码如下：

```
In [233]: h_0=torch.zeros(n_layer,n_batch,n_cell)              #初始隐藏状态的取值
     ...: h_0=h_0.cuda()

In [234]: c_0=torch.zeros(n_layer,n_batch,n_cell)              #初始记忆细胞状态的取值
     ...: c_0=c_0.cuda()

In [235]: n_epoch=150                                          #训练次数
     ...: n_train=X_new_train.size()[0]                        #训练样本张量的行数

In [236]: for i in range(n_epoch):                             #运用 for 语句进行训练
     ...:     for j in range(n_train-n_batch+1):               #依次取 0 至 n_train-n_batch 的整数
     ...:         in_put=X_new_train[j:j+n_batch]              #每次取张量的 20 行（批量规模）
     ...:         out_put,(h_n,c_n)=model_new(in_put,h_0,c_0)  #长短期记忆网络模型的输出
     ...:         Y_true=Y_train[j:j+n_batch]                  #取真实值
     ...:         Loss=loss_function(out_put,Y_true)           #计算损失函数
     ...:         optim_new.zero_grad()                        #将梯度初始化为 0
     ...:         Loss.backward()                              #将梯度向后传播
     ...:         optim_new.step()                             #更新参数
```

第 4 步：测试过程。针对测试阶段的预测值进行可视化（见图 6-22），在可视化的过程中需要运用例 6-18 创建的数据框 Y_test。相关代码如下：

```
In [237]: n_test=X_new_test.size()[0]                          #测试样本张量的行数

In [238]: Y_pred_list4=torch.zeros(n_test)                     #存放测试阶段的预测值
     ...: Y_pred_list4=Y_pred_list4.cuda()

In [239]: for t in range(n_test-n_batch+1):                    #依次取 0 至 n_test-n_batch 的正整数
     ...:     in_put=X_new_test[t:t+n_batch]                   #按照批量规模取张量的部分值
     ...:     out_put,(h_n,c_n)=model_new(in_put,h_0,c_0)      #长短期记忆网络模型的输出
     ...:     out_put=out_put.detach()                         #关闭自动求导功能
     ...:     Y_pred_list4[t:t+n_batch]=out_put.ravel()        #转换为一维张量并存放预测值

In [240]: Y_pred_list4=(Y_pred_list4.cpu()).numpy()
     ...: Y_pred_list4=pd.DataFrame(data=Y_pred_list4,index=norm_test.index[-len(Y_test):],
     ...:                           columns=['预测的沪深 300 指数收盘价（规范化处理）'])
     ...: Y_pred_list4.index=pd.DatetimeIndex(Y_pred_list4.index)

In [241]: plt.figure(figsize=(9,6))
     ...: plt.plot(Y_test,'r',label='真实的沪深 300 指数收盘价（规范化处理）',lw=2)
     ...: plt.plot(Y_pred_list4,'b',label='预测的沪深 300 指数收盘价（规范化处理）',lw=2)
     ...: plt.xticks(fontsize=12)
     ...: plt.xlabel('日期',fontsize=12)
     ...: plt.yticks(fontsize=12)
     ...: plt.ylabel('收盘价',fontsize=12)
     ...: plt.title('长短期记忆网络模型（多个特征变量）在测试阶段的预测效果',fontsize=12)
```

```
   ...: plt.legend(fontsize=12)
   ...: plt.grid()
   ...: plt.show()
```

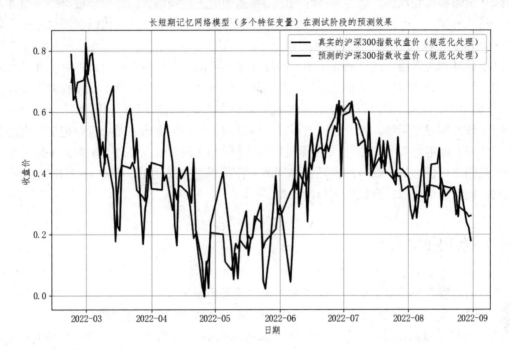

图 6-22　长短期记忆网络模型（多个特征变量）在测试阶段的预测效果

比较图 6-22 与前面的图 6-20，不难发现当采用多个特征变量时，长短期记忆网络模型的预测效果反而变得不理想。因此，在构建神经网络模型时，盲目增加特征变量不是明智之举。

到这里，第 6 章关于 PyTorch 编程的内容就全部讲解完毕了，下一章将结合金融场景探讨关于强化学习的 Python 编程。

6.8　本章小结

本章结合金融场景以及 20 个示例，讲解了如何运用 PyTorch 模块开展深度学习建模。由于本章涉及较多的数学知识，同时编程的复杂性也比较高，因此在整本书中，本章的技术性较强，难度也是较大的。当然，扎实掌握前面 5 章的内容尤其是第 2 章的内容，会为理解本章提供很大的帮助。同时，掌握本章的内容也有助于大家学习与强化学习有关的知识。本章的知识要点归纳如下。

（1）**部署 PyTorch**。考虑到要充分发挥出 PyTorch 的性能，建议读者在已经安装了英伟达 GPU 的计算机上部署 PyTorch。

（2）**张量**。张量是 PyTorch 特有的数据结构，也是 Python 的一个重要数据结构，与数组存在一定相似性，本章涉及张量的创建、转换、访问、形状变化、运算以及求导等功能的介绍，这些功能中，求导是张量的一大特色。

（3）**神经元与激活函数**。神经元与激活函数是构建神经网络的基石，常用的激活函数包括 Sigmoid 函数、tanh 函数、ReLU 函数和 Leaky ReLU 函数等，不同的激活函数有各自的优缺点。

（4）**向前传播与向后传播**。向前传播与向后传播算法是神经网络的一个关键算法，通过这一算法可以实现神经网络的权重参数和偏置参数的动态优化。

（5）**全连接神经网络**。全连接神经网络是最基础的神经网络，构建全连接神经网络涉及输入层（输入样本）、全连接层、隐藏层及输出层等组成部分。同时，在代码撰写过程中会运用到子模块 nn、子模块 optim 的相关类。

（6）**循环神经网络**。在金融场景中，循环神经网络偏重于处理金融时间序列。在循环神经网络中，引入了循环层，并且通过循环层之间的循环连接实现循环网络。在编程时需要运用子模块 nn 的 RNN 类，并且可以选择采用过程式编程或者面向对象编程，其运算结果基本相同。

（7）**长短期记忆网络**。为了弥补循环神经网络的一些缺陷（比如无法有效记忆序列的全部特征、梯度不稳定等），提出了长短期记忆网络（LSTM）模型，在处理金融时间序列方面，长短期记忆网络可能会优于简单的循环神经网络。在编程时需要运用子模块 nn 的 LSTM 类，建议采用面向对象编程以提升代码运行的效率。

6.9 拓展阅读

本章的内容参考了以下资料，建议感兴趣的读者拓展学习。

[1] PyTorch 的官网提供了关于 PyTorch 的安装、介绍及完整功能文档。

[2]《深度学习》[作者是伊恩·古德费洛（Ian Goodfellow）、约书亚·本吉奥（Yoshua Bengio）、亚伦·库维尔（Aaron Courville）]。

这本书是人工智能（Artificial Intelligence，AI）领域的一部传奇之作，无论是经典的理论，还是目前流行的神经网络模型，这本书都对其背后的机制与数理基础进行了详尽阐述。

[3] "Long Short-Term Memory" [作者是塞普·霍赫赖特（Sepp Hochreiter）和于尔根·施密德胡伯（Jürgen Schmidhuber）]。

该论文发表于 *Neural Computation*（《神经计算》杂志）1997 年第 9 期，作者在论文中首次提出长短期记忆网络，从而将处理时间序列的神经网络模型的发展向前推进一大步。

第 7 章
结合金融场景的强化学习编程

导言

在人工智能（AI）的发展历程中，发生了两次现象级事件，这两次事件使人工智能变得家喻户晓：一次事件是谷歌旗下 DeepMind 开发的"阿尔法围棋"（AlphaGo）计算机程序，在 2016 年 3 月与全球顶尖的围棋选手李世石的五番棋对决中，以 4 比 1 取胜；另一次事件是在 2022 年 11 月，微软旗下的 OpenAI 公司推出了聊天机器人 ChatGPT，无论是写诗、写代码、写故事还是写文章，ChatGPT 的表现令人震惊。无论是 AlphaGo 还是 ChatGPT（编写本书时已迭代至 GPT-4），其底层的核心技术之一就是强化学习。与此同时，强化学习也逐步运用于各种金融场景中，包括证券投资组合优化、期权定价和对冲、股票做市交易、智能订单以及智能投顾等。本章将结合金融场景重点讲解以下几个方面的内容。

- ✓ 介绍强化学习的基本要素，包括环境、状态、行动、奖励等，并且解释强化学习的交互循环、策略、总回报与折扣因子。
- ✓ 讨论强化学习所涉及的马尔可夫决策过程、价值函数、贝尔曼方程以及贝尔曼最优方程。
- ✓ 探讨运用 Gymnasium 模块创建自定义的环境，所创建的环境能够方便地用于强化学习的各种算法。
- ✓ 演示创建并运行股票投资的强化学习环境，同时涉及环境的测试过程与学习过程。
- ✓ 剖析 Q 学习算法，具体包括算法的基本逻辑、数学表达式、ε 贪婪算法，以及结合金融场景的代码演示。
- ✓ 分析深度 Q 网络算法，主要包含算法的基本思想、数学公式、需要自定义的类与函数，以及结合金融场景的代码演示等。

7.1 强化学习入门

强化学习（Reinforcement Learning，RL）是人工智能领域中一门飞速发展的学科。在强化学习中，首先要引入一个**智能体**（agent），该智能体在初始时刻不具有先验的知识，它通过与环境不断交互而逐步学习，最终探索出实现特定目标的最优行动。

7.1.1 基本要素

在强化学习中，通常会包含环境、状态、行动以及奖励等要素，下面就结合股票投资展开具体的讲解。

1. 环境

从广义的角度而言，环境（environment）是除了智能体以外的一切；从狭义的视角来解释，环境则仅包含各种可能影响奖励的信息。在股票投资中，可以将整个股票市场理解为强化学习的环境。

2. 状态

这里的状态（state）是指智能体通过对环境的观察而感知到的某种状态。比如在股票投资中，某只股票价格或者股票指数的上涨或下跌可以被视为强化学习的某一个状态。

3. 行动

行动（action）是指智能体根据当前的状态决定要做什么，也就是执行什么动作。需要注意的是，在给定某一个状态时，智能体只能采取唯一动作。比如，在股票投资中，存在着买入、持有以及卖出等不同的交易行为，这些行为可以看作强化学习的行动，即假定当智能体观察到股票价格上涨时，只能选择买入或者持有抑或卖出。

4. 奖励

奖励（reward）是智能体试图实现的目标，是智能体评估其行动优劣程度以及调整其行动的主要依据，并且通常假设在特定的状态下，采取特定行动所得到的奖励是相同的。在股票投资中，投资收益可以视为强化学习的奖励，盈利是正向的奖励，亏损则是负向的奖励。

7.1.2 交互循环

强化学习的逻辑脉络可以描述如下：环境首先会给出某一个状态，智能体根据该状态采取某种行动，环境会以奖励的形式反馈给智能体，然后将智能体转移至新的状态，智能体根据新的状态采取行动，环境又会以奖励的形式反馈给智能体，随后将智能体转移至另一个新状态，就这样周而复始直至一轮学习结束。下面通过抽象的数学符号进行表达，并引出策略、总回报与折扣因子等概念和相关表达式。

1. 数学符号

假定 t 代表时间步，并且 $t = 0, 1, 2, \cdots, T$，这意味着每一轮的学习需要通过 T 步完成。智能体在 t 时刻的状态用 s_t 表示，并且 $s_t = s$，而 s 属于一个**状态空间** $\mathbb{S}$，也就是 $s \in \mathbb{S}$。比如在股票投资中，可以将股票价格的上涨与下跌作为一个状态空间，也可以将股票价格的涨跌幅区间 $[-10\%, 10\%]$ 作为状态空间。

在状态下，智能体采取的行动用 a_t 表示，并且 $a_t = a$，a 代表从**行动空间**（也称**行动集**）$\mathbb{A}$

中选取的某种行动，也就是 $a \in \mathbb{A}$。比如在股票投资中，{买入、持有、卖出}就可以成为行动空间。

环境在 $t+1$ 时刻将奖励 r_{t+1} 反馈给智能体，并且奖励是状态和行动的一个函数，即 $r_{t+1} = f(s_t, a_t)$。同时设 $r_{t+1} = r$，r 属于某个实数集 $\mathbb{R}$，也就是 $r \in \mathbb{R}$。需要注意的是，奖励的设计是一个开放的研究领域，如果奖励设计不当，会影响智能体的学习，恰当的奖励函数对通过强化学习使智能体实现预期的目标是很重要的。

环境在 $t+1$ 时刻除了将奖励反馈给智能体，也会将状态更新至状态 s_{t+1}。

根据以上设定的数学符号，每一轮学习可以通过以下循环进行表述：

状态 s_0 → 行动 a_0 → 奖励 r_1 → 状态 s_1 → 行动 a_1 → 奖励 r_2 → 状态 s_2 → ……

→ 状态 s_{T-1} → 行动 a_{T-1} → 奖励 r_T → 状态 s_T

智能体的目标是通过一系列行动，实现从环境中获取奖励总额的最大化。强化学习的目的就是让智能体摸索出在每个状态下的最优行动，从而实现奖励的最大化。以股票投资为例，强化学习让智能体在股票价格涨跌等不同的状态下找到最佳的交易行动，从而使投资收益最大化。

2. 策略

这里需要引出**策略**（policy）并将它记作 π，策略函数的具体表达式如下：

$$\pi(a|s) = P(a_t = a | s_t = s) \quad \text{（式 7-1）}$$

其中，$P(\cdot|\cdot)$ 表示条件概率。通过（式 7-1）可以发现，策略其实就是当智能体处于状态 s_t 时，采取行动 a_t 的条件概率。

策略可以进一步划分为**随机策略**（randomized policy）与**确定策略**（deterministic policy）。

针对随机策略，π 是一个概率函数，在给定的状态下，智能体采取某个行动的概率由 π 决定，并且采取各种行动的概率之和等于 1。

针对确定策略，π 的取值是 1 或者 0。针对特定行动，$\pi = 1$，即智能体有 100%的概率会选择这一行动；针对其他行动，$\pi = 0$，即智能体不会选择其他行动。

需要注意的是，策略一词的含义在强化学习领域和金融领域是存在差异的。在强化学习中，策略是以某个概率值的形式呈现的；但是在金融领域，策略通常特指某种投资方法。

3. 总回报与折扣因子

由于奖励具有时间价值，也就是 $t+1$ 时刻的奖励值 1 在价值上应高于 $t+2$ 时刻的奖励值 1（这一思想与金融领域关于货币的时间价值是不谋而合的），因此在强化学习中需要引入**折扣因子** γ，且 $0 < \gamma < 1$，它类似于金融领域的贴现因子。

在引入折扣因子以后，针对在 t 时刻的总回报 g_t 可以表述如下：

$$\begin{aligned} g_t &= r_{t+1} + \gamma r_{t+2} + \gamma^2 r_{t+3} + \cdots + \gamma^{T-t-1} r_T \\ &= \sum_{\tau=t+1}^{T} \gamma^{\tau-t-1} r_\tau \end{aligned} \quad \text{（式 7-2）}$$

通过（式 7-2）可以看到，折扣因子对智能体总回报存在一定的影响，考虑两个极端的取值：一是当 $\gamma = 0$ 时，即总回报等于当前的奖励，这会导致智能体变得"目光短浅"；二是当 $\gamma = 1$ 时，即未来任何时刻的奖励与当前相同金额的奖励具有同等重要性，这会导致智能体过度重视未来而轻视当下。下面，通过一个具体的示例进行讲解与演示。

【例 7-1】 训练智能体，让其学习在 5 个交易日内的股票投资交易行为，投资的股票是比亚迪 A 股（证券代码 002594），选择的交易日期是 2022 年 6 月 6 日至 10 日这 5 个交易日。假定智能体持有比亚迪 A 股股票的初始市值是 10000000 元，采取的行动均是持有股票，并且将投资收益作为奖励，折扣因子设定为 0.99。表 7-1 列出了在这 5 个交易日的股票价格的涨跌幅以及每个交易日的投资收益。

表 7-1 比亚迪 A 股在这 5 个交易日的股票价格的涨跌幅以及每个交易日的投资收益

日期	股票价格的涨跌幅	投资收益（元）
2022-06-06	5.7172%	571720.00
2022-06-07	−1.0496%	−110960.77
2022-06-08	3.9760%	415919.79
2022-06-09	−1.5271%	−166097.77
2022-06-10	8.1852%	876682.50

数据来源（不包括投资收益）：深圳证券交易所。

通过 Python 测算在初始时刻的总回报（简称"初始总回报"）g_0，并且考察不同折扣因子对总回报的影响，相关的编程分为以下两个步骤。

第 1 步：在 Python 中输入相关的数据和参数，并且计算初始时刻的总回报金额。相关代码如下：

```
In [1]: import numpy as np                          #导入 NumPy 模块并缩写为 np
   ...: import pandas as pd                         #导入 pandas 模块并缩写为 pd
   ...: import matplotlib.pyplot as plt             #导入 Matplotlib 的子模块 pyplot 并缩写为 plt
   ...: from pylab import mpl                       #从 pylab 导入子模块 mpl
   ...: mpl.rcParams['font.sans-serif']=['FangSong'] #以仿宋字体显示中文
   ...: mpl.rcParams['axes.unicode_minus']=False    #解决保存图像时负号显示为方块的问题
   ...: from pandas.plotting import register_matplotlib_converters  #导入注册日期时间转换器的函数
   ...: register_matplotlib_converters()            #注册日期时间转换器

In [2]: r_list=np.array([571720.00,-110960.77,415919.79,-166097.77,876682.50]) #输入奖励值
   ...: discount=0.99                               #设定折扣因子
   ...: t_list=np.arange(5)                         #取从 0 至 4 的整数作为幂指数

In [3]: g0=np.sum(pow(discount,t_list)*r_list)      #计算初始时刻的总回报金额
   ...: print('测算初始总回报金额(元)',round(g0,2))
测算初始总回报金额(元) 1550485.04
```

通过以上的代码输出可以得到，初始时刻的总回报金额约为 1550485.04 元。

第 2 步：考察不同折扣因子对初始总回报金额的影响并且将其可视化（见图 7-1），折扣因子在区间 [0.01,0.99] 中取等差数列。相关代码如下：

```
In [4]: discount_list=np.linspace(0.01,0.99,100)  #折扣因子的等差数列

In [5]: g0_list=np.zeros_like(discount_list)      #创建存放不同折扣因子对应的初始时刻的总回报金额

In [6]: for i in range(len(g0_list)):
   ...:     g0_list[i]=np.sum(pow(discount_list[i],t_list)*r_list) #计算不同折扣因子对应的初始时刻的总回报金额
```

```
In [7]: plt.figure(figsize=(9,6))
   ...: plt.plot(discount_list,g0_list,'r-',label='初始总回报金额',lw=2)
   ...: plt.xticks(fontsize=12)
   ...: plt.xlabel('折扣因子',fontsize=12)
   ...: plt.yticks(fontsize=12)
   ...: plt.ylabel('金额(元)',fontsize=12)
   ...: plt.title('折扣因子与初始总回报金额的关系',fontsize=12)
   ...: plt.legend(loc=9,fontsize=12)                #图例放置在中上方
   ...: plt.grid()
   ...: plt.show()
```

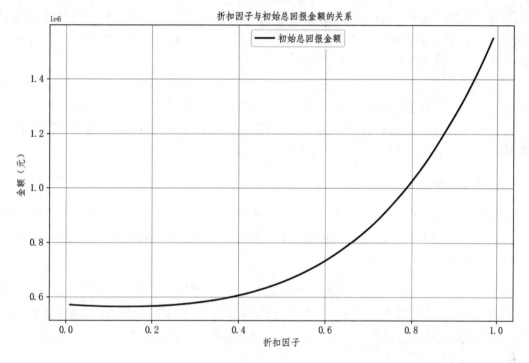

图 7-1 折扣因子与初始总回报金额的关系

通过图 7-1 能够看到，折扣因子对初始总回报金额产生非线性的影响。当折扣因子接近于 0 时，曲线比较平坦，当折扣因子接近于 1 时，曲线就变得陡峭。

7.1.3 马尔可夫决策过程与价值函数

强化学习的数理基础是**马尔可夫决策过程**（Markov Decision Process，MDP），它是指智能体每次观察到具有马尔可夫链性质的状态，并且从行动空间中选取一种行动作为决策，环境给出的下一步状态是随机的，状态的转移概率也具有马尔可夫链性质，智能体根据观察到的新状态做新的决策，反复进行此过程。该机制包含马尔可夫链、转移函数和转移概率等内容。同时，强化学习的过程中会涉及状态价值函数、行动价值函数等不同的价值函数。下面逐一对它们进行讨论。

1. 马尔可夫链

马尔可夫链（Markov chain）是由俄罗斯数学家安德雷·安德耶维齐·马尔可夫提出的。

马尔可夫链最大的特征是独立性，也就是 $t+1$ 时刻的状态 s_{t+1} 仅与 t 时刻的状态 s_t 相关，与之前的状态 $s_{t-1}, s_{t-2}, \cdots, s_0$ 均无关，可以通过如下的条件概率公式进行表达：

$$P(s_{t+1} = s'|s_t = s) = P(s_{t+1} = s'|s_0 = s, s_1 = s, \cdots, s_t = s) \quad \text{（式 7-3）}$$

（式 7-3）中的 s' 和 s 一样属于状态空间 $\mathbb{S}$，即 $s' \in \mathbb{S}$。

以股票投资作为示例进行说明：假定股票价格满足马尔可夫链，那么 $t+1$ 时刻的股票价格仅与 t 时刻的股票价格相关，与 t 时刻之前的股票价格均无关。

2. 转移函数

接着引入**转移函数**（transition function），该函数表示从状态 s_t 和行动 a_t 映射到状态 s_{t+1} 和奖励 r_{t+1}，具体定义为智能体在状态 $s_t = s$ 并且采取行动 $a_t = a$ 时，转移至下一个状态 $s_{t+1} = s'$ 并获取奖励 $r_{t+1} = r$ 的条件概率，相应的数学表达式如下：

$$P(s', r|s, a) = P(s_{t+1} = s', r_{t+1} = r|s_t = s, a_t = a) \quad \text{（式 7-4）}$$

依然通过一个股票投资的示例加以说明：假定在 t 时刻股票价格处于上涨状态并且智能体采取了买入股票的行动，通过转移函数便能计算出转移至 $t+1$ 时刻股票价格处于下跌状态并且智能体获取一定金额正收益（比如 1000000 元）的概率。

3. 转移概率

转移概率（transition probability）是通过前面的转移函数推导得出的，它定义了智能体在状态 $s_t = s$ 并且采取行动 $a_t = a$ 时，转移至下一个状态 $s_{t+1} = s'$ 的条件概率，结合（式 7-4）就能得到以下表达式：

$$P(s'|s, a) = \sum_{r \in \mathbb{R}} P(s', r|s, a) \quad \text{（式 7-5）}$$

通过（式 7-5）可以发现，转移概率实质上就是将对应各种奖励值的转移函数结果进行累加[①]。根据概率论可以得到 $\sum_{s' \in \mathbb{S}} P(s'|s, a) = 1$，也就是对于各种可能的下一步状态而言，转移概率之和等于 1。

同样借助股票投资的示例进行说明：假定在 t 时刻股票价格处于上涨状态并且智能体采取买入股票的行动，转移至 $t+1$ 时刻股票价格处于下跌状态的概率就等于转移至 $t+1$ 时刻股票价格处于下跌状态并且智能体获取各种可能奖励值的概率之和。

此外，根据本节开头提到的转移概率（式 7-5）具有马尔可夫链性质，可知状态 s_{t+1} 仅与状态 s_t、行动 a_t 有关，与状态 $s_{t-1}, s_{t-2}, \cdots, s_0$ 以及行动 $a_{t-1}, a_{t-2}, \cdots, a_0$ 均无关。

4. 状态价值函数

智能体在 t 时刻状态 s_t 所获得的总回报 g_t，依赖于状态 s_t 以及对应的策略 π，从而引出**状态价值函数**（state value function）并且被标记为 $v_\pi(s)$。相关的表达式如下：

$$\begin{aligned} v_\pi(s) &= E_\pi(g_t|s_t = s) \\ &= E_\pi(r_{t+1} + \gamma r_{t+2} + \gamma^2 r_{t+3} + \cdots + \gamma^{T-t-1} r_T|s_t = s) \end{aligned} \quad \text{（式 7-6）}$$

其中，$E_\pi(\cdot|\cdot)$ 表示遵循策略 π 的条件期望，在实践中通过大量模拟得到 g_t 并取平均值，用

[①] 某些参考资料将（式 7-5）作为转移函数的表达式，比如米格尔·莫拉莱斯（Miguel Morales）撰写的《深度强化学习图解》（清华大学出版社 2022 年 7 月出版）。

该平均值作为期望值。

为了便于理解，下面举例说明。假定在（式 7-6）中的状态 s 代表股票价格上涨，在 t 时刻股票价格处于上涨状态，无论智能体采取怎样的行动，只要在随后的所有时间步均遵循策略 π，总回报的期望值就是 $v_\pi(s)$。

状态价值函数计算得出的数值结果称为**状态价值**（state value）或 ***v* 值**。

5. 行动价值函数

智能体在 t 时刻状态 s_t 所获得的总回报 g_t，除了依赖状态 s_t 以及对应的策略 π，还依赖于当时选择的行动 a_t，这就引出了**行动价值函数**（action value function）并且被标记为 $q_\pi(s,a)$。相关的表达式如下：

$$q_\pi(s,a) = E_\pi(g_t|s_t=s, a_t=a)$$
$$= E_\pi(r_{t+1} + \gamma r_{t+2} + \gamma^2 r_{t+3} + \cdots + \gamma^{T-t-1} r_T | s_t=s, a_t=a) \quad \text{（式 7-7）}$$

对比（式 7-7）与（式 7-6）不难发现，相比状态价值函数，行动价值函数在条件期望中增加了某个特定行动这一新条件。

依然举例加以说明。假定在（式 7-7）中的状态 s 代表股票价格上涨，选择的行动 a 是买入股票，在 t 时刻股票价格处于上涨状态并且智能体买入股票，在随后的所有时间步均遵循策略 π，总回报的期望值便是 $q_\pi(s,a)$。

行动价值函数也称为 **Q 函数**，该函数计算得到的数值结果称为**状态-行动价值**（state-action value）或 **Q 值**，正是这个 Q 值使在第 7.4 节的 Q 学习成为算法"主角"。

讲到这里，细心的读者会有疑问：状态价值函数 $v_\pi(s)$ 与行动价值函数 $q_\pi(s,a)$ 是否存在某种数学上的联系呢？答案是肯定的，下面要讨论的贝尔曼方程就体现了它们之间的联系。

7.1.4　贝尔曼方程

贝尔曼方程（Bellman equation）是由美国数学家、动态规划的奠基人理查德·贝尔曼（Richard Bellman）最先提出的，广泛运用于工程技术、工业生产、自动化控制以及经济金融等领域。

1. 递归形式

根据 t 时刻总回报 g_t 的表达式（式 7-2），可以写出 $t+1$ 时刻总回报 g_{t+1} 的如下表达式：

$$g_{t+1} = r_{t+2} + \gamma r_{t+3} + \gamma^2 r_{t+4} + \cdots + \gamma^{T-t-2} r_T \quad \text{（式 7-8）}$$

将（式 7-8）代入（式 7-2）就可以得到 g_t 与 g_{t+1} 之间的递归关系式，具体如下：

$$g_t = r_{t+1} + \gamma g_{t+1} \quad \text{（式 7-9）}$$

通过（式 7-9）可以清楚地看到，t 时刻总回报 g_t 由两部分组成：一是 $t+1$ 时刻的奖励，二是 $t+1$ 时刻总回报按照折扣因子折算为的 t 时刻的价值。

2. 状态价值函数的贝尔曼方程

将（式 7-9）代入（式 7-6），可以得到状态价值函数的一个新表达式，具体如下：

$$v_\pi(s) = E_\pi(r_{t+1} + \gamma g_{t+1} | s_t=s) \quad \text{（式 7-10）}$$

结合策略函数（式 7-1）与转移函数（式 7-4），得到状态价值函数 $v_\pi(s)$ 的贝尔曼方程如下：

$$v_\pi(s) = \sum_{a\in\mathbb{A}} \pi(a|s) \sum_{s'\in\mathbb{S}, r\in\mathbb{R}} P(s',r|s,a)[r+\gamma v_\pi(s')] \quad （式7\text{-}11）$$

在（式7-11）中，因子式 $\gamma v_\pi(s')$ 表示下一个状态的状态价值通过折扣因子折算成的当前的价值，也就是下一个状态的当前状态价值。

仔细观察（式7-11）可以发现，当前状态 s 的状态价值等于将奖励与下一个状态 s' 的当前状态价值之和（即 $r+\gamma v_\pi(s')$）进行两次以概率为权重的计算得到的加权平均值，第1次的概率是通过转移函数得到的概率，第2次的概率是策略所对应的概率。

（式7-11）为当前状态的状态价值 $v_\pi(s)$ 与下一个状态的状态价值 $v_\pi(s')$ 建立了量化关系。

3. 行动价值函数的贝尔曼方程

同样，将（式7-9）代入（式7-7）可以得到行动价值函数的新表达式，具体如下：

$$q_\pi(s,a) = E_\pi(r_{t+1} + \gamma g_{t+1}|s_t=s, a_t=a) \quad （式7\text{-}12）$$

结合转移函数，可以得到状态价值函数 $q_\pi(s,a)$ 的贝尔曼方程如下：

$$q_\pi(s,a) = \sum_{s'\in\mathbb{S}, r\in\mathbb{R}} P(s',r|s,a)[r+\gamma v_\pi(s')] \quad （式7\text{-}13）$$

（式7-13）清楚地表明当前的状态-行动价值，等于将奖励与下一个状态的当前状态价值之和以转移函数对应的概率作为权重计算得到的加权平均值。

同时，将（式7-13）代入（式7-11），可以得到状态价值函数 $v_\pi(s)$ 与行动价值函数 $q_\pi(s,a)$ 之间的关系式，具体如下：

$$v_\pi(s) = \sum_{a\in\mathbb{A}} \pi(a|s) q_\pi(s,a) \quad （式7\text{-}14）$$

（式7-14）比较清晰地表明，状态价值实质上是状态-行动价值以策略对应的概率作为权重计算得到的加权平均值。

依据（式7-14）可以推导出，下一个状态的状态价值 $v_\pi(s')$ 与状态-行动价值 $q_\pi(s',a')$ 之间存在如下关系式：

$$v_\pi(s') = \sum_{a\in\mathbb{A}} \pi(a'|s') q_\pi(s',a') \quad （式7\text{-}15）$$

将（式7-15）代入（式7-13），可以得到 $q_\pi(s,a)$ 的新贝尔曼方程，具体方程式如下：

$$q_\pi(s,a) = \sum_{s'\in\mathbb{S}, r\in\mathbb{R}} P(s',r|s,a)[r+\gamma \sum_{a\in\mathbb{A}} \pi(a'|s') q_\pi(s',a')] \quad （式7\text{-}16）$$

强化学习的许多算法往往是基于（式7-11）和（式7-16）这两个贝尔曼方程的变形而展开的，其目的是求出价值函数的最大值，这就引出下面要介绍的贝尔曼最优方程。

7.1.5 贝尔曼最优方程

解决强化学习的问题意味着让智能体通过学习最终找到使状态价值实现最大化的策略，该策略称为**最优策略**（optimal policy）并且被标记为 π^*，恰是这个最优策略 π^* 将最终得到贝尔曼最优方程。

1. 最优策略下的状态价值

这里将实现最大化的状态价值函数标记为 $v^*(s)$，并且可以写成如下数学形式：

$$v^*(s) = \max_\pi v_\pi(s) = v_{\pi^*}(s) \qquad (\text{式 7-17})$$

$v^*(s)$ 就是最优状态价值函数，该函数表明智能体在全部可能的策略 π 上所获得的最大状态价值，等价于智能体在最优策略 π^* 下得到的状态价值。

同理，参照（式 7-17）写出下一个状态 s' 的最优状态价值函数 $v^*(s')$，具体表达式如下：

$$v^*(s') = \max_\pi v_\pi(s') = v_{\pi^*}(s') \qquad (\text{式 7-18})$$

2. 最优策略下的行动价值

将实现最大化的行动价值函数标记为 $q^*(s,a)$，同样可以写成如下数学形式：

$$q^*(s,a) = \max_\pi q_\pi(s,a) = q_{\pi^*}(s,a) \qquad (\text{式 7-19})$$

$q^*(s,a)$ 是最优行动价值函数，该函数表明智能体在全部可能的策略 π 上所获得的最大状态-行动价值，等价于智能体在最优策略 π^* 下得到的状态-行动价值。

结合（式 7-18）和（式 7-19），可以将（式 7-13）改写为最优行动价值函数的表达式，具体如下：

$$\begin{aligned} q^*(s,a) = q_{\pi^*}(s,a) &= \sum_{s'\in\mathbb{S},\ r\in\mathbb{R}} P(s',r|s,a)[r + \gamma v_{\pi^*}(s')] \\ &= \sum_{s'\in\mathbb{S},\ r\in\mathbb{R}} P(s',r|s,a)[r + \gamma v^*(s')] \qquad (\text{式 7-20}) \end{aligned}$$

此外，参照（式 7-19）可以写出下一个状态 s' 与下一个行动 a' 的最优行动价值函数 $q^*(s',a')$，具体如下：

$$q^*(s',a') = \max_\pi q_\pi(s',a') = q_{\pi^*}(s',a') \qquad (\text{式 7-21})$$

3. 状态价值函数的贝尔曼最优方程

现在重新回到最优状态价值函数 $v^*(s)$。$v^*(s)$ 也可以理解为当智能体遵循最优策略 π^* 并且处于状态 s 时，采取行动 a 使最优行动价值函数 $q^*(s,a)$ 实现最大化。据此，将（式 7-14）的期望值运算转换为最大值运算，等式如下：

$$v^*(s) = \max_a q^*(s,a) \qquad (\text{式 7-22})$$

将（式 7-20）代入（式 7-22），可以得出状态价值函数的贝尔曼最优方程，具体如下：

$$v^*(s) = \max_a \sum_{s'\in\mathbb{S},\,r\in\mathbb{R}} P(s',r|s,a)[r + \gamma v^*(s')] \qquad (\text{式 7-23})$$

4. 行动价值函数的贝尔曼最优方程

（式 7-22）也可以用于表达下一个状态 s' 的最优状态价值函数 $v^*(s')$，相关表达式如下：

$$v^*(s') = \max_{a'} q^*(s',a') \qquad (\text{式 7-24})$$

然后，将（式 7-24）代入（式 7-20）中，便得出行动价值函数的贝尔曼最优方程，具体如下：

$$q^*(s,a) = \sum_{s'\in S, r\in \mathbb{R}} P(s',r|s,a)[r + \gamma \max_{a'} q^*(s',a')] \qquad (式7\text{-}25)$$

下面通过一个金融示例展示如何运用贝尔曼最优方程，找出实现状态价值最大化的行动。

5. 一个金融示例

【例 7-2】让智能体学习股票的投资交易，将状态分为股票价格的"上涨"与"下跌"两种，$s=u$ 代表上涨，$s=d$ 代表下跌。智能体可采取的行动分为股票的"卖出"、"持有"和"买入"这 3 种。为了运算的便利，奖励值控制在区间 $[-1,1]$ 之内，折扣因子设定为 0.98。

针对转移函数得到的概率值设定如下：如果当前状态与下一个状态相同（比如均是"上涨"），对应的概率值为 0.6；相反，如果当前状态与下一个状态不同，对应的概率值是 0.4。为了简化分析，时间步仅设为 1 步。表 7-2 梳理了智能体在强化学习过程中涉及的相关参数以及数值结果。

表 7-2 智能体在强化学习过程中涉及的相关参数以及数值结果

当前状态 (s)	行动 (a)	奖励 (r)	下一个状态 (s')	转移函数的概率值 $P(s',r\|s,a)$	状态价值函数的数值结果 $\sum_{s'\in S, r\in \mathbb{R}} P(s',r\|s,a)[r+\gamma v^*(s')]$
上涨 ($s=u$)	卖出	1	上涨 ($s'=u$)	0.6	$0.6[1+0.98v^*(u)] + 0.4[1+0.98v^*(d)]$
			下跌 ($s'=d$)	0.4	
	持有	0.5	上涨 ($s'=u$)	0.6	$0.6[0.5+0.98v^*(u)] + 0.4[0.5+0.98v^*(d)]$
			下跌 ($s'=d$)	0.4	
	买入	0	上涨 ($s'=u$)	0.6	$0.6[0+0.98v^*(u)] + 0.4[0+0.98v^*(d)]$
			下跌 ($s'=d$)	0.4	
下跌 ($s=d$)	卖出	-1	上涨 ($s'=u$)	0.4	$0.4[-1+0.98v^*(u)] + 0.6[-1+0.98v^*(d)]$
			下跌 ($s'=d$)	0.6	
	持有	-0.5	上涨 ($s'=u$)	0.4	$0.4[-0.5+0.98v^*(u)] + 0.6[-0.5+0.98v^*(d)]$
			下跌 ($s'=d$)	0.6	
	买入	0	上涨 ($s'=u$)	0.4	$0.4[0+0.98v^*(u)] + 0.6[0+0.98v^*(d)]$
			下跌 ($s'=d$)	0.6	

结合表 7-2 以及（式 7-23），通过求解方程组计算出最优状态价值 $v^*(u)$ 与 $v^*(d)$，相关方程组如下：

$$\begin{cases} v^*(u) = \max\{0.6[1+0.98v^*(u)]+0.4[1+0.98v^*(d)], \\ \qquad\qquad 0.6[0.5+0.98v^*(u)]+0.4[0.5+0.98v^*(d)], \\ \qquad\qquad 0.6[0+0.98v^*(u)]+0.4[0+0.98v^*(d)]\} \end{cases} \quad (式7\text{-}26)$$

$$\begin{cases} v^*(d) = \max\{0.4[-1+0.98v^*(u)]+0.6[-1+0.98v^*(d)], \\ \qquad\qquad 0.4[-0.5+0.98v^*(u)]+0.6[-0.5+0.98v^*(d)], \\ \qquad\qquad 0.4[0+0.98v^*(u)]+0.6[0+0.98v^*(d)]\} \end{cases} \quad (式7\text{-}27)$$

计算（式 7-26）和（式 7-27）构成的方程组需要运用 Python 编程，此外通过计算得到 $v^*(u)$

和 $v^*(d)$ 最终就可以找出 $v^*(u)$ 和 $v^*(d)$ 所对应的行动。相关的编程分为以下 3 个步骤。

第 1 步：运用 SciPy 的 optimize 子模块的 fsolve 函数（见第 5.1.3 节），测算出最优状态价值 $v^*(u)$ 和 $v^*(d)$。相关的代码如下：

```
In [8]: import scipy.optimize as sco        #导入 SciPy 的子模块 optimize 并缩写为 sco

In [9]: def f(V):                 #通过自定义函数求解方程组
   ...:     Vu,Vd=V               #设定当前状态是上涨的最优状态价值和当前状态是下跌的最优状态价值
   ...:     Vu_sell=0.6*(1+0.98*Vu)+0.4*(1+0.98*Vd)      #上涨并卖出的状态价值
   ...:     Vu_hold=0.6*(0.5+0.98*Vu)+0.4*(0.5+0.98*Vd)  #上涨并持有的状态价值
   ...:     Vu_buy=0.6*(0+0.98*Vu)+0.4*(0+0.98*Vd)       #上涨并买入的状态价值
   ...:     Vd_sell=0.4*(-1+0.98*Vu)+0.6*(-1+0.98*Vd)    #下跌并卖出的状态价值
   ...:     Vd_hold=0.4*(-0.5+0.98*Vu)+0.6*(-0.5+0.98*Vd) #下跌并持有的状态价值
   ...:     Vd_buy=0.4*(0+0.98*Vu)+0.6*(0+0.98*Vd)       #下跌并买入的状态价值
   ...:     eq1=Vu-max(Vu_sell,Vu_hold,Vu_buy)           #对应(式7-26)并且该式的计算结果等于0
   ...:     eq2=Vd-max(Vd_sell,Vd_hold,Vd_buy)           #对应(式7-27)并且该式的计算结果等于0
   ...:     return [eq1,eq2]

In [10]: V0=[0.1,0.1]                       #迭代运算的初始值

In [11]: Vu_Vd=sco.fsolve(func=f,x0=V0)     #通过迭代运算得到的最优状态价值
   ...: Vu=Vu_Vd[0]                         #当前状态是上涨的最优状态价值
   ...: Vd=Vu_Vd[-1]                        #当前状态是下跌的最优状态价值
   ...: print('当前状态是上涨的最优状态价值',round(Vu,4))
   ...: print('当前状态是下跌的最优状态价值',round(Vd,4))
当前状态是上涨的最优状态价值 25.6219
当前状态是下跌的最优状态价值 24.3781
```

通过以上的代码输出可以看到，当前状态是上涨的最优状态价值约等于 25.6219，当前状态是下跌的最优状态价值约等于 24.3781。

第 2 步：针对当前状态是上涨的最大状态价值，找出智能体需要采取的行动。相关的代码如下：

```
In [12]: action=['卖出','持有','买入']       #输入 3 种行动的名称并将其存放于列表

In [13]: Vu_sell=0.6*(1+0.98*Vu)+0.4*(1+0.98*Vd)      #计算当前状态是上涨并卖出的状态价值
   ...: Vu_hold=0.6*(0.5+0.98*Vu)+0.4*(0.5+0.98*Vd)   #计算当前状态是上涨并持有的状态价值
   ...: Vu_buy=0.6*(0+0.98*Vu)+0.4*(0+0.98*Vd)        #计算当前状态是上涨并买入的状态价值

In [14]: if Vu==Vu_sell:      #如果当前状态是上涨并卖出的状态价值是最大的状态价值
   ...:     print('当前状态是上涨的状态价值实现最大化应当采取的行动',action[0])
   ...: elif Vu==Vu_sell:     #如果当前状态是上涨并持有的状态价值是最大的状态价值
   ...:     print('当前状态是上涨的状态价值实现最大化应当采取的行动',action[1])
   ...: else:                 #如果当前状态是上涨并买入的状态价值是最大的状态价值
   ...:     print('当前状态是上涨的状态价值实现最大化应当采取的行动',action[-1])
当前状态是上涨的状态价值实现最大化应当采取的行动 卖出
```

根据以上的代码结果，在当前状态是上涨时，智能体将采取"卖出"的行动，从而实现状态价值的最大化。

第 3 步：针对当前状态是下跌的最大状态价值，也需找出对应的行动。相关的代码如下：

```
In [15]: Vd_sell=0.4*(-1+0.98*Vu)+0.6*(-1+0.98*Vd)      #计算当前状态是下跌并卖出的状态价值
    ...: Vd_hold=0.4*(-0.5+0.98*Vu)+0.6*(-0.5+0.98*Vd)  #计算当前状态是下跌并持有的状态价值
    ...: Vd_buy=0.4*(0+0.98*Vu)+0.6*(0+0.98*Vd)          #计算当前状态是下跌并买入的状态价值

In [16]: if Vd==Vd_sell:            #如果当前状态是下跌并卖出的状态价值是最大的状态价值
    ...:     print('当前状态是下跌的状态价值实现最大化应当采取的行动',action[0])
    ...: elif Vd==Vd_sell:           #如果当前状态是下跌并持有的状态价值是最大的状态价值
    ...:     print('当前状态是下跌的状态价值实现最大化应当采取的行动',action[1])
    ...: else:                       #如果当前状态是下跌并买入的状态价值是最大的状态价值
    ...:     print('当前状态是下跌的状态价值实现最大化应当采取的行动',action[-1])
当前状态是下跌的状态价值实现最大化应当采取的行动  买入
```

通过以上的代码输出可以看到，在当前状态是下跌时，要实现状态价值的最大化，智能体必须采取"买入"的行动。

最后需要提醒的是，从零开始撰写强化学习的 Python 代码是一项难度很高的工作，在实践中往往选择运用比较成熟的强化学习编程技术框架，比如 Gymnasium 模块，7.2 节就将详细讨论这一模块的运用。

7.2　强化学习的编程技术框架——Gymnasium 模块

运用 Python 高效构建强化学习的算法时，需要创建相应的环境以及集成式、模块化的代码。为此，OpenAI 公司在 2016 年开发了 Gym 模块。Gym 是一个开源的 Python 第三方模块，提供了从简单到复杂的多样化环境（主要涉及游戏），可运用于各种强化学习的算法中，截至 2022 年 10 月已经累计安装超过 4300 万次，成为全球使用最广泛的强化学习模块。

在 2022 年 10 月，OpenAI 公司发布了 Gymnasium 模块，该模块用于代替原有的 Gym 模块，因此本节讨论 Gymnasium 的部署以及如何运用该模块创建全新的环境。

7.2.1　Gymnasium 模块的部署

Gymnasium 没有集成在 Anaconda 中，可以通过打开 Anaconda Prompt，并且执行以下命令在线安装该模块的最新版本。

```
pip install gymnasium
```

在这里需要提醒读者注意的是，通过以上命令安装的 Gymnasium 并没有包括全部可注册的环境，执行以下命令可以在线安装 Gymnasium 模块以及全部可注册的环境。

```
pip install "gymnasium[all]"
```

但需要注意的是，部分环境也可能会因为操作系统（比如 Windows 系统）的原因而无法安装。

下面，导入 Gymnasium 模块并且查看版本信息，考虑到该模块的英文名称比较长，通常会将其缩写为 gym，相关代码如下：

```
In [17]: import gymnasium as gym        #导入 Gymnasium 模块并缩写为 gym

In [18]: gym.__version__                #查看版本信息
```

在安装完成以后，通常需要查看已注册完成哪些具体环境，可以通过执行以下代码查看相关信息：

```
In [19]: gym.envs.registry.keys()                    #查看已经注册完成的环境
Out[19]: dict_keys(['CartPole-v0', 'CartPole-v1', 'MountainCar-v0', 'MountainCarContinuous-v0',
'Pendulum-v1', 'Acrobot-v1', 'LunarLander-v2', 'LunarLanderContinuous-v2', 'BipedalWalker-v3', 'Bip
edal WalkerHardcore-v3', 'CarRacing-v2', 'Blackjack-v1', 'FrozenLake-v1', 'FrozenLake8x8-v1', 'Cliff
Walking- v0', 'Taxi-v3', 'Reacher-v2', 'Reacher-v4', 'Pusher-v2', 'Pusher-v4', 'InvertedPendulum-v2'
, 'Inverted Pendulum-v4', 'InvertedDoublePendulum-v2', 'InvertedDoublePendulum-v4', 'HalfCheetah-v2', 'H
alfCheetah- v3', 'HalfCheetah-v4', 'Hopper-v2', 'Hopper-v3', 'Hopper-v4', 'Swimmer-v2', 'Swimmer-v3',
'Swimmer-v4', 'Walker2d-v2', 'Walker2d-v3', 'Walker2d-v4', 'Ant-v2', 'Ant-v3', 'Ant-v4', 'Humanoid-
v2', 'Humanoid-v3', 'Humanoid-v4', 'HumanoidStandup-v2', 'HumanoidStandup-v4', 'GymV26Environment-v0
'])
```

从以上输出的代码可以看到，共有 45 个环境已经安装并注册完成，这些环境都是关于游戏的环境，没有关于金融场景的环境。一旦需要结合金融场景开展强化学习的编程，首要的任务便是运用 Gymnasium 创建一个自定义的环境。

7.2.2 创建环境的步骤与要求

Gymnasium 之所以受欢迎，原因在于它既允许用户通过修改已有的环境来搭建新的环境，又允许用户自主创建一个全新的环境。本节重点讨论通过 Gymnasium 创建一个新环境的 8 个步骤与相关要求，7.3 节会通过具体示例详细演示这些步骤所涉及的代码细节。

第 1 步——创建两个 Python 文件

通过 Gymnasium 创建新的环境，首先需要创建两个 Python 文件，也就是以.py 作为扩展名的文件（文件名.py）。同时，在 "C:\用户名\anaconda3\Lib\site-packages\gymnasium\envs" 目录下创建一个新的文件夹，使用该文件夹存放这两个 Python 文件。笔者将创建的新文件夹命名为 user。

在上述创建的两个 Python 文件中，第 1 个文件用于实现环境，该文件名由用户自行设定，笔者设定的文件名是 my_env，接下来讨论的第 2 步至第 7 步所需撰写的全部代码就存放于该文件中；第 2 个文件用于注册环境，要求以 __init__ 的文件名进行存放（init 每一边均由两条下画线组成），下面讨论的第 8 步所需撰写的代码就存放于该文件中。

第 2 步——调用 Env 类

在第 2 步中，需要调用 Gymnasium 的 Env 类并且创建一个子类，子类的名称由用户自行设定，如果需创建与股票投资相关的环境，子类的名称可以设为 StockEnv。在这一步中，常见的代码格式如下：

```
class 子类名称(gymnasium.Env):
    metadata={'…render_mode'…: […'模式名称'…], … 'render_fps'…: 帧数数值}
    …
```

以上代码格式中的 metadata 属性用于设定环境所支持的渲染模式（render mode）。渲染就是动态的可视化。相关参数应当存放于字典的结构中，字典的键是 render_mode 并且其类型是字符串类型，字典的值是输入的具体的模式名称并且以字符串的类型存放于列表，包括 human、rgb_array、ansi、rgb_array_list 以及 ansi_list 等模式可供选择。在金融场景中，通常选择 human 模式，它表示环境在当前显示器或终端上不断渲染，并且可以给人们观看。如果不输入模式名称，则不会运行渲染的功能。

此外，在 metadata 属性中，除了需要输入渲染模式的参数，还需要输入参数 render_fps，它代表画面每秒传输帧数（frame per second），帧数越大意味着显示的动作越流畅，通常会使帧数数值为 4。

还要提醒的是，接下来要讨论的第 3 步至第 7 步的代码都是通过 Env 类创建的子类的有机组成部分。

第 3 步——自定义一个构造函数

通过 def 语句自定义一个构造函数并且函数名用 __init__ 表示，在第 1.6.2 节和第 6.6.3 节均强调过，init 每一边均是由两条下画线组成的。在构造函数以及后面步骤所涉及的自定义方法中，频繁通过参数 self 对类的各种属性进行自定义。此外，在金融场景中，也经常会设定一个或若干个参数用于输入相应的金融数据。这一步的代码格式可以设定如下：

```
def __init__(self, 参数1, 参数2, … , 参数N):
    super(子类名称,self).__init__()
    self.action_space = …
    self.observation_space = …
    self.reward_range = (下限值，上限值)
    …
```

在上述的代码格式中，需要运用 super 函数调用 Env 类的构造函数，super 函数中输入的子类名称必须与第 2 步设定的子类名称保持一致，super 函数的用法在第 6.6.3 节中简单介绍过。

在第 3 步中，最重要的是定义两个核心属性 action_space 和 observation_space，同时为了覆盖父类的相关属性，这两个属性的名字是固定不变的。属性 action_space 用于定义行动空间，属性 observation_space 则用于定义状态空间。

在定义行动空间和状态空间的过程中，要调用 Gymnasium 的 spaces 子模块的一些类，主要包括 Discrete 类、Box 类、MultiBinary 类、MultiDiscrete 类以及 text 类等，由于在金融场景中最常用的是 Discrete 类与 Box 类，因此，下面将针对这两个类做说明并给出示例。

Discrete 类可以提供离散型数值（整数）作为行动空间或状态空间的元素，比如 0、1、2 等，在金融交易中包含买入、卖出等的行动空间可以通过 Discrete 类创建。该类通常需要输入 3 个参数：

第 1 个参数是 n，表示包含离散型数值的个数并且数值按大小顺序排列，比如输入 n=3 表示空间包含按大小顺序排列的 3 个离散型数值（如 1、2、3）；

第 2 个参数是 start，表示空间中离散型数值的最小值；

第 3 个参数是 seed，表示随机数种子。

此外，可以运用 sample 方法进行随机抽样，如果设定了参数 seed，随机抽样的结果就能被重现。下面，通过一个示例进行演示。

【例 7-3】在创建的强化学习环境中，假定智能体的行动空间包含 1、2、3 这 3 个离散型数

值,并且在该行动空间中随机抽样。相关代码如下:

```
In [20]: from gymnasium import spaces        #导入Gymnasium的spaces子模块

In [21]: A=spaces.Discrete(n=3,start=1,seed=30)  #创建包含1、2、3这3个离散型数值的行动空间
   ...: A                                        #查看结果
Out[2]: Discrete(3, start=1)

In [22]: A.sample()                          #对该行动空间的元素进行随机抽样
Out[22]: 1
```

相反,Box类提供了连续型数值(浮点数)作为行动空间或状态空间的元素。在金融场景中,针对行动空间是按照一定的持股比例进行交易或者状态空间是股票价格、涨跌幅等数据,会选择使用Box类进行创建。该类通常也有3个重要的参数需要输入:

第1个参数是low,表示取值的下限,也就是最小值;

第2个参数是high,表示取值的上限,也就是最大值;

第3个参数是shape,表示空间的形状,如果输入shape=(3,5)就表示该空间是一个3×5的二维数组。

此外,也可以设定参数seed,从而使随机抽样的结果能够被重现。下面就通过一个具体示例进行演示。

【例7-4】在创建的强化学习环境中,假定智能体观察到的状态空间是一个行数为3、列数为5的二维数组,数组每个元素的取值范围是[0,1],并且对该状态空间开展随机抽样。为了保证随机抽样的结果能够重现,在创建状态空间时需要设定参数seed。相关代码如下:

```
In [23]: B=spaces.Box(low=0, high=1,shape=(3,5),seed=30)  #创建连续型数值的状态空间
   ...: B                                                  #查看结果
Out[23]: Box(0.0, 1.0, (3, 5), float32)

In [24]: B.sample()                          #随机抽样
Out[24]:
array([[0.2357988 , 0.429107  , 0.09227302, 0.5926027 , 0.7826987 ],
       [0.86757797, 0.32645485, 0.10958038, 0.3988095 , 0.5916027 ],
       [0.250173  , 0.6441108 , 0.9023183 , 0.39102963, 0.47901973]],
      dtype=float32)
```

需要注意的是,以上输出的代码显示了二维数组中的每个元素的类型均是32位浮点型。因此,针对外部输入的金融数据就需要将其类型调整为32位浮点型,否则代码运行将会出错。

此外,在这一步中,还能定义reward_range属性,该属性用于限定环境对智能体给予奖励的数值范围,相关参数存放于元组中,元组的第1个元素代表奖励的下限值,第2个元素代表奖励的上限值。

第4步——自定义reset方法

在第4步中,需要运用def语句自定义reset方法,从而实现将智能体观察到的状态重置为初始状态(即$t=0$时刻的状态),需要强调的是reset是一个固定名称,不能改变。相关的代码格式如下:

```
def reset(self, seed, options):
```

```
    super().reset(seed=seed)
    …
    return observation, info
```

自定义 reset 方法时，除了需输入参数 self，还可以选择参数 seed 和 options 进行输入。参数 seed 表示输入随机数种子，确保代码的运行结果能够得到重现；参数 options 表示输入额外的信息，这些信息往往取决于特定的环境。

在该步骤中，相关的重置功能包括以下 3 个方面：

第一，需要将时间步中的 t 时刻重置为 0；

第二，需要将全部或者部分状态重置为初始值；

第三，该自定义方法最终输出的结果中，一个是初始的状态（在代码中采用 observation），另一个则是额外的信息（在代码中采用 info），如果没有额外的信息则用一个空字典{}表示。需要注意的是，无论是初始的状态还是后续每一个时间步的状态，都是通过接下来第 5 步的自定义函数运算得到的。

第 5 步——自定义一个提供状态样本数值的函数

在第 5 步中，需要将智能体所观察到的具体状态（状态样本数值）通过一个自定义函数输出，函数名称可以由用户自主设定，常用的函数名是 observation 或 next_observation。相关的代码格式如下：

```
def 函数名(self):
    …
    return 状态样本数值
```

在这一步自定义函数的过程中，需要注意以下两点。

第一，将每一步观察到的状态样本数值存放在一个数组中，该数组的形状必须与前面第 3 步针对状态空间所设定的形状保持一致。举例说明：假定在第 3 步中状态空间是运用 Box 类创建的，并且参数 shape=(3,5)，在第 5 步中观察到的状态样本数值就必须存放在一个 3×5 的二维数组中。

第二，为了提升强化学习各种算法的运算效率，通常会将状态样本数值等比例压缩至[0,1]中。比如，在金融场景中，交易价格、交易量等数据通过除以一个固定常数就能实现等比例的压缩。

第 6 步——自定义 step 方法

在第 6 步中，通过 def 语句自定义 step 方法，实现当智能体采取某种行动以后所带来的状态迭代以及奖励获取。这里的 step 也是一个不能改变的固定名称。相关的代码格式如下：

```
def step(self, action):
    …
    if 条件1(采取第1种行动):
        …
    elif 条件2(采取第2种行动):
        …
    elif 条件N-1(采取第N-1种行动):
        …
    else:
        …
```

```
return observation, reward, terminated, truncated, info
```

结合以上的代码格式,在自定义 step 方法的过程中需要注意以下 5 点。

第一,除参数 self 以外,还需设定一个输入行动的参数 action,并且该参数值必须来自前面第 3 步设定的行动空间。

第二,通常会运用条件语句,并且将某种行动作为一个条件,在满足该条件的情况下更新状态样本数值。

第三,需要设定一轮学习**终止**(terminated)的具体条件,比如已经遍历了状态的全部样本数值。当满足终止的条件时,智能体原先的一轮学习结束,新的一轮学习即将开始或者整个强化学习彻底结束。终止变量通常用 terminated 命名,而变量的取值是布尔值 True 或 False。

第四,用户可以根据实际情况设定学习**中断**(truncated)的具体条件。当满足该条件时,此轮学习就会被强行结束而重新开始新的一轮学习。中断变量的名称通常用 truncated 表示,变量的取值也是布尔值 True 或 False。在金融场景中,很少会遇到学习中断的情形,可以直接给中断变量赋值 False。

第五,最终输出 5 个结果,依次是状态(observation)、奖励(reward)、终止变量(terminated)、中断变量(truncated)以及额外信息(info)。其中,输出的状态类似于前面第 4 步 reset 方法所输出的状态,输出的额外信息也类似于 reset 方法输出的额外信息。

第 7 步——自定义 render 方法并且调用 Pygame 模块

在第 7 步中,运用 def 语句自定义 render 方法,该方法用于实现针对每一步学习结果的渲染。需要注意的是,这里的 render 依然是一个不能改变的固定名称。相关的代码格式如下:

```
def render(self, mode='模式名称'):
    ...
```

通过以上的代码格式可以发现,在 render 方法中除了 self 参数,还需要输入参数 mode,并且输入的内容与前面第 2 步对 metadata 属性设定的渲染模式保持一致,比如 metadata 属性设定的渲染模式是 human,在自定义 render 方法时就需要输入参数 mode='human'。

这里需要着重指出的是,Gymnasium 针对环境的渲染是运用 Pygame 模块实现的,这样做是因为 Gymnasium 已有的环境均涉及游戏,而 Pygame 恰好是专门用于开发电子游戏的 Python 模块。通过 Pygame 撰写的涉及渲染功能的代码可以提供出色和逼真的动画效果。当然,金融场景往往不会涉及游戏中的复杂动画效果,运用 Pygame 主要是实现文字、数字等文本内容的渲染。

由于 Pygame 已经集成在 Anaconda 中,因此可以直接导入该模块并查看版本信息,相关代码如下:

```
In [25]: import pygame              #导入 Pygame 模块
   ...: pygame.__version__           #查看版本信息
Out[25]: '2.1.0'
```

借助 Pygame 实现金融场景的文本内容渲染,需要重点关注以下 7 个方面。

一是初始化设置。在开始渲染之前,必须运用 Pygame 的 init 函数进行初始化设置。如果没有初始化,后续的调取字体等编程任务就无法完成。

二是设定平面。需要运用 display 子模块的 set_mode 函数设定一个屏幕的平面(surface),通过参数 size 控制平面的宽度和高度,需输入包含 2 个元素的元组,比如输入 size=(800, 600),

表示一个 800 像素×600 像素的平面。

三是设定字体。通过 font 子模块的 match_font 函数调用相关的字体，输入参数 name='fangsong'表示调用仿宋的字体，其他字体的名称可以参见第 3.3.1 节的表 3-4。然后，通过 font 子模块的 Font 函数创建一个字体对象（font object），在该函数中依次输入字体、字体大小等参数。

四是输入文本内容。针对已创建的字体对象，通过 render 方法输入文本信息，在该方法中依次输入以字符串存放的文本信息（包括文字、数字等）、布尔值 True 或 False（表示是否增加平滑效果）以及颜色参数。

五是设置屏幕背景颜色。针对已经设定的平面，通过 fill 方法设置屏幕背景颜色。针对颜色的设定，Pygame 运用的是 RGB 色彩模式，R 代表 Red（红色），G 代表 Green（绿色），B 代表 Blue（蓝色），通过这 3 种颜色混合叠加而创造出其他的颜色。因此，将包含 3 个元素的元组作为颜色参数，元组中的每个元素都是区间[0,255]中的整数。其中，元组(255,0,0)表示红色，(0,255,0)表示绿色，(0,0,255)表示蓝色，不同的取值可以生成不同的颜色。

六是文本内容投屏。针对已经设定的平面，通过 blit 方法将文本内容投放至屏幕，需要输入两个主要参数：一个是参数 source，用于输入包含文本信息内容的字体对象；另一个是参数 dest，用于输入文本所在屏幕上的坐标并且它是包含两个元素的元组，第 1 个元素用于定位横轴，第 2 个元素用于定位纵轴。

七是屏幕显示、图片保存及模块退出。运用 display 子模块的 flip 函数就可以将全部的文本信息显示在屏幕上；如果需要将屏幕显示的内容保存为图片，可以通过 image 子模块的 save 函数实现，在该函数中依次输入已设定的平面对象以及图片保存位置信息，可以选择以 PNG、JPEG、BMP、TGA 等格式保存图片；最后运用 quit 函数结束渲染并退出 Pygame 模块。

下面，通过一个示例具体演示如何用 Pygame 实现文本内容的渲染。

【例 7-5】运用 Pygame 模块将"利润（元）：30000"的文本信息进行渲染，要求屏幕中是 800 像素×800 像素的平面，屏幕的背景颜色是蓝色，文本信息的颜色是白色（效果如图 7-2 所示，可参见本书配套彩图）。相关的代码如下：

```
In [26]: pygame.init()                                      #Pygame 模块的初始化
Out[26]: (5, 0)

In [27]: screen=pygame.display.set_mode(size=(800,800))     #设置显示屏幕的一个平面

In [28]: font_name=pygame.font.match_font(name='fangsong')  #调用仿宋字体
    ...: font_object=pygame.font.Font(font_name,40)         #创建字体对象并且设定字体大小为 40

In [29]: blue=(0,0,255)                                     #蓝色的参数
    ...: white=(255,255,255)                                #白色的参数

In [30]: text1=font_object.render('利润（元）: ',True,white) #渲染的文字内容
    ...: text2=font_object.render(str(30000),True,white)    #将数字转换为字符串
    ...: screen.fill(color=blue)                            #将屏幕的背景颜色设定为蓝色
    ...: screen.blit(source=text1,dest=(200,300))           #将文字显示在屏幕
    ...: screen.blit(source=text2,dest=(500,300))           #将数字显示在屏幕
    ...: pygame.display.flip()                              #全部文本信息在屏幕上显示
```

图 7-2 通过 Pygame 对文本信息进行渲染

```
In [31]: pygame.image.save(screen,'C:/Desktop/利润图.jpg')    #保存图片

In [32]: pygame.quit()                                        #结束渲染功能
```

第 8 步——撰写__init__文件

以上的第 2 步至第 7 步完成用于实现环境的 Python 文件的创建，在第 8 步中需要完成用于注册环境的__init__文件的撰写。

注册环境需要运用 Gymnasium 的 register 函数，该函数通常需要输入以下的 3 个参数。

一是参数 id，它表示所创建的环境名称，这个名称可以由用户自行设定并且需要存放于字符串中，环境名称的命名格式如下：

英文名-v 整数

这里的 v 是英文单词 version（版本）的首字母，而 v 后面的整数代表版本号，通常从 0 开始。

二是参数 entry_point，它表示用于创建环境的入口点，输入的内容依然存放于字符串中。举例加以说明：假定用于实现环境的 Python 文件存放在"C:\用户名\anaconda3\Lib\site-packages\gymnasium\envs\user"目录中，该文件的名称是 MyEnv，在前面第 2 步通过调用 Env 类所创建的子类名称是 StockEnv，则需要输入 entry_point='gymnasium.envs.user.MyEnv:StockEnv'。

三是参数 max_episode_steps，它表示一轮学习的最大步数，比如输入 max_episode_steps=1000 表示每一轮学习控制在 1000 步以内。

7.3 创建并运行股票投资的强化学习环境

前面小节是介绍如何通过 Gymnasium 创建一个全新环境的具体步骤与相关要求，本节将通过金融示例来具体演示如何创建一个新环境以及相关的 Python 代码。

7.3.1 环境的相关描述

【例 7-6】为了让智能体学习如何投资与交易比亚迪 A 股股票（证券代码 002594），运用 Gymnasium 创建一个相应的环境，具体的要求与规定如下。

一是状态空间。将比亚迪 A 股股票 2021 年 1 月 4 日（首个交易日）至 2022 年 12 月 30 日（最后一个交易日）期间的每个交易日价格数据作为样本值。在智能体每一步学习中，观察到的状态包括两个部分。

第 1 部分是价格指标。具体是指连续 5 个交易日的股票开盘价、最高价、最低价以及收盘价等每日价格数据。

第 2 部分是非价格指标。具体是指第 5 个交易日收盘后的资金余额、持股数量、资产价值、平均每股买入成本、平均每股卖出市值等 5 个指标（资产价值是资金余额与持有股票市值之和，关于这些非价格指标的计算规则将在后面详细介绍）。同时，设定这些非价格指标的初始值。资金余额的初始值是 1000 万元，资产价值的初始值与资金余额相同，持股数量的初始值是 0 股，平均每股买入成本以及平均每股卖出市值的初始值均为 0 元。

此外，为了提升运算的效率，状态空间的每个样本值需要等比例压缩至[0,1]区间内。为此，价格数据统一除以 1000（最高价格 1000 元/股，该值可自行设定），资金余额、资产价值均需要除以 3000 万（最大资金余额 3000 万元，该值可自行设定），持股数量需要除以 10 万（最大持股数量 10 万股，该值可自行设定），平均每股买入成本、平均每股卖出市值也均需要除以最高价格的对应数值。

二是行动空间。智能体在第 5 个交易日收盘时可以采取"买入""卖出"以及"持有"这 3 种行动中的一种，同时将当天收盘价作为交易价格。关于行动的交易规则如下。

假定当天采取"买入"行动，则买入 1 万股比亚迪 A 股股票，一旦资金余额不足以购买 1 万股，就按照所能购买的最大股票数量作为买入股票的数量。这里暂不考虑 A 股市场每次交易的股票数量必须是 100 股（1 手）整数倍的限制条件。

假定当天采取"卖出"行动，就卖出 1 万股比亚迪 A 股股票，一旦可供出售的股票数量不足 1 万股，则出售全部的股票。同时，不允许融券卖空。

假定当天采取"持有"行动，则意味着持股数量保持不变。

此外，在编程过程中运用整数 0 表示买入，1 表示卖出，2 表示持有。

三是学习过程。智能体每一轮学习都是按照样本期间的先后顺序从 2021 年 1 月学习至 2022 年 12 月。具体过程如下。

第 1 步学习是让智能体观察 2021 年 1 月 4 日至 8 日（连续 5 个交易日）的价格指标以及针对非价格指标的初始值，智能体决定采取的行动并获得奖励（将投资收益设定为奖励值），更新 1 月 8 日非价格指标的相关数据以及 1 月 5 日至 11 日的价格指标作为下一步的状态。

第 2 步学习是让智能体观察 2021 年 1 月 5 日至 11 日（连续 5 个交易日）的价格指标以及 1 月 8 日更新的非价格指标数据，智能体决定采取的行动并获得奖励，更新 1 月 11 日非价格指标的相关数据以及 1 月 6 日至 12 日的价格指标作为下一步的状态。

依次类推，最后一步学习是让智能体观察 2022 年 12 月 23 日至 29 日（连续 5 个交易日）的价格指标以及 12 月 29 日更新后的非价格指标数据，智能体决定采取的行动并获得奖励，更新 12 月 29 日非价格指标的相关数据以及 12 月 26 日至 30 日的价格指标作为最终的状态，至此完整的一轮学习结束。

四是计算公式。为了便于后续的编程,在表 7-3 中整理了非价格指标以及奖励的计算公式。

表 7-3 非价格指标以及奖励的计算公式

指标名称	行动	具体表达式
资金余额	买入	第 t 日资金金额=第 $t-1$ 日资金金额−第 t 日买入股票数量×交易价格
	卖出	第 t 日资金金额=第 $t-1$ 日资金金额+第 t 日卖出股票数量×交易价格
	持有	第 t 日资金金额=第 $t-1$ 日资金金额
持股数量	买入	第 t 日持股数量=第 $t-1$ 日持股数量+第 t 日买入股票数量
	卖出	第 t 日持股数量=第 $t-1$ 日持股数量−第 t 日卖出股票数量
	持有	第 t 日持股数量=第 $t-1$ 日持股数量
资产价值	不适用	第 t 日资产价值=第 t 日资金金额+第 t 日持股数量×第 t 日收盘价
平均每股买入成本	不适用	第 t 日平均每股买入成本 = $\dfrac{\text{第}t\text{日累计买入股票的总成本}}{\text{第}t\text{日累计买入股票的数量}}$ = $\dfrac{\sum_{\tau=0}^{t} \text{第}\tau\text{日买入股票数量}\times\text{第}\tau\text{日交易价格}}{\sum_{\tau=0}^{t} \text{第}\tau\text{日买入股票数量}}$
平均每股卖出市值	不适用	第 t 日平均每股卖出市值 = $\dfrac{\text{第}t\text{日累计卖出股票的总市值}}{\text{第}t\text{日累计卖出股票的数量}}$ = $\dfrac{\sum_{\tau=0}^{t} \text{第}\tau\text{日卖出股票数量}\times\text{第}\tau\text{日交易价格}}{\sum_{\tau=0}^{t} \text{第}\tau\text{日卖出股票数量}}$
投资收益(奖励)	不适用	第 t 日投资收益=第 t 日资产价值−初始的资金金额

此外,需要提醒的是,在创建环境时不需要考虑折扣因子,只有在涉及具体的强化学习算法时才会引入折扣因子。

下面依次演示环境的创建过程、测试过程以及学习过程。

7.3.2 环境的创建过程

根据第 7.2.2 节第 1 步的要求,针对例 7-6 就需要创建两个不同用途的 Python 文件。

1. 用于实现环境的 Python 文件与代码

第 1 个 Python 文件用于实现环境,文件名是 my_env1,该文件中的代码是遵循第 7.2.2 节第 2 步至第 7 步的相关要求进行撰写的。具体代码如下:

```python
import numpy as np                          #导入 NumPy 模块并缩写为 np
import pandas as pd                         #导入 pandas 模块并缩写为 pd
import gymnasium as gym                     #导入 Gymnasium 模块并缩写为 gym
import pygame                               #导入 Pygame 模块
from gymnasium.spaces import Box            #导入 Box 类
from gymnasium.spaces import Discrete       #导入 Discrete 类

balance_begin=1e7                           #初始的资金余额
```

```python
balance_max=3e7                              #最大资金余额
price_max=1000                               #股票的最高价格
share_max=1e5                                #最大持股数量

class StockEnv1(gym.Env):
    metadata={'render_modes':['human'],'render_fps':4}    #设定渲染模式并选择human
    def __init__(self,price,render_mode):    #自定义构造函数
        super(StockEnv1,self).__init__()     #通过super函数调用Env类的构造函数
        self.price=price                                      #价格变量
        self.action_space=Discrete(n=3,seed=30)               #行动空间
        self.observation_space=Box(low=0,high=1,shape=(5,5))  #状态空间
        self.reward_range=(-balance_max,balance_max)          #奖励区间
        self.render_mode=render_mode         #渲染模式
    def reset(self,seed=None,options=None):  #自定义reset方法,None代表空值
        super().reset(seed=seed)             #开启随机数种子的功能
        self.balance=balance_begin           #资金余额重置为初始的资金余额
        self.asset_value=balance_begin       #资产价值重置为初始的资金余额
        self.share_hold=0                    #持有股票数量重置为0
        self.cost_pershare=0                 #平均每股买入成本重置为0
        self.total_sharesell=0               #累计卖出股票数量重置为0
        self.value_pershare=0                #平均每股卖出市值重置为0
        self.t=0                             #t时刻重置为0时刻
        observation=self.Observation()       #初始状态(通过后面的自定义函数Observation运算得到)
        info={}                              #额外信息用空字典赋值
        return observation,info              #输出状态与额外信息
    def Observation(self):                   #自定义提供状态样本数值的函数
        price_open=self.price.iloc[self.t:self.t+5]['开盘价'].values   #连续5日开盘价(数组)
        price_high=self.price.iloc[self.t:self.t+5]['最高价'].values   #连续5日最高价(数组)
        price_low=self.price.iloc[self.t:self.t+5]['最低价'].values    #连续5日最低价(数组)
        price_close=self.price.iloc[self.t:self.t+5]['收盘价'].values  #连续5日收盘价(数组)
        price_scale=np.array([price_open/price_max,price_high/price_max,
                    price_low/price_max,price_close/price_max])  #价格指标压缩至[0,1]并存放于数组
        balance_scale=self.balance/balance_max              #资金余额压缩至[0,1]区间
        asset_value_scale=self.asset_value/balance_max      #资产价值压缩至[0,1]区间
        share_hold_scale=self.share_hold/share_max          #持股数量压缩至[0,1]区间
        cost_pershare_scale=self.cost_pershare/price_max    #平均每股买入成本压缩至[0,1]区间
        value_pershare_scale=self.value_pershare/price_max  #平均每股卖出市值压缩至[0,1]区间
        other_scale=np.array([[balance_scale,asset_value_scale,share_hold_scale,
                    cost_pershare_scale,value_pershare_scale]])  #非价格指标存放至二维数组
        obs=np.append(price_scale,other_scale,axis=0)    #价格指标与非价格指标合并为一个数组
        obs=obs.astype(np.float32)                       #转换为32位浮点型
        return obs                                       #输出状态
    def step(self,action):                               #自定义step方法
        price_settle=self.price.iloc[self.t+4]['收盘价'] #将第5个交易日收盘价作为交易价格
        if action==0:                                    #针对买入的行动
            cost_before=self.share_hold*self.cost_pershare    #已持有股票的购买成本
            share_buy_max=int(self.balance/price_settle)      #剩余资金可购买的最大股票数量
            share_buy=min(10000,share_buy_max)                #本次购买的股票数量(取最小值)
            cost_buy=share_buy*price_settle                   #本次购买股票的购买成本
            self.balance=self.balance-cost_buy                #更新账户的资金余额
            self.share_hold=self.share_hold+share_buy         #更新持有股票的数量
```

```python
            self.cost_pershare=(cost_before+cost_buy)/self.share_hold  #更新平均每股买入成本
        elif action==1:                                         #针对卖出的行动
            value_before=self.total_sharesell*self.value_pershare  #已卖出股票的总市值
            share_sell=min(10000,self.share_hold)               #本次卖出的股票数量(取最小值)
            value_sell=share_sell*price_settle                  #本次卖出股票的市值(收回资金)
            self.balance=self.balance+value_sell                #更新账户的资金余额
            self.share_hold=self.share_hold-share_sell          #更新持有股票数量
            self.total_sharesell=self.total_sharesell+share_sell  #更新累计卖出股票数量
            if self.total_sharesell!=0:                         #假定累计卖出股票数量不等于0
                value_total=value_before+value_sell             #累计卖出股票的总市值
                self.value_pershare=value_total/self.total_sharesell  #更新平均每股卖出市值
            else:                                               #假定累计卖出股票数量等于0
                pass                                            #不需要进行任何操作
        else:                                                   #针对持有的行动
            pass                                                #不需要进行任何操作
        self.asset_value=self.balance+self.share_hold*price_settle  #计算资产价值
        self.t=self.t+1                                         #更新至t+1时刻
        if self.t+5>=len(self.price):                           #假定t+5大于或等于样本天数
            terminated=True                                     #终止变量赋值为True(一轮学习终止)
            self.t=0                                            #t时刻重置为0时刻
        else:                                                   #假定t+5小于样本天数
            terminated=False                                    #终止变量赋值为False
        profit=self.asset_value-balance_begin                   #计算投资收益
        reward=profit                                           #将奖励设置为投资收益
        observation=self.Observation()                          #观察到的状态
        truncated=False                                         #中断变量赋值为布尔值False
        info={}                                                 #额外信息用空字典赋值
        return observation,reward,terminated,truncated,info     #输出5个结果
    def render(self):                                           #自定义render方法
        profit=self.asset_value-balance_begin                   #计算投资收益
        if self.render_mode=='human':                           #假定选择human模式
            pygame.init()                                       #Pygame模块的初始化
            screen=pygame.display.set_mode(size=(600,600))      #设置屏幕平面的大小
            font_name=pygame.font.match_font(name='fangsong')   #选择仿宋字体
            font_object=pygame.font.Font(font_name,40)          #创建字体文件
            blue=(0,0,255)                                      #蓝色的参数
            white=(255,255,255)                                 #白色的参数
            text1=font_object.render('t 时刻',True,white)        #渲染的文字内容
            text2=font_object.render(str(self.t),True,white)    #将数字转换为字符串
            text3=font_object.render('持股数量',True,white)      
            text4=font_object.render(str(self.share_hold),True,white)
            text5=font_object.render('收益(元)',True,white)
            text6=font_object.render(str(profit),True,white)
            screen.fill(color=blue)                             #将屏幕的背景颜色设定为蓝色
            screen.blit(source=text1,dest=(50,100))             #将文字内容传输至屏幕
            screen.blit(source=text2,dest=(250,100))
            screen.blit(source=text3,dest=(50,200))
            screen.blit(source=text4,dest=(250,200))
            screen.blit(source=text5,dest=(50,300))
            screen.blit(source=text6,dest=(250,300))
            pygame.display.update()                             #全部文本内容在屏幕上显示
        else:                                                   #假定没有选择human模式
            pass                                                #不开启渲染功能
```

在以上的代码中，通过反复使用"self.名称"的形式完成了属性与方法的设定，然而对于 Python 的新手而言，准确理解"self.名称"的具体含义可能会有一定的困难，这里可以比较通俗地将其理解为定义金融的相关变量。

2. 用于注册环境的 Python 文件与代码

第 2 个 Python 文件用于注册环境，根据第 7.2.2 节第 8 步的要求，文件名是 __init__，该文件中的相关代码比较简单，具体如下：

```
from gymnasium import register        #从Gymnasium模块导入register函数
register(id='StockEnv-v0',entry_point='gymnasium.envs.user.my_env1:StockEnv1',
        max_episode_steps=1000)       #输入相关的参数值
```

通过以上的代码可以看到，创建的环境名称设定为 StockEnv-v0，该名称在后续的环境测试过程中会被使用。

在完成了环境的创建以后，接下来需要对创建的环境进行测试，确保环境能够有效运行。

7.3.3 环境的测试过程

针对环境的测试需要分两步完成：第 1 步是在 Gymnasium 中完成环境的注册，第 2 步是通过 Gymnasium 运行该环境。下面就依次对这两步进行讲解并给出代码演示。

1. 注册所创建的环境

在 Gymnasium 中完成新环境的注册，通常仅需要一行代码即可，并且这行代码运用了 from 与 import，代码输入的内容与第 7.2.2 节第 8 步提到的 register 函数中输入参数 entry_point 的内容相对应。举例加以说明。假定在 register 函数中，输入参数 entry_point='gymnasium.envs.user.MyEnv:StockEnv'，执行以下的代码就可以完成环境的注册：

```
from gymnasium.envs.user.MyEnv import StockEnv
```

以上的代码格式比较类似于第 1.8.1 节讨论的从某个模块导入特定函数的代码格式。

【例 7-7】沿用例 7-6 的信息，针对比亚迪 A 股投资的自定义环境，在 Gymnasium 中完成注册并查看是否注册成功，相关的代码如下：

```
In [33]: from gymnasium.envs.user.my_env1 import StockEnv1   #完成自定义环境的注册

In [34]: gym.envs.registry.keys()                             #查看已经注册完成的环境
Out[34]: dict_keys(['CartPole-v0', 'CartPole-v1', 'MountainCar-v0', 'MountainCarContinuous-v0', '
Pendulum-v1', 'Acrobot-v1', 'LunarLander-v2', 'LunarLanderContinuous-v2', 'BipedalWalker-v3', 'Biped
al WalkerHardcore-v3', 'CarRacing-v2', 'Blackjack-v1', 'FrozenLake-v1', 'FrozenLake8x8-v1', 'CliffWa
lking- v0', 'Taxi-v3', 'Reacher-v2', 'Reacher-v4', 'Pusher-v2', 'Pusher-v4', 'InvertedPendulum-v2', 'Invert
edPendulum- v4', 'InvertedDoublePendulum-v2', 'InvertedDoublePendulum-v4', 'HalfCheetah-v2', 'HalfChe
etah-v3', 'HalfCheetah-v4', 'Hopper-v2', 'Hopper-v3', 'Hopper-v4', 'Swimmer-v2', 'Swimmer-v3', 
'Swimmer-v4', 'Walker2d-v2', 'Walker2d-v3', 'Walker2d-v4', 'Ant-v2', 'Ant-v3', 'Ant-v4', 'Humanoid
-v2', 'Humanoid-v3', 'Humanoid-v4', 'HumanoidStandup-v2', 'HumanoidStandup-v4', 'GymV26Environme
nt-v0', 'StockEnv-v0'])
```

以上输出代码的最后一个元素是 'StockEnv-v0'，这表明所创建的新环境已经在 Gymnasium 中成功注册。

2. 运行所创建的环境

在运行所创建的环境时，首先需要运用 Gymnasium 的 make 函数自动加载环境，该函数需要输入参数 id，该参数输入的值对应于第 7.2.2 节第 8 步 register 函数中参数 id 的输入内容；该函数其他的参数则主要取决于第 7.2.2 节第 3 步自定义构造函数时设定的参数，包括金融样本数据、渲染模式等。

其次，运用 reset 方法对加载的环境进行初始化设定，为了保证代码输出的结果能够重现，通过参数 seed 设定随机数种子。

再次，针对设定的行动空间 action_space 运用 sample 方法进行随机抽样，也就是让智能体随机采取行动。

最后，通过 step 方法更新智能体观察到的状态、获得的奖励、终止变量（是否终止学习）、中断变量（是否中断学习）以及额外信息等。如果需要同步开启渲染功能，则通过 render 方法完成。

【例 7-8】 沿用例 7-6 和例 7-7 的信息，针对已经创建并成功注册的环境，在 Gymnasium 中运行 10 步学习并将智能体每一步的学习结果进行渲染。相关的编程分为两个步骤。

第 1 步：导入 2021 年至 2022 年期间比亚迪 A 股股票价格数据以及创建的环境，对环境进行初始化。相关的代码如下：

```
In [35]: import warnings                              #调用 warnings 模块
   ...: warnings.filterwarnings('ignore')             #设定后续代码的运行过程不显示警告

In [36]: BYD_price=pd.read_excel(io='C:/Desktop/比亚迪的股票价格.xlsx',sheet_name='Sheet1',
   ...:                    header=0,index_col=0)  #导入外部数据

In [37]: env=gym.make('StockEnv-v0',price=BYD_price,render_mode='human')  #导入股票环境

In [38]: obs,info=env.reset(seed=30)           #环境初始化并且设定随机数种子参数为 30
   ...: obs                                    #查看初始状态
Out[38]:
array([[0.189      , 0.206      , 0.21972    , 0.2166     , 0.233      ],
       [0.21116    , 0.22123    , 0.22218    , 0.22832    , 0.23432    ],
       [0.18709    , 0.20201    , 0.212      , 0.2142     , 0.2207     ],
       [0.20676    , 0.2199     , 0.2163     , 0.22504    , 0.22751    ],
       [0.33333334 , 0.33333334 , 0.        , 0.         , 0.         ]],
      dtype=float32)
```

在以上的代码中，通过运用 warnings 模块的 filterwarnings 函数，使后续代码在运行过程中不显示各类警告（warning），从而使读者阅读代码更加流畅。同时，初始的状态是一个 5×5 的二维数组，第 1 行至第 4 行依次代表了连续 5 个交易日的开盘价、最高价、最低价以及收盘价的数据（经过等比例压缩），最后 1 行则代表了经等比例压缩后的非价格指标数值，依次为资金余额、资产价值、持股数量、平均每股买入成本以及平均每股卖出市值。

第 2 步：让智能体实施 10 步学习并且将每一步学习的结果进行渲染，最终的渲染结果如图 7-3 所示。为了能够看清楚每次渲染的效果和内容，运用 Python 内置的 time 模块中的 sleep 函数，该函数中输入的数值表示停顿多少秒。相关代码如下：

```
In [39]: import time                                  #导入 time 模块
```

```
   ...: N=10                                    #设定学习的步数

In [40]: for i in range(N):                     #运用for语句并且每一步学习都做一次循环运算
   ...:     act=env.action_space.sample()       #对行动空间随机抽样
   ...:     obs,r,terminated,truncated,info=env.step(action=act)  #运算每一步的结果
   ...:     if terminated==True:                #假定学习终止
   ...:         obs,info=env.reset()            #状态重置为初始状态
   ...:     else:                               #假定学习没有终止
   ...:         pass                            #状态无须重置为初始状态
   ...:     env.render()                        #不需要进行任何操作
   ...:     time.sleep(5)                       #停顿5秒
   ...: env.close()                             #整个学习过程结束
```

图 7-3 运行自定义环境过程中第 10 步学习结果的渲染

```
In [41]: pygame.quit()                          #结束渲染功能
```

需要注意的是，每一步的渲染都会覆盖前一步的渲染，因此图 7-3 给出的是第 10 步的渲染效果。从图中可以看到，智能体的持股数量是 10000 股，累计的投资收益为 108900.0 元。

7.3.4 环境的学习过程

【例 7-9】沿用例 7-6 至例 7-8 的信息，要求智能体连续学习 3000 轮，并将每一轮学习结束时的奖励值（投资收益）进行可视化；然后，找出全部 3000 轮学习结束时的最高投资收益，明确该投资收益对应第几轮学习并且将该轮学习的每一步投资收益可视化（见图 7-4）。相关的 Python 编程分为 3 个步骤。

第 1 步：持续学习 3000 轮并将每一轮学习结束时的奖励值（投资收益）进行可视化。为了节省代码运行的时间不再运用渲染功能，将智能体在每一轮学习中每一步所采取的行动存放于二维数组中，同时也将每一轮每一步的投资收益存放于二维数组中。具体的代码如下：

```
In [42]: obs,info=env.reset(seed=50)            #环境重新初始化并且设定随机数种子的参数值为50

In [43]: N_episode=3000                         #学习的总轮数
```

```
   ...: N_step=len(BYD_price)-5                          #每一轮学习的步数
   ...: act_list=np.zeros((N_episode,N_step))            #创建存放行动的数组（行代表第几轮、列代表第几步）
   ...: r_list=np.zeros((N_episode,N_step))              #创建存放投资收益的数组（行代表第几轮、列代表第几步）

In [44]: for j in range(N_episode):                      #每一轮学习
   ...:     for t in range(N_step):                      #每一轮学习中的每一步
   ...:         act=env.action_space.sample()            #对行动进行随机抽样
   ...:         act_list[j,t]=act                        #存放行动
   ...:         obs,r,terminated,truncated,info=env.step(action=act)   #输出每一步的结果
   ...:         r_list[j,t]=r                            #存放投资收益
   ...:         if terminated==True:                     #假定一轮学习终止
   ...:             obs,info=env.reset()                 #将状态重置为初始状态
   ...:         else:                                    #假定一轮学习没有终止
   ...:             pass                                 #不需要进行任何操作
   ...: env.close()                                      #整个学习过程结束
```

需要注意的是，以上针对3000轮学习的代码在笔者的计算机上运行耗时7分15秒。

```
In [45]: N_episode_list=np.arange(1,N_episode+1)   #创建从1到3000的整数数列

In [46]: r_end_list=r_list[:,-1]                   #取每一轮学习结束时的投资收益

In [47]: plt.figure(figsize=(9,6))
   ...: plt.plot(N_episode_list,r_end_list,'r-',lw=2)
   ...: plt.xticks(fontsize=13)
   ...: plt.xlabel('学习的轮数',fontsize=12)
   ...: plt.yticks(fontsize=13)
   ...: plt.ylabel('投资收益（元）',fontsize=12)
   ...: plt.title('学习的轮数与投资收益的关系',fontsize=12)
   ...: plt.grid()
   ...: plt.show()
```

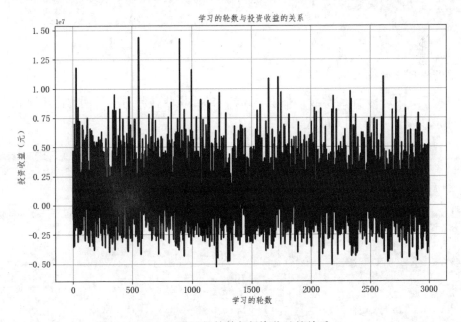

图7-4 学习的轮数与投资收益的关系

从图7-4可以看到，学习的轮数与投资收益不存在明显的关系。

第 2 步：在全部的 3000 轮学习中，找出一轮学习结束时的最高投资收益并且明确它对应第几轮的学习，然后输出该轮学习中的每一步行动。相关的代码如下：

```
In [48]: np.max(r_end_list)                      #找出最高投资收益
Out[48]: 14391131.830000002

In [49]: index_max=np.argmax(r_end_list)         #找出最高投资收益对应的索引值
    ...: index_max                               #显示结果
Out[49]: 556
```

最高投资收益对应的索引值是 556，这意味着是第 557 轮学习给出了最高投资收益。

```
In [50]: act_step=act_list[index_max,:]          #找出实现最高投资收益的每一步行动

In [51]: act_step=pd.DataFrame(data=act_step,index=BYD_price.index[4:-1],columns=['行动']) #转
换为数据框并且索引是从第5个交易日至最后第2个交易日
    ...: act_step=act_step.replace(0,'买入')      #将数值等于0替换为买入
    ...: act_step=act_step.replace(1,'卖出')      #将数值等于1替换为卖出
    ...: act_step=act_step.replace(2,'持有')      #将数值等于2替换为持有
    ...: act_step                                #显示数据框
Out[51]:
            行动
日期
2021-01-08  持有
2021-01-11  持有
2021-01-12  持有
2021-01-13  买入
2021-01-14  买入
...         ..
2022-12-23  持有
2022-12-26  卖出
2022-12-27  卖出
2022-12-28  持有
2022-12-29  买入

[480 rows x 1 columns]
```

第 3 步：针对第 557 轮的学习，将每一步学习的投资收益与对应日期的比亚迪 A 股收盘价进行可视化（见图 7-5）。相关的代码如下：

```
In [52]: r_step=r_list[index_max,:]              #找出实现最高投资收益的每一步投资收益
    ...: r_step=pd.DataFrame(data=r_step,index=BYD_price.index[4:-1],columns=['投资收益']) #
转换为数据框并且索引是从第5个交易日至最后第2个交易日

In [53]: r_price=pd.concat([r_step,BYD_price['收盘价'].iloc[4:-1]],axis=1) #将投资收益与股票
收盘价的数据框合并

In [54]: r_price.plot(subplots=True,sharex=True,layout=(2,1),figsize=(9,9),grid=True,
    ...:             title='智能体的投资收益与比亚迪A股收盘价的走势',xlabel='日期',ylabel='投资收益(元)',
    ...:             fontsize=11)                 #可视化
    ...: plt.subplot(2,1,2)                      #针对第2张子图
    ...: plt.ylabel('收盘价(元)')                  #修改第2张子图的纵坐标标签
Out[54]:
```

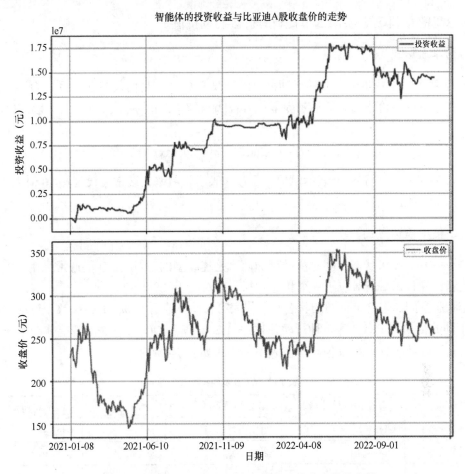

图 7-5　智能体的投资收益与比亚迪 A 股收盘价的走势

从图 7-5 可以看到，在比亚迪 A 股价格上涨的情况下，智能体的投资收益与股票收盘价之间存在很强的同步性，但是当股票收盘价出现回调甚至大幅下挫的情况时，智能体的投资收益却保持了很强的独立性，从而最终取得比较可观的正收益。

但需要提醒的是，以上通过大量模拟运算得到的每一步行动仅适用于特定的数据（即 2021 年至 2022 年的数据），无法运用于全新的数据（比如 2023 年的数据），想要解决这一问题就必须借助强化学习的各种算法。本章接下来的内容将聚焦于很常用又很实用的强化学习算法。

7.4　Q 学习

在强化学习中，最常用的算法是 **Q 学习**（Q learning），其核心思想就是运用迭代法计算得到不同状态、不同行动所对应的目标 Q 值，并且将 Q 值最大的行动作为智能体优先采取的行动。

7.4.1　Q 学习的简介

在 Q 学习中，包括状态、行动、奖励以及 Q 值。与第 7.1.3 节类似，当前状态用 s 表示，下一步状态用 s' 表示；智能体在当前状态所采取的行动用 a 表示，在下一步状态所采取的动作用 a' 表示，采取行动而获得的奖励用 r 表示；Q 值用 $Q(s,a)$ 表示，也就是状态 s 与行动 a 的一个函数，这里的 Q 值正是第 7.1.3 节提到的状态-行动价值。

1. 数学表达式

在 Q 学习中，每一步所采取的行动都有可能改变 Q 值，从而最终获取目标 Q 值，因此运用迭代公式代替行动价值函数的贝尔曼最优方程[见第 7.1.5 节的（式 7-25）]，相关的迭代公式如下：

$$Q(s,a) \leftarrow (1-\alpha)Q(s,a) + \alpha[r + \gamma \max_{a'} Q(s',a')] \qquad (式\ 7\text{-}28)$$

在（式 7-28）中，符号 ← 表示赋值，系数 α 表示学习率，通常会设定 α = 0.01 甚至更小，γ 依然表示折扣因子。

2. Q 值的表达方式

在 Q 学习中，要求状态空间是离散型的而不是连续型的，因此，Q 值通常采用表格或者矩阵方式表示，并且每一行对应于一个状态，每一列对应于一种行动。

假定状态空间 $\mathbb{S}$ 包含个不同的状态，s_m 代表第 m 个状态并且 $m = 1, 2, \cdots, M$；行动空间 $\mathbb{A}$ 包含 N 种不同的行动，a_n 代表第 n 种行动并且 $n = 1, 2, \cdots, N$；$Q(s_m, a_n)$ 表示智能体在第 m 个状态下采取第 n 种行动所对应的 Q 值。Q 值表格的样式如表 7-4 所示。

表 7-4 Q 值表格的样式

要素	第 1 种行动（a_1）	第 2 种行动（a_2）	…	第 N 种行动（a_N）
第 1 个状态（s_1）	$Q(s_1, a_1)$	$Q(s_1, a_2)$	…	$Q(s_1, a_N)$
第 2 个状态（s_2）	$Q(s_2, a_1)$	$Q(s_2, a_2)$	…	$Q(s_2, a_N)$
⋮	⋮	⋮		⋮
第 M 个状态（s_M）	$Q(s_M, a_1)$	$Q(s_M, a_2)$	…	$Q(s_M, a_N)$

当然，Q 值也可以用矩阵来表示，用 $\mathbb{Q}$ 代表 Q 值矩阵，表达式如下：

$$\mathbb{Q} = \begin{bmatrix} Q(s_1, a_1) & Q(s_1, a_2) & \cdots & Q(s_1, a_N) \\ Q(s_2, a_1) & Q(s_2, a_2) & & Q(s_2, a_N) \\ \vdots & \vdots & & \vdots \\ Q(s_M, a_1) & Q(s_M, a_2) & \cdots & Q(s_M, a_N) \end{bmatrix} \qquad (式\ 7\text{-}29)$$

7.4.2 ε贪婪算法

在 Q 学习中，策略可以分为随机策略与贪婪策略。这里的随机策略与第 7.1.2 节提到的随机策略是一致的，同时也做一定的扩展。随机策略，又称为纯粹探索策略，是让智能体随机均匀地选择行动的策略，比如行动空间中有 3 种不同的行动，那么智能体每次选择其中一种行动的概率等于 1/3。随机策略会让智能体始终处于对环境的探索过程中。显然，随机策略往往不是一种理想的策略，可能会带来次优的结果。

与随机策略截然不同的是**贪婪策略**，也称为贪心策略或纯粹利用策略，它要求智能体总是选择 Q 值最大的行动，比如当股票价格处于上涨的状态时，"买入"行动的 Q 值最大，它就会要求智能体采取"买入"行动。贪婪策略看起来不错,但存在一个致命的弱点:由于初始的 Q 值通常设定为 0,所以贪婪策略会让智能体在第 1 步学习时就无所适从。此外,这里的贪婪策略实质上是第 7.1.2 节提到的确定策略。

将随机策略与贪婪策略有机结合,利用两者各自的优势,同时摒弃各自的缺陷,就产生了 **ε 贪婪算法**。ε 贪婪算法的基本思想就是在强化学习的早期阶段,考虑到智能体对环境缺少足够的体验,让智能体通过随机行动而尽可能对环境展开探索;当探索了一段时间以后已经积累了一定数量的 Q 值样本,就希望智能体能够更多地依据 Q 值的大小来决定行动,而不再一味地随机行动,这时智能体就会以较高的概率选择 Q 值最大的行动,并且依然保留一定的概率继续随机开展行动。

1. 数学表达式

ε 贪婪算法的逻辑可以通过数学公式进行表达。假定行动空间 $\mathbb{A}$ 中一共有 N_a 个元素,也就是 N_a 种不同的行动,在某种状态下对应 Q 值最大的行动用 a^* 表示,并且 a^* 的表达式如下:

$$a^* = \underset{a \in \mathbb{A}}{\mathrm{argmax}}\, Q(s,a) \tag{式 7-30}$$

在(式 7-30)中,argmax 是一种函数,通过该函数可以找出行动价值函数取得的最大值所对应的行动。

此外,ε 代表在区间[0,1]中的一个取值;$\pi(a|s)$ 依然表示策略,也就是在特定状态下采取某种行动的概率。针对 ε 贪婪算法,$\pi(a|s)$ 需要分两种不同的情形进行表达。

情形 1:当智能体采取 Q 值最大的行动 a^* 时,$\pi(a|s)$ 的表达式如下:

$$\pi(a|s) = \pi(a^*|s) = 1 - \varepsilon + \frac{\varepsilon}{N_a} = 1 - \frac{N_a - 1}{N_a}\varepsilon \tag{式 7-31}$$

情形 2:当智能体采取其余 $N_a - 1$ 种行动中的任何一种行动时,$\pi(a|s)$ 的表达式如下:

$$\pi(a|s) = \frac{\varepsilon}{N_a} \tag{式 7-32}$$

以上的表达式意味着在某个状态下,智能体有 $1 - \frac{N_a - 1}{N_a}\varepsilon$ 的概率可以选择 Q 值最大的行动 a^*,又有 $\frac{\varepsilon}{N_a}$ 的概率选择其余 $N_a - 1$ 种行动中的任何一种行动。

2. 编程技巧

为了后续 Python 编程的便利,将前面关于 ε 贪婪算法的表达式进行等价变换,具体如下:

$$\pi(a|s) = \begin{cases} 1 - \varepsilon & \text{当 } a = a^* \\ \dfrac{\varepsilon}{N_a} & \text{当 } a \in \mathbb{A} \end{cases} \tag{式 7-33}$$

通过(式 7-33)依然保证智能体以 $1 - \frac{N_a - 1}{N_a}\varepsilon$ 的概率选择 Q 值最大的行动 a^*,毕竟行动空间 $\mathbb{A}$ 包含 a^*,同时智能体依然会以 $\frac{\varepsilon}{N_a}$ 的概率选择在其余 N_a–1 种行动中的任何一种行动。针对(式 7-33)的另一种解释是,智能体存在 $1 - \varepsilon$ 的概率实施贪婪策略,又存在 ε 的概率展开随机策略。

根据（式7-33），针对ε贪婪算法的编程通常会运用到NumPy的random子模块中的uniform函数（见第2.5.2节的表2-5），该函数能够实现在区间$[0,1]$中随机均匀地取值，显然随机取值小于或等于$1-\varepsilon$的概率恰好等于$1-\varepsilon$，这也正好对应智能体实施贪婪策略的概率；而随机取值大于$1-\varepsilon$的概率等于ε，这一概率又是智能体展开随机策略的概率。

3. 确定ε取值的方式

在ε贪婪算法中，还有一个关键的环节就是如何确定ε值。通过（式7-31）和（式7-32）可以看到，ε取值越小，智能体越偏好于采取Q值最大的行动，极端情况是当$\varepsilon=0$时，智能体会确定性地采取Q值最大的行动，而不再采取其他的行动，此时ε贪婪算法退化为贪婪策略；相反，ε取值越大，智能体越偏好于随机采取行动，极端情况是当$\varepsilon=1$时，Q值最大的行动与其他行动对于智能体而言是无差异的，此时ε贪婪算法便退化为随机策略。

在日常实践中，ε的取值通常是伴随着智能体学习过程的不断推进而逐步减少的，这样能保证在学习初期，充分运用随机策略开展探索，随着学习时间的向后推移逐渐过渡至贪婪策略，进而让智能体充分利用已经探索到的知识。

确定ε取值有线性方式与指数方式。假定i代表第i轮学习，$i=1,2,3,\cdots,N$，ε_{max}和ε_{min}分别代表ε的最大值与最小值，ε_i表示第i轮学习的ε取值并且有如下表达式：

$$\varepsilon_i = \varepsilon_{max} - (\varepsilon_{max} - \varepsilon_{min})\frac{i}{N} \quad \text{（式7-34）}$$

（式7-34）就是确定ε取值的线性方式。

对于指数方式而言，需要引入一个衰减系数δ并且在$(0,1)$区间中取值，针对第i轮学习的ε_i有以下表达式：

$$\varepsilon_i = \max(\delta^i \varepsilon_{max}, \varepsilon_{min}) \quad \text{（式7-35）}$$

在本章的剩余部分，只要涉及ε贪婪算法，统一采用线性方式确定ε取值。

7.4.3 简单运用

为了使读者能够对Q学习以及ε贪婪算法有全面的理解，本节借助一个简单且抽象的股票投资示例展开讲解。

【例7-10】假定某只股票的股价在连续6个交易日内的走势依次是："上涨""下跌""上涨""下跌""下跌""上涨"。其中，"上涨"状态表示为$s=0$，"下跌"状态表示为$s=1$。

智能体可以采取"买入""卖出""持有"这3种不同的行动。其中，"买入"行动表示为$a=0$，"卖出"行动表示为$a=1$，"持有"行动表示为$a=2$。

同时，初始的Q值均为0，具体如表7-5所示，并且该Q值表格会在每一步学习时进行更新。

表7-5 初始的Q值表格

要素	买入（$a=0$）	卖出（$a=1$）	持有（$a=2$）
上涨（$s=0$）	$Q(s=0,a=0)=0$	$Q(s=0,a=1)=0$	$Q(s=0,a=2)=0$
下跌（$s=1$）	$Q(s=1,a=0)=0$	$Q(s=1,a=1)=0$	$Q(s=1,a=2)=0$

此外，按照不同的状态与不同的行动设定不同金额的奖励值，具体的奖励值设定规则

如表 7-6 所示。

表 7-6　奖励值设定规则

要素	买入（$a=0$）	卖出（$a=1$）	持有（$a=2$）
上涨（$s=0$）	0.5	1	0.2
下跌（$s=1$）	−0.5	−1	−0.2

在智能体的学习过程中，学习率设定为 0.1（即 $\alpha=0.1$），折扣因子设定为 0.9（即 $\gamma=0.9$）。需要计算不同状态、不同行动下的 Q 值并且找出 Q 值最大的行动。

为了便于更好地理解 Q 学习，下面就以第 1 轮学习为例讨论 Q 值的变化路径。

1. 第 1 步

在第 1 步中，智能体观察到第 1 个交易日的股价处于"上涨"状态，并且假定随机选择"买入"行动，此时需要更新 $Q(s=0,a=0)$ 的数值，其他的 Q 值数据保持不变。根据（式 7-28）以及上面所设定的参数，有如下表达式：

$$Q(s=0,a=0) \leftarrow (1-0.1) \times 0 + 0.1 \times [r + 0.9 \times \max_{a'} Q(s'=1,a')] \quad （式 7\text{-}36）$$

在（式 7-36）中，存在两个未知项，对于第 1 个未知项 r 而言，通过查询表 7-6 得到"上涨"状态与"买入"行动的奖励值 $r=0.5$。

接下来将重点放在第 2 个未知项 $\max_{a'} Q(s'=1,a')$ 上，由于第 2 个交易日股价处于"下跌"状态，所以就有 $s'=1$，这时 $\max_{a'} Q(s'=1,a')$ 的含义就很明确了，它具体是指当状态处于"下跌"时采取 3 种不同行动所能获取的最大 Q 值，考虑到初始的 Q 值均为 0（见表 7-5），因此 $\max_{a'} Q(s'=1,a')=0$。

综合以上信息，得到（式 7-36）的结果就是 $0.1 \times 0.5 = 0.05$。据此，将第 1 步结束时 Q 值表格的更新情况整理在表 7-7 中。

表 7-7　第 1 步结束时的 Q 值表格

要素	买入（$a=0$）	卖出（$a=1$）	持有（$a=2$）
上涨（$s=0$）	$Q(s=0,a=0)=0.05$	$Q(s=0,a=1)=0$	$Q(s=0,a=2)=0$
下跌（$s=1$）	$Q(s=1,a=0)=0$	$Q(s=1,a=1)=0$	$Q(s=1,a=2)=0$

2. 第 2 步

在第 2 步中，智能体观察到第 2 个交易日的股价处于"下跌"状态，并且假定随机选择"卖出"行动，此时需要更新 $Q(s=1,a=1)$ 的数值，其他的 Q 值数据与表 7-7 中的保持一致，有如下表达式：

$$Q(s=1,a=1) \leftarrow (1-0.1) \times 0 + 0.1 \times [r + 0.9 \times \max_{a'} Q(s'=0,a')] \quad （式 7\text{-}37）$$

在（式 7-37）中，对于奖励值 r 而言，通过查询表 7-6 得到"下跌"状态与"卖出"行动的奖励值 $r=-1$。

对于 $\max_{a'} Q(s'=0,a')$，由于第 3 个交易日股价呈"上涨"状态，所以有 $s'=0$，同时根据表 7-7 中第 1 步结束时的 Q 值，在"上涨"状态时，"买入"行动对应的 Q 值最大并且等于 0.05，

也就是 $\max_{a'} Q(s'=0, a') = 0.05$。

综合上述信息，得到（式 7-37）的结果就是 $0.1 \times (-1 + 0.9 \times 0.05) = -0.0955$，据此，将第 2 步结束时 Q 值表格的更新情况整理在表 7-8 中。

表 7-8　第 2 步结束时的 Q 值表格

要素	买入（$a = 0$）	卖出（$a = 1$）	持有（$a = 2$）
上涨（$s = 0$）	$Q(s=0, a=0) = 0.05$	$Q(s=0, a=1) = 0$	$Q(s=0, a=2) = 0$
下跌（$s = 1$）	$Q(s=1, a=0) = 0$	$Q(s=1, a=1) = -0.0955$	$Q(s=1, a=2) = 0$

3. 第 3 步

在第 3 步中，智能体观察到第 3 个交易日的股价处于"上涨"状态，并且假定随机选择"持有"行动，此时需要更新 $Q(s=0, a=2)$ 的数值，其他的 Q 值数据与表 7-8 中的保持一致，有如下表达式：

$$Q(s=0, a=2) \leftarrow (1-0.1) \times 0 + 0.1 \times [r + 0.9 \times \max_{a'} Q(s'=1, a')] \quad （式7-38）$$

在（式 7-38）中，对于奖励值 r 而言，通过查询表 7-6 得到"上涨"状态与"持有"行动的奖励值 $r = 0.2$。

对于 $\max_{a'} Q(s'=1, a')$，由于第 4 个交易日股价呈"下跌"状态，所以有 $s' = 1$，同时根据表 7-8 中第 2 步结束时的 Q 值，在"下跌"状态时，"买入"或"持有"行动所对应的 Q 值最大并且等于 0，也就是 $\max_{a'} Q(s'=1, a') = 0$。

综合上述信息，得到（式 7-38）的结果就是 $0.1 \times 0.2 = 0.02$。据此，将第 3 步结束时 Q 值表格的更新情况整理在表 7-9 中。

表 7-9　第 3 步结束时的 Q 值表格

要素	买入（$a = 0$）	卖出（$a = 1$）	持有（$a = 2$）
上涨（$s = 0$）	$Q(s=0, a=0) = 0.05$	$Q(s=0, a=1) = 0$	$Q(s=0, a=2) = 0.02$
下跌（$s = 1$）	$Q(s=1, a=0) = 0$	$Q(s=1, a=1) = -0.0955$	$Q(s=1, a=2) = 0$

4. 第 4 步

在第 4 步中，智能体观察到第 4 个交易日的股价处于"下跌"状态，并且假定随机选择"买入"行动，此时需要更新 $Q(s=1, a=0)$ 的数值，其他的 Q 值数据与表 7-9 中的保持一致，有如下表达式：

$$Q(s=1, a=0) \leftarrow (1-0.1) \times 0 + 0.1 \times [r + 0.9 \times \max_{a'} Q(s'=1, a')] \quad （式7-39）$$

在（式 7-39）中，对于奖励值 r 而言，通过查询表 7-6 得到"下跌"状态与"买入"行动的奖励值 $r = -0.5$。

对于 $\max_{a'} Q(s'=1, a')$，由于第 5 个交易日股价呈"下跌"状态，所以有 $s' = 1$，同时根据表 7-9 中第 3 步结束时的 Q 值，在"下跌"状态时，"买入"或"持有"行动所对应的 Q 值最大并且等于 0，也就是 $\max_{a'} Q(s'=1, a') = 0$。

综合上述信息，得到（式 7-39）的结果是 $0.1 \times (-0.5) = -0.05$。据此，将第 4 步结束时 Q 值表格的更新情况整理在表 7-10 中。

表 7-10　第 4 步结束时的 Q 值表格

要素	买入（$a=0$）	卖出（$a=1$）	持有（$a=2$）
上涨（$s=0$）	$Q(s=0,a=0)=0.05$	$Q(s=0,a=1)=0$	$Q(s=0,a=2)=0.02$
下跌（$s=1$）	$Q(s=1,a=0)=-0.05$	$Q(s=1,a=1)=-0.0955$	$Q(s=1,a=2)=0$

5. 第 5 步

第 5 步也是一轮学习中的最后一步，智能体观察到第 5 个交易日的股价依然处于"下跌"状态，并且假定随机选择"卖出"行动，此时需要更新 $Q(s=1,a=1)$ 的数值，其他的 Q 值数据与表 7-10 中的保持一致。需要提醒的是根据表 7-10，$Q(s=1,a=1)$ 在更新前的数值等于-0.0955，因此有如下表达式：

$$Q(s=1,a=1) \leftarrow (1-0.1) \times (-0.0955) + 0.1 \times [r + 0.9 \times \max_{a'} Q(s'=0,a')] \quad （式 7\text{-}40）$$

在（式 7-40）中，对于奖励值 r 而言，通过查询表 7-6 得到"下跌"状态与"卖出"行动的奖励值 $r=-1$。

对于 $\max_{a'} Q(s'=0,a')$，由于第 6 个交易日股价呈"上涨"状态，所以有 $s'=0$，同时根据表 7-10 中第 4 步结束时的 Q 值，在"上涨"状态时，"买入"行动所对应的 Q 值最大并且等于 0.05，也就是 $\max_{a'} Q(s'=0,a') = 0.05$。

结合以上的信息，得到(式 7-40)的结果是 $0.9 \times (-0.0955) + 0.1 \times (-1 + 0.9 \times 0.05) = -0.18145$。据此，将第 5 步结束时 Q 值表格的更新情况整理在表 7-11 中。

表 7-11　第 5 步结束时（一轮学习结束时）的 Q 值表格

要素	买入（$a=0$）	卖出（$a=1$）	持有（$a=2$）
上涨（$s=0$）	$Q(s=0,a=0)=0.05$	$Q(s=0,a=1)=0$	$Q(s=0,a=2)=0.02$
下跌（$s=1$）	$Q(s=1,a=0)=-0.05$	$Q(s=1,a=1)=-0.18145$	$Q(s=1,a=2)=0$

如果强化学习仅开展一轮，根据表 7-11 的 Q 值，智能体可以做出如下决策：

一是当观察到股价处在"上涨"状态时，Q 值最大的行动是"买入"，这意味着智能体将选择"买入"行动；

二是当观察到股价处在"下跌"状态时，Q 值最大的行动是"持有"，这表明智能体将选择"持有"行动。

这里需要提醒读者注意的是，以上每一步智能体选择的行动都是随机的（比如第 1 步采取"买入"行动），读者也可以假定不同的行动（比如第 1 步采取"卖出"行动），这样做会得出不同的 Q 值数据。

6. Python 的编程

下面，运用 Python 编程并且开展 300 轮强化学习，查看最终的 Q 值情况以及 Q 值最大的行动。在编程中，运用 ε 贪婪算法决定智能体的行动，同时主要运用 NumPy 模块完成编程。整个编程共分为 5 个步骤。

第 1 步：通过 Python 自定义一个用于测算奖励值的函数。相关代码如下：

```
In [55]: def reward_function(s,a):
```

```
   ...:     '''定义用于测算奖励值的函数。
   ...:     s: 代表当前的状态,输入s=0代表上涨,s=1代表下跌。
   ...:     a: 代表采取的行动,输入a=0代表买入,a=1代表卖出,a=2代表持有'''
   ...:     if s==0:                    #上涨的状态
   ...:         if a==0:                #采取买入行动
   ...:             r=0.5               #设定奖励值
   ...:         elif a==1:              #采取卖出行动
   ...:             r=1
   ...:         else:                   #采取持有行动
   ...:             r=0.2
   ...:     else:                       #下跌的状态
   ...:         if a==0:
   ...:             r=-0.5
   ...:         elif a==1:
   ...:             r=-1
   ...:         else:
   ...:             r=-0.2
   ...:     return r                    #输出奖励值
```

在以上自定义函数 reward_function 中,只需要输入当前的状态、采取的行动等参数,就能得出智能体获取的奖励值。

第2步:通过 Python 自定义一个用于更新 Q 值的函数,相关的代码如下:

```
In [56]: def update_Q(Q,s,a,r,s_next,alpha,gamma):
   ...:     '''定义用于更新Q值的函数。
   ...:     Q: 代表输入的Q值并且该值存放于二维数组中,数组的行对应状态,数组的列对应行动。
   ...:     s: 代表当前的状态。
   ...:     a: 代表采取的行动。
   ...:     r: 代表输入的奖励值。
   ...:     s_next: 代表下一步状态。
   ...:     alpha: 代表学习率。
   ...:     gamma: 代表折扣因子'''
   ...:     maxQ=max(Q[s_next])                        #计算下一步状态的最大Q值
   ...:     Q[s,a]=(1-alpha)*Q[s,a]+alpha*(r+gamma*maxQ)  #计算更新后的Q值
   ...:     return Q                                   #输出更新后的Q值数组
```

在以上的自定义函数 update_Q 中,输入当前的 Q 值数组、当前的状态、行动、奖励值、下一步状态、α 和 γ 等参数,就能计算出更新后的 Q 值数组。

第3步:通过 Python 自定义智能体采取行动的函数,需要运用 ε 贪婪算法。相关的代码如下:

```
In [57]: import numpy.random as npr          #导入NumPy的子模块random并缩写为npr

In [58]: def action_function(Q,s,episode,N_episode,epsilon_max,epsilon_min):
   ...:     '''定义智能体采取行动的函数,运用ε贪婪算法。
   ...:     Q: 代表输入的Q值并且该值存放于二维数组中,数组的行对应状态,数组的列对应行动。
   ...:     s: 代表当前的状态。
   ...:     episode: 代表第几轮的学习,输入大于或等于1的整数。
   ...:     N_episode: 代表学习的总轮数。
   ...:     epsilon_max: 代表ε的最大值。
   ...:     epsilon_min: 代表ε的最小值'''
   ...:     epsilon=epsilon_max-(epsilon_max-epsilon_min)*episode/N_episode  #设定epsilon变量
   ...:     if npr.uniform(0,1)>1-epsilon:    #从区间[0,1]抽取的随机数大于1-epsilon时
```

```
   ...:         a=npr.choice([0,1,2])        #随机选取0或1或2作为行动（随机策略）
   ...:     else:                            #从区间[0,1]抽取的随机数小于或等于1-epsilon时
   ...:         a=Q[s].argmax()              #采取Q值最大的行动（贪婪策略）
   ...:     return a
```

在以上自定义函数 action_function 中，输入当前的 Q 值数组、当前的状态、学习轮次、ε 最大值和最小值，就能得到智能体所采取的行动。

第 4 步：设定相关的参数并且计算更新后的 Q 值。每一轮的学习共有 5 步，一共训练 300 轮；为了确保代码的结果可以重现，需运用 NumPy 模块下 random 子模块的 seed 函数（参见第 2.5.2 节）。相关的代码如下：

```
In [59]: s_list=np.array([0,1,0,1,1,0])      #将每一步的状态存放于数组中
   ...: n_step=len(s_list)-1                 #每轮学习的步数
   ...: n_episode=300                        #学习共有300轮
   ...: lr=0.1                               #学习率
   ...: discount=0.9                         #折扣因子

In [60]: n_state=2                           #状态空间的元素个数
   ...: n_action=3                           #行动空间的元素个数
   ...: Q_table=np.zeros((n_state,n_action)) #设定初始Q值的数组（行对应状态、列对应行动）
   ...: epsi_max=1                           #设定ε的最大值
   ...: epsi_min=0.01                        #设定ε的最小值
   ...: npr.seed(10)                         #设置随机数种子并设置参数值等于10

In [61]: Q_s0_list=np.zeros((n_episode,n_action)) #创建数组，用于存放每一轮学习结束时上涨状态的Q
值（行对应第几轮、列对应行动）
   ...: Q_s1_list=np.zeros((n_episode,n_action)) #创建数组，用于存放每一轮学习结束时下跌状态的Q值

In [62]: for i in range(1,n_episode+1):      #按照学习的轮数依次开展Q学习
   ...:     for t in range(n_step):         #一轮学习的完整循环
   ...:         state=s_list[t]              #当前状态
   ...:         next_state=s_list[t+1]       #下一步状态
   ...:         action=action_function(Q=Q_table,s=state,episode=i,N_episode=n_episode,
   ...:                   epsilon_max=epsi_max,epsilon_min=epsi_min) #采取的行动
   ...:         reward=reward_function(s=state,a=action)    #奖励值
   ...:         Q_table=update_Q(Q=Q_table,s=state,a=action,r=reward,s_next=next_state,
   ...:                   alpha=lr,gamma=discount)          #更新Q值
   ...:     Q_s0_list[i-1]=Q_table[0]        #存放每一轮学习结束时上涨状态与不同行动的Q值
   ...:     Q_s1_list[i-1]=Q_table[-1]       #存放每一轮学习结束时下跌状态与不同行动的Q值

In [63]: Q_table                             #输出最终的Q值数组
Out[63]:
array([[2.6617042 , 3.3007663 , 2.36357069],
       [2.17761439, 1.63736311, 2.54987882]])
```

从以上的代码输出可以看到，在经过 300 轮学习以后，当股价处于"上涨"状态时，"卖出"行动的 Q 值最大，这意味着当智能体观察到"上涨"状态时就会采取"卖出"行动；而当股价处于"下跌"状态时，"持有"行动的 Q 值最大，这表明当智能体观察到"下跌"状态时就会选择"持有"行动。

第 5 步：将每一轮学习结束时的 Q 值与学习轮数之间的关系进行可视化（见图 7-6），并采用 2×1 的子图模式。相关的代码如下：

```
In [64]: n_episode_list=np.arange(1,n_episode+1)    #取1到n_episode的整数数组

In [65]: plt.figure(figsize=(9,8))
   ...: plt.subplot(2,1,1)                                      #第1张子图
   ...: plt.plot(n_episode_list,Q_s0_list[:,0],label='上涨状态与买入行动的Q值',lw=2)
   ...: plt.plot(n_episode_list,Q_s0_list[:,1],label='上涨状态与卖出行动的Q值',lw=2)
   ...: plt.plot(n_episode_list,Q_s0_list[:,-1],label='上涨状态与持有行动的Q值',lw=2)
   ...: plt.xticks(fontsize=12)
   ...: plt.yticks(fontsize=12)
   ...: plt.ylabel('Q值',fontsize=12)
   ...: plt.legend(loc=2,fontsize=12)                           #图例放置在左上方
   ...: plt.title('每一轮学习结束时Q值与学习的轮数之间的关系',fontsize=12)
   ...: plt.grid()
   ...: plt.subplot(2,1,2,sharex=plt.subplot(2,1,1))   #第2张子图，它与第1张子图共享x轴
   ...: plt.plot(n_episode_list,Q_s1_list[:,0],label='下跌状态与买入行动的Q值',lw=2)
   ...: plt.plot(n_episode_list,Q_s1_list[:,1],label='下跌状态与卖出行动的Q值',lw=2)
   ...: plt.plot(n_episode_list,Q_s1_list[:,-1],label='下跌状态与持有行动的Q值',lw=2)
   ...: plt.xticks(fontsize=12)
   ...: plt.xlabel('学习的轮数',fontsize=12)
   ...: plt.yticks(fontsize=12)
   ...: plt.ylabel('Q值',fontsize=12)
   ...: plt.legend(loc=2,fontsize=12)
   ...: plt.grid()
   ...: plt.show()
```

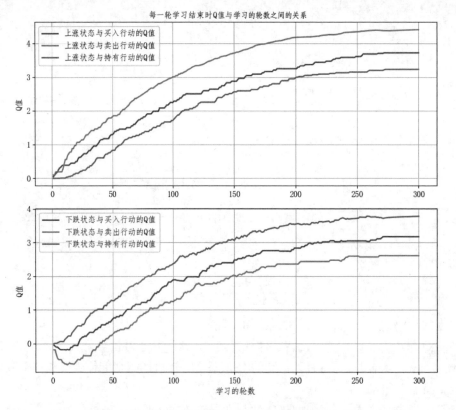

图7-6 每一轮学习结束时Q值与学习轮数之间的关系

从图 7-6 能够明显看出，随着学习轮数的不断增加，不同状态与不同行动对应的 Q 值基本上是保持上升的。同时，可以发现在特定状态下不同行动的 Q 值大小排序基本保持稳定，具体是当状态处于"上涨"时，"卖出"行动的 Q 值大于"买入"行动的 Q 值，"买入"行动的 Q 值又大于"持有"行动的 Q 值；当状态处于"下跌"时，"持有"行动的 Q 值高于"买入"行动的 Q 值，"买入"行动的 Q 值又高于"卖出"行动的 Q 值。

当然，例 7-9 是比较简单和抽象的，其目的是让读者通过一个示例能够全面理解 Q 学习的内在机制。下面，通过一个更复杂但更贴近金融实战的示例，展示如何运用 Q 学习让智能体自主探寻投资的技巧。

7.4.4 复杂运用

【例 7-11】为了让智能体通过 Q 学习掌握针对比亚迪 A 股股票的投资技巧，将比亚迪 A 股股票 2020 年至 2021 年的数据作为训练数据用于训练智能体，将 2022 年的数据作为测试数据对智能体所掌握的投资技巧进行测试。

状态变量设为比亚迪 A 股每个交易日的涨跌幅。考虑到 Q 学习要求状态空间是离散型的，因此按照涨跌幅的不同区间对信息做离散化处理，这意味着智能体观察到的每一步状态都是经过离散化处理后的涨跌幅信息，具体如表 7-12 所示。

表 7-12　针对比亚迪 A 股每个交易日涨跌幅的离散化处理

股票涨跌幅的区间范围	离散化处理的结果（取整数）
[−10%,−5%]	0
(−5%,−4%]	1
(−4%,−3%]	2
(−3%,−2%]	3
(−2%,−1%]	4
(−1%,0%]	5
(0,1%]	6
(0%,2%]	7
(2%,3%]	8
(3%,4%]	9
(4%,5%]	10
(5%,10%]	11

注：按照深圳证券交易所的交易规则，比亚迪 A 股每个交易日的涨跌停板为±10%。

智能体在每个交易日收盘时可以采取"买入""卖出""持有"这 3 种行动中的一种，在编程时运用整数 0 表示买入，1 表示卖出，2 表示持有；同时将当天收盘价作为交易价格，关于行动的具体要求与规则如下。

（1）如果当天采取"买入"行动，就要求买入 1 万股比亚迪 A 股股票，一旦资金余额不足以购买 1 万股，则按照所能购买的最大股票数量作为买入股票的数量。

（2）如果当天采取"卖出"行动，就要求卖出 1 万股比亚迪 A 股股票，一旦可供出售的股票数量不足 1 万股，则出售全部的股票；并且要求不允许融券卖空。

（3）如果当天采取"持有"行动，意味着持股数量保持不变。

同时，在设定奖励值时，为了避免 Q 值的计算结果过大，将每一步投资收益除以 1000 万的商作为给智能体的奖励。此外，在初始时刻，提供给智能体的资金余额为 1000 万元，将学习率设定为 0.01，折扣因子设定为 0.99。整个 Python 的编程一共分为 4 个步骤。

第 1 步：运用 Gymnasium 创建本示例的一个环境。根据第 7.2.2 节的相关要求新创建一个用于实现环境的 Python 文件，设定的文件名为 my_env2，该文件涉及的代码参考了例 7-6 的 my_env1 文件。具体的代码如下：

```python
import numpy as np                          #导入 NumPy 模块并缩写为 np
import pandas as pd                         #导入 pandas 模块并缩写为 pd
import gymnasium as gym                     #导入 Gymnasium 模块并缩写为 gym
import pygame                               #导入 Pygame 模块
from gymnasium.spaces import Box            #导入 Box 类
from gymnasium.spaces import Discrete       #导入 Discrete 类

balance_begin=1e7                           #初始的资金余额为 1000 万元

class StockEnv2(gym.Env):
    metadata={'render_modes':['human'],'render_fps':4}   #设定渲染模式并选择 human
    def __init__(self,data,render_mode):                 #自定义构造函数
        super(StockEnv2,self).__init__()                 #通过 super 函数调用 Env 类的构造函数
        self.data=data                                   #金融数据变量
        self.reward_range=(-10000,10000)                 #奖励区间
        self.action_space=Discrete(n=3,seed=30)          #行动空间
        self.observation_space=Discrete(n=12)            #状态空间
        self.render_mode=render_mode                     #渲染模式
    def reset(self,seed=None,options=None):              #自定义 reset 方法，None 代表空值
        super().reset(seed=seed)                         #开启随机数种子的功能
        self.balance=balance_begin                       #资金余额重置为初始的资金余额
        self.asset_value=balance_begin                   #资产价值重置为初始的资金余额
        self.share_hold=0                                #持有股票数量重置为 0
        self.cost_pershare=0                             #平均每股买入成本重置为 0
        self.total_sharesell=0                           #累计卖出股票数量重置为 0
        self.value_pershare=0                            #平均每股卖出市值重置为 0
        self.t=0                                         #t 时刻重置为 0 时刻
        observation=self.Observation()                   #初始状态（通过后面的自定义函数 Observation 运算得到）
        info={'投资收益':0,'持股数量':0}                 #额外信息包括投资收益和持股数量（存放于字典）
        return observation,info                          #输出状态与额外信息
    def Observation(self):                               #自定义提供状态样本数值的函数
        return_daily=self.data.iloc[self.t]['涨跌幅（离散化）']   #取涨跌幅离散化数值
        return_daily=int(return_daily)                   #转换为整型
        obs=return_daily                                 #转换为数组
        return obs                                       #输出观测到的状态
    def step(self,action):                               #自定义 step 方法
        price_settle=self.data.iloc[self.t]['收盘价']    #将收盘价作为交易价格
        if action==0:                                    #针对买入的行动
            cost_before=self.share_hold*self.cost_pershare   #已持有股票的购买成本
            share_buy_max=int(self.balance/price_settle) #剩余资金可购买的最大股票数量
            share_buy=min(10000,share_buy_max)           #本次购买的股票数量（取最小值）
            cost_buy=share_buy*price_settle              #本次购买股票的总成本
            self.balance=self.balance-cost_buy           #更新资金余额
```

```python
            self.share_hold=self.share_hold+share_buy        #更新持股数量
            self.cost_pershare=(cost_before+cost_buy)/self.share_hold #更新平均每股买入成本
        elif action==1:                                      #针对卖出的行动
            value_before=self.total_sharesell*self.value_pershare #已卖出股票的总市值
            share_sell=min(10000,self.share_hold)            #本次卖出的股票数量(取最小值)
            value_sell=share_sell*price_settle               #本次卖出股票的市值(收回资金)
            self.balance=self.balance+value_sell             #更新资金余额
            self.share_hold=self.share_hold-share_sell       #更新持股数量
            self.total_sharesell=self.total_sharesell+share_sell #更新累计卖出股票数量
            if self.total_sharesell!=0:                      #假定累计卖出股票数量不等于0
                value_total=value_before+value_sell          #累计卖出股票的总市值
                self.value_pershare=value_total/self.total_sharesell #更新平均每股卖出市值
            else:                                            #假定累计卖出股票数量等于0
                pass                                         #不需要进行任何操作
        else:                                                #针对持有的行动
            pass                                             #不需要进行任何操作
        self.asset_value=self.balance+self.share_hold*price_settle #计算资产价值
        profit=self.asset_value-balance_begin                #计算投资收益
        reward=profit/1e7                                    #将投资收益除以1000万的商作为奖励值
        self.t=self.t+1                                      #更新至t+1时刻
        if self.t+1>=len(self.data):                         #假定t+1大于或等于样本天数
            terminated=True                                  #终止变量赋值为True(一轮学习终止)
            self.t=0                                         #t时刻重置为0时刻
        else:                                                #假定t+1小于样本天数
            terminated=False                                 #终止变量赋值为False
        observation=self.Observation()                       #观察到的状态
        truncated=False                                      #中断变量赋值为False
        info={'投资收益':profit,'持有股数':self.share_hold}    #额外信息
        return observation,reward,terminated,truncated,info  #输出5个结果
    def render(self):                                        #自定义render方法
        profit=self.asset_value-balance_begin                #计算投资收益
        if self.render_mode=='human':                        #假定选择human模式
            pygame.init()                                    #Pygame模块的初始化
            screen=pygame.display.set_mode(size=(600,600))   #设置屏幕平面的大小
            font_name=pygame.font.match_font(name='fangsong') #选择仿宋字体
            font_object=pygame.font.Font(font_name,40)       #创建字体文件
            blue=(0,0,255)                                   #蓝色的参数
            white=(255,255,255)                              #白色的参数
            text1=font_object.render('t 时刻',True,white)    #渲染的文字内容
            text2=font_object.render(str(self.t),True,white) #将数字转换为字符串
            text3=font_object.render('持股数量',True,white)
            text4=font_object.render(str(self.share_hold),True,white)
            text5=font_object.render('收益(元)',True,white)
            text6=font_object.render(str(profit),True,white)
            screen.fill(color=blue)                          #将屏幕的背景颜色设定为蓝色
            screen.blit(source=text1,dest=(50,100))          #将文字内容传输至屏幕
            screen.blit(source=text2,dest=(250,100))
            screen.blit(source=text3,dest=(50,200))
            screen.blit(source=text4,dest=(250,200))
            screen.blit(source=text5,dest=(50,300))
            screen.blit(source=text6,dest=(250,300))
```

```
            pygame.display.update()              #全部文本内容在屏幕上显示
        else:                                    #假定没有选择 human 模式
            pass                                 #不开启渲染功能
```

同时，在第 7.3.2 节已创建的用于注册环境的 __init__ 文件中，加入以下代码即可更新该文件：

```
register(id='StockEnv-v1',entry_point='gymnasium.envs.user.my_env2:StockEnv2',
        max_episode_steps=1000)    #输入相关的参数值
```

第 2 步：针对创建的环境进行测试。需要导入 2020 年至 2021 年期间的比亚迪 A 股股票每日交易数据（训练数据），学习 10 步并且对每一步的结果进行渲染，第 10 步结束时的渲染效果如图 7-7 所示。相关代码参考第 7.3.3 节的例 7-7，具体如下：

```
In [66]: from gymnasium.envs.user.my_env2 import StockEnv2   #完成自定义环境的注册

In [67]: gym.envs.registry.keys()                            #查看已经注册完成的环境
Out[67]: dict_keys(['CartPole-v0', 'CartPole-v1', 'MountainCar-v0', 'MountainCarContinuou
s-v0', 'Pendulum-v1', 'Acrobot-v1', 'LunarLander-v2', 'LunarLanderContinuous-v2', 'BipedalWal
ker-v3', 'BipedalWalkerHardcore-v3', 'CarRacing-v2', 'Blackjack-v1', 'FrozenLake-v1', 'Frozen
Lake8x8-v1', 'CliffWalking-v0', 'Taxi-v3', 'Reacher-v2', 'Reacher-v4', 'Pusher-v2', 'Pusher-v
4', 'InvertedPendulum-v2', 'InvertedPendulum-v4', 'InvertedDoublePendulum-v2', 'InvertedDoubl
ePendulum-v4', 'HalfCheetah-v2', 'HalfCheetah-v3', 'HalfCheetah-v4', 'Hopper-v2', 'Hopper-v3'
, 'Hopper-v4', 'Swimmer-v2', 'Swimmer-v3', 'Swimmer-v4', 'Walker2d-v2', 'Walker2d-v3', 'Walke
r2d-v4', 'Ant-v2', 'Ant-v3', 'Ant-v4', 'Humanoid-v2', 'Humanoid-v3', 'Humanoid-v4', 'Humanoid
Standup-v2', 'HumanoidStandup-v4', 'GymV26Environment-v0', 'StockEnv-v0', 'StockEnv-v1'])
```

以上输出代码的最后一个元素是 'StockEnv-v1'，这表明所创建的新环境已经在 Gymnasium 中成功注册。

```
In [68]: data_train=pd.read_excel(io='C:/Desktop/比亚迪股票的交易数据.xlsx', sheet_name='Sheet1',
    ...:                          header=0,index_col=0)   #导入工作表 Sheet1 中的训练数据

In [69]: env2=gym.make('StockEnv-v1',data=data_train,render_mode='human')  #导入包含训练数据
的环境

In [70]: obs,info=env2.reset(seed=60)                    #环境初始化并且设定随机数种子参数为 60
    ...: obs,info                                        #查看初始状态与额外信息
Out[70]: (7, {'投资收益': 0, '持股数量': 0})

In [71]: import time                                     #导入 time 模块
    ...: N=10                                            #设定学习的步数

In [72]: for i in range(N):                              #运用 for 语句并且每一步学习都做一次循环运算
    ...:     act=env2.action_space.sample()              #对行动空间随机抽样
    ...:     obs,r,terminated,truncated,info=env2.step(action=act)  #运算每一步的结果
    ...:     if terminated==True:                        #假定学习终止
    ...:         obs,info=env2.reset()                   #状态重置为初始状态
    ...:     else:                                       #假定学习没有终止
    ...:         pass                                    #不需要进行任何操作
    ...:     env2.render()                               #对每一步学习结果进行渲染
    ...:     time.sleep(5)                               #停顿 5 秒
    ...: env2.close()                                    #整个学习过程结束
```

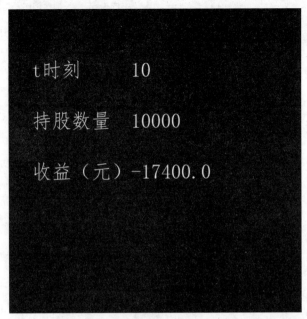

图 7-7　在 Q 学习的环境测试过程中第 10 步学习结束时的渲染结果

```
In [73]: pygame.quit()                          #结束渲染功能
```

第 3 步：运用 Q 学习并结合 2020 年至 2021 年的每日交易数据对智能体展开训练，一共训练 1000 轮。相关的代码如下：

```
In [74]: import numpy.random as npr             #导入 NumPy 的子模块 random 并缩写为 npr

In [75]: n_state=env2.observation_space.n       #取状态空间的元素个数（其数量是 12）
    ...: n_action=env2.action_space.n           #取行动空间的元素个数（其数量是 3）

In [76]: Q_matrix=np.zeros((n_state,n_action))  #创建 Q 值数组（行对应状态、列对应行动）

In [77]: alpha=0.01                             #学习率
    ...: gamma=0.99                             #折扣因子
    ...: epsi_max=1.0                           #ε的最大值
    ...: epsi_min=0.01                          #ε的最小值

In [78]: npr.seed(60)                           #设定随机数种子并设置参数值等于 60

In [79]: s,info=env2.reset(seed=60)             #环境初始化并且设定随机数种子参数值为 60

In [80]: N_episode=1000                         #学习的总轮数
    ...: N_step=len(data_train)-1               #每一轮学习的步数

In [81]: for i in range(1,N_episode+1):                             #运用 for 语句并且每学习一轮做一次循环运算
    ...:     epsilon=epsi_max-(epsi_max-epsi_min)*i/N_episode       #确定 epsilon 的取值
    ...:     for j in range(N_step):                                #运用 for 语句并且每学习一步做一次循环运算
    ...:         if npr.uniform(0,1)>1-epsilon:                     #假定随机取值大于 1-epsilon
    ...:             a=env2.action_space.sample()                   #对行动空间随机抽样（随机策略）
    ...:         else:                                              #假定随机取值小于或等于 1-epsilon
    ...:             a=Q_matrix[s].argmax()                         #采取 Q 值最大的行动（贪婪策略）
```

```
   ...:         next_s,r,terminated,truncated,info=env2.step(action=a)  #运算每一步的结果
   ...:         Q_matrix[s,a]=(1-alpha)*Q_matrix[s,a]+ alpha*(r+gamma*Q_matrix[next_s].ma
x())    #更新Q值
   ...:         s=np.copy(next_s)                       #更新状态
   ...:         if terminated==True:                    #假定学习终止
   ...:             s,info=env2.reset()                 #初始化环境
   ...:         else:                                   #假定学习没有终止
   ...:             pass                                #不需要进行任何操作
   ...: env2.close()                                    #整个学习过程结束
```

需要提醒的是，以上针对1000轮学习的代码在笔者的计算机上运行耗时1分48秒。

```
In [82]: Q_matrix                                       #查看最终的Q值
Out[82]:
array([[144.53845872, 143.47590666, 160.33741447],
       [140.70854944, 142.83332439, 160.88721215],
       [148.28179184, 149.50120343, 161.16153743],
       [149.20778542, 149.46152731, 160.89569511],
       [160.8720766 , 151.21073373, 152.08499298],
       [151.75363853, 161.10655905, 151.56701231],
       [161.13497452, 153.27528525, 152.91148732],
       [151.5626726 , 161.14879597, 152.21741105],
       [160.59600453, 148.3635245 , 148.23164559],
       [160.67948978, 146.49700135, 147.09299305],
       [143.39576287, 145.56954295, 160.60135859],
       [161.05510985, 151.38078193, 150.89959984]])
```

整理以上输出的Q值数组，将其存放在表7-13中，并且找出每个状态下Q值最大的行动。

表7-13 1000轮学习结束以后的Q值以及每个状态下Q值最大的行动

状态 （涨跌幅区间）	买入的Q值	卖出的Q值	持有的Q值	Q值最大的行动
(−10%,5%]	144.5385	143.4759	160.3374	持有
(−5%,−4%]	140.7085	142.8333	160.8872	持有
(−4%,−3%]	148.2818	149.5012	161.1615	持有
(−3%,−2%]	149.2078	149.4615	160.8957	持有
(−2%,−1%]	160.8721	151.2107	152.0850	买入
(−1%,0]	151.7536	161.1066	151.5670	卖出
(0,1%]	161.1350	153.2753	152.9115	买入
(1%,2%]	151.5627	161.1488	152.2174	卖出
(2%,3%]	160.5960	148.3635	148.2316	买入
(3%,4%]	160.6795	146.4970	147.0930	买入
(4%,5%]	143.3958	145.5695	160.6014	持有
(5%,10%]	161.0551	151.3808	150.8996	买入

注：以上的数据保留至小数点后4位。

通过表7-13可以归纳出智能体所掌握的投资技巧，具体内容是当智能体观察到当天比亚迪股票的跌幅超过2%时，它会保持当前的持股数量不变（即采取"持有"的行动）；当跌幅在

1%至2%的区间时,智能体将买入股票;当跌幅收窄至1%以内时,智能体会选择卖出股票;当涨幅不超过1%时,智能体将买入股票;当涨幅在1%至2%的区间时,智能体会选择卖出股票;当涨幅处于2%至4%的区间时,智能体将买入股票;当涨幅在4%至5%的区间时,智能体将保持当前的持股数量不变;而当涨幅超出5%时,智能体会买入股票。

第4步:导入比亚迪A股股票2022年的每日交易数据(测试数据),针对每个交易日不同的涨跌幅,要求智能体按照表7-13中Q值最大的行动开展交易,测算出每个交易日智能体的投资收益与持股数量,并且将投资收益、持股数量以及股票价格进行可视化(见图7-8)。相关的代码如下:

```
In [83]: data_test=pd.read_excel(io='C:/Desktop/比亚迪股票的交易数据.xlsx',sheet_name='Sheet2',
    ...:                         header=0,index_col=0)   #导入工作表Sheet2中的测试数据

In [84]: env2_test=gym.make('StockEnv-v1',data=data_test,render_mode='human')  #导入包含测试
数据的环境

In [85]: profit_step=[]                  #创建空列表,它用于存放每一步的投资收益
    ...: share_step=[]                   #创建空列表,它用于存放每一步的持股数量
    ...: N_step_test=len(data_test)-1    #测试阶段的总步数

In [86]: s_test,info=env2_test.reset()   #环境初始化

In [87]: for j in range(N_step_test):    #运用for语句并且每一步学习都做一次循环运算
    ...:     a_best=Q_matrix[s_test].argmax()    #选择特定状态下Q值最大的行动
    ...:     s_test,r,terminated,truncated,info=env2_test.step(action=a_best)  #运算每一步的结果
    ...:     profit_step.append(info['投资收益'])   #存放每一步的投资收益
    ...:     share_step.append(info['持股数量'])    #存放每一步的持股数量

In [88]: profit_step=pd.DataFrame(data=profit_step,index=data_test.index[:-1],columns=['投
资收益'])  #转换为数据框
    ...: share_step=pd.DataFrame(data=share_step,index=data_test.index[:-1],columns=['持股数量'])
    ...: profit_price=pd.concat([profit_step,share_step,data_test['收盘价'].iloc[:-1]],axis=1)  #左
右合并

In [89]: profit_price.plot(subplots=True,sharex=True,layout=(3,1),figsize=(9,11),grid=True,
    ...:                   title='投资收益、持股数量及股票收盘价的走势(运用测试数据)',
    ...:                   xlabel='日期',ylabel='投资收益(元)',fontsize=11)   #可视化
    ...: plt.subplot(3,1,2)                #针对第2张子图
    ...: plt.ylabel('投股数量(股)')         #修改第2张子图的纵坐标标签
    ...: plt.subplot(3,1,3)                #针对第3张子图
    ...: plt.ylabel('收盘价(元)')           #修改第3张子图的纵坐标标签
Out[89]:
```

通过图7-8能够发现,智能体的投资收益在2022年上半年基本上与股票价格的走势保持同步,而在2022年第三季度,股票价格处于下行通道时,智能体果断降低仓位甚至选择空仓,从而有效保住了正收益的成果。

我们在为Q学习的成功运用而欢呼雀跃的同时,更应当保持冷静。Q学习存在一个严重的弱点,就是无法直接处理连续型数值的状态空间。为了克服这个弱点,深度Q网络闪亮登场,下一节就围绕该网络及其在金融场景中的运用展开详细讨论。

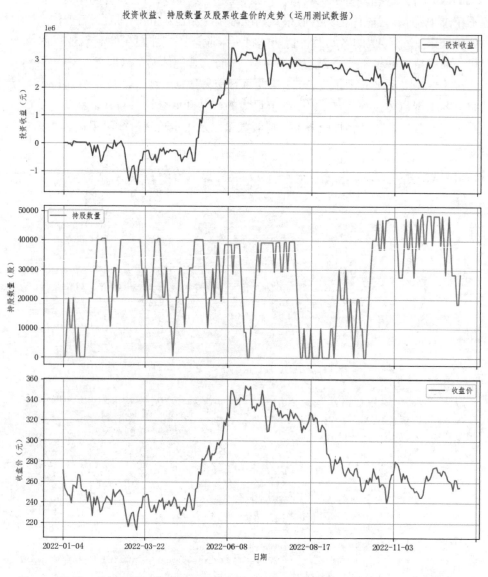

图 7-8 运用 Q 学习和测试数据得到每个交易日投资收益、持股数量及股票收盘价的走势

7.5 深度 Q 网络

2015 年 2 月,谷歌旗下的 DeepMind 研究团队在《自然》杂志发表了一篇题为《通过深度强化学习实现人类水准的控制》(Human-level control through deep reinforcement learning)的论文,该论文完整提出了关于**深度 Q 网络**(Deep Q-Network,DQN)的思想与技术路线[①],从而将强化学习与深度学习成功地融合在一起,由此诞生了**深度强化学习**(deep reinforcement

---

① 早在 2013 年 12 月,DeepMind 研究团队通过 arXiv 平台发布了一篇题为《运用深度强化学习玩转 Atari 游戏》(Playing Atari with Deep Reinforcement Learning)的工作论文,虽然该论文已经提出了"深度 Q 网络"一词并且给出了相关的算法,但不够成熟与完整。目前,多数深度强化学习教材以及本章的内容都以 2015 年 2 月发表在《自然》杂志的这篇论文作为依据。

learning），并且成为强化学习领域一个极其重要的分支。在深度强化学习领域，各种算法几乎都是以深度 Q 网络为基础拓展而来的。本章的内容也会涉及第 6 章介绍的深度学习以及 PyTorch 模块。

7.5.1 深度 Q 网络的简介

为了便于理解，这里以包含 1 个隐藏层的全连接神经网络的深度 Q 网络作为示例，给出该深度 Q 网络的运行示意图（见图 7-9）。

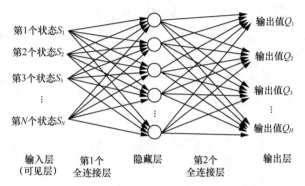

注：图中的空心圆代表神经元，该图类似于第 6 章的图 6-11。
图 7-9　包含 1 个隐藏层的全连接神经网络的深度 Q 网络的运行示意图

如图 7-9 所示，在深度 Q 网络中，状态样本值 $s_1, s_2, s_3, \cdots, s_N$ 作为输入值传给神经网络，神经网络通过一系列计算得到 $Q_1, Q_2, \ldots Q_H$ 等 Q 值并作为输出值。神经网络的每一次训练，都会涉及第 6.4 节提到的向前传播和向后传播的运算。

这里还需要强调的是，为了提升神经网络的训练效率，通常一次输入神经网络的状态样本是包含多个时间步的批量样本。假定 M 代表每一个**批量规模**（batch size），也就是 M 步；N 代表状态变量个数，比如每一步让智能体看到某只股票当天的开盘价、最高价、最低价和收盘价，N 就等于 4；因此，每次输入神经网络的状态样本是一个 $M \times N$ 矩阵并且存放于张量中。同时，假定 H 表示行动空间的元素个数（行动种类的数量），则神经网络的输出是一个 $M \times H$ 的 Q 值矩阵，并且依然存放于张量中。关于这一点具体可以参见例 7-12 和例 7-16。

通过图 7-9 可以发现，深度 Q 网络的实质就是运用神经网络对第 7.4 节介绍的 Q 学习进行改造，从而使 Q 学习的思想能够运用于连续型数值的状态空间。在深度 Q 网络中，会涉及两个非常重要的数学表达式：一个是神经网络权重参数的更新方程，另一个是损失函数。

1. 神经网络权重参数的更新方程与双网络机制

首先给出深度 Q 网络中的神经网络权重参数的更新方程。假定 w_t 和 w_{t+1} 分别代表第 t 步与第 $t+1$ 步的权重参数，α 代表学习率，γ 表示折扣因子，r 代表奖励值，s 和 s' 分别代表当前状态与下一步状态，a 和 a' 分别代表当前状态的行动与下一步状态的行动，M 依然代表每一个批量规模。

$q(s,a,w_t)$ 表示行动价值函数并且是涉及状态、行动以及权重参数的一个函数，$\nabla_{w_t} q(s,a,w_t)$ 是行动价值函数对权重参数的梯度（导数），即 $\nabla_{w_t} q(s,a,w_t) = \dfrac{\partial q(s,a,w_t)}{\partial w_t}$。

结合以上的参数和变量并运用**函数逼近**（approximation of functions），得出神经网络权重参数的更新方程如下：

$$w_{t+1} = w_t + \alpha \frac{1}{M} \sum_{i=1}^{M} [r_i + \gamma \max_{a_i'} q(s_i', a_i', w_t^-) - q(s_i, a_i, w_t)] \nabla_{w_t} q(s_i, a_i, w_t) \quad （式7\text{-}41）$$

在（式7-41）中，下标 i 代表一个批量中的第 i 个样本。

细心的读者一定注意到（式7-41）中，函数 $q(s_i', a_i', w_t^-)$ 中存在一个权重参数 w_t^-，w_t^- 与 w_t 存在着区别，区别的根源在于深度 Q 网络设计了独特的双网络机制，即存在着以下两个网络。

第 1 个网络称为**在线网络**（on-policy network），该网络的权重参数是 w_t。

第 2 个网络称为**目标网络**（target network），该网络的权重参数是 w_t^-，它用于估计状态-行动价值（Q 值），同时目标网络的权重参数 w_t^- 更新频率很低。比如，当在线网络的权重参数 w_t 更新了 100 次时，目标网络权重参数 w_t^- 才更新 1 次。此外，目标网络权重参数的更新就是用在线网络的最新权重参数替代目标网络的原有权重参数。

这种双网络机制会使得算法变得更加稳定，显著降低了策略的发散或振荡风险。

2. 损失函数

接下来给出损失函数。损失函数中的损失值是指状态-行动价值的目标值（$r_i + \gamma \max_{a_i'} q(s_i', a_i', w_t^-)$）与状态-行动价值 $q(s_i, a_i, w_t)$ 之间的均方误差，损失函数 L 的公式如下：

$$L = \frac{1}{M} \sum_{i=1}^{M} [r_i + \gamma \max_{a_i'} q(s_i', a_i', w_t^-) - q(s_i, a_i, w_t)]^2 \quad （式7\text{-}42）$$

这里需要注意的是，当下一步状态 s_i' 是一轮学习的最终状态时，状态-行动价值的目标值会从 $r_i + \gamma \max_{a_i'} q(s_i', a_i', w_t^-)$ 变成 r_i，即此时的状态-行动价值目标值就是奖励值。

为此，引入一个标量 d_i，并且其取值规则是：当下一步状态 s_i' 是一轮学习的最终状态时，$d_i = 1$，其他情况下 $d_i = 0$。

结合（式7-42）和 d_i，给出损失函数 L 更为一般的表达式如下：

$$L = \frac{1}{M} \sum_{i=1}^{M} [r_i + (1 - d_i) \gamma \max_{a_i'} q(s_i', a_i', w_t^-) - q(s_i, a_i, w_t)]^2 \quad （式7\text{-}43）$$

取 L 对 w_t 的梯度并且将其记作 $\nabla_{w_t} L$，结合（式7-43）就可以得到 $\nabla_{w_t} L$ 的表达式如下：

$$\nabla_{w_t} L = -\frac{2}{M} \sum_{i=1}^{M} [r_i + (1 - d_i) \gamma \max_{a_i'} q(s_i', a_i', w_t^-) - q(s_i, a_i, w_t)] \nabla_{w_t} q(s_i, a_i, w_t) \quad （式7\text{-}44）$$

结合（式7-41）和（式7-44），得到神经网络权重参数的更新方程如下：

$$w_{t+1} = w_t - \frac{\alpha}{2} \nabla_{w_t} L \quad （式7\text{-}45）$$

根据（式7-45），运用 PyTorch 对损失函数 L 执行自动梯度计算，从而实现神经网络权重参数的更新。

3. 经验回放

在深度 Q 网络中，为了实现网络权重参数的更新，采用一种称为**经验回放**（experience replay）的生物启发机制。经验回放的关键是构建一个**回放池**（replay memory），也称为**回放缓存**（replay buffer）。围绕着回放池要解决 4 个核心问题：存什么？存多少？如何取？取多少？下面就逐一对它们展开讨论。

一是"存什么"。简而言之，将每一步学习的转移值视为智能体的经验存储在回放池中。具体如下：回放池通常采用列表的数据结构逐一存放每一步学习的转移值元组 (s,a,r,s')，这里的 s 和 s' 分别表示当前状态与下一步状态，a 表示在当前状态下智能体采取的行动，r 表示奖励值。

二是"存多少"。回放池的容量通常在 10000 至 1000000 之间。以最大容量为 10000 作为示例，这意味着最多可以存放 10000 步的转移值元组，假定每 1 轮学习的步数是 200 步，当完成 50 轮学习以后，回放池就已经全部填满了，第 51 轮学习的转移值又该如何存放在回放池中呢？这就引出了回放池的更新规则，即按照存放的先后顺序进行逐一滚动替代。沿着前述示例往下讨论，用第 51 轮学习的第 1 步转移值元组替代第 1 轮学习的第 1 步转移值元组，然后用第 51 轮学习的第 2 步转移值元组替代第 1 轮学习的第 2 步转移值元组，以此类推。当完成第 100 轮学习时，整个回放池中的转移值元组就完成了一次完整的替代，接着从第 101 轮学习开始，继续对回放池中的转移值元组展开逐一滚动替代，循环往复直至整个学习过程结束。

三是"如何取"。抽取的规则是针对回放池中每一步转移值元组进行随机均匀抽样，从而保证每一步转移值元组能够以相同的概率被抽取。设定这样的规则会带来以下两个方面的好处：一方面是每一步的经验都可能会用于许多次的权重更新，从而提升数据的利用效率；另一方面则是如果直接运用连续型样本进行学习，由于连续型样本之间往往存在较强的相关性，因此学习效率可能较低下，通过随机抽样便可以打破连续型样本之间的相关性，进而获得更高效的学习。

四是"取多少"。从回放池中每一次抽取转移值元组的数量就是批量规模，也正是在本节开头所提到的标记为 M 的每一个批量规模，这意味着每一次抽取 M 步转移值元组。需要注意的是，既然采用随机抽样，那么在抽取的每一批量样本中，M 步往往已经被打乱而变得无序。

有了以上的这些知识铺垫，接下来就可以尝试通过 Python 编程来构建并实现深度 Q 网络。

7.5.2 相关的类与函数

运用 Python 撰写深度 Q 网络的代码可以说是一项比较复杂的工作，这项工作需要分为准备阶段与实施阶段。本节将聚焦准备阶段。在准备阶段中，通常需要自定义构建神经网络的类、构建回放池的类、计算损失函数的函数，以及运行每一步学习并将转移值存储于回放池的函数，下面就依次对这些内容进行展开讲解并给出具体的代码。

1. 自定义构建神经网络的类

在深度 Q 网络中，针对自定义构建神经网络的类需要运用 PyTorch 的 nn 子模块的 Module 类。同时，参考比较常见的做法，本章在构建深度 Q 网络时，网络结构采用的是 3 层全连接神经网络，每层神经网络均包含 128 个神经元，并选择 ReLU 函数作为激活函数（可参见第 6.3.4 节），同时调取 nn 子模块的 functional 二级子模块中的 relu 函数来实现相应的激活函数功能。

此外，需要再次强调的是，由于本书涉及神经网络的编程运用的模块是 PyTorch，因此无论是输入的状态样本还是输出的 Q 值均是张量。

这里给出自定义构建神经网络的类所涉及的编程代码，具体如下：

```
In [90]: import torch                                  #导入 PyTorch 模块
    ...: import torch.nn as nn                         #导入 PyTorch 的子模块 nn
    ...: import os                                     #导入 os 模块
    ...: os.environ['KMP_DUPLICATE_LIB_OK'] = 'TRUE'   #解决 PyTorch 模块运行时可能出现的错误

In [91]: class DQN_net(nn.Module):                     #调用 Module 类构建 DQN_net 子类
    ...:     def __init__(self,n_obs,n_act):
    ...:         '''定义一个构造函数。
    ...:         n_obs: 代表智能体每一步观察到的状态变量个数。
    ...:         n_ac: 代表行动的数量（行动空间的元素个数）'''
    ...:         super(DQN_net,self).__init__()        #通过 super 函数调用 Module 类的构造函数
    ...:         self.layer1=nn.Linear(in_features=n_obs,out_features=128)   #设置第 1 层网络
    ...:         self.layer2=nn.Linear(in_features=128,out_features=128)     #设置第 2 层网络
    ...:         self.layer3=nn.Linear(in_features=128,out_features=n_act)   #设置第 3 层网络
    ...:     def forward(self,state_t):
    ...:         '''定义一个向前传播函数来通过神经网络得到 Q 值。
    ...:         state_t: 代表 t 时刻的状态'''
    ...:         x1=nn.functional.relu(self.layer1(state_t))  #第 1 层网络选择 ReLU 函数作为激活函数
    ...:         x2=nn.functional.relu(self.layer2(x1))       #第 2 层网络依然选择 ReLU 函数作为激活函数
    ...:         Qvalue=self.layer3(x2)                       #第 3 层网络的输出结果是 Q 值
    ...:         return Qvalue
    ...:     def get_Qvalue(self,state):
    ...:         '''定义一个得到 Q 值的方法，需要运用前面的 forward 函数。
    ...:         state: 代表存放于数组的状态样本值'''
    ...:         state=torch.from_numpy(state)                #转换为张量
    ...:         state=state.type(torch.FloatTensor)          #将张量元素的数据类型调整为 32 位浮点型
    ...:         state=state.cuda()                           #将张量存放至 GPU
    ...:         Q_value=self.forward(state_t=state)          #运用前面的 forward 函数得到 Q 值张量
    ...:         return Q_value
```

针对以上自定义的 DQN_net 类，在实例化的过程中，需要输入每一步的状态变量个数以及行动空间的元素个数这两个参数；运用 get_Qvalue 方法并输入状态样本值就能得到 Q 值张量。下面通过简单的示例具体演示 DQN_net 类的运用。

【例 7-12】假定让智能体每一步观察到的状态是连续 5 个交易日比亚迪 A 股股票的日涨跌幅，即设定状态变量的个数为 5；批量规模设定为 4，也就是每一次输入神经网络的是 4 步状态样本值；同时，行动空间的元素个数为 3，即智能体采取的行动种类为 3 种。在本示例中，股票日涨跌幅数据是取自 2020 年 1 月期间的数据。需要运用前面自定义的 DQN_net 类以及所设定的神经网络结构得到对应的 Q 值张量。

需要注意的是，PyTorch 的实例化运算过程带有随机性，从而导致每次运行代码得到的神经网络参数存在差异性。为了保证代码结果能够重现，参考第 6.5.2 节的做法设定随机数种子。该示例的相关代码如下：

```
In [92]: import random                                 #导入 Python 的 random 模块
```

```
        ...: import numpy.random as npr        #导入 NumPy 的 random 子模块并缩写为 npr

   In [93]: random.seed(10)                     #设定 Python 的随机数种子并设置参数值等于 10
        ...: npr.seed(10)                       #设定 NumPy 的随机数种子并设置参数值等于 10
        ...: torch.manual_seed(10)              #设定 PyTorch 的随机数种子并设置参数值等于 10
        ...: torch.cuda.manual_seed(10)         #在 GPU 上设定随机数种子并设置参数值等于 10
        ...: torch.cuda.manual_seed_all(10)     #适用于多个 GPU 的情形
        ...: torch.backends.cudnn.deterministic=True  #开启 cuDNN 中的确定性卷积算法功能
        ...: os.environ['PYTHONHASHSEED']='0'   #禁止 hash 的随机性从而确保运行结果可重现

   In [94]: n1=5                                #状态变量的个数(每一步状态的元素是 5 个)
        ...: n2=3                               #行动空间的元素个数是 3

   In [95]: DQN_model=DQN_net(n_obs=n1,n_act=n2)   #DQN_net 类的实例化
        ...: DQN_model=DQN_model.cuda()             #存放至 GPU

   In [96]: Input=np.array([[0.0105,-0.0027,0.0050,-0.0048,-0.0160],
        ...:                [-0.0048,-0.0160,0.0078,-0.0153,0.1000],
        ...:                [0.0355,-0.0024,0.0146,0.0714,0.0140],
        ...:                [0.0714,0.0140,-0.0347,0.0450,0.0094]])  #创建 4×5 的数组(一行对应一步的状态)

   In [97]: Output=DQN_model.get_Qvalue(state=Input)    #神经网络的输出值
        ...: Output                                     #查看结果
   Out[97]:
   tensor([[ 0.0641, -0.0132,  0.0316],
           [ 0.0617, -0.0114,  0.0269],
           [ 0.0591, -0.0178,  0.0265],
           [ 0.0602, -0.0113,  0.0281]], device='cuda:0',
          grad_fn=<AddmmBackward0>)
```

从以上输出的代码可以看到,通过神经网络运算而最终输出的结果是一个 4×3 的 Q 值张量,张量的行数 4 对应批量规模,列数 3 对应行动空间的元素个数。

第 7.5.1 节提到在深度 Q 网络中涉及在线网络与目标网络,但在强化学习的初始时刻,这两个网络的权重值是相同的。然而,如果重复对自定义的 DQN_net 类进行实例化,每次会得到有不同参数值的神经网络,且可以通过 state_dict 方法查询具体的参数值;如果需要将两个或更多个不同的神经网络的参数值变得相同,可以运用 load_state_dict 方法实现,具体通过一个示例进行讲解。

【例 7-13】沿用例 7-12 的信息,同时对 DQN_net 类进行一次新的实例化,实例化涉及的参数与例 7-12 中的一致,即批量规模为 4、行动空间的元素个数为 3,对比这两次实例化所涉及的神经网络权重参数值。以例 7-12 实例化的神经网络参数值为基准,使这两次实例化的神经网络拥有相同的参数值。相关的代码如下:

```
   In [98]: DQN_model_new=DQN_net(n_obs=n1,n_act=n2)   #对 DQN_net 类进行一次新的实例化
        ...: DQN_model_new=DQN_model_new.cuda()          #存放至 GPU

   In [99]: DQN_model.state_dict()['layer2.weight']     #查看第 1 次实例化的原网络第 2 层全连接神经网络
的权重参数值
   Out[99]:
   tensor([[ 0.0666,  0.0517, -0.0317,  ..., -0.0463,  0.0874,  0.0451],
           [-0.0361, -0.0677, -0.0668,  ...,  0.0378,  0.0844,  0.0805],
```

```
         [-0.0302,  0.0884, -0.0015,  ..., -0.0730,  0.0758, -0.0521],
         ...,
         [ 0.0650, -0.0087,  0.0709,  ..., -0.0177, -0.0288,  0.0689],
         [ 0.0267, -0.0139,  0.0769,  ..., -0.0189, -0.0655, -0.0033],
         [-0.0192,  0.0529,  0.0548,  ..., -0.0859,  0.0486, -0.0223]],
        device='cuda:0')

In [100]: DQN_model_new.state_dict()['layer2.weight']  #查看第2次实例化的新网络第2层全连接神经网
络的权重参数值
Out[100]:
tensor([[ 0.0598, -0.0558,  0.0214,  ...,  0.0101, -0.0662,  0.0021],
         [ 0.0823,  0.0766,  0.0650,  ...,  0.0131,  0.0038, -0.0763],
         [ 0.0135,  0.0317,  0.0793,  ..., -0.0261,  0.0156, -0.0606],
         ...,
         [-0.0704, -0.0076,  0.0525,  ..., -0.0159,  0.0329,  0.0710],
         [-0.0308, -0.0501, -0.0046,  ..., -0.0832,  0.0085,  0.0611],
         [-0.0628, -0.0809, -0.0367,  ..., -0.0641,  0.0418,  0.0001]],
        device='cuda:0')
```

由于构建深度 Q 网络运用了 3 层全连接神经网络，并且每一层网络的神经元均是 128 个，因此涉及的参数数量比较多，限于篇幅，这里仅显示第 2 层全连接神经网络的权重参数值。显然，第 1 次实例化的原网络与第 2 次实例化的新网络在权重参数取值上存在显著差异。读者也可以通过 state_dict 方法自行查看这两个网络的全部参数值（包括权重与偏置）。

```
In [101]: DQN_model_new.load_state_dict(state_dict=DQN_model.state_dict())  #将原网络的参数导
入新网络
Out[101]: <All keys matched successfully>

In [102]: DQN_model_new.state_dict()['layer2.weight']  #再次查看新网络第2层全连接神经网络的权重参
数值
Out[102]:
tensor([[ 0.0666,  0.0517, -0.0317,  ..., -0.0463,  0.0874,  0.0451],
         [-0.0361, -0.0677, -0.0668,  ...,  0.0378,  0.0844,  0.0805],
         [-0.0302,  0.0884, -0.0015,  ..., -0.0730,  0.0758, -0.0521],
         ...,
         [ 0.0650, -0.0087,  0.0709,  ..., -0.0177, -0.0288,  0.0689],
         [ 0.0267, -0.0139,  0.0769,  ..., -0.0189, -0.0655, -0.0033],
         [-0.0192,  0.0529,  0.0548,  ..., -0.0859,  0.0486, -0.0223]],
        device='cuda:0')
```

通过以上的代码，实现了让第 2 次实例化的新网络在参数取值方面与第 1 次实例化的原网络保持一致的目的。

2. 自定义构建回放池的类

自定义构建回放池的类，需要实现两个核心功能：一是能够存放每一步学习的转移值元组，二是能够随机均匀抽取每一个批量的转移值样本。针对随机均匀抽样，可以运用 Python 内置模块 random 的 sample 函数实现，该函数有两个主要参数：一是参数 population，它代表需要抽样的总体；二是参数 k，它代表抽样的具体个数。

自定义构建回放池的类的相关代码如下：

```
In [103]: class ReplayMemory:                        #自定义构建回放池的类
     ...:     def __init__(self,size):
     ...:         '''自定义一个构造函数。
     ...:         size: 代表回放池能够存放的最大容量'''
     ...:         self.size=size                     #设定最大容量
     ...:         self.memory=[]                     #创建空列表,它用于存放每一步的转移值元组
     ...:         self.idx=0                         #设定一个初始的索引值并且将其设置为0
     ...:     def __len__(self):                     #自定义一个计算回放池已存放容量大小的函数
     ...:         return len(self.memory)            #输出容量大小的数值
     ...:     def add(self,state,action,reward,next_state,done):
     ...:         '''自定义存放每一步转移值的方法。
     ...:         state: 代表当前状态。
     ...:         action: 代表行动。
     ...:         reward: 代表奖励。
     ...:         next_state: 代表下一步状态。
     ...:         done: 用于确定是否完成一轮学习,并输入布尔值True或False'''
     ...:         if done==True:                     #假定一轮学习结束
     ...:             done=1                         #标量赋值为1
     ...:         else:                              #假定一轮学习没有结束
     ...:             done=0                         #标量赋值为0
     ...:         transition=(state,action,reward,next_state,done) #每一步学习的转移值元组
     ...:         if len(self.memory)<self.size:     #假定已存放容量小于最大容量
     ...:             self.memory.append(transition) #在列表末尾增加一步学习的转移值元组
     ...:         else:                              #假定已存放容量等于最大容量
     ...:             self.memory[self.idx]=transition #在列表索引值的位置插入转移值元组
     ...:         self.idx=(self.idx+1)%self.size    #更新索引值(用原索引值与1的和除以最大容量的余数)
     ...:     def select_sample(self,batch_size):
     ...:         '''自定义从回放池随机抽样的方法。
     ...:         batch_size: 代表抽取样本的规模大小(批量规模)'''
     ...:         sample=random.sample(population=self.memory,k=batch_size) #从回放池随机抽样
     ...:         sample=list(zip(*sample))          #将当前状态、行动、奖励值、下一步状态以及标量依次存放至单独的元组
     ...:         s_sample=np.array(sample[0])       #取元组第1个元素并将其转换为数组(状态的样本)
     ...:         a_sample=np.array(sample[1])       #取元组第2个元素并将其转换为数组(行动的样本)
     ...:         r_sample=np.array(sample[2])       #取元组第3个元素并将其转换为数组(奖励值的样本)
     ...:         next_s_sample=np.array(sample[3])  #取元组第4个元素并将其转换为数组(下一步状态的样本)
     ...:         done_sample=np.array(sample[-1])   #取元组最后一个元素并将其转换为数组(标量的样本)
     ...:         return s_sample,a_sample,r_sample,next_s_sample,done_sample #输出5个数组
```

针对自定义的 ReplayMemory 类,在实例化的过程中需要输入回放池最大容量的参数;通过 add 方法实现将每一步学习的转移值元组存储在回放池中,通过 select_sample 方法可以完成从回放池随机抽样的操作,并通过参数 batch_size 控制每次抽样的批量规模。下面通过一个简单示例演示 ReplayMemory 类的运用。

【例 7-14】假定每一步让智能体观察到的状态是连续 5 个交易日比亚迪 A 股股票的日涨跌幅,向回放池依次存入以下 3 步学习的转移值元组。

在第 1 步转移值元组中,当前状态是 2020 年 1 月 2 日至 8 日的日涨跌幅,行动赋值为 1,奖励值等于 0.1,下一步状态是 2020 年 1 月 3 日至 9 日的日涨跌幅,一轮学习没有结束。

在第 2 步转移值元组中,当前状态是 2020 年 1 月 3 日至 9 日的日涨跌幅,行动赋值为 0,

奖励值等于-0.1，下一步状态是2020年1月6日至10日的日涨跌幅，一轮学习没有结束。

在第3步转移值元组中，当前状态是2020年1月6日至10日的日涨跌幅，行动赋值为2，奖励值等于0.2，下一步状态是2020年1月7日至13日的日涨跌幅，一轮学习结束。

此外，回放池的最大容量为5，每次从回放池中随机抽取的批量规模为2。相关的代码如下：

```
In [104]: Memory=ReplayMemory(size=5)          #对ReplayMemory类进行实例化

In [105]: s1=np.array([0.0105,-0.0027,0.0050,-0.0048,-0.0160])  #第1步状态（1月2日至8日的日涨跌幅）
     ...: s2=np.array([-0.0027,0.0050,-0.0048,-0.0160,0.0078])  #第2步状态（1月3日至9日的日涨跌幅）
     ...: s3=np.array([0.0050,-0.0048,-0.0160,0.0078,-0.0153])  #第3步状态（1月6日至10日的日涨跌幅）
     ...: s4=np.array([-0.0048,-0.0160,0.0078,-0.0153,0.1000])  #第4步状态（1月7日至13日的日涨跌幅）

In [106]: Memory.add(state=s1,action=1,reward=0.1,next_state=s2,done=False) #存放转移值（下同）
     ...: Memory.add(state=s2,action=0,reward=-0.1,next_state=s3,done=False)
     ...: Memory.add(state=s3,action=2,reward=0.2,next_state=s4,done=True)

In [107]: Memory.memory                        #查看回放池中的全部转移值元组
Out[107]:
[(array([ 0.0105, -0.0027,  0.005 , -0.0048, -0.016 ]),
  1,
  0.1,
  array([-0.0027,  0.005 , -0.0048, -0.016 ,  0.0078]),
  0),
 (array([-0.0027,  0.005 , -0.0048, -0.016 ,  0.0078]),
  0,
  -0.1,
  array([ 0.005 , -0.0048, -0.016 ,  0.0078, -0.0153]),
  0),
 (array([ 0.005 , -0.0048, -0.016 ,  0.0078, -0.0153]),
  2,
  0.2,
  array([-0.0048, -0.016 ,  0.0078, -0.0153,  0.1   ]),
  1)]

In [108]: Memory.select_sample(batch_size=2)   #从回放池中随机抽取批量规模为2的样本
Out[108]:
(array([[ 0.005 , -0.0048, -0.016 ,  0.0078, -0.0153],
        [ 0.0105, -0.0027,  0.005 , -0.0048, -0.016 ]]),
 array([2, 1]),
 array([0.2, 0.1]),
 array([[-0.0048, -0.016 ,  0.0078, -0.0153,  0.1   ],
        [-0.0027,  0.005 , -0.0048, -0.016 ,  0.0078]]),
 array([1, 0]))
```

通过以上的代码输出结果可以看到，从回放池随机抽取的样本存放在一个元组中，该元组中的每一个元素都对应一个数组，与状态相关的数组均是二维数组，其他的则是一维数组。

3. 自定义计算损失函数的函数

针对自定义计算损失函数的函数，需要运用第 7.5.1 节提到的损失函数计算公式（式 7-43），同时该自定义函数需要输入在线网络（DQN_net 类的实例）、目标网络（DQN_net 类的实例）、从回放池随机抽取的转移值样本以及折扣因子等参数。相关的代码如下：

```python
In [109]: def Loss_function(policy_net,target_net,state,action,reward,next_state,done,gamma):
     ...:     '''自定义一个计算损失函数的函数。
     ...:     policy_net: 代表在线网络，需要输入 DQN_net 类的实例。
     ...:     target_net: 代表目标网络，也需要输入 DQN_net 类的实例。
     ...:     state: 代表一个批量的当前状态并且存放于二维数组中，行数表示批量规模，列数表示状态变量个数。
     ...:     action: 代表一个批量的行动并存放于一维数组中，数组的元素个数表示批量规模。
     ...:     reward: 代表一个批量的奖励值，数据结构与 action 的相同。
     ...:     next_state: 代表一个批量的下一步状态，数据结构与 state 的相同。
     ...:     done: 用于确定一轮学习是否结束的标量并且取值是 0 或 1，数据结构与 action 的相同。
     ...:     gamma: 代表折扣因子'''
     ...:     reward=torch.from_numpy(reward)             #将奖励值数组转换为张量
     ...:     reward=reward.type(torch.FloatTensor)       #将张量元素的数据类型调整为 32 位浮点型
     ...:     reward=reward.cuda()                        #将张量存放至 GPU
     ...:     done=torch.from_numpy(done)                 #将标量的数组转换为张量
     ...:     done=done.type(torch.FloatTensor)
     ...:     done=done.cuda()
     ...:     Qvalue=policy_net.get_Qvalue(state)         #用在线网络计算当前状态的 Q 值（二维张量）
     ...:     n_list=range(len(action))                   #取 0 至 (批量规模-1) 的整数数列并存放于列表
     ...:     Qvalue_action=Qvalue[n_list,action]         #逐行找出针对特定行动的 Q 值并将其存放于一维张量中
     ...:     Qvalue_next=target_net.get_Qvalue(next_state) #用目标网络计算下一步状态的 Q 值（二维张量）
     ...:     Qvalue_max=Qvalue_next.max(dim=1).values    #找出下一步状态的最大 Q 值（一维张量）
     ...:     L=reward+(1-done)*gamma*Qvalue_max-Qvalue_action  #计算（式 7-43）方括号内的项
     ...:     loss=torch.mean(L**2)                       #计算损失函数
     ...:     return loss
```

为了帮助读者更好地掌握自定义函数 Loss_function 的用法，下面通过一个示例对其进行演示。

【例 7-15】沿用例 7-12 的信息，依然让智能体每一步观察到的状态是连续 5 个交易日比亚迪 A 股股票的日涨跌幅。为了计算一个批量样本的损失函数，将批量规模设定为 4，无论是当前状态还是下一步状态，相关样本数据均是 2020 年 1 月期间的日涨跌幅数据。

同时，在一个批量样本中，每一步的行动依次赋值为 0、1、0 和 2，每一步的奖励值分别是 0.001、-0.0005、0.002 以及 0.004，代表一轮学习是否结束的标量取值依次是 0、0、0 和 1。此外，折扣因子设定为 0.99。计算一个批量样本损失函数的相关代码如下：

```python
In [110]: s1_sample=np.array([[0.0105,-0.0027,0.0050,-0.0048,-0.0160],
     ...:                     [-0.0027,0.0050,-0.0048,-0.0160,0.0078],
     ...:                     [0.0050,-0.0048,-0.0160,0.0078,-0.0153],
     ...:                     [-0.0048,-0.0160,0.0078,-0.0153,0.0100]])    #创建当前状态的一个批量数组

In [111]: s2_sample=np.array([[-0.0027,0.0050,-0.0048,-0.0160,0.0078],
     ...:                     [0.0050,-0.0048,-0.0160,0.0078,-0.0153],
```

```
        ...:                    [-0.0048,-0.0160,0.0078,-0.0153,0.1000],
        ...:                    [-0.0160,0.0078,-0.0153,0.1000,0.0355]]) #创建下一步状态的一个批量
数组

In [112]: a_sample=np.array([0,1,0,2])                    #创建行动的一个批量数组

In [113]: r_sample=np.array([0.001,-0.0005,0.002,0.004])  #创建奖励值的一个批量数组

In [114]: d_sample=np.array([0,0,0,1])                    #创建标量的一个批量数组

In [115]: loss_sample=Loss_function(policy_net=DQN_model,target_net=DQN_model,
        ...:                    state=s1_sample,action=a_sample,reward=r_sample,
        ...:                    next_state=s2_sample,done=d_sample,gamma=0.99) #计算损失函数

In [116]: loss_sample                                     #输出损失函数的结果
Out[116]: tensor(0.0015, device='cuda:0', grad_fn=<MeanBackward0>)

In [117]: loss_sample.requires_grad                       #查看张量是否开启自动求导功能
Out[117]: True
```

通过以上代码的输出结果可以看到，计算得到的损失函数值约等于 0.0015，同时该损失函数值开启了自动求导（计算梯度）功能。

4. 自定义运行每一步学习并将转移值存储于回放池的函数

针对运行每一步学习，将转移值存储于回放池的自定义函数，在编程中需要运用第 7.4.2 节提到的 ε 贪婪算法。相关代码如下：

```
In [118]: def Play_Record(begin_state,policy_net,Env,memory,epsi_max,epsi_min,i,N_episode):
        ...:     '''定义运行每一步学习并将转移值存储于回放池的函数，要运用ε贪婪算法。
        ...:     begin_state: 代表当前状态，需要输入一维数组。
        ...:     policy_net: 代表在线网络，需要输入 DQN_net 类的实例。
        ...:     Env: 代表一个环境，该环境需要前期通过 Gymnasium 创建并完成注册。
        ...:     memory: 代表回放池，需要输入 ReplayMemory 类的实例。
        ...:     epsi_max: 代表ε的最小值。
        ...:     epsi_min: 代表ε的最大值。
        ...:     i: 代表第 i 轮学习。
        ...:     N_episode: 代表学习的总轮数'''
        ...:     s=begin_state                             #将当前状态设定为s
        ...:     epsilon=epsi_max-(epsi_max-epsi_min)*i/N_episode  #确定 epsilon 的取值
        ...:     if npr.uniform(0,1)>1-epsilon:            #假定随机取值大于 1-epsilon
        ...:         a=Env.action_space.sample()           #对行动空间随机抽样（随机策略）
        ...:     else:                                     #假定随机取值小于或等于 1-epsilon
        ...:         Qvalue=policy_net.get_Qvalue(state=s) #计算 Q 值张量
        ...:         a=Qvalue.argmax()                     #采取 Q 值最大的行动（贪婪策略）
        ...:         a=int(a)                              #转换为整型
        ...:     next_s,r,terminated,truncated,info=Env.step(action=a)  #得到每一步学习的结果
        ...:     memory.add(state=s,action=a,reward=r,next_state=next_s,done=terminated)#将转
移值存储于回放池
        ...:     return next_s                             #输出下一步状态
```

在自定义函数 Play_Record 中，输入当前状态、在线网络、环境、回放池、ε 的最大值与最小值、学习轮数等实例与参数，就能够使每一步转移值在回放池中存储并输出下一步

的状态。

在以上的准备阶段中,已经完成了相关的类与函数的自定义工作,接下来要通过一个相对复杂的示例演示深度 Q 网络的具体运用。

7.5.3 具体运用

【例 7-16】沿用例 7-11 的信息,将智能体观察到的每一步状态调整为"连续 5 个交易日的比亚迪 A 股股票日涨跌幅",交易价格确定为第 5 个交易日的收盘价,学习率是 0.001。针对行动、奖励值、折扣因子以及初始的资金余额等变量或参数的设定,以及训练数据和测试数据的选取,均与例 7-11 中的保持一致;此外,针对智能体采取"买入""卖出"和"持有"的行动,相关交易规则也与例 7-11 中的保持一致。

运用深度 Q 网络训练智能体,回放池的最大容量是 10000,批量规模设为 60。整个 Python 编程分为 5 个步骤。

第 1 步:运用 Gymnasium 创建本示例的一个环境。根据第 7.2.2 节的相关要求新创建一个用于实现环境的 Python 文件,文件的名称是 my_env3,该文件中的代码在一定程度上参考了例 7-11 的 my_env2 文件中的代码。具体的代码如下:

```python
import numpy as np                              #导入 NumPy 模块并缩写为 np
import pandas as pd                             #导入 pandas 模块并缩写为 pd
import gymnasium as gym                         #导入 Gymnasium 模块并缩写为 gym
import pygame                                   #导入 Pygame 模块
from gymnasium.spaces import Box                #导入 Box 类
from gymnasium.spaces import Discrete           #导入 Discrete 类

balance_begin=1e7                               #初始的资金余额为 1000 万元

class StockEnv3(gym.Env):
    metadata={'render_modes':['human'],'render_fps':4}  #设定渲染模式并选择 human
    def __init__(self,data,render_mode):        #自定义构造函数
        super(StockEnv3,self).__init__()        #通过 super 函数调用 Env 类的构造函数
        self.data=data                          #金融数据变量
        self.reward_range=(-10000,10000)        #奖励区间
        self.action_space=Discrete(n=3,seed=30) #行动空间
        self.observation_space=Box(low=np.array([-1.0,-1.0,-1.0,-1.0,-1.0]),
                    high=np.array([1.0,1.0,1.0,1.0,1.0]))  #状态空间
        self.render_mode=render_mode            #渲染模式
    def reset(self,seed=None,options=None):     #自定义 reset 方法,None 代表空值
        super().reset(seed=seed)                #开启随机数种子的功能
        self.balance=balance_begin              #资金余额重置为初始的资金余额
        self.asset_value=balance_begin          #资产价值重置为初始的资金余额
        self.share_hold=0                       #持有股票数量重置为 0
        self.cost_pershare=0                    #平均每股买入成本重置为 0
        self.total_sharesell=0                  #累计卖出股票数量重置为 0
        self.value_pershare=0                   #平均每股卖出市值重置为 0
        self.t=0                                #t 时刻重置为 0 时刻
        observation=self.Observation()          #初始状态(通过后面的自定义函数 Observation 运算得到)
        info={'投资收益':0,'持股数量':0}         #额外信息包括投资收益和持股数量(存放于字典)
        return observation,info                 #输出状态与额外信息
    def Observation(self):                      #自定义提供状态样本数值的函数
```

```python
            return_daily=self.data.iloc[self.t:self.t+5]['涨跌幅'].values  #连续5个交易日涨跌幅数据
            obs=return_daily.astype(np.float32)            #转换为32位浮点型
            return obs                                      #输出观测到的状态
    def step(self,action):                                  #自定义step方法
        price_settle=self.data.iloc[self.t+4]['收盘价']    #将第5个交易日收盘价作为交易价格
        if action==0:                                       #针对买入的行动
            cost_before=self.share_hold*self.cost_pershare  #已持有股票的购买成本
            share_buy_max=int(self.balance/price_settle)    #剩余资金可购买的最大股票数量
            share_buy=min(10000,share_buy_max)              #本次购买的股票数量（取最小值）
            cost_buy=share_buy*price_settle                 #本次购买股票的总成本
            self.balance=self.balance-cost_buy              #更新资金余额
            self.share_hold=self.share_hold+share_buy       #更新持股数量
            self.cost_pershare=(cost_before+cost_buy)/self.share_hold  #更新平均每股买入成本
        elif action==1:                                     #针对卖出的行动
            value_before=self.total_sharesell*self.value_pershare  #已卖出股票的总市值
            share_sell=min(10000,self.share_hold)           #本次卖出的股票数量（取最小值）
            value_sell=share_sell*price_settle              #本次卖出股票的市值（收回资金）
            self.balance=self.balance+value_sell            #更新资金余额
            self.share_hold=self.share_hold-share_sell      #更新持股数量
            self.total_sharesell=self.total_sharesell+share_sell  #更新累计卖出股票数量
            if self.total_sharesell!=0:                     #假定累计卖出股票数量不等于0
                value_total=value_before+value_sell         #累计卖出股票的总市值
                self.value_pershare=value_total/self.total_sharesell  #更新平均每股卖出市值
            else:                                           #假定累计卖出股票数量等于0
                pass                                        #不需要进行任何操作
        else:                                               #针对持有的行动
            pass                                            #不需要进行任何操作
        self.asset_value=self.balance+self.share_hold*price_settle  #计算资产价值
        profit=self.asset_value-balance_begin               #计算投资收益
        reward=profit/1e7                                   #将投资收益除以1000万的商作为奖励值
        self.t=self.t+1                                     #更新至t+1时刻
        if self.t+5>=len(self.data):                        #假定t+5大于或等于样本天数
            terminated=True                                 #终止变量赋值为True（一轮学习终止）
            self.t=0                                        #t时刻重置为0时刻
        else:                                               #假定t+5小于样本天数
            terminated=False                                #终止变量赋值为False
        observation=self.Observation()                      #观察到的状态
        truncated=False                                     #中断变量赋值为False
        info={'投资收益':profit,'持有股数':self.share_hold} #额外信息
        return observation,reward,terminated,truncated,info #输出5个结果
    def render(self):                                       #自定义render方法
        profit=self.asset_value-balance_begin               #计算投资收益
        if self.render_mode=='human':                       #假定选择human模式
            pygame.init()                                   #Pygame模块的初始化
            screen=pygame.display.set_mode(size=(600,600))  #设置屏幕平面的大小
            font_name=pygame.font.match_font(name='fangsong') #选择仿宋字体
            font_object=pygame.font.Font(font_name,40)      #创建字体文件
            blue=(0,0,255)                                  #蓝色的参数
            white=(255,255,255)                             #白色的参数
            text1=font_object.render('t 时刻',True,white)   #渲染的文字内容
            text2=font_object.render(str(self.t),True,white) #将数字转换为字符串
            text3=font_object.render('持股数量',True,white)
            text4=font_object.render(str(self.share_hold),True,white)
```

```
            text5=font_object.render('收益（元）',True,white)
            text6=font_object.render(str(profit),True,white)
            screen.fill(color=blue)                        #将屏幕的背景颜色设定为蓝色
            screen.blit(source=text1,dest=(50,100))        #将文字内容传输至屏幕
            screen.blit(source=text2,dest=(250,100))
            screen.blit(source=text3,dest=(50,200))
            screen.blit(source=text4,dest=(250,200))
            screen.blit(source=text5,dest=(50,300))
            screen.blit(source=text6,dest=(250,300))
            pygame.display.update()                        #全部文本内容在屏幕上显示
        else:                                              #假定没有选择 human 模式
            pass                                           #不开启渲染功能
```

同时，在第 7.3.2 节已经创建的用于注册环境__init__文件中，加入以下代码即可更新该文件：

```
register(id='StockEnv-v2',entry_point='gymnasium.envs.user.my_env3:StockEnv3',
        max_episode_steps=1000)    #输入相关的参数值
```

第 2 步：针对已经创建的环境进行测试。由于在例 7-11 中已经导入了 2020 年至 2021 年期间比亚迪 A 股股票的每日交易数据（训练数据），并且创建了数据框 data_train，因此这里可直接调用该数据框。此外，这里还参考了例 7-11 第 2 步的相关代码，具体代码如下：

```
In [119]: from gymnasium.envs.user.my_env3 import StockEnv3   #完成自定义环境的注册

In [120]: gym.envs.registry.keys()                            #查看已经注册完成的环境
Out[120]: dict_keys(['CartPole-v0', 'CartPole-v1', 'MountainCar-v0', 'MountainCarContinuo
us-v0', 'Pendulum-v1', 'Acrobot-v1', 'LunarLander-v2', 'LunarLanderContinuous-v2', 'BipedalWa
lker-v3', 'BipedalWalkerHardcore-v3', 'CarRacing-v2', 'Blackjack-v1', 'FrozenLake-v1', 'Froze
nLake8x8-v1', 'CliffWalking-v0', 'Taxi-v3', 'Reacher-v2', 'Reacher-v4', 'Pusher-v2', 'Pusher-
v4', 'InvertedPendulum-v2', 'InvertedPendulum-v4', 'InvertedDoublePendulum-v2', 'InvertedDoub
lePendulum-v4', 'HalfCheetah-v2', 'HalfCheetah-v3', 'HalfCheetah-v4', 'Hopper-v2', 'Hopper-v3
', 'Hopper-v4', 'Swimmer-v2', 'Swimmer-v3', 'Swimmer-v4', 'Walker2d-v2', 'Walker2d-v3', 'Walk
er2d-v4', 'Ant-v2', 'Ant-v3', 'Ant-v4', 'Humanoid-v2', 'Humanoid-v3', 'Humanoid-v4', 'Humanoi
dStandup-v2', 'HumanoidStandup-v4', 'GymV26Environment-v0', 'StockEnv-v0', 'StockEnv-v1', 'St
ockEnv-v2'])
```

以上输出代码的最后一个元素是'StockEnv-v2'，这表明针对本示例所创建的新环境已经在 Gymnasium 中成功注册。

```
In [121]: env3=gym.make('StockEnv-v2',data=data_train,render_mode='human')  #导入包括训练数据
的环境

In [122]: n_actions=env3.action_space.n          #取行动空间的元素个数（共有 3 种行动）

In [123]: obs,info=env3.reset(seed=100)          #环境初始化并且设定随机数种子参数为 100
     ...: obs,info                               #查看初始状态与额外信息
Out[123]:
(array([ 0.010489, -0.002699,  0.004996, -0.004764, -0.016025],
      dtype=float32),
 {'投资收益': 0, '持股数量': 0})

In [124]: import time                            #导入 time 模块
     ...: N=10                                   #设定学习的步数
```

```
In [125]: for i in range(N):                           #运用for语句并且每一步学习都做一次循环运算
     ...:     act=env3.action_space.sample()           #对行动空间随机抽样
     ...:     obs,r,terminated,truncated,info=env3.step(action=act)  #运算每一步的结果
     ...:     if terminated==True:                     #假定学习终止
     ...:         obs,info=env3.reset()                #状态重置为初始状态
     ...:     else:                                    #假定学习没有终止
     ...:         pass                                 #状态无须重置为初始状态
     ...:     env3.render()                            #对每一步学习结果进行渲染
     ...:     time.sleep(3)                            #停顿3s
     ...: env3.close()                                 #整个学习过程结束（见图7-10）
```

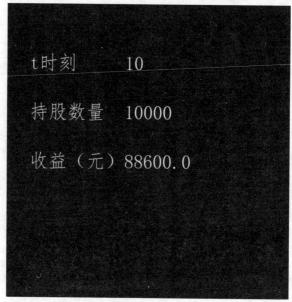

图7-10 在深度Q网络的环境测试过程中第10步学习结束时的渲染结果

```
In [126]: pygame.quit()                                #结束渲染功能
```

第3步：设定相关的参数，并创建在线网络与目标网络。在编程中，需要运用在第7.5.2节自定义的DQN_net类和ReplayMemory类；为了保证代码输出结果能够重现，依然设定随机数种子；此外，针对在线网络的参数更新，采用PyTorch的Adam优化器，也就是采用PyTorch子模块optim的Adam类，关于Adam类的用法可参见第6.5.2节。相关的代码如下：

```
In [127]: import torch.optim as optim                  #导入PyTorch子模块optim

In [128]: random.seed(0)                               #设定Python的随机数种子并设置参数值等于0
     ...: npr.seed(0)                                  #设定NumPy的随机数种子并设置参数值等于0
     ...: torch.manual_seed(0)                         #设定PyTorch的随机数种子并设置参数值等于0
     ...: torch.cuda.manual_seed(0)                    #在GPU上设定随机数种子并设置参数值等于0
     ...: torch.cuda.manual_seed_all(0)                #适用于多个GPU的情形
     ...: torch.backends.cudnn.deterministic=True      #开启cuDNN中的确定性卷积算法功能
     ...: os.environ['PYTHONHASHSEED']='0'             #禁止hash的随机性从而确保运行结果可重现

In [129]: num_batch=60                                 #一个批量的规模（取60个交易日的样本）
     ...: num_episode=50                               #学习的总轮数
```

```
   ...: num_step=len(data_train)-5        #一轮学习的总步数

In [130]: e_max=1.0                       #ε的最大值
   ...: e_min=0.01                        #ε的最小值
   ...: discount=0.99                     #折扣因子
   ...: LR=0.001                          #学习率

In [131]: obs,info=env3.reset()           #环境初始化

In [132]: num_obs=len(obs)                #每一步状态数组包含的元素数量（5个交易日）
   ...: num_act=env3.action_space.n       #行动的数量（3个）

In [133]: Policy_net=DQN_net(n_obs=num_obs,n_act=num_act)   #创建在线网络
   ...: Target_net=DQN_net(n_obs=num_obs,n_act=num_act)     #创建目标网络

In [134]: Policy_net=Policy_net.cuda()                      #存放至GPU
   ...: Target_net=Target_net.cuda()

In [135]: Target_net.load_state_dict(state_dict=Policy_net.state_dict())  #将在线网络的参数导入目标网络
Out[135]: <All keys matched successfully>

In [136]: Optimizer=optim.Adam(Policy_net.parameters(),lr=LR)   #运用PyTorch自带的Adam优化器

In [137]: Replay_memory=ReplayMemory(size=10000)   #对ReplayMemory类进行实例化并且最多存放10000步的转移值元组
```

第4步：运用深度Q网络并且借助训练数据开展训练。一共训练50轮，在一轮学习结束时将目标网络的参数值更新为在线网络的最新参数值。相关的代码如下：

```
In [138]: for j in range(1,num_episode+1):             #运用for语句完成每一轮的学习
   ...:     for t in range(num_step):                   #运用for语句完成每一步的学习
   ...:         next_state=Play_Record(begin_state=obs,policy_net=Policy_net,Env=env3,
   ...:                     memory=Replay_memory,epsi_max=e_max,
   ...:                     epsi_min=e_min,i=j,N_episode=num_episode) #填充回放池并输出下一步状态
   ...:         obs=np.copy(next_state)                 #将当前状态更新为下一步状态
   ...:         if len(Replay_memory)<num_batch:        #假定回放池的转移值个数少于一个批量的规模
   ...:             pass                                #不执行任何操作
   ...:         else:                                   #假定回放池的转移值个数大于或等于一个批量的规模
   ...:             memory_sample=Replay_memory.select_sample(batch_size=num_batch)  #从回放池抽样
   ...:             s_sample=memory_sample[0]           #取当前状态的样本
   ...:             a_sample=memory_sample[1]           #取行动的样本
   ...:             r_sample=memory_sample[2]           #取奖励值的样本
   ...:             next_s_sample=memory_sample[3]      #取下一步状态的样本
   ...:             d_sample=memory_sample[-1]          #取一轮学习是否结束标记的样本
   ...:             loss=Loss_function(policy_net=Policy_net,target_net=Target_net,
   ...:                     state=s_sample,action=a_sample,reward=r_sample,
   ...:                     next_state=next_s_sample,done=d_sample,
   ...:                     gamma=discount)             #计算损失函数
   ...:             Optimizer.zero_grad()               #将梯度初始化为0
```

```
   ...:            loss.backward()                              #将梯度向后传播
   ...:            nn.utils.clip_grad_value_(parameters=Policy_net.parameters(),
   ...:                            clip_value=100)              #将梯度控制在[-100,100]区间内
   ...:            Optimizer.step()                             #更新在线网络的参数值
   ...:        Policy_net_dict=Policy_net.state_dict()          #取在线网络的参数值
   ...:        Target_net.load_state_dict(state_dict=Policy_net_dict)  #参数值导入目标网络(更新目标网络)
   ...:        obs,info=env3.reset()                            #环境初始化
```

以上训练50轮的代码在笔者的计算机上运行了约3分45秒。此外，为了防止梯度爆炸导致神经网络训练失败，需要运用梯度裁剪，因此以上代码运用了PyTorch的nn子模块中utils二级子模块的clip_grad_value_函数，该函数有两个参数：一是参数parameters，它表示输入在线网络的参数；二是参数clip_value，它表示梯度的上限和下限，比如输入clip_value=100表示将运算得到的梯度控制在区间[-100,100]之内，一旦梯度突破该区间就取临界值-100或100。

第5步：运用已经训练完成的深度Q网络结合2022年期间的数据（测试数据），考察智能体在测试数据中的投资业绩表现。需要测算智能体的每日投资收益与持股数量，同时将投资收益、持股数量以及股票价格进行可视化（见图7-11）；此外，在例7-11的第4步已导入比亚迪A股股票2022年的每日交易数据，并且创建数据框data_test，这里直接调用该数据框。相关的代码如下：

```
In [139]: env3_test=gym.make('StockEnv-v2',data=data_test,render_mode='human')  #导入包含测试数据的环境

In [140]: profit_step=[]                            #创建空列表，它用于存放每一步的投资收益
     ...: share_step=[]                             #创建空列表，它用于存放每一步的持股数量
     ...: N_step_test=len(data_test)-5              #测试阶段的总步数

In [141]: s_test,info=env3_test.reset()             #环境初始化

In [142]: for j in range(N_step_test):              #运用for语句并且每一步学习都做一次循环运算
     ...:     a_best=Policy_net.get_Qvalue(state=s_test).argmax()  #取特定状态下Q值最大的行动
     ...:     a_best=int(a_best)                    #转换为整型
     ...:     s_test,r,terminated,truncated,info=env3_test.step(action=a_best)  #运算每一步的结果
     ...:     profit_step.append(info['投资收益'])  #存放每一步的投资收益
     ...:     share_step.append(info['持股数量'])  #存放每一步的持股数量

In [143]: profit_step=pd.DataFrame(data=profit_step,index=data_test.index[4:-1],columns=['投资收益'])    #转换为数据框
     ...: share_step=pd.DataFrame(data=share_step,index=data_test.index[4:-1],columns=['持股数量'])
     ...: profit_price=pd.concat([profit_step,share_step,data_test['收盘价'].iloc[4:-1]],axis=1)  #左右合并

In [144]: profit_price.plot(subplots=True,sharex=True,layout=(3,1),figsize=(9,11),grid=True,
     ...:              title='投资收益、持股数量及股票收盘价的走势（运用测试数据）',
     ...:              xlabel='日期',ylabel='投资收益（元）',fontsize=11)      #可视化
     ...: plt.subplot(3,1,2)                        #针对第2张子图
     ...: plt.ylabel('持股数量（股）')              #修改第2张子图的纵坐标标签
     ...: plt.subplot(3,1,3)                        #针对第3张子图
     ...: plt.ylabel('收盘价（元）')                #修改第3张子图的纵坐标标签
Out[144]:
```

将图 7-11 与图 7-8 进行对比可以发现，无论是运用深度 Q 网络还是 Q 学习，智能体的投资收益以及持股数量均具有一定的相似性。如果仔细对比并观察两图便可以发现，智能体运用深度 Q 网络得到的投资收益表现逊色于运用 Q 学习得到的投资收益。从中可以得到启示：在金融场景中切记不能盲目追求复杂的人工智能模型或算法，毕竟任何模型或算法都存在局限性和缺陷。

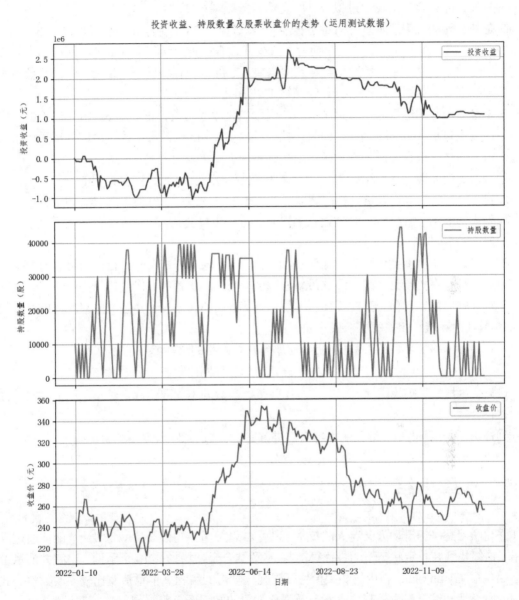

图 7-11　用深度 Q 网络和测试数据得到每个交易日投资收益、持股数量及股票收盘价的走势

7.5.4　注意事项

构建深度 Q 网络是一门经验艺术，通过深度 Q 网络训练智能体开展金融活动（比如股票投资）是一项风险极高的工作。需要提醒的是，对于经过训练以后得到的深度 Q 网络而言，如果在测试数据中，智能体每一步观察到的状态都采取了完全相同的行动（比如"买入"的行动），则表明该深度 Q 网络彻底失败，需要重新调整相关参数的取值。

当然，在运用深度 Q 网络时，应当关注包括参数取值在内的一些常见注意事项，具体归纳如下。

一是神经网络的层数。本章运用了 3 层全连接神经网络，读者完全可以选择更多层数的神经网络。当然，增加神经网络的层数虽然可以降低差错、提升精度，但是网络变得复杂会增加训练的时长，并且容易出现"过拟合"的现象。

二是神经元的数量。本章针对每层神经网络均选择 128 个神经元，读者可以尝试选择 32、64、256 等不同的神经元个数。通常而言，过少或过多的神经元都会导致神经网络的训练无法达到预期的效果，神经元数量过少会导致网络缺乏足够的对任务的表达能力，神经元数量过多不仅会导致训练变得缓慢，而且会导致网络难以消除一些噪声。

三是激活函数的选择。本章运用 ReLU 函数作为激活函数，正如第 6.3 节所讨论的，常用的激活函数还包括 Sigmoid 函数、tanh 函数、Leaky ReLU 函数等，读者可以尝试采用不同的激活函数，当然，选择不同的激活函数会得到不同的结果。

四是训练的轮数。在例 7-16 中，训练的总轮数设定为 50 轮，需要提醒的是，对于深度 Q 网络而言，并不是训练轮数越多就越能取得更理想的训练效果。针对例 7-16，如果将训练的总轮数调整为 100 轮，将导致在测试数据中智能体每一步只会选择"卖出"这一种行为，显然，这时的深度 Q 网络训练失败。

五是目标网络的参数值更新。在例 7-16 中，当一轮学习结束时，目标网络的参数值才做一次更新并且它会更新为在线网络的最新参数值。当然，读者也可以选择每一步学习以后就动态更新目标网络的参数值，这时需要引入**更新比率**（update rate）并且该比率的数值可以设定为 0.5%或其他数值，相关的更新公式如下：

$$\text{目标网络更新后的参数值} = \text{更新比率} \times \text{在线网络的最新参数值} +$$
$$(1-\text{更新比率}) \times \text{目标网络更新前的参数值} \quad (\text{式 7-46})$$

最后，包括批量规模、学习率以及折扣因子等参数的不同取值都会给出不同的结果，读者不妨自行尝试一下。

到这里，关于强化学习编程的内容全部讲解完毕，这也意味着本书的讲解画上了一个句号。

7.6 本章小结

强化学习是一门既动人又迷人的技术，其基本思想用一句话概括就是："让智能体通过反复试错，最终找到在特定状态下的最优行动"。本章结合金融场景及 16 个示例，讲解并演示了如何运用包括 Gymnasium 在内的相关模块开展强化学习的编程。本章涉及比较多的数学公式，编程的复杂性和综合性也较高。本章涉及强化学习的知识要点归纳如下。

（1）**交互循环**。在强化学习中，环境首先会给出某一个状态，智能体根据该状态采取某一种行动，环境会以奖励的形式反馈给智能体，然后将智能体转移至新的状态，依次循环直至学习结束，整个循环满足马尔可夫决策过程。

（2）**价值函数**。强化学习中的价值函数包括状态价值函数与行动价值函数两类，其中，状态价值函数用于衡量智能体在特定状态与对应的策略下所能获得的预期总回报；行动价值函数则用于考察智能体在特定状态、特定行动及对应的策略下，所取得的预期总回报。

（3）**核心表达式**。在强化学习中，包括状态价值函数的贝尔曼方程、状态价值函数的贝尔曼最优方程、行动价值函数的贝尔曼方程以及行动价值函数的贝尔曼最优方程等 4 类核心表达式,这些表达式是强化学习各种算法的数理基础。

(4)Gymnasium 模块。运用 Gymnasium 模块可以方便地创建并注册一个自定义的环境,需要创建两个 Python 文件,一个用于实现环境,另一个用于注册环境,同时在编程过程中需要调用 Gymnasium 的 Env 类。

(5)Q 学习。Q 学习是最常用的并且也是入门级的强化学习算法,其基本逻辑是运用迭代法计算得到不同状态、不同行动所对应的目标 Q 值,以 Q 值最大的行动作为智能体优先采取的行动。在 Q 学习中,状态空间必须是离散型的,针对行动的选择还会运用 ε 贪婪算法。

(6)深度 Q 网络。Q 学习与神经网络结合在一起就产生了深度 Q 网络。在深度 Q 网络中,需要构造在线网络与目标网络这两个不同的网络;同时,需要根据经验回放技术构造用于存放每一步转移值元组的回放池,并且从回放池随机均匀抽样获得批量的转移值来训练神经网络的参数值;此外,深度 Q 网络的编程还需要运用 PyTorch 模块。

7.7 拓展阅读

本章的内容参考了以下资料,建议感兴趣的读者拓展学习。

[1] Gymnasium 的官网提供了关于该模块的完整功能文档。

[2] "Human-level control through deep reinforcement learning" [作者是(Volodymyr Mnih)等]。

这是一篇由来自 DeepMind 的 19 位专家合作完成的论文,论文首次完整地提出了深度 Q 网络算法,使深度强化学习从"星星之火"迅速发展为"燎原之势"。

[3] "Recent Advances in Reinforcement Learning in Finance" [作者是本·汉布利(Ben Hambly)等]。

这是 2023 年 3 月发布在 arXiv 平台的一篇综述性工作论文,由来自牛津大学、南加州大学的 3 位学者共同完成,论文系统地梳理了强化学习在金融领域的最新应用成果。

[4]《Python 深度强化学习——使用 PyTorch, TensorFlow 和 OpenAI Gym》[作者是尼米什·桑吉(Nimish Sanghi)]。

这本书对深度强化学习做了比较全面的讲解,侧重讨论深度强化学习的前沿理论、热点方向以及 Python 代码的实现,针对数学的处理也恰到好处。